VICTOR
TISSOT

Les Prussiens
en
Allemagne

Suite au
"Voyage au pays
des Milliards"

## DU MÊME AUTEUR :

# VOYAGE AU PAYS DES MILLIARDS

### 40ᵐᵉ ÉDITION

Un beau volume d'environ 400 pages, 3 fr. 50 c.

**Première partie :** La forteresse d'Ulm. — Le service militaire en Allemagne. — Le Wurtemberg. — Stuttgard. — Le roi Charles. — Les fêtes de la Wilhelma. — Les Vénus du Rosenstein. — Une ville universitaire : Heidelberg. — Francfort. — La jeunesse de Goëthe. — Wiesbade et l'empereur Guillaume. — La Wartbourg. — L'almanach de Gotha. — Leipsig. — Une visite au socialiste Bebel.

**Deuxième partie :** Berlin et les Berlinois. — La capitale des milliards. — La famille impériale. — Le palais de l'empereur. — La maison de M. de Bismarck. — La Bourse. — Les Écoles. — Le grand état-major. — M. de Moltke. — L'arsenal. — Une séance du parlement. — Journaux et journalistes. — La misère et le crime. — Le dessous de Berlin.

---

# VOYAGE AUX PAYS ANNEXÉS

### SUITE ET FIN
#### DU VOYAGE AU PAYS DES MILLIARDS.

### 30ᵐᵉ ÉDITION

Un fort volume gr. in-18 Jésus, 3 fr. 50 c.

---

CLICHY. — Impr. PAUL DUPONT, 12, rue du Bac-d'Asnières. (290, 2-7.)

# LES PRUSSIENS
## EN
# ALLEMAGNE

# LES PRUSSIENS
## EN
# ALLEMAGNE

SUITE DU

VOYAGE AU PAYS DES MILLIARDS

PAR

## VICTOR TISSOT

TRENTE ET UNIÈME ÉDITION

PARIS

E. DENTU, LIBRAIRE-ÉDITEUR

PALAIS-ROYAL, 17-19, GALERIE D'ORLÉANS

1877

Tous droits réservés.

A Monsieur Léonce DUMONT,

DIRECTEUR DE LA *Revue de France.*

CE LIVRE EST DÉDIÉ

Comme une marque d'estime et de sympathie.

Victor TISSOT.

# LES PRUSSIENS EN ALLEMAGNE

## PREMIÈRE PARTIE

### DE PARIS A MUNICH

#### I

Les Prussiens à Namur. — Namur à cinq heures du matin. — Quelques enseignes. — La forteresse. — Namurois et Français. — Intérieur de wagon. — Une sensible Allemande, un commis de magasin de Berlin et un jeune Luxembourgeois. — Luxembourg

Dans le wagon qui m'emportait de Paris vers le Nord, je n'avais pour toute compagnie que mon cigare et mon sac de cuir. Le Rhin n'est plus, comme au temps de Méry, dans le département de la Seine, et les Parisiens ont donné à leur argent une mission plus patriotique que celle d'aller remplir les poches des aubergistes allemands. J'étais donc dans la solitude voulue pour sentir la poésie d'un voyage à toute vapeur, au clair de la lune, par une belle nuit de juillet. Vers une heure du matin, je crois que je m'assoupis en murmurant une ballade, et deux heures après, je me réveillais aux cris des conducteurs : « Namur! Messieurs les voyageurs pour Luxembourg et Saarbrück changent de voiture. »

Mais le train ne partait pour Luxembourg qu'à huit heures. Que faire à Namur à trois heures du matin ? On m'indiqua un hôtel-auberge, en face de la gare, où je pouvais aller attendre que le soleil remplaçât les quinquets. Le maître d'hôtel, en manches de chemise et en caleçon, ronflait, étendu sur le billard. Je respectai ce lourd sommeil du juste, et m'approchant de la bougie, je tirai un livre de ma poche ; mais je fus presque aussitôt interrompu dans ma lecture par l'arrivée de trois robustes gaillards, au chapeau enfoncé sur la tête, portant des blouses, et baragouinant un allemand impossible. L'un d'eux appliqua une claque retentissante sur le dos du dormeur, qui sauta sur ses deux jambes en poussant un hurlement

— A boire ! crièrent les trois hommes en chœur, et ils éclatèrent de rire.

— De la cannelle ou du genièvre ? demanda l'aubergiste d'un air assez penaud, en se frottant le bas des reins.

— Du genièvre.

Ils en burent chacun deux verres, puis saluant l'aubergiste jusqu'à terre, ils lui dirent :

— Nous vous remercions ; si jamais nous repassons par ici, nous penserons à vous...

— Mais ça fait un franc vingt, s'écria le maître d'hôtel dont les joues s'empourprèrent.

— Ne vous échauffez pas, c'est inutile, nous n'avons pas le sou, répondirent les trois buveurs en remettant leur chapeau et en sortant de ce pas majestueux qu'affecte Robert Macaire à la Porte-Saint-Martin.

— Chiens d'Allemands ! Canailles de Prussiens !

Les trois hommes s'arrêtèrent et poussèrent un grognement.

Le prudent aubergiste s'empressa de fermer la porte, et revenant vers moi :

— Vous avez vu le tour, monsieur... Il se renouvelle deux ou trois fois par semaine, depuis que les chemins de fer luxembourgeois sont tombés aux mains de ces pillards d'Allemands. Les Prussiens se croient ici en France; je m'étonne qu'ils ne m'aient pas encore enlevé ma pendule. Ça viendra, avec les bonnes habitudes contractées pendant la dernière guerre. J'ai porté plainte à la direction centrale ; mais je t'en fiche ! on m'a répondu que je ne devais pas servir à boire aux ouvriers et employés qui n'ont pas des moyens de payer... En ce cas, faudrait que je fouille les poches de ceux qui entrent. Ah! pauvre pays!...

Là-dessus, pour se consoler, l'aubergiste vida trois grands verres de genièvre et s'étendit de nouveau sur son billard.

Le jour était venu ; je fis une promenade de découverte dans la ville. Namur a de jolies rues, d'une propreté exquise ; le pavé brille si blanc qu'on se demande si la municipalité ne le fait pas savonner tous les samedis. Plusieurs maisons ont l'extérieur flamand. Je n'ai vu nulle part une telle profusion d'enseignes, il y en a jusque sur les cheminées. En voici une qui, peinte en lettres dorées, bleues et rouges, m'a particulièrement frappé : « Philippart. — Articles de voyage. » Est-ce un article de famille, ou simplement une succursale de la place Vendôme?

Un peu plus loin, j'ai rencontré au-dessus de la porte d'un estaminet, *les Quatre fils Aymon*. Ce sont trois grenadiers, chevauchant sur le même cheval, buvant dans le même verre, et vacillant sous le même plumet. Ils se tiennent au bord d'un ruisseau, comme s'ils attendaient qu'il ait fini de couler.

Sur plusieurs portes, on lit les affiches suivantes : *Quartier garni de demoiselles*, — *Quartier de garçons à louer*. A Namur, on se sert de ces expressions anthropophagiques pour désigner des chambres meublées.

La place de l'Hôtel-de-Ville, avec ses pignons découpés, ses fontaines gothiques, sert de campement à toute une tribu nomade de bateleurs, de diseuses de bonne aventure, de montreurs d'ours, de propriétaires de femmes colosses, de fabricants de veaux à deux têtes, de dresseurs d'ânes savants, etc. On est en pleine kermesse ; mais à cette heure matinale, la grosse caisse sommeille accroupie sur l'estrade, les cymbales sont muettes, les clarinettes et les trompettes entassées dans un coin ; un boule-dogue galeux veille à la porte de la baraque, et l'hercule du Nord moud du café, tandis que la Vénus napolitaine reprise ses bas.

Les Namurois sont des gens vertueux qui aiment à voir lever l'aurore. Quelques contrevents s'ouvrent, puis des fenêtres, puis des portes ; des hommes et des femmes descendent dans la rue et entrent dans une église d'où ils ne tardent pas à ressortir avec une croix et des bannières ; ils se rendent en pèlerinage dans les environs. C'est à Namur, si je ne me trompe, qu'ont lieu ces fameuses « processions de sauteurs, » *Springprocessionen*. Tous ceux qui y prennent part font plusieurs kilomètres en sautant tantôt sur un pied tantôt sur l'autre.

Lorsque je revins à la gare, un peu avant huit heures, on alignait sur la place des bataillons de tables destinées à supporter l'assaut de cinq à six cents chanteurs : la kermesse se clôture par un festival. De toutes les caves voisines sortaient des files de sommeliers chargés de paniers de provisions et de bouteilles : on se fût cru en plein conte de fées.

Des fenêtres de mon wagon, j'embrasse d'un dernier coup d'œil cette ancienne place de guerre, si forte jadis, et qui eut l'honneur d'être trois fois française. Saint-Simon a raconté d'une manière charmante le siége de Namur par « le roi en personne. » Après la prise du château, les habitants ne pouvaient contenir leurs larmes ; « ils ne pouvaient, ajoute Saint-Simon, regarder un Français, et un d'eux refusa une bouteille de bière à un huissier de l'antichambre du roi, qui se renomma de sa charge et qui offrit inutilement de l'échanger contre une de vin de Champagne. »

La citadelle est encore fièrement posée sur sa pyramide de rocher, mais ce n'est plus qu'un décor. Une batterie de krupps l'anéantirait en vingt-quatre heures. Un peu plus loin, au sommet d'une autre pointe rocheuse, surgit du milieu d'une touffe de vieux sapins la cîme tronquée d'une vieille tour ; autrefois, c'était une sentinelle qui observait l'entrée de la vallée, ce n'est plus qu'un squelette aujourd'hui.

De Namur à Luxembourg, trajet monotone. L'intérieur du wagon me dédommage heureusement de l'absence de paysage ; à droite, j'ai pour voisine une rubiconde Hessoise, « veuve d'un époux adoré. » Sous son chapeau tyrolien, orné d'un voile bleu relevé en huppe, elle roule des yeux de palombe blessée ; elle voyage pour se distraire de son chagrin et parle avec enthousiasme des Folies-Marigny. Son médecin lui avait prescrit ce théâtre, beaucoup plus connu au delà du Rhin qu'à Paris et dans lequel les Allemands viennent étudier la scène française. A ma gauche, j'ai le premier commis d'une maison de blanc de Berlin, qui, prévoyant le prochain mariage de mademoiselle de Bismarck, est allé à Paris s'entendre avec une maison qui a la spécialité des trousseaux et des corbeilles de noces. Un jeune Luxembourgeois, habillé à la dernière mode... de Luxembourg, portant une chemise brodée, une cravate verte et des bottes vernies, me fait vis-à-vis. Son col guillotine ses oreilles qui pourraient servir de voile à une barque de pêcheurs. Sa chevelure, d'un blond fadasse, exhale des parfums de violette rance ; ses gros yeux ronds flottent comme des lotus sur la large et plate surface de son visage. De temps en temps, il fredonne en balançant la tête :

>    Bœuf qui s'avance,
>    Bœuf qui s'avance...

La conversation s'engage sur la musique :

— Moi, nous dit-il, je suis membre de la *Lyre harmonieuse;* nous avons donné ce printemps un grand concert au profit de la *Société protectrice des animaux* parmi lesquels je figure. J'ai chanté le *bœuf;* car, vous savez, on a composé des couplets de circonstance pour chaque animal, qui venait se plaindre à son tour des mauvais traitements de l'homme... Il y avait une demoiselle qui faisait la brebis, et une autre la vache... Nous avons eu un succès ! Je ne vous dis que ça. On a dû en parler à Paris...

>    Bœuf qui s'avance,
>    Bœuf qui s'avance...

« C'est en chantant ainsi que je suis arrivé sur l'estrade. J'avais une tête de bœuf, avec de grandes cornes... J'aurais voulu que des Parisiens me vissent... Moi, voyez-vous, je suis toqué de Paris... J'ai vu Berlin : un trou !... Ah ! Paris... ris... ris ! (Il faisait claquer sa langue contre son palais.) J'y retournerai... On ne s'attend pas à ce qui m'y attend... Je veux vous dire, j'ai inventé un nouveau fusil qui enfonce mausers et chassepots. Et, voyez-vous, j'ai mon idée ! Les Français, ça ne sera jamais, comme l'a dit M. de Bismarck, des républicains sérieux. En échange de mon fusil, je leur demanderai le sceptre de France qui manque de poigne... Moi, j'en ai une ! Faut me voir fendre du bois...

— Vous êtes bûcheron ?

— Non... Je fais la bûche... Je suis dans le bois... Toute ma famille est dans les bois... Excellent commerce, on gagne gros !... Et si don Carlos réussit, je suis riche : les journaux de Madrid ont annoncé qu'il rétablirait l'Inquisition... J'ai fabriqué des fagots spéciaux pour les autoda-fé ; car, voyez-vous, j'ai le flair ; c'est de père en fils chez nous : nous flairons de race.

Il me présenta des cigarettes, me voyant rire de si bon cœur ; comme elles ne sortaient que difficilement de l'étui, il me dit :

— Les cigarettes sont luxembourgeoises ; elles voudraient bien sortir, mais comme le cuir est allemand, il les retient. Nous ne sommes pas Prussiens, Dieu merci ! Mais les Prussiens ont mis le grappin sur nous. Aussi, tout bon Luxembourgeois les déteste jusqu'à « *l'incornifistibulation.* »

A ce mot cocasse, étrange, incompréhensible, le Berlinois dressa les oreilles, et regardant le marchand de bûches en face, il lui dit :

— Monsieur, vous m'injuriez ; je vous demande satisfaction...

Mais le train s'arrêta, nous étions à Luxembourg.

— Monsieur le Prussien, répondit le jeune homme en ouvrant la portière, je ne connais qu'une arme, l'arme de mes pères, la hache ! Si ça vous va, je vais vous conduire dans notre bûcher...

— Insolent ! mauvais drôle ! grommela le Berlinois en détournant la tête avec mépris et en tirant une gourde de sa poche, qu'il offrit à sa voisine, — après avoir bu.

La gare était pleine de gens de la ville et du pays ; tous parlaient cette sorte de patois français dont le jeune marchand de bois nous avait donné un échantillon. Plusieurs mots, d'une résonnance gauloise, ont un sens qu'il n'est pas possible de saisir. On sait que les historiens d'outre-Rhin revendiquent cette province de Luxembourg comme une terre de langue allemande, bien que l'allemand ne soit employé ni dans les actes du gouvernement ni devant les tribunaux.

Vauban tenait Luxembourg pour la première place de l'Europe ; Louvois disait que cette ville était la plus belle et la plus glorieuse conquête que le roi eût jamais faite, et qu'elle « mettait notre frontière en état que les Allemands ne pourraient jamais attaquer le royaume par ce côté-là. » Gœthe, qui y vint, en 1792, écrivait : « Celui qui n'a pas vu Luxembourg ne saurait se faire une idée de cet étonnant édifice de guerre. » La ville avait alors grand air; elle conserva ce fier et belliqueux aspect jusqu'en 1867. On le sait, la conférence de Londres décréta contre elle la peine capitale : ses fortifications furent rasées, et sa garnison prussienne s'en alla avec toutes les malédictions des habitants. Les Prussiens l'ont avoué eux-mêmes : ils ont le don de se faire détester partout où ils promènent leur canne de caporal; les Luxembourgeois les considéraient comme des geôliers et n'avaient aucune communication avec eux; lorsque Berlin tenta de suprêmes efforts à La Haye pour faire entrer le Luxembourg dans la nouvelle Confédération du Nord, ce petit pays fut en proie à la plus vive émotion, et le roi de Hollande, qui n'entendait rien à l'art de trafiquer des peuples, répondit à M. de Bismarck par un refus des plus catégoriques. La Confédération germanique ayant été dissoute à la suite de la bataille de Sadowa, et Luxembourg cessant par le fait d'être une forteresse fédérale, les Prussiens n'avaient plus qu'à décamper. On sait comment ils se firent tirer l'oreille, et comment cette question luxembourgeoise, à la suite de manifestations populaires en faveur d'une réunion à la France, faillit amener une guerre immédiate avec l'Allemagne. Le traité de Londres conjura l'orage qui se reforma bientôt sur un autre point pour éclater en 1870.

L'indépendance du Luxembourg, ainsi que celle des Pays-Bas et de la Belgique, est encore liée aujourd'hui au sort de la France.

Ce printemps, quand M. de Bismarck cherchait de nouveau, comme le loup de la fable, un *tu la troubles*, les journaux allemands donnèrent à entendre que le grand-duché de Luxembourg causait des inquiétudes au chancelier par l'hospitalité qu'il assure aux prêtres et aux religieux chassés de Prusse. On se souvient qu'on annonça que le cabinet de Berlin avait adressé au gouvernement grand-ducal une dépêche analogue à celle envoyée à la Belgique.

II

Saarbrück. — Calomnies prussiennes. — Un spécimen de la littérature nationale du nouvel empire. — Les poëtes prussiens. — Leurs anciens et leurs nouveaux chants de guerre.

La Sarre, dont on remonte le cours en descendant de Luxembourg à Saarbrück, est une petite rivière aux eaux troubles comme la politique prussienne. Par endroits, elle réprime le désordre de ses flots échevelés, et se promène lentement, en faisant miroiter au soleil les longs plis de sa robe. De beaux arbres, jeunes et débordant de séve, semblent accourir pour la voir, et les moissons étendent jusque sur ses rives leur riche tapis d'or. Çà et là, quelques vignes sont disposées en amphithéâtre, puis la vallée se resserre, gardée par de noirs bataillons de sapins. Saarbrück vous apparaît alors dans son pittoresque bas-fond. C'est dans ces sombres et mystérieuses forêts que l'Allemagne embusqua toutes ses hordes. Les chemins de fer étaient insuffisants pour le transport de tant de troupes, et on faisait marcher les soldats de nuit dans les bois, à la lueur des flambeaux. Les généraux français ont commis une première faute, en ne continuant pas leur reconnaissance de Saarbrück, en ne la poussant pas jusqu'aux masses ennemies, qu'ils eussent démasquées, comme le dit M. le colonel Lecomte (1), et peut-être dé-

1 *Relation historique et critique de la guerre franco-allemande en* 1870-1871. Bâle et Genève, libr. Georg.

concertées dans leurs plans en élaboration. Le général Frossard paraît l'avoir désiré, mais il n'en reçut pas l'ordre. Tout le centre français s'arrêta, hésita au lieu d'agir; cette pause fut fatale (1).

Cette affaire de Saarbrück fut bien plus une représentation théâtrale qu'une bataille. On lui donna des proportions ridicules, mais il fallait bien calmer les impatiences et les inquiétudes par quelques coups de canon bruyants. Ils furent inoffensifs. Les Allemands n'en crièrent pas moins qu'on « bombardait une ville ouverte »; que les « horreurs de la guerre du Palatinat allaient recommencer »; et les « cendres de Saarbrück », sur lesquelles toute la presse gallophobe versa des larmes de crocodile, servirent à justifier Bazeilles et les autres atrocités commises pour la plus grande gloire de Dieu, dans tout le cours de la campagne. La gare seule, qui servait de poste prussien, fut détruite. Le général Frossard n'occupa pas la ville. Les patrouilles ennemies y venaient enlever des Français, et des trains essayaient de passer à toute vapeur, au milieu de la nuit. On ne songea même pas à détruire les ponts.

Saarbrück, Spickern et Woerth sont devenus les ber-

---

1 Tout le mérite de la mobilisation prussienne, écrit M. le colonel Lecomte, se trouvant dans une admirable machine administrative, déroulant régulièrement une tâche bien étudiée d'avance, il fallait, même au prix de grands sacrifices, aller détraquer cette machine. Un *raid* à l'américaine, mais renforcé et perfectionné en une avant-garde choisie d'une trentaine de mille hommes, qui, dès le jour de la déclaration de guerre, se serait porté sur Francfort, y serait arrivé et y eût fait merveille. Il semble que le corps du camp de Châlons eût pu aisément être mis à même de tenter l'aventure; elle eût été périlleuse sans doute, mais si la fortune couronne l'audace, c'était ici le cas d'être audacieux. Au pis aller, en succombant honorablement sur le Mein, après y avoir saccagé les chemins de fer à la ronde, cette avant-garde eût réalisé une opération fort utile et frayé la route à la grande armée venant trop lentement derrière elle.

ceaux de toute une littérature nouvelle, destinée à perpétuer le souvenir des « brigandages » des Français, et à célébrer la mansuétude de la blonde Germania et les hauts faits de ses enfants, au cœur candide et pieux.

On se sert de cette littérature comme d'une arme contre la France, et elle est destinée à entretenir ce feu de haine, qu'on appelle au delà du Rhin le patriotisme, et qui couve dans le cœur de tout bon Allemand. Après cela, que M. de Girardin caresse de vieux rêves humanitaires; que, de Berlin, un utopiste folâtre ou stipendié invite la France et l'Allemagne à s'embrasser (1), cela fait simplement hausser les épaules. Pour que la réconciliation fût possible et sincère, il faudrait que l'Allemagne renonçât à inoculer à la jeunesse la haine de l'ennemi héréditaire; il faudrait mettre au pilon tous les livres d'école (2), d'his-

1 Parlant des articles des belliqueuses gazettes qui passent pour recevoir l'inspiration de M. de Bismarck, l'auteur de cette brochure, plus curieuse qu'intéressante et qui a pour titre *Après la guerre*, fait un aveu qui vaut de l'or :

« Il ne faut, dit-il, pour juger du caractère et de la direction d'une politique nationale allemande, attacher qu'une très-mince valeur aux articles de la presse quotidienne; la plupart du temps, la presse allemande n'exprime que les impressions passagères de l'esprit public, ou bien *elle sert aux fins momentanées d'une tactique politique* »

2 Qu'on me permette de citer ici le rapport officiel que M. Rambert, professeur à l'Université de Zurich, fit, en 1875, au Conseil fédéral suisse, sur le groupe XXVI (Education, enseignement, instruction) de l'Exposition universelle de Vienne. M. Rambert examina spécialement tous les livres de lecture en usage dans les écoles européennes; il s'exprime de la sorte sur les *Lesebücher* allemands :

« Plusieurs précis d'histoire français laissent encore de côté l'histoire contemporaine, malgré la tentative faite sous l'Empire pour l'enseigner dans les lycées. Les Allemands, surtout ceux de l'Allemagne du Nord, se sont déjà emparés de la guerre de 1870-1871... Quelques-uns de ces récits sont bien faits, clairs, exacts, sobres de réflexions. Plusieurs sont animés d'un esprit que fait

toire, de poésie, tous les romans, parus depuis cinq ans.
C'est au hasard que je prends un de ces livres pour montrer de quelle manière les vaincus sont bafoués et voués
à la perpétuité de l'affront. Je défie bien les Allemands de
trouver dans toute la littérature française quelque chose
d'aussi vil et de si lâchement odieux. Des ouvrages pareils
sont indignes d'une nation qui peut s'appuyer sur un
million de baïonnettes. Le livre en question est un roman,

assez connaître le titre qu'ont choisi pour le leur MM. H. Keck et Chr. Johansen, dans leur *Norddeutsches Lesebuch* (Halle 1872) : *Das Gottesgericht in Frankreich* (le Jugement de Dieu sur la France). Celui de M. Edouard Bock (*Deutsches Lesebuch für die mittlere und obere Stufe einfacher Schulverhältnisse*, (Breslau 1872), décrit avec complaisance les effets du bombardement de Paris. Il repaît l'imagination des enfants du spectacle des bombes et de leurs ravages, puis il ajoute : « La misère était grande ; mais les Parisiens l'ont bien voulu. Pourquoi se sont-ils entêtés dans une résistance inutile ? » Je pourrais citer un assez grand nombre d'exemples analogues. La plupart de ces récits sont accompagnés des poésies qui ont eu le plus de succès pendant la campagne. Le *Lesebuch* d'Albert Hæster en compte une trentaine environ ; les unes sérieuses, les autres comiques. Le choix n'en a pas été inspiré par un goût sévère. On ne s'attendait pas à trouver dans un livre d'école une pièce qui n'a d'autre mérite que de tourner en ridicule M. Benedetti. La version destinée à l'Alsace-Lorraine compte quelques pièces de moins que les autres, et le récit en prose y est réduit à deux ou trois pages. Je note enfin qu'une des chansons favorites des *Lesebücher* allemands est la pièce intitulée : *O Elsass, o Elsass !* Il est bon que nous sachions, nous autres Suisses, que dans presque toutes les écoles de l'Allemagne du Nord on inculque aux enfants la maxime patriotique qui sert de morale à cette chanson :

> Bis dorthin deutsche Zunge,
> Bis dorthin deutsches Land!

(Jusque-là va la langue allemande, jusque-là le pays allemand.)

En résumé, si l'on croit entrer dans un asile pacifique en franchissant le seuil de l'école, on se trompe. Le monde s'y retrouve avec ses faiblesses et ses passions. On entend dire souvent qu'il

mais un roman aux prétentions sérieuses, un roman militaire et d'histoire contemporaine. Il a pour titre : *Jæger und Turco, oder zwei Nationen* (Chasseur et Turco, ou deux nations), par Egbert Gærschen ; il a été publié à Wurtzbourg en 1872, chez St-Gætschenberger, en deux volumes à couverture rose.

Comme roman, c'est idiot ; comme œuvre de calomnie et de haine, c'est un chef-d'œuvre. L'intrigue est ridicule. Un Français, Vaugirard, qui a été maître d'école en Allemagne, profite de la guerre pour enlever une vertueuse Allemande ; Vaugirard se fait zouave, et la blonde Teutonne, emmenée captive, est plusieurs fois sur le point de perdre son « capital », mais les soldats allemands arrivent à point et la sauvent. Elle tombe dans les mains d'un évêque français, qui en veut faire une religieuse ; enfin, son fiancé, qui combat sous les drapeaux de la Prusse, la retrouve, et lui ayant conquis un trousseau dans une armoire de Saint-Cloud, il l'épouse. Cette extravagance sert de prétexte aux insinuations les plus basses, aux calomnies les plus odieuses et les plus ordurières. On en jugera mieux par des citations. Voici comment (chapitre III, page 49) le romancier allemand parle du maréchal de Mac-Mahon :

« Le maréchal Mac-Mahon, le chef d'armée le plus fêté des Français, était arrivé depuis quelques semaines d'Alger, où il vivait comme un vice-roi. Ses appointe-

---

faut multiplier les écoles, qu'il faut répandre l'instruction, si l'on veut que les hommes deviennent plus sages et que les générations futures puissent vivre en paix. Je crois que c'est la qualité de l'enseignement qu'il faudrait réformer. Ce que j'ai pu voir à Vienne m'a démontré que la génération actuellement assise sur les bancs de l'école s'y prépare mal à être une génération pacifique. La Suisse fera bien de s'en souvenir. Heureusement que, pour inspirer à ses enfants les sentiments d'un patriotisme chaleureux, elle n'a besoin de leur enseigner ni le mépris ni la haine de ses voisins.

ments et son immense fortune lui permettaient de faire de la manière la plus agréable et la plus fastueuse (*pompos*) la promenade à Berlin. Non-seulement il avait avec lui toute une écurie de chevaux de luxe, mais une collection de maîtres d'hôtel et de cuisiniers, et un véritable harem composé de dames du demi-monde, de cocottes de haute volée (*cocotten der nobelsten sorte*), et cela s'explique : le duc de Magenta a vécu pendant si longtemps au milieu des musulmans. Il avait par contre laissé sa femme légitime à la maison... (Il y a ici un passage si injurieux, que je ne veux pas le traduire.) Ces favorites avaient avec elles un tel train de crinolines, de chignons, de robes de soie, de chapeaux, qu'elles retardèrent de plusieurs jours la marche des armées. Mais est-ce que cela importait, et qui pouvait en faire un reproche au maréchal? Pas l'empereur, certainement, lui qui était entouré de toute une valetaille dorée et qui partait en guerre avec ses cuisines... »

Cela continue sur ce ton pendant plusieurs pages. Mais ce ne sont que les doux trémolos de l'ouverture. Si vous voulez savoir comment ces Peaux-Rouges de Français massacraient les blessés allemands, lisez ce passage plein d'édification :

« ..... Wœrth fut pris une seconde fois aux Allemands. Les rues du village étaient jonchées de blessés; les turcos, ces sauvages fils du désert, furent sans pitié : ils tombèrent sur les malheureux soldats allemands, le couteau à la main, et, selon leur habitude, leur détachèrent la tête du tronc. Des bandes de paysans fanatisés, conduits par leur curé, arrivèrent bientôt à Wœrth; ils assassinaient froidement les blessés et mettaient dans la bouche de ceux qui demandaient à boire des membres fraîchement coupés (*ein abgeschnittenes Glied*)...!!! »

Pendant que cette scène d'horreur se consommait à Wœrth, que faisait-on aux Tuileries? M. Egbert Gœrson va nous le dire, car il faut bien que l'univers sache que, si la France a déclaré la guerre, c'est à l'instigation du pape et des jésuites :

« Dans le somptueux palais des Tuileries, lisons-nous à la page 113, une femme au visage soucieux était assise devant un petit bureau : c'était Eugénie de Montijo, qui se faisait encore appeler impératrice des Français. Il était très-matin, et ni ses femmes de chambre ni ses modistes n'eussent osé se présenter. L'impératrice, dans une toilette un peu négligée, rédigeait une dépêche. Son confesseur, l'abbé Bauer, se tenait dans l'embrasure d'une fenêtre et causait avec un moine espagnol qui avait dû fuir sa patrie en compagnie de la vertueuse Isabelle et de son fidèle Marfori. Ce moine, qui avait longtemps gouverné, avec la sœur Patrocinio, la conscience et les États de la pieuse Isabelle, avait la figure d'un véritable polisson (*sic*). Il avait été envoyé par la reine d'Espagne aux Tuileries, pour essayer de renouer des relations qui avaient été rompues.

« Eugénie déposa sa plume, et se tournant vers le moine, elle lui dit :

« — Révérend père, où est donc cette bénédiction divine que vous nous aviez promise avec tant d'assurance, si nous déclarions la guerre à ces hérétiques de Prussiens afin de pouvoir rétablir l'unité de notre sainte Église ? Nous avons tâché, vous le savez, de faire coïncider la déclaration de guerre avec la promulgation du dogme de l'infaillibilité... Mais le ciel nous a abandonnés, père Ignace, et moi qui ai poussé l'empereur à cette guerre, je crains qu'il ne nous en coûte notre trône...

« Le père Ignace, prenant l'attitude d'un saint Louis, répondit avec une mimique étudiée :

« — C'est le ciel qui t'éprouve, pieuse impératrice ; mais il ne t'a pas abandonnée. — Sa Majesté a-t-elle récité dix *Ave* à saint Arbue pour qu'il intercède pour elle auprès du sacré cœur de Marie ?

« — Oui, révérend père.

« — Et avez-vous allumé de nouveaux cierges devant l'autel de Notre-Dame-des-Victoires ?

« — J'ai fait tout cela, révérend père ; j'ai également télégraphié à mon cousin, Son Eminence le cardinal Bonaparte, afin qu'il demande encore une fois au Saint-Père la bénédiction de nos armes.

« — En ce cas, la victoire est assurée. J'ai trouvé hier un trèfle à quatre feuilles, auquel j'ai fait toucher les reliques de saint Dionyse ; si Sa Majesté veut l'envoyer à son fils, elle est certaine qu'il sera préservé, en le portant sur lui, de toute atteinte des balles.

« La bigote Espagnole prit avec joie ce précieux présent et baisa la main sale du vilain moine.

« L'abbé Bauer s'approcha alors de l'impératrice, avec ses manières de petit abbé de cour, et chercha à la consoler, etc., etc. »

Rien de plus inepte que le discours mis dans la bouche de M. l'abbé Bauer. Le moine espagnol, qui appartient naturellement à l'ordre des Jésuites, revient à la charge et adresse un sermon en trois points à l'impératrice pour lui prouver, — je le donne en cent, — que « les diamants de la couronne de France appartiennent à l'Église. »

L'impératrice n'en est pas très-convaincue, mais elle se laisse toucher ; elle consent à donner le Régent à l'ordre de saint Ignace et à envoyer un autre diamant au pape pour orner un ostensoir.

Nous voyons arriver ensuite le comte de Palikao ; « la finesse du renard alliée à la férocité du loup se voyait sur son visage. »

Le général Cousin de Montauban rassure l'impératrice sur les sentiments de la population parisienne, et après lui avoir communiqué les ordres envoyés au maréchal de

Mac-Mahon, il ajoute : « Le maréchal a pour officier d'ordonnance un capitaine de zouaves nommé Vaugirard; c'est un défenseur héroïque de sa patrie, un ennemi juré des Prussiens. Il croit que le meilleur moyen de terminer la guerre est de faire sauter le roi de Prusse, Bismarck et de Moltke. »

Ce projet fait sourire l'impératrice; mais le comte de Palikao le lui développe en ces termes : « Vous connaissez les puissants moyens de destruction découverts par la chimie. Le ciel a préservé l'empereur des bombes d'Orsini, nos ennemis ne seront peut-être pas aussi heureux. Nous ferons une mine à l'endroit où doivent passer le roi de Prusse, les princes Bismarck et de Moltke. Le capitaine Vaugirard nous a proposé ce moyen et il veut l'essayer; un congé lui a été donné dans ce but. »

Le père Ignace ne peut plus tenir sa langue. Prenant la main du comte de Palikao, il s'écrie : « Un plan excellent, monsieur le ministre, un plan qui sauvera la France! Pas de ménagements envers ces brigands, ces assassins, ces barbares qui sont hors la loi : ces hérétiques! Si le brave capitaine réussit, notre ordre lui donnera une récompense; s'il échoue, l'Église priera pour lui. Oh! oui, il y a encore des hommes résolus en France, et ils nous délivreront de ce Guillaume, de ce Bismarck; le clergé donne l'exemple : ne voyons-nous pas tous les curés de campagne à la tête des francs-tireurs? Si vous avez besoin de moi, monsieur le ministre, pour transmettre des ordres à Bazaine, à Canrobert, à Mac-Mahon, je puis facilement tromper les barbares à l'aide de ma soutane et de la croix de Genève. »

L'impératrice donne encore audience à une dame vêtue de noir. Sur un regard de sa souveraine, le jésuite s'est caché dans l'embrasure d'une fenêtre, pour tout entendre. Cette dame est la comtesse de Clermont. Elle vient raconter à l'impératrice la défaite de Wœrth. « Toutes les dames de la suite du maréchal sont-elles heureusement rentrées? » lui demande Eugénie. — « Sauf une, Claude Follard, répond la comtesse ; elle est restée dans un fourgon ; mais le prince royal lui a rendu la liberté ; c'est un bel homme que ce prince, avec des yeux bleus et une barbe pleine, mais il est *terriblement vertueux*, et les généraux de sa suite sont *tous des vieillards!*

« Là-dessus, la comtesse, bien qu'elle soit en grand deuil, pousse un bruyant éclat de rire. Eugénie rit avec elle, puis ajoute : — Nous verrons bien si les cœurs de ces barbares sont de triple airain. Suivant des conseils qui nous ont été donnés, nous avons envoyé à Laon un choix de jolies femmes auxquelles ne résisterait pas saint Antoine lui-même. Le prince Frédéric-Charles m'en dira des nouvelles... »

Un chapitre entier est consacré à la bataille de Sedan. « Le duc de Magenta propose, dit M. Egbert Gærschen, et la régente dispose. A peine le maréchal est-il arrivé à Reims, qu'il reçoit de nouveaux ordres de la régente, dont la volonté est au-dessus de celle de l'empereur. Mac-Mahon voudrait bien se débarrasser de cette femme, qui n'y comprend rien ; mais, avant d'être général, il est soldat et esclave de l'obéissance passive. »

Vaugirard, portant la croix de Genève, est introduit, par ordre du général Ducrot, auprès du général Theramin d'Ham, qui commande la forteresse de Laon ; et quand arrive l'état-major prussien, il met le feu au magasin des poudres ; le duc de Mecklembourg seul est blessé.

Nous arrivons devant Paris. L'auteur daigne délivrer un brevet de capacité à Jules Favre, « le plus entendu des chefs de la nouvelle République », dont il raconte le voyage à travers les lignes prussiennes. « Lorsque Jules Favre revint de Ferrières, ses cheveux étaient gris ». Nous retrouvons aussi, « sous les murs de Babylone », le « sémillant » abbé Bauer « avec un grand sabre et un revolver à la ceinture, le brassard de *l'Internationale* au bras, un chapeau à la Rinaldini, surmonté d'une plume. M. l'abbé est dans l'ambulance de la presse, et sa situation lui permet de se retrouver au milieu de ces belles et galantes dames qui, bien plus par mode que par patriotisme, emploient leur temps à soigner les blessés et les malades. »

M. Egbert Gærschen introduit le lecteur jusque dans le café de Madrid. Vallès, le nez dans son verre d'absinthe, tient le haut bout de la conversation; le peintre Courbet, un paysan dégrossi (*lackirte Bauer*), plein de bière et de lui-même, rit dans sa barbe de capucin. A la table des politiqueurs, on voit Vermorel, élancé comme une perche à houblon, avec des lunettes, les cheveux frisés; et Paschal Gousset, « bel homme, ganté, pommadé, avec un nœud de cravate irréprochable, et sentant le patchouli. »

De Paris, la scène du roman se transporte à Orléans. Voici le commencement du chapitre intitulé · *Une nouvelle Pucelle d'Orléans ;*

« Trochu avait assuré le pape par écrit, que dès que la France serait délivrée de ses ennemis, elle lui rendrait la puissance temporelle. Le Vatican prêcha alors la guerre sainte; et le haut clergé français entra résolûment en campagne. Malgré l'alliance de Gambetta avec Garibaldi, les prélats sortirent de leur réserve les uns après les autres, et envoyèrent leurs séminaristes se faire soldats. L'évêque d'Angers, le cardinal archevêque de Bordeaux, parlèrent de la mission sainte de défendre le territoire. Mais le plus zélé de tous, fut l'archevêque d'Orléans, Mgr Dupanloup, qui voulut jouer le rôle d'un de ses prédécesseurs, saint Aignan. Il envoya même des lettres à Dieu (*sic*), pour qu'il détruisît les barbares, et, aidé de Trochu et du père Ignace, il résolut de mettre en scène une nouvelle pucelle d'Orléans, afin d'empêcher la France d'être *protestantisée*. »

Mais en voilà assez pour qu'on connaisse les tendances de ce livre, qui peut être regardé comme le type des romans nationaux allemands écrits depuis la guerre. On en compte par centaines, et il en paraît chaque année de nouveaux. On ignore tout cela à l'étranger. Quelque répugnance qu'on en puisse éprouver, il est nécessaire cependant qu'on descende dans ces cloaques de la littérature teutonique ; c'est par des écrits de ce genre qu'on creuse le fossé de haine et qu'on a un peuple toujours prêt à se ruer sur « l'ennemi héréditaire », sur la « brute gauloise. » Quand on parcourt aujourd'hui l'Allemagne, on est effrayé de cette haine du vainqueur contre le vaincu ; mais on se l'explique en lisant les livres d'école, les almanachs, les romans, les journaux, en entendant les chansons et les discours des « bons Allemands. » De quelque côté qu'on se tourne, on ne voit plus que des descendants d'Hermann « le vainqueur des Latins. » Heine les connaissait déjà, ces sauvages patriotes, et il nous en a fait un portrait d'une ressemblance photographique : « Ils nourrissent tous, dit-il, une haine patriotique germanique contre la Babylone française, contre l'invention du savon, contre la grammaire grecque païenne de Thiersch, contre Quintilius Varus, contre les gants et contre tous les hommes qui ont un nez décent. »

Le troupeau sacré qui broute sur l'Hélicon allemand n'a pas voulu non plus rester en arrière. Immédiatement après la capitulation de Paris, il est accouru tout fumant d'inspiration, pour détacher aussi sa ruade au lion terrassé. Ça a été alors un branle-bas général. Cédant à l'entraînement patriotique, les rois poëtes ont pris leur harpe et dansé en chantant devant l'arche de l'alliance nouvelle ; les vertueuses Gretchen, tourterelles lasses d'aimer, qui veulent haïr, comme dit Heine, se sont mises à imiter sur leur piano les charges de cavalerie et les bombardements des villes ; elles ont chanté, dans des élans de saint enthousiasme, l'incarnation d'Arminius dans la personne de l'empereur, et anathématisé « le mensonge welche, la perfidie welche, l'immoralité welche, la corruption welche », en opposant à toutes ces horreurs « l'honnêteté allemande, la chasteté allemande, la piété allemande, la conscience allemande et toutes les vertus que Dieu a récompensées d'une manière si éclatante en faisant passer 5 milliards des poches françaises dans les poches allemandes. »

« Bien que l'empereur Guillaume, dit M. Cherbuliez, dans une très-savante et très-fine étude sur les *Poëtes militants* du nouvel empire, — bien que l'empereur Guillaume passe pour goûter médiocrement la poésie, il a eu l'honneur de rajeunir un genre littéraire qui était tombé en désuétude, et dont il a donné d'excellents modèles dans ses lettres à la reine, d'une inspiration toute biblique, pleine du Dieu d'Israël et des batailles. L'impérial écrivain a fait école, mais ses nombreux disciples ne l'ont pas égalé ; il leur manque je ne sais quoi qui ne se laisse pas imiter. Nous nous souvenons cependant d'avoir lu dans la *Gazette de la Croix*, peu après la conclusion de la paix, une poésie très-sacrée et très-hébraïque qui avait un assez beau caractère : « Nos prières ont converti les champs de bataille en autels, et maintenant nos guerriers reviennent couverts de gloire et chargés de butin (*Beutelschwer*). »

Dans le *Psaume* contre Babylone, du poëte Geibel, on lit des versets de ce genre : « Nous ne pardonnerons pas avant qu'agenouillés et vous reconnaissant pécheurs, vous ayez abjuré l'esprit de mensonge et demandé grâce au Seigneur qui vous juge. » Et à la fin d'une autre pièce qui fait partie des *Appels du hérault* (Heroldsrufe) : « Que celui qui pendant la guerre marchait devant nous dans une nuée de feu donne à notre peuple la force *de vaincre une fois encore*, la force d'extirper des cœurs la noire semence du mensonge, et tout ce qui reste de welche dans les pensées, dans les mots et dans les actions, — *das Welchsthum auszumerzen in Glauben, Wort und That!* »

Mais ce qui n'est pas moins instructif à savoir, c'est que les poëtes allemands n'ont pas attendu 1870 pour prêcher la croisade, conquérir l'Alsace et la Lorraine; en 1844, dans une de ses poésies patriotiques, Geibel s'écriait déjà : « ...Plutôt que de pourrir par un cancer intérieur, je voudrais rencontrer l'ennemi sur le champ de bataille. Oui; je bénirai trois fois l'heure où flamboiront les épées sorties du fourreau, où sur les bords de la Moselle et de l'Oder, au lieu de venimeuses paroles de disputes, les balles pleuvront. Oh! si je voyais demain la clarté du soleil se mirer dans les casques des escadrons! si demain nous faisait entrer dans le pays de l'ennemi!... Guerre, guerre! donnez une guerre pour remplacer les querelles qui nous dessèchent la moelle dans les os. L'Allemagne est malade à en mourir, ouvrez-lui donc une veine. »

Un autre poëte, M. Emile Ritterhaus, a rendu aussi des oracles, et ses prophéties furent récitées au théâtre d'Elberfeld, le 1ᵉʳ janvier 1861. Il voyait, entre autres choses merveilleuses, dans un avenir rapproché, « étinceler des feux de joie sur les Vosges; et sur la cathédrale de Strasbourg, parée de nouveaux lauriers, flotter la bannière allemande. » Depuis trente ans aussi l'anniversaire de la bataille de Leipsig se célébrait sur tous les théâtres par des pièces patriotiques qui faisaient rugir de haine l'Allemagne entière.

Et en France, on ne voyait rien, on n'entendait rien, on ne se doutait de rien. Tous ces symptômes menaçants passèrent inaperçus; on croyait que les poëtes allemands faisaient encore leur cour à la lune, et que le général Boum pouvait en remontrer à M. de Moltke.

# III

Le monument de Spickern. — Les chemins de fer stratégiques allemands. — Le Palatinat bavarois. — Kaiserslautern. — Sa défense contre les Français. — Son hôtel et son théâtre.

On ne s'arrête pas longtemps à Saarbrück. Seul, le monolithe qui s'élève sur la hauteur de Spickern et autour duquel les Allemands *dansèrent* en 1872, pour fêter dignement la mémoire de leurs héros, rappelle les tragiques événements dont cette vallée a été le théâtre. La bonne nature a touché de sa baguette de fée les champs ensanglantés et ravagés, et aussitôt cette longue table du festin de la mort s'est couverte de fleurs souriantes, et les oiseaux du ciel ont recommencé leurs nids et leurs chansons. Sous leur tertre verdoyant, Germains et Gaulois attendent en paix le jour du grand réveil. Saarbrück lui-même ne porte plus de cicatrices. La gare a été reconstruite et a acquis une haute importance stratégique. C'est le point de raccordement, le grand carrefour des lignes de Cologne, Mayence, Mannheim et Carlsruhe. Deux nouveaux embranchements ont été établis de Zweibrücken à Neustadt et Landau, et de Zweibrücken à Forbach. Un tronçon, qui date de l'an dernier, relie également Forbach à Thionville. Le nouveau chemin de fer de Saarlouis rapproche de deux ou trois heures la forteresse de Metz de celle de Mayence.

La forteresse de Coblenz, à laquelle on travaille beaucoup en ce moment, est aujourd'hui voisine de Luxembourg, grâce à la voie ferrée qui arrive directement à Trèves. Quand on voit, sur la carte, toutes ces lignes sortant du Rhin, il semble qu'on assiste à l'invasion d'une bande de reptiles, agitant leur tête menaçante du côté de la Belgique, de la France et de la Suisse. L'Allemagne a consacré, depuis la guerre, des sommes fabuleuses à la construction de ses chemins de fer stratégiques. Tandis que la France n'avait, en 1869, que 15,920 kilomètres de voies ferrées, l'Allemagne en possédait déjà 17,593. Actuellement l'empire allemand n'est surpassé que par la Grande-Bretagne, qui possède 25,900 kilomètres de voies ferrées. L'Allemagne tout entière en a 24,798 kilomètres en exploitation, ce qui lui donne le 4ᵉ rang, eu égard à la superficie, le 3ᵉ par rapport au chiffre des habitants. En effet, l'Allemagne a 2.53 kilomètres de chemins de fer par mille carré, la Belgique, 6.28, l'Angleterre 4.52, et la Hollande 2.92. Sous le rapport de la population, l'Angleterre a 8.14 kilomètres de chemins de fer par 10,000 habitants, la Belgique 6.62, et l'Allemagne 6.04 [1].

C'est la Prusse qui a pris en main, depuis 1870, l'administration de tous les chemins de fer de l'empire. Les locomotives, les wagons, font partie du matériel de l'armée et sont desservis par des employés spéciaux, qui portent l'uniforme, et dont le service dans les chemins de fer compte comme le service dans l'armée.

[1] Vers la fin de 1870, la Prusse seule possédait 1,524 milles (11,430 kilomètres) de chemins de fer ayant coûté en moyenne 548,000 thalers par *mille*, et ensemble 835 millions de thalers. (3,122,225,000 fr.)

Actuellement, c'est-à-dire après cinq ans, la Prusse possède 2,300 milles (soit 17,250 kilomètres) de chemins de fer, dont le coût moyen a été de 610,000 thalers par mille, soit ensemble 1,400 millions de thalers (5,250,000,000 francs). Ce sont donc 2,138,000,000 francs qui ont été dépensés en cinq ans pour 5,820 kilomètres de chemins de fer.

Il y a de plus les « bataillons de chemins de fer »; leur l'effectif vient d'être porté de 3,000 à 6,000 hommes. Ce corps est spécialement chargé de réparer les lignes détruites, de maintenir et d'assurer les communications en pays ennemi.

En cas de mobilisation, le matériel est disponible en tout temps et à toute heure.

« *Toujours prêt!* telle est la devise du nouvel empire, me disait un jeune sous-officier. Nous ne nous reposons pas sur nos lauriers; jamais nous n'avons plus travaillé qu'après les victoires de 1870-1871. Notre organisation militaire a été perfectionnée d'après l'expérience acquise sur les champs de bataille; nous avons transformé l'ancien matériel et changé deux fois de fusil; nous avons essayé sans bruit et sans convoquer l'Europe, comme l'a fait M. Thiers à Trouville, canons après canons; chaque jour nous faisons des expériences nouvelles dans des camps spéciaux d'artillerie. Nous sommes si peu sûrs du maintien de la paix que nos forteresses sont toutes armées de leurs canons, nos magasins remplis de vivres et de fourrages. Au premier signal, dix-huit corps d'armée, composés chacun de 40,000 hommes, sont en état de se mettre en campagne; et les soldats savent d'avance que le plan qu'on leur fera suivre est depuis longtemps étudié au grand état-major de Berlin. »

Ces choses sérieuses sont utiles à rappeler; que la France suive d'un œil attentif les progrès militaires de ses voisins, si elle ne veut pas être prise à l'improviste. L'Allemagne est aujourd'hui, plus que jamais, un peuple guerrier campé au milieu de l'Europe [1].

De Saarbrück à Kaiserslautern, c'est une promenade, comme de Paris à Fontainebleau, avec cette différence toutefois, que la contrée est des plus romantiques. On longe des chaînes de montagnes, chargées de hautes

[1] « Personne ne peut ignorer, disait M. le ministre des finances

forêts de sapins ; on traverse des vallons fertiles et riants couverts de blés mûrs, d'arbres fruitiers et de belles maisons, qui semblent fières de se montrer aux yeux des étrangers. Nous sommes ici dans la Bavière rhénane. C'est la partie la plus peuplée et la plus riche de la monarchie. Sur les coteaux, exposés au midi, on vendange un raisin que les honnêtes maîtres d'hôtel allemands vous vendent pour du johannisberg ; des flancs escarpés de ces montagnes, qui s'entrelacent fraternellement, on extrait du fer, du cuivre, du charbon de terre. On y a aussi découvert plusieurs mines de sel. La Bavière rhénane fournit également ce fameux kirsch de « la forêt Noire », qui a tourné à l'aigre depuis qu'il sort des alambics prussiens. Ce sont les soldats français qui ont fait sa réputation. Au temps de Louis XIV et de Napoléon I$^{er}$, les rieuses Bavaroises attendaient sur le seuil de leurs portes le passage des « gais Français » pour leur offrir et leur kirsch et leur cœur. Sur une des portes de la petite ville de Landau, fortifiée par Vauban, on voyait encore en 1871 la devise de Louis XIV, avec un soleil éclairant un globe terrestre : « *Nec pluribus impar.* » Malgré son amour pour le siècle du Grand Roi, Louis II a dû obéir à un ordre venu de Berlin : il a fait gratter la devise et décrocher le soleil.

A la suite de l'occupation française, Landau perdit presque entièrement son caractère allemand. Un voyageur qui s'arrêta dans cette ville en 1830 écrivait : « Les habitants n'y savent plus leur langue ; la génération

Camphausen, dans la séance du Reichstadt du 21 novembre 1875, personne ne peut ignorer que l'empire allemand, cette grande puissance située au milieu du continent européen, est une garantie de paix (?) et que cette garantie serait ébranlée si nous négligions d'entretenir nos institutions militaires, de façon à ce qu'elles ne puissent parer aux dangers éventuels. » (Très-vrai ! à droite et dans les rangs des nationaux-libéraux.)

actuelle parle français. Il est très-regrettable qu'on ait mis à Landau une garnison bavaroise : c'est une garnison prussienne qu'il fallait. »

Près de Zweibrücken, un petit prince bavarois, nommé Charles, entretenait sur une montagne 800 chiens de chasse, 800 chats et 1,500 chevaux. Toutes les issues du Karlsberg (c'est le nom de la montagne) étaient gardées par des soldats. On y célébrait chaque année une fête de Diane, qui se terminait en fête de Vénus. Parmi les cabinets curieux du château du prince Charles, le plus innocent et le moins oriental était celui qui renfermait une collection de 1,000 pipes différentes.

Kaiserslautern, où je suis depuis hier, n'a ni cathédrale, ni palais, ni musée à montrer au visiteur. C'est une vieille ville qui s'est modernisée. Elle a troqué ses anciens remparts contre des rues alignées au cordeau, aux vitres bombées et aux contrevents verts; elle a fait de son antique église une remise à foin, et va prier dans un temple neuf, aux murs badigeonnés et aux tableaux qui proclament le siècle lumineux de la photographie et de la chromolithographie. Mais si Kaiserslautern n'a plus aucun attrait de curiosité par lui-même, les souvenirs historiques qui s'y rattachent en font cependant un séjour plein d'intérêt.

La course aux étymologies est un exercice amusant en voyage, a dit un spirituel touriste ; un nom de ville, de montagne, de ruine, est une énigme que la géographie vous jette en passant, et on s'amuse à en chercher le mot. Kaiserslautern doit son nom à un château que Barberousse fit construire près du village de Lautern, au milieu des bois. Le grand empereur y venait oublier les soucis de la couronne, dans les plaisirs de la chasse et de la pêche. La présence de la cour attira des nobles et des artisans; le village s'agrandit. Barberousse y fonda un hôpital et un couvent. Les paysans de Kaiserslautern vous racontent encore que chaque année, le jour anniversaire de la mort de l'empereur, l'ancien château renaît de ses ruines et s'élance majestueusement vers le ciel. Il en sort un long cortége de spectres enveloppés de manteaux noirs, et montés sur des chariots de feu. Le cortége traverse la ville à la nuit tombante, et rentre en toute hâte au château, comme emporté par un ouragan. On voit alors une grande lueur, puis tout disparaît.

Kaiserslautern fut assiégé par les Suédois et pillé par les impériaux. A la suite de cette dévastation, la famine fut si grande que les hommes, dit la chronique de la ville, se tuaient les uns les autres pour se manger ; le frère dévorait sa sœur décédée ; la mère étranglait ses enfants. A Bergzabern, une jeune fille de onze ans tua un garçon de quinze ans et le mangea. Vers la fin de l'an 1644, les impériaux quittèrent Kaiserslautern, et les Français prirent leur place. Ceux-ci rendirent la ville à son maître, le comte palatin Louis-Philippe. Après la guerre du Palatinat, Kaiserslautern fut donné en gage à Louis XIV. Pendant la guerre d'Espagne, le lieutenant général comte de Dillon s'en empara de nouveau et fit prisonnière toute la garnison.

La Révolution française éclata. Nos armées avaient franchi le Rhin. Un soir la nouvelle se répand à Kaiserslautern qu'une colonne française approche. Aussitôt on ferme les portes de la ville, on se barricade, et l'on se berce du téméraire espoir d'arrêter l'ennemi. La nuit était venue, quand la colonne républicaine s'arrêta au pied des murs de Kaiserslautern et tira quelques coups de canon pour effrayer les habitants.

— Malheureux, dit à ses compatriotes un jeune homme nommé Gervinus, malheureux, que faites-vous? Vous n'arrêterez pas les Français, et ils incendieront notre ville.

Chacun comprit la maladresse qu'on venait de commettre, mais comment la réparer?

Gervinus tira ses concitoyens d'embarras et les sauva, en se glissant de l'autre côté des remparts et en allant mettre le feu à une grange qui couronnait la hauteur.

A ce moment, le général français s'avança pour faire les sommations d'usage : les portes s'ouvrirent toutes grandes, et les magistrats déclarèrent qu'il était d'usage, quand un incendie avait lieu dans les environs, de fermer les portes de la ville.

— Vous êtes donc sorciers, répliqua le vieux général d'un air incrédule ; vous savez à l'avance les incendies qui éclatent.

Il fit entrer ses troupes; elles campèrent dans les rues, et le lendemain on planta un arbre de la liberté autour duquel dansèrent Français et Allemands.

Une année plus tard, le 29 novembre 1793, Kaiserslautern fut témoin de la bataille que le jeune général Hoche livra au vieux duc de Brunswick, sur l'Osterberg. Le combat dura trois jours. Les Français, épuisés, luttant contre un ennemi deux fois plus nombreux, durent battre en retraite en laissant quatre mille morts.

Napoléon visita le champ de bataille en 1804, en compagnie de ses maréchaux et du maître forestier Rettig, qui lui servait de guide. Il se fit raconter toutes les péripéties de la bataille, et, se tournant ensuite vers son état-major, il lui expliqua les fautes que, selon lui, Hoche avait commises.

Kaiserslautern, capitale du Palatinat bavarois, est une ville libérale et protestante. Mais les gros bonnets du parti national-libéral ne fréquentent point les vulgaires brasseries démocratiques : ils se réunissent chaque soir autour d'une table spéciale de l'hôtel Karlsberg, où je suis descendu. Ils boivent des vins fins, mangent des filets de chevreuil à la confiture de groseille et jouent des pièces de vingt marcs. Ce sont des gens rubiconds et pansus. Des chaînes en chrysocale décorent leur gilet, et quelques-uns portent le portrait de l'ermite de Varzin monté en épingle de cravate.

Il y a deux journaux à Kaiserslautern ; l'un républicain, l'autre national-libéral. Toutes les annonces officielles ont été retirées à la première feuille pour être données à la seconde. Vingt fois déjà le bureau de la presse de Berlin a fait des offres splendides au journal républicain ; et pour punir son obstination dans les refus, on vient de condamner son rédacteur à huit mois de prison. Le *Volkspartei* (parti du peuple ou parti républicain), que les victoires de 1870 avaient frappé d'un coup mortel, commence de nouveau à donner signe de vie. Il grandira avec le mécontentement que provoque le régime prussien dans les classes populaires. De même que le parti socialiste, c'est la boule de neige qui peut devenir avalanche.

En me promenant dans la ville, j'ai remarqué que les femmes de Kaiserslautern portent des bas violets comme les évêques, et se mouchent dans leur tablier. On est plus avancé qu'à Berlin, où l'on se sert généralement du pouce et de l'index.

Le premier libraire de Kaiserslautern est en même temps marchand de couteaux ; le second libraire vend des fruits secs et des caramels en même temps que les poésies de Schiller et les romans de M. Gustave Freytag.

Le théâtre de la ville ressemble à une grange. On raconte qu'un jour, une voix cria du parterre aux galeries :

— Tas de bœufs, restez un peu tranquilles !

— Faites excuse, riposta un loustic ; ici c'est la grange, en bas c'est l'étable.

Les coulisses donnent dans la buvette. On y voit, pendant les entr'actes, don Carlos partager un bock avec sa mère, Guillaume Tell présenter une saucisse à Gessler, le docteur Faust fumer une pipe, et Hamlet méditer sur un os de jambon. Longtemps, le premier acteur du théâtre de Kaiserslautern fut à la fois comédien et tailleur. La jeunesse dorée de la ville, — les fils des fabricants de papier et de poterie, — viennent ici conter fleurette aux Gretchen modernes, plus habituées à plumer des pigeons qu'à effeuiller des marguerites.

# IV

Worms vu de l'hôtel de la gare. — Les quatrièmes classes en Allemagne. — Une anecdote racontée par Schopenhauer. — Ce qu'on voit dans les hôtels bourgeois. — La femme en Allemagne. — Un descendant d'Hermann-le-Chéruque. — La fête do Teutobourg. — Un concurrent de Guillaume Tell. — Le perroquet patriote. - Échos du tir de Stuttgard.

Je suis à Worms depuis une heure. C'est la ville des Niebelungen, de Charlemagne et de Luther. La poésie, l'histoire et la religion couronnent Worms d'une auréole éternelle. De la terrasse de l'hôtel où j'écris, en face de la gare, je vois des flèches de clochers, des tours gothiques, des pans de vieux remparts, des pignons pointus, des nids de cigognes ; et quand je ferme les yeux, les abbayes défilent avec leurs bannières, les hommes d'armes se promènent sur les ponts-levis, le prince évêque passe à cheval ; le moyen âge est ici dans toute sa beauté décorative et pittoresque, et sa vivante image revient sans effort à la pensée.

Avant de sortir du jardin de mon hôtel, je veux dire comment et en quelle compagnie je suis arrivé.

J'ai pris les troisièmes classes. Ce ne sont pas les dernières, car on trouve sur les chemins de fer allemands, des quatrièmes classes dont les wagons, sans banquettes, ne diffèrent pas beaucoup de ceux du bétail. On se couche, on s'accroupit, on s'entasse comme des veaux. Ceux qui voyagent la nuit ont soin de prendre avec eux une couverture ou un matelas. N'était la crainte de voir se précipiter sur moi, par haine nationale, tous les animaux dont les chevelures teutonnes sont peuplées, j'eusse franchi le seuil d'un de ces wagons. L'intérieur en est original comme celui d'une *posada* espagnole. Les femmes, la tête de leur enfant sur les genoux, se livrent à des chasses sauvages ; étendus sur des sacs de paille, des paysans aux hautes bottes fument leur pipe en jouant aux cartes et en buvant de l'eau-de-vie. Des *gesellen*, compagnons en tournée d'Europe, et qui ont marché toute la nuit, pansent leurs pieds blessés. Des conscrits en veste et pantalon de toile, achèvent mélancoliquement un bout de saucisse paternelle. Des joueurs d'orgue et de cornet à piston ; des harpistes, des montreurs d'ours, des mendiants nomades, grouillent dans un coin. On dirait une petite *Cour des Miracles* ambulante. Quels types, quels haillons, quelle crasse ! Et comme une bonne petite guerre, — des villes à prendre, des maisons à piller, des banquiers et des pendules à arrêter — ferait bien les affaires de ces gens-là.

J'aurais voulu entendre les échos de cette misère, surprendre le cri de la bête. Ce n'est pas en voyageant en première classe, avec des Russes, des Anglais et des Américains, qu'on apprend à connaître le peuple allemand. Ce n'est pas non plus en descendant dans les hôtels de « premier rang » qu'on s'initie à sa vie, qu'on sait ses pensées et ses préoccupations, qu'on saisit ses désirs, qu'on comprend ses joies et ses souffrances. Ce qu'on voit aujourd'hui dans les premiers hôtels, ce sont des officiers sablant force Champagne, payable à la prochaine rançon. Chaque fois que le philosophe Schopenhauer était obligé d'y descendre, il plaçait une belle pièce d'or devant son couvert, et en se levant de table, il la remettait soigneusement dans son porte-monnaie. Des officiers qui avaient observé ce petit manége trois jours de suite, voulurent en avoir l'explication : « Que voulez-vous ? leur répondit-il, je suis un philosophe à la manière de Diogène, et j'ai fait vœu de donner cette pièce d'or à un pauvre, le jour où vous et vos collègues cesserez de parler de femmes et de chevaux; voilà dix ans que j'attends. »

Descendez, par contre, dans un modeste hôtel de second ou de troisième ordre, vous vous y trouverez au milieu de bourgeois, de *philistins*, d'industriels, de commis voyageurs, de petits rentiers, de professeurs qui discutent leurs intérêts, parlent de la grandeur de l'Allemagne et du prix trop élevé de la choucroute, de l'abaissement de la France, des escargots, des Jésuites, des tourne-broches mécaniques, de Richard Wagner, des îles Frij, de l'immortalité de l'âme, du ballet de l'opéra de Berlin; ils commentent les journaux et se déboutonnent sans gêne, jusqu'à ces deux derniers boutons auxquels on ne touche pas impunément : l'empereur Guillaume et M. le prince Otto de Bismarck. Le soir, les bons pères de famille de la ville, les conseillers auliques et secrets, les conseillers de légation et de relégation viennent se régaler tout seuls dans le petit hôtel, tandis que leurs femmes et leurs enfants, laissés pieusement au logis, boivent du café de gland et mangent des pommes de terre. C'est ce que la vertueuse Allemagne appelle la « vie de famille. » Le Germain n'a pas encore compris qu'une femme est une compagne, une amie, et non une domestique et une esclave. Allez dans le Sud, allez dans le Nord, partout cette condition basse et cruelle faite à la femme vous frappe et vous révolte. A elle les durs labeurs. Elle se lève la première et se couche la dernière. C'est l'ancienne bête de somme, c'est la machine à laver, à coudre et à perpétuer l'espèce. Rien de plus. Dans les champs, les femmes travaillent nu pieds; dans les villes elles sont employées aux constructions et portent le mortier et les pierres. L'autorité de l'homme est ainsi agrandie, j'en conviens; et le père est tout à la fois le chef et le juge. Aussi, il faut voir comme elles sont humbles, soumises, tremblantes, ces pauvres et douces créatures. Mais pour les enfants cette oppression du père est l'école du respect; un peu de schlague est toujours nécessaire à la race chez laquelle la force prime le droit.

On commence à vendre quelques journaux dans les gares allemandes; le choix n'est pas grand; on vous offre la *Gazette de Cologne* ou la *Gazette de Francfort*, — la première officieuse, la seconde démocratique. Il y avait une quarantaine de personnes qui attendaient comme moi à la gare de Kaiserslautern l'arrivée du train, mais je fus seul à acheter un journal. On dit que les Allemands lisent beaucoup, c'est une erreur. En voyage ils dorment ou ils mangent, et chez eux, leur bibliothèque se compose en général des œuvres de Schiller et de Gœthe, et de quelques traductions de romans de Paul de Kock, d'après lesquels ils jugent toute la littérature française, ancienne et moderne. Je parle, bien entendu, de la classe bourgeoise, et non de cette caste de professeurs et de philologues, pour qui les presses d'Allemagne gémissent jour et nuit. Condamnés à lire eux-mêmes leurs propres ouvrages, ces malheureux deviennent chauves en quelques mois et meurent de bonne heure. Il est cependant une justice qu'il faut rendre aux Allemands : ils savent, comme les Anglais, organiser d'excellents cabinets de lecture, où les ouvrages les plus sérieux, l'histoire, la philosophie, la politique, ont une place presque aussi grande que la littérature d'imagination. Si les jeunes filles roucoulent des poésies langoureuses et des ballades aux étoiles à leur sortie du berceau, une fois cadenassées dans leur maison de détention domestique, elles acceptent courageusement la réalité, et ne cherchent pas à s'échapper avec des héros imaginaires. Elles lisent peu de romans, mettent la folle du logis au maigre, et se fortifient l'âme et le cœur par des lectures saines et consolantes.

Dès que je fus installé dans mon wagon de troisièmes

je me disposai à lire la *Gazette de Cologne* avec toute l'attention que mérite un journal qui sert souvent de langes à la pensée de M. de Bismarck. La *Gazette de Cologne*, propriété de la famille Dumont, dont l'origine française se perd dans les brumes du Rhin, est, depuis la guerre, le premier journal de Berlin. Mais, jugez de ma déception ! on m'avait vendu un numéro vieux de quinze jours, et le train partait. Ces jolis traits de probité germanique se renouvellent à chaque instant ; l'an dernier, on m'avait glissé à Mayence, le 15 juillet, un *Gaulois* du 11 avril, et quatre jours après, on me présentait, à Francfort, un *Figaro* du 21 juin. — « On vend sans doute, dans les gares, dis-je à mon voisin, les numéros de journaux que les voyageurs oublient dans les wagons.... »

Il me répondit par un sourire, tout en s'essuyant le front avec sa manche. Des mèches de cheveux rouges se dressaient comme deux cornes de chaque côté de ses tempes. Il portait un gilet à fleurs et une chaîne de montre à laquelle était suspendu un casque à pointe. Ses yeux étaient bleus comme les pervenches, ses joues roses et fleuries ; il avait l'air de me dire : « Vous lirez quand même des choses très-intéressantes dans ce numéro trop âgé. »

Comme je ne me hâtais pas de comprendre, il ouvrit la bouche, une belle grande bouche comme celle d'un canon Krupp : — « Ce numéro est à garder, monsieur, me dit-il, il renferme le compte rendu de l'inauguration du monument d'Arminius. »

— Quelle fête ! oh ! quelle fête ! exclama une voix de basse, et une grosse tête carrée, au nez épaté, aux sourcils touffus comme des buissons, se tourna vers nous. Je reconnus le type légendaire du patriote germain, que Heine a décrit tant de fois : « Il appartenait encore à ces temps patriotiques où la vermine vivait à souhait et où les coiffeurs couraient risque de mourir de faim : il portait une longue chevelure tombante, la barette d'un écuyer du moyen âge, un habit noir teutonique, une chemise sale qui servait également de gilet, et par-dessus un médaillon contenant quelques crins blancs du cheval de Blücher. »

— Vous avez été à Teutobourg? lui demanda mon voisin.

— Naturellement! Je fais partie de l'Association des guerriers de Bonn; nous y étions tous. Mille deux cents obus! ah! mes amis, quelle journée! Nous sommes arrivés à Detmold la veille, musique en tête, drapeaux déployés, en criant : « A bas les Romains! vive Hermann! » Mais figurez-vous que toutes les auberges étaient pleines ; nous dûmes camper dans la rue. On nous envoya des tonneaux de bière, on nous apporta du bois, nous fîmes du feu, et nous dansâmes autour en chantant :

> Was kraucht da in dem Busch herum?
> Ich glaub, es ist Napolium.
> Was hat er rum zu Krauchen dort?
> Drauf Kamraden, jagt ihn fort!
>
> Napolium, Napolium,
> Mit deiner Sache geth es Krumm!
> Mit Gott drauf los, dann ist's vorbei
> Mit seiner ganzen Kaiserei [1].

« Napoléon, continua-t-il après avoir fredonné cette chanson si populaire au delà du Rhin, Napoléon, comme Varus, rôdait derrière le buisson, mais l'Hermann moderne, l'empereur Guillaume, a foncé sur lui et lui a tordu le cou. En entrant dans la forêt de Teutobourg, nous passâmes sous des arcs de triomphe dont les niches étaient

---

[1] — Qui rôde derrière le buisson? — Je crois que c'est Napoléon. — Qu'a-t-il donc à rôder par-là? — Sus, camarades, tombez sur lui. — Napoléon! Napoléon! Le diable est dans tes affaires. — Tombez sur lui, Dieu est avec nous! — Le voilà qui se sauve avec tout son empire.

ornées de soldats vivants, dans la pose immobile de statues de cire. Il y en avait qui chargeaient à la baïonnette, d'autres qui avaient l'arme au pied, ou qui assistaient, en tombant à genoux, au réveil de Barbarossa. On avait loué les arbres qui entourent le monument ; il y avait des patriotes grimpeurs jusqu'au sommet des sapins. Enfin, l'empereur parut, il y eut un *hoch* qui dut faire tressaillir les ossements des Romains ; puis on joua la *Wacht am Rhein*, on chanta le *Psaume d'Hermann*, et l'on cria de nouveau : « Vive Arminius ! Vive Guillaume ! » C'était du délire. Et les télégrammes arrivaient à la file, de toutes les parties du monde. Les Allemands dispersés, se sont, ce jour-là, donné rendez-vous par la pensée sur le Grottenberg. Un télégramme de Richmond, en Amérique, était ainsi conçu : « Nos félicitations pour le 16 août. C'est aux Germains qu'appartient la puissance et la domination du monde. A notre valeureux ancêtre Arminius, le premier triomphateur de l'esclavage romain, trois fois *hoch!* » Un autre télégramme des Allemands qui résident à Rome portait : « Arminius expulsa les Romains du territoire germanique ; aujourd'hui les Allemands réunis à Rome saluent Arminius. Les noires légions romaines marchent de nouveau contre l'Allemagne, mais nous avons notre Hermann qui prépare aussi aux calotins leur forêt de Teutobourg. » Les voiles qui cachaient la statue tombèrent, et un hourrah formidable sortit de cent mille poitrines allemandes. Arminius était là, devant nous, regardant du côté de Rome et de la France. L'empereur embrassa le vieux sculpteur Brandel et le ramena à Detmold dans sa voiture. Tenez, le voici, le sauveur de notre existence nationale !

Et l'homme à la longue chevelure détacha d'un cordon la médaille commémorative de la journée du 16 août.

Le Troppmann de la forêt de Teutobourg est coiffé d'un bonnet en peau d'ours, avec deux ailes de corbeau qui ressemblent à deux oreilles d'âne. On lit la menace dans son regard farouche. Les lèvres sont cruelles comme celles du tigre ; la barbe est inculte et crépue.

L'expression de cette tête qui ne mesure pas moins de quinze pieds, du cou à l'extrémité de la coiffure, est un mélange d'insolence et de perfidie. On reconnaît bien là l'espion allemand, le traître qui a attiré ses anciens compagnons d'armes dans un guet-apens. C'est en vain que l'artiste a voulu donner un air de fierté courageuse à son héros, la nature a eu le dessus.

Une jaquette aux manches garnies de fourrure, des culottes en peau de daim et des bottes de hussard complètent le costume du « libérateur. » Sa main gauche est posée sur un bouclier pesant vingt-trois quintaux, et il foule à ses pieds les aigles romaines et les faisceaux des licteurs.

La conversation fut ramenée sur la fête.

— On buvait, ce jour-là, nous dit le Teutoman, trois sortes de bière : la bière d'Arminius, la bière de Guillaume et celle de Brandel. On avait élevé des tentes, et les oies rôtissaient en plein air ; le soir, on illumina la forêt avec des feux de bengale et des lanternes vénitiennes, et les demoiselles des cafés chantants de Berlin, venues en trains express, tinrent tous les échos éveillés par leurs couplets patriotiques... Il y avait du reste beaucoup de demoiselles de Berlin... Elles sont gentilles les Berlinoises... ah ! ah !... Mais suffit, il y a des dames [1]!...

« Nous, nous sommes rentrés à minuit à Detmold en chantant :

>    Was kraucht denn da im Busch herum ?
>    Ich glaub, es ist Napolium!

[1] Quelques jours après la fête, on lisait dans la *Gazette populaire de Berlin* : « Les *Louis*, — à Paris, on dit les *Alphonse*, — avaient dirigé sur la forêt de Teutobourg des wagons remplis d'esclaves blanches ; ces beautés peu sauvages, qui donnent une si haute idée de la *kultur* prussienne, chantaient et dansaient sous des tentes, au pied du monument d'Hermann. »

Napo-po-po-lium!
Napolium!

Il battait la mesure sur ses cuisses.

A ce moment le train s'arrêta et les conducteurs crièrent : Monsheim! C'est une petite station entre Worms et Hochspeier.

La porte de notre wagon s'ouvrit, et un superbe tireur tyrolien, monta en gloussant un joyeux jodel. Il portait un chapeau pointu bariolé de plumes, de fleurs et de cartes roses et blanches; sa ceinture de cuir, avec son nom brodé, lui remontait jusqu'au milieu de l'estomac, et par respect de la couleur locale, il exhibait des jambes à moitié nues. Quand il eut pris place, les citoyens de Monsheim qui l'accompagnaient lui tendirent sa carabine, son sac, et un perroquet.

L'oiseau grimpa sur son épaule, et prenant l'attitude solennelle d'un pasteur berlinois en chaire, il ouvrit un large bec et se mit à crier : « Bismarck! Bismarck! »

— Bravo! bravo! exclama l'homme aux longs cheveux. Et une dame tira de sa poche un morceau de sucre qu'elle offrit au perroquet patriote.

Le Tyrolien, fier de l'effet produit par son oiseau, nous dit alors en le caressant : — Ce sont les Allemands de Montévideo qui l'ont envoyé à Stuttgard pour être donné en prix aux tireurs. Il est bien intelligent, et il faut l'entendre crier : « Bismarck! Bismarck! » chaque fois que passe un prêtre. Il ne m'a manqué que deux cartons pour que je gagnasse aussi le chien « du pays [1] » envoyé par la ville de Léonberg. Ah! il y avait des prix bien curieux. Kréfeld a donné un manteau de velours rouge et une robe de soie; Heidelberg un service à café; Strasbourg un bloc de chocolat pesant deux cent vingt livres;

---

[1] On l'a désigné ainsi sur la liste des prix.

Stuttgard une grande coupe en savon; Philadelphie un billet d'aller et retour pour l'exposition universelle; l'empereur, un bocal valant bien 15 thalers; M. de Bismarck un panier à dessert; le roi de Wurtemberg un service à café; la grande-duchesse Véra un gobelet, qui a la forme d'une tête de cochon. Mais on ne peut pas tout avoir; nous étions sept mille tireurs; il y avait sur le champ de tir cinquante cibles fixes à cent soixante-quinze pieds de distance et cinquante-six cibles de campagne, à mille cinquante pieds.

— On a dit que le cortége historique était très-beau, fit mon voisin.

— Il était superbe. La bannière de l'association des tireurs était portée sur un char de triomphe que traînaient quatre chevaux et que précédait un héraut d'armes; quand elle a été remise au prince Eugène de Wurtemberg, et confiée à sa garde jusqu'au prochain tir, il a dit : « Je promets, au nom de la Souabe, de veiller sur l'honneur de ce drapeau. De même que nous nous rangeons aujourd'hui autour de lui, nous nous rangerons aussi autour du drapeau de la patrie, lorsqu'elle convoquera ses enfants pour une lutte sérieuse, et nous prouverons par nos actes que nous sommes un peuple uni, un peuple de frères. » Voilà un langage vigoureux. On aime à entendre de telles paroles sortir de la bouche des princes.

Le perroquet, qui s'était perché sur le chapeau du tireur, interrompit brusquement, en criant : « Ane-mann ! Ane-mann ! »

— Voyez la haute intelligence de cet oiseau, dit le Tyrolien, il a entendu le discours de M. Hanemann, au banquet qui a eu lieu le soir dans la « basilique », et il me le rappelle. M. Hanemann est rédacteur de la *Gazette allemande de Moscou;* il nous a exposé tout au long la nature, l'origine et la portée de l'alliance des trois empereurs, et il a terminé sa harangue, au milieu des applaudissements frénétiques des auditeurs, en assurant l'Allemagne que

« cette alliance est une garantie de paix ; qu'elle est la digue la plus solide contre les ardeurs de revanche dont on brûle à l'Ouest. »

— Vous avez parlé de « basilique » ; il n'y en a pas à Stuttgard, que je sache, fit la dame.

— La « basilique », répondit le tireur, c'est le restaurant ; on lui a donné ce nom parce qu'il a été construit sur le plan d'une église gothique, avec trois nefs de trois cent cinquante pieds de long et de cent quarante de large. A la place de la rosace, on avait mis un immense transparent de la *Germania*, foulant aux pieds des drapeaux français et distribuant des couronnes aux tireurs, ses nobles enfants. La cuisine, qui était installée derrière, était plus belle à voir, je vous le jure, que le musée de Dresde : j'ai compté vingt chaudières où cuisaient de la soupe, des pommes de terre, des épinards, et vingt fourneaux où l'on rôtissait des quarts de bœuf. C'était épique. Moi, qui fréquente tous les tirs depuis 1848, je n'ai jamais rien vu de pareil. La fête s'est terminée par des tableaux vivants. Quand on a donné le *Couronnement de l'empereur à Versailles*, tout le monde s'est cru transporté dans l'ancienne résidence des rois de France. Un vétéran de 1870, emporté par l'enthousiasme, est sorti pour courir au télégraphe, et a envoyé cette dépêche expressive à Sa Majesté, à Berlin : « Salut et poignée de main ! [1] »

L'arrivée du train à Worms interrompit fort malencontreusement cette conversation. En quittant la gare, j'entendis le perroquet qui criait encore, à la grande joie des voyageurs et des naturels du pays : « Bismarck ! Bismarck ! — Ane-mann ! Ane-mann ! »

Si les tirs allemands ont leur côté burlesque, comme toute chose en ce monde, ils ont cependant leur côté sérieux ; ces tirs contribuent à entretenir l'esprit guerrier

---

[1] Historique.

de la nation et la forment aux exercices virils. Ils devraient être pratiqués sur une échelle beaucoup plus vaste en France. Pourquoi n'imite-t-on pas la section centrale de Berlin, qui met gratuitement un certain nombre d'armes à la disposition de ceux qui n'ont pas le moyen d'avoir leur propre carabine?

Le premier tir fédéral allemand eut lieu en 1848; on en fit un prétexte pour donner libre cours aux aspirations républicaines qui se manifestaient alors en Allemagne. Les discours les plus incendiaires partirent de la tribune, et les gouvernements jugèrent prudent de fermer les écluses de ces torrents d'éloquence. Les tirs furent interdits comme réunions dangereuses jusqu'en 1871.

Le grand tir allemand qui eut lieu à Vienne, après 1866, fut une immense manifestation anti-prussienne : on s'en émut vivement à Berlin; il y eut un échange de notes des plus raides et M. de Beust eut toutes les peines du monde à conjurer l'orage.

A la suite des triomphes de la dernière campagne, l'empire n'ayant plus à redouter les tendances républicaines, encouragea la création de sociétés de guerriers et de vétérans; le prince royal de Prusse se mit à la tête de la section centrale de Berlin, à laquelle aboutissent toutes les sections de l'empire, et il n'y a pas aujourd'hui de si petit hameau qui n'ait son « tir ». Les mamans et les enfants jouent et boivent dans le jardin du *Schiesshaus*, tandis que les papas chargent leurs carabines et gagnent une photographie de M. de Bismarck, une paire de bretelles, une pipe ou un jambon.

# VI

Worms. — Son passé. — La statue de Luther. — La diète de Worms. — Le Dôme. — Prophéties allemandes. — La synagogue juive de Worms.

Worms est une ville silencieuse et triste, abîmée dans les souvenirs de son passé. Elle répond cependant à celui qui l'interroge, et son histoire est émouvante comme un drame.

A leur arrivée sur les bords du fleuve, les Romains trouvèrent la cité endormie dans son berceau celtique. Drusus en fit une des cinq sentinelles qui gardaient la ligne du Rhin [1]. Ce fut à la fois une place de guerre et une place de commerce. Détruite à la suite de l'invasion des Vandales et des Suèves, elle fut reconstruite par les Bourguignons en 412 et devint leur capitale. Aux quatrième et cinquième siècle, régnaient à Worms les rois Gibich, Godomar, Gislahar et Gundahar, dont les *Niebelungen* chantent les exploits.

Gundicar se crut assez fort, adossé aux murs de sa ville, pour arrêter Attila : il fut écrasé avec tout son peuple, comme la gerbe sous les fléaux des batteurs. Après la victoire de Tolbiac, qui rétablit la domination franque, Worms fut désigné pour être le siège d'un comte palatin.

---

[1] Argentoratum (Strasbourg), forteresse principale, Moyuncia (Mayence), Colonia Agrippina (Cologne), Borbetomagus (Worms) et Noviomagum (Spire).

Sous les rois francs, la ville jouit de plusieurs priviléges et de nombreuses libertés. En 622, le roi Dagobert y bâtit un palais splendide (*insigne palatium*) et y fonda un couvent. Worms, agrandi et embelli, était digne de recevoir dans ses murs l'empereur Charlemagne. Il y tint ses parlements et ses assemblées de mai, il y fut visité par les princes et les ambassadeurs des trois parties du monde, il y célébra ses fiançailles avec Fastrada. Les rois carlovingiens choisirent aussi Worms pour leur résidence. Des églises, des couvents s'élevaient de toutes parts, entre-croisant leurs clochers et confondant leurs sonneries. La puissance de l'autel contrebalança bientôt celle du trône.

Les évêques s'érigèrent en princes temporels. Ils s'octroyèrent le droit de battre monnaie, de mettre des péages, de rendre la justice ; ils tinrent la bourgeoisie en bride jusqu'à ce que celle-ci, impatiente et rétive, se dégagea et prit fait et cause pour l'empereur contre le pape. La querelle fut longue et sanglante. Pendant toute la période du moyen âge, Worms retentit de bruits d'armes, de cris de fureur et de mort ; les conspirations s'ourdissent la nuit dans les tavernes et éclatent au grand jour sur les places publiques. Les évêques chassés de leur palais, ne rentrent que sous la protection des hallebardes impériales. La guerre de Trente Ans passe sur Worms comme une trombe de fer et de feu. Puis à travers la fumée à peine dissipée, Tilly, Léopold et Corduba se dressent comme des spectres terribles.

Après la bataille de Nordlingen, ce sont les impériaux qui prennent la place des Suédois. Mais la paix d'Osnabrück n'est pas de longue durée. Le coq gaulois fond de nouveau sur l'aigle allemand. Worms capitule sans combat. L'intendant général Soubière et le général d'Hutelli ordonnent de raser ses fortifications.

On abat les quarante tours, orgueil de la cité impériale ;

on démolit les remparts, on comble les fossés. Les habitants de Worms eux-mêmes sont obligés de travailler à cette mutilation honteuse. Les canons de l'arsenal sont jetés dans le Rhin. Cela se passait en 1688. Un siècle plus tard, Worms avait repris son ancienne splendeur, et remis autour de ses maisons la ceinture déchirée de ses remparts.

C'est alors que la Révolution française y entra en chantant ; elle planta sur les places ses arbres de la liberté ; les brasseries se transformèrent en clubs ; Français et Allemands s'embrassaient comme des frères en proclamant le règne de la liberté et de la fraternité universelles. Les Prussiens vinrent interrompre l'idylle et « l'on vit, dit la chronique de Worms, nos patriotes les plus ardents de la veille, s'armer de haches et abattre l'arbre autour duquel ils venaient de danser ». Pour le bon exemple, les Prussiens mirent cependant à l'ombre, dans la forteresse de Kœnigstein, ceux qui avaient trop « sauté » pour la Révolution.

Les villes ont leurs destinées ! Worms, comme Spire, a été battu par toutes les tempêtes d'hommes qui ont éclaté depuis l'invasion romaine jusqu'à l'invasion gauloise. L'or et le sang ont coulé par toutes ses brèches. De quarante mille âmes, sa population est descendue à huit mille. Jadis le Rhin coulait sous ses murs ; le fleuve s'est aujourd'hui retiré avec dédain, comme s'il craignait d'attrister ses flots par l'image de cette ville aussi tristement assise que la fille d'Israël.

Le premier monument qu'on rencontre en entrant dans Worms c'est le *Luther's Denkmal*, le monument de Luther. Le *Kladderadatsch* vient de lui donner un regain d'actualité, à propos de la fête de Teutobourg. Dans une de ces planches politico-religieuses dont le croquis doit sortir du bureau « de l'esprit public », et qui sont une des spécialités de la feuille illustrée de Berlin, on voit Hermann debout sur le globe terrestre, qui foule du pied un casque romain, brandit dans la dextre une épée triomphante, et tient de la gauche un bouclier avec cette devise : *Vici* (J'ai vaincu). En face de lui, Luther montre une Bible avec cette inscription : *Vincam* (Je vaincrai). Au fond, l'église de Saint-Pierre élève sa coupole que domine la Croix, — « le signe qu'il faut abattre ». Au-dessous du chef des Chérusques, on lit : *Teutobourg* ; et au-dessous du réformateur : *Worms* ; puis, plus bas, en manière de légende : *Gegen Rom!* (Contre Rome). C'est le cri de guerre de la Prusse depuis 1872 ; il sert même de titre à un recueil de poésies très-caractéristiques, inspirées par la haine de l'Allemand contre le Latin. J'ai précisément acheté ce livre à la gare de Worms, et je crois utile de le faire connaître ; c'est le manuel de poche de tous les farouches vengeurs de Conradin. Après un boniment patriotique pour encourager l'acheteur à propager l'œuvre, on lit ces vers, qui servent de préface.

« Contre Rome et les calotins ! » Tel est le cri qui retentit dans toute l'Allemagne ; — En l'entendant, nos cœurs et nos âmes frémissent comme frémissaient les pâtres helvétiques au son du cor des Alpes. — « Contre Rome et contre les calotins ! » telle est notre devise, telle est notre prière.

« Combattons vaillamment, terrassons Rome et la papauté. — Éteignons ces flammes d'enfer et endiguons le torrent qui nous menace.

« Un *Te Deum* glorieux montera, après cette guerre, jusqu'au ciel : — « O Seigneur et maître tout-puissant, tu nous as donné la victoire contre Rome et le mensonge ! »

La pièce qui porte le même titre que le volume : *Gegen Rom* (Contre Rome), mérite de passer entièrement sous les yeux du lecteur. Elle est signée du nom de Félix Dahn, de Kœnisberg :

« L'univers dompté était dans les fers. — Des rives du

Tibre à celles de l'Indus, — Les aigles victorieuses de l'empereur — Ne trouvaient plus de pays vers lequel elles pussent prendre leur vol.

« Alors, des sombres forêts de nos aïeux, — Un peuple sortit avec l'impétuosité du torrent et poussa ce cri : — Liberté! Debout, vaillants Germains, — Formez vos rangs invincibles; debout! et contre Rome! »

« Et Rome fut vaincue, et le monde fut délivré — Par la valeur des Allemands. — Cependant, employant l'hypocrisie et la ruse, — Une nouvelle Rome, une Rome spirituelle — — Forgea de nouveaux fers.

« Alors se présenta un homme de race saxonne — Qui jeta dans le feu, devant la cathédrale de Wittenberg, — La lettre du pape. — Et de nouveau, à travers toute l'Allemagne, retentit le cri : « Debout contre Rome! »

« Et Rome fut vaincue! — Et maintenant que nous avons accompli des actes d'héroïsme comme n'en avait jamais vu le monde, — Et que dans vingt batailles nous avons terrassé la France, — La France orgueilleuse, l'ennemie héréditaire et irréconciliable; — Maintenant que nous avons réuni nos tribus sous le même drapeau, — Et que dans tout l'empire retentit un long cri d'allégresse, et que nous ne craignons plus la jalousie des princes,

« Le calotin (*pfaff*) voudrait nous dominer. — Et il souffle, des bords du Tibre, la désunion parmi nous! — Non! répétons l'ancien cri de combat de nos aïeux, — Et qu'il nous enflamme : — « Debout! Debout! pour le *dernier combat*, — Contre Rome, debout contre Rome! »

« Contre Rome, levez-vous tous, protestants! » — Luther, Zwingli et Calvin vous exhortent à la bataille. — Eux, les excommuniés, eux les martyrs, — Ils vous montrent le chemin de Rome! »

Ce petit livre renferme une centaine de pièces rimées avec la même grâce, par la pléiade poétique du nouvel Empire. Je recommande aux curieux *la lettre de l'empereur au pape;* c'est une pièce qui achèvera de fixer l'opinion sur les moyens qu'emploie la Prusse pour attiser les haines religieuses, en faire des questions de nationalité et de patriotisme. Grâce au trouble qui en résulte pour les esprits, la Prusse reste maîtresse de la situation ; et elle se sent forte parce qu'elle sait qu'à son fameux cri : *contre Rome !* elle ralliera autour d'elle toutes ses phalanges dispersées. L'intérêt de M. de Bismarck n'est pas d'en finir au plus tôt avec les « calotins » qui ne recourent jamais aux armes ; son intérêt, au contraire, est de prolonger la lutte et de s'en servir indirectement pour faire approuver par la majorité nationale-libérale et les nouveaux impôts, et les mesures draconiennes contre la presse, et le maintien d'une armée qui ruine le pays. Derrière Rome, il ne faut pas l'oublier, l'astucieux chancelier a toujours soin de placer la France.

Le monument de Luther à Worms est un des plus beaux monuments modernes de l'Allemagne. Il est composé des personnages en qui se résume l'histoire de la réformation : Frédéric le Sage, l'électeur de Hesse, Philippe le Magnanime, le Langrave de Hesse, Philippe Melancton, Jean Reuchlin, Pierre Waldus, Jean Wiklef, Jean Huss, Savonarole, Luther, et les statues symboliques des villes d'Augsbourg, de Magdebourg et de Spire. C'est le chef-d'œuvre du sculpteur Riebschel. « Jeunes et vieux, pauvres et riches, *catholiques* et *protestants*, dit le compte rendu officiel de l'inauguration, qui eut lieu le 25 juin 1868, tous ont lutté de zèle pour que Worms fut digne de cette grande fête. Worms, que le vandalisme de Louis XIV a entièrement détruite ! »

Luther est représenté au moment où il prononce devant l'empereur Charles, le légat du pape, les six électeurs, les vingt-quatre ducs, les huit margraves, les évêques et les prélats, qui composaient la diète, ces paroles mémorables : « Si l'on peut me convaincre d'erreur par les saintes écritures, je suis prêt à jeter de mes propres mains mes écrits au feu. »

En voyant Luther, l'empereur avait dit : « Jamais cet homme ne fera que je devienne hérétique. » On sait comment il le congédia dès qu'il s'aperçut qu'il s'agissait d'une apostasie, mais c'était trop tard : l'Allemagne était déjà remplie d'écrits, de chansons, de gravures qui tournaient le pape en ridicule, et Luther avait autour de lui une armée de partisans. Un Espagnol, Valdès, écrivit de la diète même, à un de ses amis : « On s'imagine que tout est terminé ; nous ne sommes au contraire qu'au premier acte de cette tragédie ; les esprits sont trop exaltés contre la chaire pontificale. »

Les diètes servaient de prétexte à des fêtes et à des débauches populaires. La foire impériale était ouverte pendant toute leur durée. « Il ne se passe pas, dit un chroniqueur du temps, — il ne se passe pas une seule nuit sans que deux ou trois individus soient assassinés. L'empereur a dû nommer un prévôt, mais bien qu'il ait déjà pendu plus de cent malfaiteurs, Worms ressemble encore à Rome : il n'est question que de vols, de meurtres, et de filles joyeuses. »

Maximilien I$^{er}$, qui tint à Worms la première diète, y arriva « avec une longue file de femmes qui se tenaient à la suite les unes des autres, à la queue de son cheval. » Le sénat avait cependant interdit à tout le monde de se faire accompagner de filles d'Ève. Mais le folâtre Maximilien se souciait bien du sénat ! Les juifs de Worms vinrent lui présenter un panier d'œufs d'or ; après les avoir remerciés, il les fit tous emprisonner, disant qu'il voulait garder des poules qui pondaient d'aussi beaux œufs.

Ce même Maximilien, qui, pour donner une preuve de son adresse, était monté sur le parapet de la plate-forme de la cathédrale d'Ulm, et s'était tenu une jambe en l'air, disait à ses conseillers : « Le roi d'Espagne est un roi *des hommes*, ses sujets ne lui obéissent que dans les choses justes ; le roi de France est un roi *des ânes*, ses sujets portent et supportent tout ce qu'il leur impose ; le roi d'Angleterre est un roi *des anges,* ses sujets lui obéissent volontiers parce qu'il ne veut que le bien ; moi, je suis le roi *des rois,* mes sujets ne m'obéissent que quand cela leur plaît ! »

J'ai couru ensuite au Dôme à travers un dédale de petites rues où l'herbe verdit entre les pavés ; plusieurs maisons qui n'ont qu'un étage ont été bâties sur les ruines des anciennes. Pas de passants ; mais en revanche, aux fenêtres, des canaris qui chantent gaiement et des fleurs qui s'épanouissent au soleil. Ces maisons blanches aux clartés parfumées ressemblent à une rangée de petits lits mortuaires. On marche sans bruit, avec une sorte de pieuse émotion, écoutant si les chants des oiseaux ne sont pas là pour étouffer le bruit des sanglots.

Le Dôme s'élève au milieu d'une place écartée et mal entretenue. Un essaim de petites filles ébouriffées jouaient sur le gazon roussi ; et au-dessus d'elles, dans les plaines azurées du ciel, les hirondelles les imitaient, en se poursuivant avec de joyeux cris. Ces enfants et ces oiseaux me firent oublier un instant la vieille cathédrale, et reportèrent mon esprit au printemps de l'humanité, alors qu'il n'y avait sur la terre et dans le ciel que des chants d'innocence et des gazouillements d'amour.

Le Dôme de Worms, mélange de tous les souvenirs, de toutes les formes : grecque, romaine, byzantine, lombarde, carlovingienne, appartient au style roman. Son abside rappelle la solide maison saxonne ; ses quatre tours lui donnent l'aspect d'une véritable forteresse de Dieu. L'art gothique a ciselé et brodé ses deux portails latéraux. Le portail principal, tourné au sud, s'ouvre sous vos yeux comme une apocalypse de pierre. On y voit la bête monstrueuse décrite par saint Jean : elle a quatre têtes, une d'homme, une de lion, une de bœuf et une d'aigle ; ses pieds correspondent aux têtes, emblèmes des quatre évangélistes. Une femme revêtue de soleils et couronnée d'un diadème, monte la bête mystique. Des écrivains allemands ont reconnu dans cette figure féminine Jérusalem « la grande paillarde avec laquelle les rois de la terre ont paillardé, et du vin de la paillardise de laquelle ont été enivrés les habitants de la terre ».

Des scènes tirées de l'Ancien et du Nouveau Testaments ornent les deux tympans. C'est la création d'Adam et la naissance de Jésus; la fuite du Paradis terrestre et la fuite en Egypte; le meurtre de Caïn et le massacre des Innocents; Jonas sortant du ventre de la baleine et Jésus ressuscitant du tombeau. L'imagination du sculpteur s'est donné libre carrière; quelques-unes de ses figures sont d'excellentes caricatures. Les évêques avaient trouvé là un moyen de se venger de leurs ennemis. Dans plusieurs cathédrales des bords du Rhin, ce sont les moines qui grimacent sous leur capuchon pointu; il y en a même qui sont accrochés au toit, en guise de gargouille, la robe relevée par derrière. Le clergé séculier allemand, toujours en querelle avec les moines, les tournait ainsi en ridicule et les livrait aux risées du peuple.

Entrons sous le sombre vestibule que les excommuniés n'osaient franchir. Quel silence sépulcral sous ces voûtes qui ont perdu le souvenir des voix humaines! Tout un monde est enseveli sous ces dalles froides et muettes. Le moyen âge dort là, dans son suaire de marbre; il dort avec la vieille Allemagne des Croisades, des Minnesinger; avec l'Allemagne chevaleresque, poétique et croyante. Les bouches germaines ne disent plus aujourd'hui de prières et de chants; elles ne poussent que des cris. La transformation biblique et personnelle de Nabuchodonosor s'étend à tout un peuple.

L'intérieur de la cathédrale est en style byzantin. Les murs sont en briques, les fenêtres ogivales très-petites, les galeries décorées de colonnes. Quelques restes de fresques apparaissent sous le badigeon. Mais l'ornement le plus curieux est certainement le bas-relief qui représente Daniel dans la fosse aux lions.

Daniel est assis sur une pierre, sous un arc gothique; à ses pieds, deux lions : l'un lui lèche la main, l'autre les vêtements. D'autres lions s'avancent vers lui d'un air furieux. Le dernier porte cette inscription sur le dos : *Adelr. me. Eit* (*Adelricus me fecit*). Ces lions horriblement barbouillés de jaune, à la gueule extravagante, semblent échappés d'une fabrique de poterie chinoise. Un ange, chargé d'une cruche et d'une miche de pain, tient le prophète Habacuc par les cheveux et le fait descendre dans la fosse de Daniel. Les artistes bourguignons ont toujours beaucoup aimé la représentation de cette scène de l'Ancien Testament; ils la sculptaient sur les tombeaux et dans les chapelles. Dans les catacombes, l'image de Daniel cachait celle du Christ. Le clergé allemand montre de nouveau aujourd'hui une grande prédilection pour le prophète sacré; M. l'abbé Dominique Grœbel, dans une brochure intitulée : *l'Idée protestante de la Prusse*[1], a cru trouver dans le livre de Daniel l'explication des derniers événements; ses curieux commentaires se basent sur ce passage :

Ce roi (le roi de l'Aquilon qui a vaincu le roi du Midi), fera selon sa volonté, et se manifestera comme s'il était dieu. Il proposera des choses étranges contre le Dieu des dieux, et prospérera jusqu'à ce que l'indignation ait pris fin, car la détermination en a été prise. Il ne se souciera point du Dieu de ses pères, même ne se souciera d'aucun dieu; il se manifestera par-dessus toutes choses. Toutefois, il adorera sur son trône le dieu de la force, il l'honorera avec de l'or et de l'argent, et des pierres précieuses; il élèvera les plus fortes forteresses, tenant le parti du dieu inconnu qu'il aura re-

---

[1] Deuxième édition. Eichstadt, 1872. Librairie Krull.

connu ; il multipliera la gloire de son peuple, le fera dominer sur ses voisins et lui partagera leurs terres. Et, au temps désigné, le roi du Midi le choquera de ses cornes, et lui, le roi de l'Aquilon (du Nord) se dressera contre lui comme une tempête, avec chariots et gens de cheval, et avec plusieurs navires, et il entrera dans son pays et débordera, et passera outre. Et il entrera au pays de noblesse, et prendra plusieurs territoires ; mais ceux-ci réchapperont de sa main, à savoir Edom et Moab, et le lieu principal des enfants de Hammon ; il mettra donc la main sur ces pays, et le pays d'Egypte n'échappera point ; il sera maître des trésors d'or et d'argent, et de toutes choses désirables d'Egypte, de Lybie, et ceux de Cus seront à sa suite. Il entrera dans la province paisible, fera des choses que ses pères n'ont point faites : il se livrera au pillage, se chargera de butin. Mais les nouvelles le troubleront d'Orient et d'Aquilon, et il sortira avec une grande fureur pour détruire et mettre plusieurs pays à sac. Et il plantera les tabernacles de sa maison royale entre les mers, en opposition à ceux de la noble montagne de sainteté (le catholicisme), et viendra jusqu'à la détruire, et nul ne lui sera en aide. Or, en ce temps-là, Michel, ce grand chef qui tient bon pour les enfants de son peuple, tiendra bon ; et il y aura un temps de détresse tel qu'il n'y en aura pas eu jusqu'à ce temps, et en ce temps son peuple échappera.

Quel est ce sauveur mystérieux, ce « Michel » ? Voilà ce que M. Grœbel oublie de nous apprendre.

En sortant de la cathédrale, je me suis lancé à l'aventure à travers une petite ruelle et je me suis trouvé dans la principale rue de Worms. J'aurais voulu avoir mes poches remplies de bonshommes pour en semer autour de moi : il me semblait que je traversais le grand désert en plein midi. Enfin, après les recherches les plus minutieuses, je parvins à découvrir un naturel du pays. De crainte qu'il ne s'évanouît comme une ombre ou que la présence d'un étranger ne le mît en fuite, je lui tirai de loin de respectueux coups de chapeau. Je le vis un instant hésiter comme un cerf qui a entendu remuer une branche. C'était le seul, l'unique habitant de Worms que j'eusse encore aperçu et j'avoue que je tremblais qu'il ne m'échappât.

— Monsieur, lui dis-je d'une voix insinuante et bien douce, indiquez-moi, s'il vous plaît, le chemin de la synagogue.

Il se colla timidement contre le mur, et, étendant le bras, il me répondit d'une voix à peine perceptible, comme un homme qui a perdu l'habitude de parler : « Tout droit ! » Puis il disparut dans une allée, et une porte noire se referma sur lui comme le couvercle d'un cercueil.

La synagogue de Worms est la plus ancienne et la plus remarquable de l'Allemagne; construite en style byzantin, elle date du onzième siècle. Les colonnes sont ornées de merveilleux chapiteaux; ses chandeliers à sept branches sont imités de ceux du Temple de Salomon. Les deux lampes d'or suspendues sous ses voûtes brûlent depuis sept siècles en mémoire de deux chrétiens qui se firent tuer pour sauver de la fureur populaire des juifs, qu'on accusait d'avoir mangé des enfants. On célèbre encore un service funèbre le jour de leur mort. Les pierres tumulaires découvertes dans les cimetières israélites de Bamberg prouvent que déjà 558 ans avant la naissance de Jésus-Christ, il existait une colonie juive à Worms. On croit que les Romains avaient emmené prisonniers des habitants de Jérusalem jusque sur les bords du Rhin. Invités à retourner dans leur pays pour assister aux fêtes de Jérusalem, ils répondirent : « Nous vivons sur une terre sainte; Worms est pour nous une petite Jérusalem et notre synagogue un petit temple de Salomon. »

Les juifs de Worms ne prirent point part à la mort de

Jésus; ils protestèrent, dit-on, contre la condamnation de l'Homme-Dieu; en récompense de cette attitude réservée, ils obtinrent une foule de priviléges et de libertés. Un dicton populaire dit : « Juifs de Worms, Juifs débonnaires. »

C'est à Worms que fut fondée la première Université juive. Rien de plus curieux que cette salle d'école qu'on vénère maintenant comme une chapelle. Des inscriptions hébraïques se déroulent le long des murs; le siége du maître est taillé dans la muraille; ses élèves se tenaient à ses pieds. Le célèbre rabbin français, Salomon Raschi, né à Troyes en 1105, enseigna quelques années à Worms.

Tandis que j'examinais la cour de la synagogue, si pittoresque avec ses bancs de pierre et ses douze œils-de-bœuf, symbolisant les douze tribus, je fus témoin d'une de ces apparitions de conte oriental qui ressemblent à une vision de poëte. Une juive, dans la fleur de ses seize ans, vint se placer, comme dans un cadre gothique, sur le seuil d'une vieille porte ogivale. Elle était drapée d'un peignoir blanc; les perles de son collier couvraient de fines gouttes de rosée son sein naissant; de grandes boucles suspendaient à ses oreilles leur nimbe d'or; un foulard, tissé de neige, serrait son front, à la manière des sphinx. Son nez, long et régulier, descendait sur une bouche éclatante comme une grenade; ses yeux, noirs et brillants, avaient la douceur de ceux de la gazelle. Je fis un mouvement pour mieux la voir et m'approcher; elle s'évanouit comme une étoile filante.

Worms, je vous le répète, est la ville des ombres.

# VI

Un évêque batailleur. — Duel de Mgr Kettler avec M. de Bismark. — Le Jubilé du 25 juillet. — Une bénédiction d'ex-dragon.

— Monseigneur l'évêque ?
— Sa Grâce Épiscopale dit l'office.

Telle est la réponse que j'obtenais dimanche, à la porte de l'évêché de Mayence, un peu avant midi.

La personne qui me parlait était une Gretchen sur le retour, pure de tout contact avec le siècle, une de ces douces servantes ecclésiastiques, fine comme une souris blanche.

La cathédrale, avec son grand clocher travaillé à jour, n'est qu'à quelques pas du palais épiscopal. J'entrai par cette porte de derrière qui s'ouvre au milieu d'un pâté de maisons aux pignons pointus, et qui donne directement accès au chœur. La voix de l'orgue s'engouffrait majestueusement dans la sombre forêt de piliers et d'arceaux gothiques ; l'encens répandait autour de moi l'ivresse céleste de son parfum. Je me glissai sans bruit jusqu'à une stalle, et m'agenouillai à côté d'un superbe chanoine teutonique, au menton à triple étage, qui chantait avec un enthousiasme belliqueux et sacré les louanges du Seigneur.

Bientôt j'agrandis le cercle de mon regard et je vis l'autel étincelant de lumières, paré de ses chandeliers d'or, de ses vases de Saxe, de ses reliquaires aux auréoles de pierreries, de ses doubles nappes aux larges dentelles. A droite, assis sous un dais, la mitre fièrement posée sur la tête, se tenait l'archevêque, immobile sous sa chape, entre quatre diacres. Ses longs cils baissés projetaient une ombre noire sur sa figure maigre et osseuse, qu'on dirait sculptée dans le marbre et jaunie par le soleil. Mgr Kettler a une de ces têtes qui font sensation dans les foules. Ce front découvert, ces yeux pétillants comme du salpêtre, ce nez couturé, ces lèvres minces, ce menton carré, tout cela annonce l'énergie, la vigueur, le courage, l'opiniâtreté. On se dit, en le voyant pour la première fois : « C'est un crâne ! »

Si les archevêques portaient encore la barbe, on dirait : « C'est une vieille moustache. »

En vérité, c'est dommage que Mayence ne soit plus la métropole ecclésiastique de la Germanie ; que ses vieilles tours et ses vieux remparts se soient écroulés avec la puissance temporelle de ses princes-archevêques : Mgr Kettler eût été si beau à cheval, l'épée au côté, suivi de ses archers et de ses hommes d'armes !

Il est de la race de saint Pierre ; c'est un prêtre guerrier, un soldat du Christ ; il monte jour et nuit la garde à la porte du jardin des Oliviers et coupe les oreilles de ses adversaires. Il est vrai que ceux-ci ont failli un jour lui couper le nez.

La chose se passa à l'université de Giessen. Sa Grâce Épiscopale était alors un joyeux *bursch*, un étudiant chevelu, qui connaissait mieux sa rapière que ses Pandectes. Il bataillait un peu comme don Quichotte, à tort et à travers. Un soir, en sortant de la brasserie, un robuste gars brandebourgeois, qui prenait des leçons de politesse de son chien, lui jeta le gant. Ce gros gars était le futur chancelier de l'empire, Otto de Bismarck, déjà grand chercheur de querelles devant Dieu et devant les hommes. Le duel eut lieu dans une remise. Kettler eut le nez emporté ; on dut lui en trouver un autre dans le bras. De là, disent les Prussiens, sa haine implacable contre le nouvel empire.

Depuis 1874, il a déjà jeté vingt-deux brochures contre les fenêtres de l'édifice impérial.

C'est lui qui, le premier, au moindre signe d'alarme, crie : « Sus à la Prusse ! » Il y a quelques jours, il développait, au congrès de Fribourg, le programme des catholiques allemands ; c'est une proclamation de guerre à mort, sans merci. Le chancelier n'a plus qu'à choisir ; il faut vaincre ou mourir. Sa Grâce ne connaît qu'un chemin : celui qui va droit et ouvertement au but. Il a le caractère trop haut pour descendre dans les bas-fonds : il combat au grand soleil, — comme les aigles. Et on l'acclame, parce qu'il est l'expression d'un sentiment et d'une souffrance : du sentiment de la dignité humaine foulée aux pieds par la Prusse despotique; de la souffrance de l'Église persécutée par des lois iniques.

Son talent d'écrivain est plus mâle et plus âpre que celui de Mgr Dupanloup. Orateur, tantôt il bondit comme le lion, tantôt il s'apaise comme un agneau. La Prusse n'a pas encore osé le traquer dans son antre, ni détruire les pieux asiles — nids chauds et doux — qu'il a construits à une foule de congrégations de femmes.

C'est le plus grand fondateur de couvents de la chrétienté. Il a ouvert l'Asile de Marie, à Neustadt; il a créé les établissements religieux du Bon-Pasteur, de Saint-François, du Saint-Sépulcre, de Saint-Michel et de Saint Raphaël, de Sainte-Elisabeth. Cette milice sacrée a accompli des prodiges sous ses ordres et refoulé sur toute la ligne l'esprit du mal.

Tant d'activité, toute cette accumulation de bonnes œuvres ont fait un piédestal à Mgr Kettler. Il n'y a pas de prélat plus vénéré. L'Allemagne entière a fêté solennellement son jubilé le 25 juillet dernier; vingt-cinq villes lui ont envoyé des députations; celle de Berlin, où Sa

Grâce a été curé, avait à sa tête M. de Kehler, député au parlement et conseiller de légation. Les évêques de Spire, d'Eichstadt, de Strasbourg, des délégués du diocèse de Fribourg, quatre prêtres des diocèses de Bâle et de Saint-Gall, sont venus lui apporter les félicitations de leurs fidèles; et les dames de Mayence ont déroulé à ses pieds un splendide tapis brodé de leurs mains et destiné à l'autel de la Vierge.

Un imprimeur de la ville de Guttenberg a réuni en un petit volume richement relié des poésies de circonstance, dédiées au prélat. Des hommes et des femmes de Hopsen, en Westphalie, lui ont apporté une crosse épiscopale et ont pleuré d'attendrissement à la vue de leur ancien pasteur. Enfin les catholiques mayençois ont envoyé à leur archevêque une adresse qui se terminait par ces mots : « Au milieu des orages déchaînés autour de nous, nous resterons inébranlablement attachés à la foi catholique, dans laquelle nos pères ont vécu et sont morts : dans la joie comme dans la souffrance, dans les jours heureux comme dans les jours tristes, nous écouterons toujours votre voix, nous en faisons le serment en ce moment solennel. »

Les maisons de la ville furent pavoisées, et dans un banquet, qui réunit les quatre cents notabilités catholiques accourues à Mayence, le député Windthorst, chef de la fraction du centre, porta un toast à « l'archevêque batailleur. »

« Si je n'étais prêtre, je serais journaliste », disait un jour Mgr Kettler à un représentant de la presse. La plume, pour ce prélat qui porte la mitre comme un casque, c'est une épée.

M. le baron de Kettler, j'oubliais de le dire, a été un très-remarquable officier de cavalerie. Il galopait depuis deux ou trois ans sur la route de Damas, lorsqu'il fut renversé comme saint Paul et vaincu par la grâce. Il a ramené à la caserne le cheval écloppé de l'incrédulité et s'est acheminé à pied vers la bergerie du Bon Pasteur.

Mais sa tournure, son attitude, toute sa personne ont gardé quelque chose de la cuirasse — ce moule de fer qu'il a brisé pour entrer dans la soutane.

Quand il monte en chaire, on dirait qu'il monte en selle; et chez lui, les armes spirituelles sont meurtrières comme les fusils Mauser.

Il n'y a pas longtemps, il reçut une députation de jeunes gens qui lui demandaient sa bénédiction.

Au moment où il levait le bras, en prononçant les paroles sacramentelles, une grosse voix cria du fond de la salle, sur un ton de commandement militaire parfait :

« Cavaliers, sabrez à gauche, sabrez à droite ! »

L'archevêque, sans sourciller, *sabra* sa bénédiction, — puis il éclata de rire.

## VII

La citadelle de Mayence. — Le soldat dans l'armée prussienne. — La tour de Drusus. — Mayence au début de la guerre. — M. de Bismarck à Mayence. — Mayençois et Français.

Hier, par ce pâle soleil d'automne des bords du Rhin, je suis monté à la citadelle. L'ascension n'est pas pénible : une chaussée large et profonde est creusée dans les flancs de la petite montagne sur laquelle la gigantesque bastille est posée comme une selle. C'est, au demeurant, une citadelle toute moderne, qui n'a rien de théâtral, et qui, de loin, semble assez bonne fille. Elle a laissé de côté l'appareil formidable des hautes murailles à poivrières, des tours sombres et dentelées, des beffrois lugubres qui cadraient cependant si bien avec l'aspect gothique de la ville qu'elle défend.

— Vous allez à la citadelle? Ah! monsieur, ne faites pas cela, m'a dit mon maître d'hôtel avec un visage consterné. Les autorités allemandes voient maintenant des espions partout, jusque dans les plus inoffensifs promeneurs; on m'a arrêté l'autre jour des touristes anglais, et j'ai dû envoyer six bouteilles de cliquot pour racheter leur liberté. Pensez un peu quel tort cela aurait fait à ma réputation! On aurait dit que je dénonce moi-même les voyageurs étrangers qui descendent chez moi. Et tenez, pas plus tard que la semaine dernière, on a

« pincé » un monsieur qui avait pris des dessins et des croquis dans le creux de sa main. Les journaux ont raconté l'affaire et annoncé que c'était un espion français. C'était, en réalité, un officier russe.

Je n'ai pas écouté ces charitables avertissements et c'est sans la plus petite difficulté que je suis entré dans la place. Mon air peu martial a sans doute inspiré confiance. On m'a donné un jeune caporal pour m'accompagner ou plutôt pour me garder, et j'avoue que ce que j'ai vu ne mettra jamais en péril la garnison de Mayence. Depuis que cette ville est forteresse impériale, ce n'est pas à la citadelle qu'on a travaillé, mais tout autour, dans un périmètre de plusieurs lieues. Les fortifications de Mayence ont pris presque autant d'extension que celles de Metz et de Strasbourg; elles s'étendent sur les deux rives du Rhin, les îles de Peters-Au et Ingelheimer-Au, et sur la rive gauche du Mein. C'est avec Cologne, Coblenz, Germersheim, Rastadt, la seconde ligne de défense de l'Allemagne du Sud [1]. En 1870, on comptait à Mayence huit forts à 600 mètres des fortifications et dix forts à 1,400 mètres.

Mon guide, m'ayant conduit sur une petite éminence, me montra, à une distance à peine perceptible à l'œil, une quantité de taches blanches.

---

[1] La première ligne est formée par Metz, Diedenhofen, Saarlouis, Bitche, Strasbourg, Neubrisach. L'Allemagne est pour ainsi dire aujourd'hui entourée d'un cordon de forteresses. A l'Est, il y a Kœnigsberg, Boyen ou Lœtzen, Graudenz, Thorn, Posen, Glogau; sur la frontière, du côté de l'Autriche : Kosel, Neisse, Glatz, Kœnigstein; sur les bords de la mer Baltique, Memel, Pillau (Kœnigsberg), Danzig, Kolberg, Stettin, Swinemünde, Stralsund, Friedrichsort, Kiel, Sonderburg-Duppel; sur les bords de la mer du Nord : Wilhelmshaven, Cuxhaven et Geestemünde ; à l'est de l'Elbe : Kustrin et Spandau; sur l'Elbe : Torgau, Wittenberg, Magdebourg; entre l'Elbe et le Rhin : Erfurth, Minden; sur le Danube : Ulm et Neu-Ulm, Ingolstadt ; enfin Phalsbourg, les petites forteresses des Vosges, et Landau. Environ cinquante places fortes !

— Qu'est-ce? lui dis-je.

— Ce sont les nouveaux forts, construits depuis quatre ans.

— Combien y en a-t-il?

— Oh! il y en a beaucoup; de ce côté (c'est le côté de la France), nous sommes bien gardés. Les Français ne feront jamais la folie de nous attaquer par là; ils tomberont sur nous par la Belgique ou par la Suisse; aussi occuperons-nous ces deux pays au premier signal. Ce ne sont pas les soldats qui nous manquent; si vous avez lu l'*Annuaire de l'armée pour* 1875, vous aurez vu que les forces de l'armée allemande sont de 1 million 324,940 hommes avec 97,000 chevaux et 2,740 canons. Le *Lansturm* ajoutera à ce chiffre un modeste supplément de 300,000 combattants. Derrière un pareil rempart de poitrines et de canons, l'Allemagne peut dormir tranquille.

— Vous êtes conscrit de cette année?

— Oui, monsieur.

— On vous fait beaucoup travailler?

— C'est effrayant (*schrecklich*). Nous n'avons pas même le temps de souffler. Toujours à l'exercice, toujours des marches, toujours des manœuvres! On n'est plus des hommes, mais des machines. Pendant les chaleurs excessives du mois dernier, nous avons perdu une demi-douzaine de camarades; nos chefs, dans leur inexorable rigueur, s'inquiètent bien de ça! La vie d'un homme, ça ne compte plus; c'est une feuille qui se détache du grand arbre, un grain de sable emporté par le vent! Vous avez certainement lu dans les journaux ce qui est arrivé à Francfort : deux soldats sont tombés raide morts, la semaine dernière, au milieu d'une marche en plein soleil. Et en Posnanie : les soldats du 58ᵉ régiment s'étaient rendus de Graustadt au village d'Altkranz; ils étaient partis à sept heures du matin et avaient marché toute la journée par une chaleur de 20 degrés à l'ombre.

« On les fit entrer à Graustadt, tambour battant et aux sons joyeux du fifre, alors que six déjà étaient morts d'insolation et que cinquante étaient étendus sur les bords de la route, en proie à des crampes nerveuses. Nous ne faisons jamais de marches, même au plus fort des chaleurs, sans porter notre manteau roulé sur notre sac, qui contient des pierres. Il est vrai que nous cherchons autant que possible des pierres poreuses...

— Et l'on n'adresse pas de plaintes à Berlin contre ces cruels traitements?

— Non, monsieur, ce n'est pas la faute des chefs, c'est la faute du système. Nos chefs sont soumis aux mêmes épreuves et travaillent encore plus que nous. J'entendais hier le général dire à notre capitaine, au milieu de la manœuvre : « En rentrant, vous me ferez un rapport sur la bataille de Wittstock ». Nous étions sur pied depuis cinq heures du matin. A six heures du soir, nous étions de retour à la citadelle, et il a fallu que notre capitaine improvisât son rapport en deux heures, la conférence des officiers ayant lieu à huit heures.

Tout en causant, nous étions parvenus jusqu'au pied de l'Eigelsberg, vieille tour à moitié en ruines, élevée à la mémoire de Drusus, au milieu du castrum romain sur l'emplacement duquel on a construit la citadelle. Drusus, fondateur de Mayence, mourut à quelques pas d'ici, en tombant de cheval. Sa fin prochaine lui avait été prédite sur les bords de l'Elbe par une prophétesse germanique d'une taille colossale, dit la légende, les cheveux au vent, et vêtue d'une longue tunique noire. Drusus, effrayé, rebroussa chemin et trouva la mort en rentrant à Mayence.

La porte de la tour était ouverte; le caporal alluma une chandelle qu'il prit sur l'escalier. Nous montâmes jusqu'au sommet pour jouir du panorama de la ville et du Rhin. Le coup d'œil est splendide; et comme on oublie vite, là-haut, qu'on a autour de soi des bastions, des remparts, des fossés, des entassements de canons et des pyramides d'obus! On ne voit que la ville avec ses clochers rouges, brodés à jour comme de la dentelle, ses toits d'ardoise qui ressemblent à des ailes de héron, ses girouettes étincelantes, ses jolis pignons pointus, ses vieilles tours guerrières transformées en greniers, ses ornements gothiques qui mettent une couronne de feuillage et de fruits sculptés au faîte hardi de ses édifices. Devant Mayence, le Rhin a la majesté d'un lac. On dirait qu'il agrandit son miroir pour refléter l'image de la ville entière. A l'horizon, des montagnes vaporeuses ressemblent à des applications de batiste sur le satin bleu du ciel.

Mon guide m'explique la ville. — « Cette maison massive et solide, me dit-il en m'indiquant la route du Rhin, c'est l'ancienne maison de l'ordre Teutonique, le palais du grand-duc de Hesse actuel; l'empereur Guillaume y avait établi son quartier général au début de la guerre de 1870. Le 2 août, il adressa de cette maison sa proclamation à l'armée : « Je prends aujourd'hui le commandement de toutes nos armées et m'engage avec confiance dans une lutte que jadis nos pères, en pareille situation, soutinrent glorieusement. »

« Il fallait voir Mayence à cette époque : quel mouvement, quelle émotion, quel tohu-bohu! Jour et nuit arrivaient des trains avec plus de quatre cents wagons; dix lignes ferrées dans l'Allemagne du Nord et trois dans l'Allemagne du Sud étaient spécialement affectées au transport des troupes.

« L'Allemagne commença déjà à mobiliser le 8 juillet, bien que l'ordre de mobilisation ne fût officiellement annoncé que le 15. Il y avait jusqu'à dix-huit trains par jour qui transportaient chacun, soit un bataillon d'infanterie, soit un demi-escadron de cavalerie ou une batterie de canons. Il fallut quatre-vingt-dix à cent trains pour un corps d'armée. Vous savez que l'armée allemande se composait de treize corps, ce qui faisait à peu près 450,000 hommes avec 1,240 pièces d'artillerie, échelonnés sur un front de 150 kilomètres, avec des troupes de réserve derrière Mayence. L'armée française n'était composée que de huit corps incomplets. — 240,000 hommes environ, avec 1,000 pièces de canon, échelonnés sur un front de 360 kilomètres, avec des réserves plus près de Paris que du Rhin.

— Aussi, la victoire a-t-elle été facile ?

— Pas tant que ça, monsieur. Les Français se sont crânement battus à Saarbruck, à Wœrth et à Wissembourg. Et, s'ils étaient tombés sur nous, — on dit que l'Empereur en avait conçu le projet, — immédiatement après la déclaration de guerre, ils auraient entravé le plan de M. de Moltke, lequel était de prendre l'offensive. Les trois armées allemandes se tenaient sur la Sarre et la Lauter, assez rapprochées pour se soutenir mutuellement et pour pouvoir écraser l'ennemi sous des forces supérieures. Trente mille soldats français, lancés à temps, auraient suffi pour prendre Mayence et Francfort, détruire les voies ferrées et semer la terreur dans le Sud. J'ai entendu répéter cela souvent par nos officiers. Mayence, dont la plupart des bastions tombaient en ruines, n'aurait pas résisté vingt-quatre heures. Avec quelle hâte on établit des ponts de bateaux pour les premières troupes ! Bientôt toutes les rues, toutes les places furent pleines de soldats. On se demandait d'où pouvaient sortir tant de gens.

« M. de Bismarck et M. de Moltke arrivèrent à leur tour. En les voyant, on se disait non sans une certaine anxiété : « La danse va commencer. (*Es wird los gehen.*) » Le chancelier se logea dans la maison de M. Kuferberg, fabricant de vin mousseux. Ça se comprend, il aime tant le champagne! M. de Moltke ordonna aussitôt des travaux considérables autour de Mayence ; on abattit les arbres qui pouvaient gêner le feu des forts, on réquisitionna tous les chevaux et les charrettes des environs. Les fossés de la citadelle avaient été convertis en magasin de provisions : il y avait là des centaines de bœufs, des troupeaux de moutons... On eût dit une exposition de bétail...

— Où se trouvent ces immenses magasins de provisions qui ont été construits l'année dernière ?

— Là-bas, répondit le jeune caporal en me montrant un grand bâtiment aussi long qu'une rue ; il y a aussi des caves sous la citadelle. Avec les conserves de viandes et les saucisses aux pois qui sont entassés dans ces magasins, on peut nourrir pendant trois mois dix-huit corps d'armée. Des traités sont également passés avec tous les marchands de bétail du pays, qui doivent, sous peine d'amendes très-élevées, *toujours être prêts*.

J'ai vainement cherché du regard deux édifices qui étaient jadis, avec la cathédrale, la gloire de Mayence : la Martinsburg, résidence féodale des archevêques, et l'hôtel des Marchands.

Ces deux anciens monuments, qui portaient sur leur façade l'histoire de la belliqueuse cité, ont été rasés « pour cause d'utilité publique ». On a indemnisé les Mayençois de cette perte en leur construisant des casernes ; j'en ai compté huit nouvelles. Avant 1866, les casernes blanches appartenaient à l'Autriche et les casernes rouges à la Prusse.

Un roulement de tambours retentit sur l'esplanade.

— Je suis obligé de rentrer au quartier, me dit le caporal.

Nous redescendîmes, et je sortis aussi facilement que j'étais entré.

Les quatre bastions qui défendent l'Eigelstein s'appellent Germanicus, Drusus, Tacite et Alarme. Au quinzième siècle, on avait placé sur cette haute tour un immense gland doré, de sorte que, quand le soleil se couchait, il y avait sur toute la ville de beaux reflets d'or. De là le nom de « Mayence-la-Dorée ». On le lui donne encore aujourd'hui, mais plutôt à cause de la couleur chaude de son vin. Les chanoines de Mayence — au bon temps — disaient de ce vin doré : « Il y en a trop pour célébrer la messe et pas assez pour faire tourner les moulins : *ergo bibamus!* » Aujourd'hui, ils n'ont plus guère de vin dans leurs caves et ils sont réduits à une assez maigre pitance.

La Chambre hessoise a emboîté le pas de M. de Bismarck dans la guerre religieuse, et a voté des lois constitutionnelles qui ne peuvent rien laisser à désirer à Berlin. Le séminaire, que dirige M. le chanoine Moufang, un des esprits les plus élevés du clergé rhénan, est sur le point d'être fermé. Mais la persécution n'a fait que raffermir l'attachement des Mayençois pour leur religion. Demandez-leur comment ils viennent de fêter la Saint-Sedan : ils vous répondront d'une voix vaillante : « Notre archevêque nous a dit que cette fête est une fête antireligieuse, anticatholique, et qu'il ne fallait point nous y associer; nous lui avons obéi. L'année dernière, plusieurs d'entre nous ont arboré des drapeaux noirs, en signe de deuil: d'autres ont affiché à leurs fenêtres la quittance de leurs contributions; cette année, la Saint-Sedan a passé inaperçue; personne n'a osé parler de la « glorieuse fête » au conseil municipal, et les musiciens armés qui avaient voulu, il y a un an, monter sur la plate-forme de la cathédrale pour jouer l'hymne impérial se sont souvenus des bosses qu'ils ont rapportées de leur tentative. »

Depuis que la pluie des milliards n'a fait pousser que des forteresses et des impôts sur le sol allemand, les

Mayençois ne montrent plus une hostilité aussi ouverte contre la France. Un Parisien peut même s'égarer le soir dans ce labyrinthe de petites rues qui avoisinent les quais et demander son chemin sans qu'on lui réponde avec un bâton. Mayence s'était presque francisé au contact de nos soldats. Musset parlait des Mayençoises lorsqu'il disait aux Allemands :

> Si vous oubliez votre histoire,
> Vos jeunes filles, sûrement,
> Ont mieux gardé notre mémoire.

Dans les familles, on se vante encore d'avoir eu un grand-père qui a servi Napoléon, et l'on vous montre comme une précieuse relique la médaille de Sainte-Hélène. Il n'y a nulle part autant de ces médailles qu'à Mayence.

Un écrivain allemand, très-allemand, Julius Weber, écrivait de Mayence en 1830 : « Mayence n'est plus le vieux Mayence ; mais on ne peut pas en vouloir à ses habitants qu'ils aient préféré rester français ; il est surprenant comme la langue française s'est répandue dans la bourgeoisie. »

Lorsque Custine se présenta devant Mayence, le général Gymnisch déclara qu'il ne livrerait la forteresse que « quand son mouchoir brûlerait dans sa poche [1]. » Le soir même, Custine entra dans la ville. On courut en donner la nouvelle au général Gymnisch, — qui déclara n'avoir pas de mouchoir.

---
[1] Historique.

## VIII

Le jardin des Palmiers. — Les Francfortoises. — Mon ami Cosmos Klein. — Quelques types allemands. — Le tour du *Palmengarten*. — Le tir. — Le lac. — Le labyrinthe. — Musique et choucroute mêlées.

J'ai passé l'après-midi et la soirée d'hier au jardin des Palmiers ; c'est la merveille de Francfort, quelque chose d'aussi beau que la Wilhelma de Stuttgard, quelque chose de plus curieux que le théâtre de Wagner à Bayreuth et que l'occiput de M. de Bismarck, orné de ses trois cheveux. On arrive de Russie, d'Angleterre, d'Amérique pour le voir ; on y vient même de Berlin. Figurez-vous un parc immense où l'argent a fait plus de miracles que saint Kilian et saint Florentin, une vraie terre promise, aux portes de Francfort l'hébraïque, un pays merveilleux où la baguette dorée des Moïse modernes a fait surgir des jets d'eau de perles, où elle a transporté des montagnes avec leurs chalets, leurs torrents et leurs sapinières, planté des palmiers et transformé en parterre de fleurs réelles les parterres des tapis de Smyrne, d'Inde et de Turquie. Quand on entre, on se demande si l'on n'est pas le jouet d'un rêve ou d'une vision ; on resterait sans doute plus longtemps sous le charme si l'on n'entendait pas de tous côtés broyer des cailloux, c'est-à-dire parler allemand. Il faudrait à ce paysage harmonieux, un harmonieux idiome, la langue que parlaient les dieux lorsque, sous des déguisements d'opéra-comique, ils descendaient sur la terre pour séduire les faibles mortelles, qui ne demandaient pas mieux que d'être séduites. Celles qui se promènent en grands falbalas dans ces allées embaumées, sur les bords de ces petits lacs brillants comme des pierres précieuses, n'ont pas l'air de regretter beaucoup le temps des métamorphoses mythologiques. Le cygne de Léda porte aujourd'hui des moustaches et vole à la Bourse ; il n'y a que Danaé qui continue à tenir sa fenêtre ouverte aux louis d'or de Jupiter.

Si les dieux n'avaient pas été si tôt expropriés de l'Olympe, les mœurs de la vertueuse Allemagne seraient depuis longtemps tombées au niveau de la décadence latine ; il y aurait eu une descente générale sur les bords du Mein, et Actéon et Jupiter auraient donné par là une nouvelle preuve de leur bon goût; car de toutes les descendantes de Thusnelda, épouse d'Hermann le Cornu, je n'en connais pas qui aient autant de grâce et de séduction que les citoyennes de Francfort. Rubens aurait trouvé chez elles en gros et en détail ses nymphes et ses néréides du *Gouvernement du Rhin*. Elles sont nonchalantes et vives, langoureuses et turbulentes ; elles ont un port de déesses et des airs de bayadères; leur chair est pétrie d'ambroisie et de nectar, et leur chevelure noire ou blonde descend en cascade parfumée sur le marbre de leurs épaules. Il faut les voir, par un beau coucher de soleil, traîner dans ce jardin magique les flots de leurs robes de satin et de velours! On se croirait à la cour de Cléopâtre, ou sur les terrasses du palais de Sémiramis.

Assis sous le péristyle du restaurant, grandiose construction en style italien, je regardais, comme dans une féerie, toutes ces belles femmes à la taille svelte et bien prise, défiler autour du jet d'eau et au milieu des parterres, en jouant coquettement de l'éventail. Des papillons voltigeaient autour d'elles, indécis s'ils allaient s'arrêter sur ces fleurs vivantes ; et les azalées, les narcisses, les roses du Bengale, semblaient pâlir de jalousie. Les sons d'une musique entraînante remplirent tout à coup les airs, partant d'un kiosque voisin; je me demandais sérieusement si Offenbach n'avait pas transporté son orchestre et sa troupe dans le pays de la bière, lorsque, brusquement, je fus tiré de mes réflexions par une lourde patte d'Allemand qui s'appesantit sur mon épaule.

— Vous ici! me dit en même temps une grosse voix; un journaliste parisien en Allemagne, au moment où l'on arrête tous les journalistes germains, et même les simples particuliers! C'est bien de l'audace. Vous ne lisez donc pas les journaux, vous ne savez pas ce qui se passe dans l'empire des bonnes mœurs et de la crainte de Dieu? La rédaction de la *Gazette de Francfort* est tout entière sous les verrous, et ce journal, rédigé aujourd'hui par Guido Weiss, venu exprès de Berlin, annonçait ce matin qu'il n'y avait eu hier que « quinze arrestations dans la ville libre de Francfort! » Maintenant, quand on prononce le nom de M. de Bismarck, il faut se découvrir comme les prédicateurs au nom de Dieu, sans quoi l'on est flanqué en prison. C'est une mise en action moderne, revue et augmentée, de l'histoire de Gessler, bailli de l'empire. Tenez, il y a huit jours, à cette table là-bas, près de la colonne, un jeune commis d'une maison de banque s'était assoupi sous l'influence de libations trop copieuses. L'image redoutée du chancelier vint troubler son sommeil, et il s'écria tout haut en levant le bras : « Bismarck, laisse-moi tarnquille, va-t-en! » Un Prussien entendit ce propos séditieux, fit un rapport, et le lendemain le jeune homme était arrêté. Il jura qu'il ne se souvenait pas d'avoir vu M. de Bismarck, même sous la forme d'un spectre, mais tout cela ne servit de rien, il est encore en prison. Personne n'est plus sûr de rentrer chez soi le soir, et vous venez, malheureux, vous mettre de gaieté de cœur dans la gueule du loup!

C'était mon ami Cosmos Klein qui me débitait cette harangue. Nous avons été étudiants ensemble à l'Université de Tubingue, et je calmais les émotions de son pauvre chien lorsque, le tenant par la queue, il l'avait rapporté de la brasserie au logis.

Cosmos Klein, après avoir étudié l'hébreu et la philosophie de M. Kant, s'est fait fabricant d'eau-de-vie de pommes de terre.

Je le rassurai de mon mieux sur ma personne; je lui dis que j'étais sur mes gardes, et que je ne croyais pas qu'on arrêtât jamais un voyageur paisible, qui a l'habitude de ne pas oublier de payer son hôtel. Bientôt la conversation prit un autre tour et je lui demandai comment allaient les affaires.

— En général, d'une manière déplorable, me répondit-il. Les milliards destinés à nous enrichir nous ont ruinés; nous avons deux fois plus d'impôts qu'avant la guerre et il est question de les augmenter. Il faut trouver 60 millions de plus pour le budget de la guerre et une vingtaine pour celui de la marine. On va imposer le tabac, la bière, le pétrole, les opérations de Bourse. Passe pour les opérations de Bourse et le pétrole, bien qu'il soit indigne d'un gouvernement éclairé de marchander la lumière; mais la bière, le tabac, surtout la bière ! Il y aura des *bierkraval* (émeutes de bière): le prix de la bière a toujours été chez nous le baromètre de la tranquillité publique. Il y a deux ans, le sang a déjà coulé dans une de nos rues; il y a eu une quarantaine de têtes cassées, à la suite d'une augmentation d'un kreutzer sur le litre de bière. Que sera-ce quand l'ouvrier devra se retrancher une chope le matin et deux chopes le soir? Ces impôts projetés viennent de donner lieu à des meetings dont Berlin ferait bien de tenir compte. Quant à moi, je ne me plains pas : depuis qu'ils ont été en France, les Allemands ont toujours soif, et si le débit de la bière diminue, celui de l'eau-de-vie augmentera. C'est ce qui est déjà arrivé dans l'Allemagne du Nord, où la moyenne de la consommation est de 5 litres 7 centilitres par habitant, tandis qu'en France elle n'est que de 2 litres 54 centilitres [1]. Aussi vais-je agrandir mes fabriques et me marier. Ma fiancée est ici avec son père ; nous sommes installés dans un kiosque du jardin avec quelques connaissances ; voulez-vous que je vous présente ?

— Volontiers, mais sous un pseudonyme.

— Sous celui de l'empereur, lorsqu'il se sauva de Berlin en 1848 !

Nous descendîmes le large perron du restaurant, et, prenant une allée à gauche, nous nous dirigeâmes vers un pavillon turc, d'où s'échappaient des rires joyeux. Cinq ou six personnes y buvaient du café en mangeant de la tarte et des confitures.

— J'ai l'honneur, dit mon ami, qui s'arrêta sur le seuil, en me poussant devant lui, j'ai l'honneur de vous présenter le bien né *(wohlgeboren)* M. Justus Lehmann.

Les dames s'inclinèrent ; les messieurs firent semblant de se remuer sur leur chaise.

---

[1] « J'ai entendu des gens qui attribuent, en partie du moins, cette recrudescence de crimes et de « brutalité » à l'abus des spiritueux, dit le correspondant berlinois de la *Gazette de France*, à la date du 18 novembre 1875, en parlant de la statistique criminelle. Il résulte d'un rapport, publié récemment, qu'en 1874, on a fabriqué, dans toute l'étendue de l'empire allemand, 4,108,389 hectolitres d'eaux-de-vie à 50 0/0, contre 3,797,819 hectolitres en 1873 et 3,442,270 en 1872. La consommation, par tête d'habitant, a suivi, pendant ces trois années, la progression suivante : 11.2, 12.3 et 13.3 litres. Le produit de l'impôt sur les eaux-de-vie, en 1874, a été d'environ 18 millions de thalers, soit environ 2 fr. 18 c. par tête d'habitant. Les matières employées pour produire ces eaux-de-vie, d'un effet détestable sur la santé publique, sont 25 millions et demi d'hectolitres de pommes de terre, 5 millions 100,000 hectolitres de blé, 1,128,334 hectolitres de mélasse et 863,000 hectolitres d'autres matières, innombrables ou innommées. »

On m'offrit une place, et mon ami, continuant la présentation, me dit : « Voici ma fiancée, Véronika ; son père, M. le conseiller des sels (*Salzrath*) von Knœdel, d'Ingolstadt ; ma cousine, madame Balbina ; son amie, mademoiselle Cléophéa, poëte du théâtre grand-ducal de X. et M. le docteur Esaïas Pimpernuss, privat-docent de musique instrumentale à l'Université de Heidelberg ».

Mademoiselle Véronika est blonde comme un petit mouton, — un de ces anges de petits moutons comme les religieuses en mettent dans la crèche de leur couvent, à Noël. C'est l'innocence dans sa fleur, la jeune fille éclose au soleil du printemps de l'amour. Une vierge de Holbein n'est pas plus chaste. On rencontre encore, par-ci par-là, comme des plantes dont l'espèce se perd, de ces exemplaires rarissimes de l'ancienne pureté allemande. Son père, à la tête emmanchée d'un long col, avait l'air d'une vieille girafe à côté de cette gazelle. Madame Balbina est le type de l'Allemande de quarante ans ; sa poitrine barrerait le passage à un escadron de cavalerie ; elle a enrichi l'armée allemande de plusieurs soldats et elle attend le retour de son mari, qui est en Amérique, pour renforcer encore les rangs des ennemis de la France. Mademoiselle Cléophéa, également sur la voie du retour, ressemble, avec son profil maigre et son nez orné d'un lorgnon, à la lune à son second quartier. Ses yeux verdâtres scintillent comme des vers luisants. Son corps grêle est enfermé dans une robe montante comme un parapluie dans son fourreau, elle porte une photographie montée en broche, des bagues à chaque doigt, et un bracelet, d'une forme toute particulière, rivé au poignet. Elle le montre, puis le cache avec un jeu plein de coquetterie : on voit que sa pensée, comme un vieux serin déplumé, se perche souvent sur cet anneau de métal. M. le docteur Esaïas Pimpernuss est un savant recouvert d'une toison de cheveux bouclés ; ses joues gonflées comme de petits ballons rouges, ont toujours l'air de jouer de la trompette. Il est guilleret, le docteur, et il taquine mademoiselle Cléophéa, qui reste digne, comme il convient à une Muse de Son Altesse Sérénissime.

Cependant, quelques mots échappés à M. Pimpernuss feraient supposer qu'à la cour grand-ducale de X., on est loin d'être grave, et que ce bracelet rivé au poignet de mademoiselle Cléophéa est un symbole du serpent tentateur qui perdit Ève, notre mère étourdie. M. Pimpernuss laisse entendre que cet anneau est un collier comme en portent seules celles qui sont ou qui ont été à la chaîne.

Le docteur serait peut-être entré dans des détails plus précis, si M. le conseiller des sels le lui avait permis ; mais celui-ci se leva d'assez méchante humeur, et nous annonça que, pour son compte, il allait visiter le jardin avant qu'il ne fît nuit.

Toute la société l'imita.

Nous allons d'abord à l'exposition de peinture. On y voit deux tableaux de bataille, mais M. Pimpernuss les écrasa de son mépris, parce que l'artiste avait oublié de mettre des trompettes. En somme, cette exposition n'est qu'une boutique de toiles peintes ; les tableaux sont fabriqués à la pièce et remplacent ici l'industrie des sculptures helvétiques.

A côté du kiosque de l'exposition se trouve un tir au pistolet et à la carabine. Mademoiselle Cléophéa, sur les instances du docteur, prit un pistolet et cassa une tête de pipe; madame Balbina, ne voulant pas laisser suspecter son patriotisme, visa un zouave au cœur, mais j'eus la satisfaction de la voir loger son grain de plomb dans la toiture de la baraque. C'est dans ces tirs qu'on apprend aux jeunes Allemands à fusiller les Français.

En poursuivant notre promenade, nous passâmes au milieu d'un essaim de jeunes filles qui jouaient au criquet, puis nous arrivâmes au lac et à la montagne suisse. On traverse le lac sur un pont en fil de fer, et l'on arrive par un véritable sentier alpestre, ombragé de vieux sapins, au chalet rustique qui couronne le monticule. De là, la vue est superbe, on domine le parc, on voit Francfort, que le Mein enlace dans sa ceinture aux plis mordorés, et, à l'horizon, on distingue la chaîne du Taunus, qui se détache sur l'azur infini du ciel. La muse grand-ducale se sentait là comme sur un trépied, elle improvisa ces vers :

> Ihr Thæler und ihr Hœhen,
> Die Luft und Sommer schmückt,
> Euch ungestœrt zu sehen
> Ist was mein Herz erquickt [1].

La descente s'effectua sans accident; le docteur servait de point d'appui à madame Balbina, qui se sentait entraînée par son propre poids. J'eus l'honneur de prêter deux fois le secours de mon bras à mademoiselle Cléophéa, qui me remercia en me pressant tendrement le petit doigt.

Il y a, sous la montagne, une grotte poétique dont on trouvera la description dans *Télémaque*. La muse grand-ducale ne nous en laissa repartir qu'après avoir accouché d'un nouveau quatrain en l'honneur de l'inconsolable Calypso, veuve d'Ulysse.

Nous longeâmes le lac peuplé de cygnes et de gondoles, et nous arrivâmes dans une partie du parc à peu près déserte, plantée d'un petit bois sombre et touffu. Un homme, le visage consterné, se tenait assis sur un tronc, à l'entrée d'un des nombreux chemins qui conduisent dans le bois. Mon ami le reconnut, car il s'approcha de lui et lui demanda s'il se trouvait mal.

— Je ne puis pas dire que je sois bien, répondit-il, quand

---

[1] O vous, vallées et montagnes que le printemps et la brise embellissent, vous contempler avec recueillement, voilà ce qui rafraîchit mon cœur!

je suis sur les épines... J'ai perdu ma femme dans ce maudit labyrinthe... Elle est là avec son cousin et ils n'en sortent pas... Voilà une demi-heure qu'ils y sont ; j'ai beau crier, appeler, personne ne répond... Ah! quel besoin avait-on de faire encore un labyrinthe ?... Demain, j'enverrai un article à la *Gazette de Francfort*.

—Mais! répliqua mon ami, nous sommes assez de monde pour organiser une battue.

Et, se tournant vers nous, il nous dit :

— Allons, messieurs et mesdames, entrons dans le labyrinthe à la recherche de ceux qui sont perdus; pour retrouver le chemin, semez de petits papiers.

Chacun de nous s'enfonce dans le bois par un chemin différent, en déchirant un vieux journal.

Au bout de cinq minutes, M. le conseiller des sels criait comme un éléphant :

— Revenez, voici le cousin et la cousine !

C'étaient eux, en effet, un peu confus et embarrassés ; la jeune femme était rouge comme une tomate, et son chignon avait passé du côté gauche ; mais il y a des branches qui sont si indiscrètes !

Mademoiselle Cléophéa, en revanche, s'était perdue à son tour ; le docteur se mit alors à imiter le cornet à piston ; un cri de colombe lui répondit, et il s'élança dans les profondeurs mystérieuses du petit bois, comme un soldat à l'assaut. Il revint cinq minutes après, ramenant la muse grand-ducale par la main.

— Allons nous reposer dans la serre, dit madame Balbina.

La serre, attenante au restaurant, et dans laquelle on plonge de la salle à manger, est, en réalité, le vrai jardin des palmiers. C'est là qu'on a réuni cette collection de palmiers qui était, avant 1866, la gloire et l'orgueil du duché de Nassau. Le duc Adolphe, réduit à la mendicité par la Prusse, vendit son jardin d'hiver à la ville de Francfort, pour la somme de 60,000 florins. Telle est l'origine du *Palmen-Garten.*

Le docteur, M. le conseiller des sels, Véronika et moi, nous poussâmes un cri d'étonnement : dame ! on n'entre pas tous les jours comme chez soi dans une oasis de l'Arabie-Heureuse. Il est impossible de décrire l'enchantement qu'on éprouve à se promener au milieu de ces arbres des zones ensoleillées et splendides, à s'asseoir au pied de ces palmiers gigantesques, à respirer ces parfums exotiques et enivrants. Une cascade s'épanche à l'extrémité de la serre et couvre de ses diamants des rochers moussus ravis aux forêts vierges; des oiseaux de rubis, d'écarlate et d'or voltigent comme des fleurs animées dans cette atmosphère paradisiaque. La muse grand-ducale n'y tint plus; elle nous murmura une longue série de strophes qu'on trouvera dans ses *Poésies complètes*, en 6 volumes, chez Herz, à Berlin, sous le titre de : « Souffle embaumé d'un cœur content. »

La nuit était venue et avec elle l'appétit. La salle du restaurant était pleine ; nous dûmes monter aux galeries. En face de nous, l'orchestre jouait les valses les plus entraînantes, ce qui n'empêchait pas M. le docteur Esaïas Pimpernuss, privat-docent à l'Université de Heidelberg, de trouver que cette musique manquait de trompettes. Un garçon nous apporta la carte sur le revers de laquelle était imprimé le programme du concert. On lisait d'un côté : « Côtelettes de porc, » et de l'autre : « Symphonie de Beethoven. » « Salade d'oreille de bœuf » et « Bleu Danube ». Choucroute et musique mêlées, comme on te reconnaît bien là, ô symphonique et pratique Allemagne !

A dix heures, quand M. le conseiller des sels eut mangé sa seizième saucisse et que mademoiselle Cléophéa eut vidé sa sixième chope, nous rentrâmes en ville. Le tramway passe devant le jardin des Palmiers et vous ramène en dix minutes à Francfort.

# IX

Wurzbourg. — Une ville à la veille des élections. — Le langage de la presse prussienne. — Les manifestes. — Les partis en présence.

Wurzbourg qui, par sa situation géographique, se trouve dans la zone la plus chaude de l'Allemagne, est une jolie ville coquettement assise au bord du Mein, à l'ombre de pampres verdoyants. Nonchalante et molle, elle laisse au soleil le soin de mûrir ses vignes et au fleuve celui d'arroser ses champs. Les Prussiens, peuple habile, remuant, actif, accapareur, se faufilant partout où il y a un gain à réaliser, une place à prendre — ou des bottes à cirer, sont descendus en longues caravanes vers cette nouvelle terre promise. Ce sont eux qui vendangent sur les coteaux féconds du Marienstein, et qui renouvellent, pour le pieux empire, le miracle des noces de Cana : leur industrie, affranchie des anciens préjugés, a fait de Wurzbourg la plus grande fabrique de johannisberg, de pomard, de chambertin, de pontet-canet et de château-laffitte qui existe sur le continent.

Dans un pays où, comme en 'ranconie, la soif est une maladie de naissance, ces thaumaturges vinicoles sont les plus fidèles auxiliaires de la politique du grand-chancelier. M. de Bismarck aurait pu détacher de la rédaction de la *Gazette générale de l'Allemagne du Nord* quatre ou cinq « gardeurs de pourceaux », et les envoyer à Wurzbourg enseigner aux Bavarois endurcis la grandeur du *Kulturkampf*; il a préféré mettre sa confiance dans les marchands de vin, se souvenant que Charlemagne n'accomplit sa mission civilisatrice auprès des Allemands, qu'en offrant des chemises à ceux qui changeaient de religion. Le vin et la bière, tels sont les deux agents les plus actifs de la politique prussienne en Franconie.

Si endormie que paraisse Wurzbourg, dès qu'on a franchi ses murs, on remarque cependant que cette ville s'intéresse vivement à la lutte électorale qui vient de commencer dans toute la Bavière. Les murs sont tapissés de placards multicolores; on voit des citoyens qui, le chapeau de travers, gesticulent et parlent haut; on en rencontre même, et ceci est le symptôme d'une surexcitation extraordinaire, qui lisent des journaux dans la rue! En d'autres temps, on les conduirait aux Petites-Maisons.

Les premières paroles que m'adressa le maître d'hôtel de *l'Aigle*, qui a mis des portraits de l'empereur Guillaume jusque dans les broches de sa femme, furent celles-ci : « J'engage monsieur à ne monter que dans quelques jours sur le Marienstein; nous sommes à la veille des élections, ça chauffe fort, et il y aura peut-être du *spectacle*. Ça serait dommage que monsieur ne vît pas ça... »

Après le dîner, il m'apporta lui-même toute une collection de journaux, en me disant : « Les ultramontains se démènent comme des diables, mais ils n'ont pas de ça (il mit la main à la poche), et ils ne donnent pas de ça (il fit le geste de flûter une bouteille). Voyez-vous, l'argent — c'est tout! »

J'ai commencé par la lecture des feuilles quotidiennes de Berlin; toutes s'occupent presque exclusivement des élections bavaroises qui inspirent les plus vives préoccupations sur les rives de la Sprée. Les mandements des évêques de Wurzbourg, de Spire et d'Eichstadt, venant après le mandement de l'archevêque de Munich, que la police a d'ailleurs saisi, mettent la *Gazette générale de l'Allemagne du Nord* et la *Gazette nationale* hors d'elles-mêmes. Le premier de ces organes officieux termine de la sorte un long article, où les injures se marient agréablement aux tirades patriotiques : « L'épiscopat, par là même, a transporté en Bavière le conflit religieux prussien. L'église se mêle officiellement des élections ; elle doit donc s'attendre à ce que l'État et l'empire, pour sauvegarder leur autorité, prennent parti contre elle. »

La *Gazette nationale*, qui a toujours son tomahawk au poing, ne tient pas un langage moins menaçant : « Voyez, dit-elle, l'ironie du sort ! L'unité allemande, objet de la haine farouche des ultramontains, est précisément favorisée par leurs efforts. La lutte électorale actuelle aura pour conséquence d'affaiblir l'État bavarois, mais nous nous abstenons pour le moment de rechercher ce que signifie, pour la Bavière, la victoire définitive des noirs. »

Le cannibalisme fraternel que respire ce langage ne semble pas émouvoir beaucoup la presse bavaroise catholique. Le *Volksfreund*, organe de la noblesse et du parti de la cour, réplique en ces termes : « Messieurs les Prussiens deviennent déjà grossiers et menaçants. L'organe de M. de Bismarck nous tire la langue et nous dit de gros mots ; il nous menace de faire descendre le roi de Bavière au rang d'un gouverneur de province, si la Bavière élit des députés catholiques et bavarois.

« La *Gazette de Magdebourg*, cet autre organe important de la chancellerie allemande, ajoute le *Volksfreund*, va plus loin ; elle demande purement et simplement qu'on protestantise la vieille Bavière. Eh bien ! montrons, le 15 juillet, *que nous sommes encore et que nous voulons rester les maîtres en Bavière*; prouvons que nous sommes et que nous voulons rester catholiques et ne pas nous laisser *protestantiser*. »

Qant aux « reptiles » de Munich, ils ont tiré, comme un épouvantail, de cette vieille boîte du spiritisme politique prussien, le fantôme usé de la revanche. « Ce n'est ni un amoindrissement des charges militaires, disent les *Munchener Nachrichten*, ni une amélioration de la situation économique, ni une diminution des impôts que nous apporteraient les élections ultramontaines, mais *la guerre avec la France*. »

A quoi le *Suddeutsche Post*, journal démocratique de Munich, répond avec bon sens :

« Il nous est absolument impossible de comprendre comment ces feuilles peuvent présenter l'éventualité d'une guerre avec la France comme une menace. A notre avis, elles devraient être, au contraire, enchantées de la chose, puisqu'à Berlin l'on voulait évidemment la guerre ces tout derniers temps.

« Si donc le triomphe des ultramontains aux prochaines élections signifie la guerre, cela ne peut qu'être agréable au parti militaire de Berlin, et les porte-queue munichois du prussianisme ont, par conséquent, mille raisons de travailler eux-mêmes à faciliter la victoire des ultramontains. »

La *Suddeutsche Presse*, journal fondé à Munich avec les fonds secrets et rédigé par des Prussiens sans alliage, est si bien renseignée par les espions de M. de Bismarck, qu'elle ne voit au dedans et au dehors que conspirations et complots contre le « glorieux empire. » — « Il y a, dit-elle, une conspiration visible pour tout homme qui sait tant soit peu juger des choses, une conspiration en plein jour, donnant à tout instant signe de vie ; ses chefs se sourient d'un air mystérieux lorsque la plaine de Longchamps retentit du bruit des nouveaux canons en acier, et ils suivent d'un œil attentif le mouvement électoral qui se fait en Bavière. Cette conspiration qui étend ses ramifications jusque dans les salons de l'aristocratie anglaise, est la conspiration contre l'Allemagne ; elle pousse à la guerre. Dans cette guerre, de quel côté flottera le drapeau bavarois ? Les traités lui désignent sa place, le serment lie les soldats bavarois, mais qu'importe à nos ultramontains ! Ils verraient une nouvelle guerre avec plaisir, ils verraient la jeunesse bavaroise balayée par la mitraille française, — pourvu que l'empire allemand s'écroule et que Rome triomphe. Le journal [1] qui, dans les sanglantes journées de juillet 1870, engageait les soldats bavarois à tirer plutôt sur les officiers prussiens que sur les Français, n'est-il pas un des plus vaillants soutiens de la cause ultramontaine ? »

M. de Hohenlohe, ambassadeur d'Allemagne à Paris, n'a, du reste, pas trouvé lui-même de meilleur argument dans la lettre qu'il vient d'adresser à un des chefs du parti prussien à Munich, que « l'intérêt avec lequel on suit en France la lutte électorale en Bavière. »

La manœuvre est habile, mais on ne paraît pas s'y laisser prendre. Les catholiques bavarois repoussent avec indignation toute solidarité avec les catholiques français, et la France, de son côté, après la leçon de 1870, ne saurait se bercer du fol espoir de trouver jamais des amis et des alliés dans les ennemis allemands de l'empire.

Comme je sortais de mon hôtel, un gamin courut après moi et me remit une feuille volante, qui portait ces mots imprimés en tête, en gros caractères : « *Électeurs, attention!* » Ce factum grossier, sorti du cerveau épais des rédacteurs des *Dernières nouvelles*, journal prussien qui paraît à Munich, s'adresse aux paysans; voici un échantillon du langage importé de Berlin, « la ville de l'intelligence » par les agents de la civilisation prussienne : « Non, de ma vie je n'ai vu les calotins se livrer à un pareil sabbat, avec une pareille impunité ! Chez les Prussiens c'est moins facile, car ils ont l'habitude de mettre les calotins à la raison. Ah ! par ma foi ! cette pré-

[1] Le *Vaterland*, de Munich, organe catholique.

tendue persécution dont ils nous rebattent les oreilles, n'est qu'une affreuse blague..... Les noirs vous promettent un allégement de charges militaires; ce sont d'atroces menteurs ! Si les noirs triomphent, il faudra au contraire doubler les armements, car la guerre deviendra inévitable, et elle sera beaucoup plus proche qu'on ne croit. »

Au temps de la Commune, Raoul Rigault fusillant, le *Père Duchêne* cultivait les mêmes fleurs d'éloquence.

Quelques pas plus loin, un petit boiteux s'approcha de moi en sautillant et me présenta une brochure qui portait ce titre : « *Catholiques, faites votre devoir,* » et se terminait par ces mots : « Dans cette lutte électorale, c'est une couronne, un pays, un peuple qui sont en jeu. »

Au bout de la rue, je vis un attroupement devant une affiche qu'on venait de placarder; c'était le manifeste des nationaux-libéraux de Wurzbourg; en voici la traduction littérale :

Citoyens allemands !

Marchez à l'urne en rangs serrés. C'est un grand combat que celui que nous combattons. Toute la prêtraille (*Pfaffenthum*) est rangée devant vous; elle cache ses desseins malfaisants sous les noms de Dieu et de patrie; elle vous promet des montagnes d'or; mais à quel prix? au prix de la liberté et de l'indépendance de vos consciences.

Le pape infaillible a ordonné que les élections bavaroises soient des élections romaines. Aussi les évêques ont-ils lancé leurs mandements et poussé leur cri habituel : « La religion est en danger! »

*La France entière attend avec anxiété l'issue de nos élections, la France entière a placé son salut dans la papauté romaine, qui a juré la destruction de l'empire allemand, et qui agite déjà dans ses mains la torche incendiaire.*

A l'urne, et que pas un de vous ne manque !

C'est partout le même thème : on cherche à convaincre le peuple que Rome et la France se donnent la main pour travailler à la ruine de l'Allemagne.

La proclamation du comité électoral catholique de Wurzbourg est d'une *énergie* toute bavaroise :

« Électeurs,

« L'heure est sonnée ! Rendez-vous, unis, décidés et fermes comme une inébranlable phalange sur le champ de bataille électoral ; que personne ne manque, chaque voix perdue est un clou planté dans le cercueil de la Bavière, un coup de poing sur la figure du peuple bavarois (*sic*), un attentat contre le trône de notre dynastie bien-aimée.

« Vous le savez : c'est notre religion, c'est notre droit qui sont en jeu ; si les libéraux ont la victoire, c'en est fait de la religion en Bavière, *et le trône royal sera à jamais englouti dans les flots de la Sprée.*

« Debout donc, vous tous, hommes libres de la libre Bavière ; restez fidèles à votre religion, à votre patrie ! Ne souffrez pas la tyrannie d'un adversaire ennemi de Dieu.

« Aujourd'hui vous êtes encore maîtres de votre sort, demain vous ne le serez plus.

« Toute l'Allemagne, toute l'Europe a les yeux fixés sur vous, et vos fils parleront de vous avec gloire et avec bonheur, de vous qui aurez sauvé le roi et le trône, et la patrie de l'odieux socialisme prussien et libéral.

« En avant pour Dieu et la patrie ! »

Le *Volks-Partei* a aussi affiché un manifeste. Ce parti, composé de républicains modérés, que l'âge et la prison ont rendus circonspects, a perdu la plus grande partie de son influence à la suite des victoires de la Prusse. Plusieurs de ses chefs, qui avaient pris part à la révolution de 1849, et qui ont, pour ce fait, porté la livrée de galérien et traîné le boulet, se sont ralliés à l'empire. Maintenant que les fumées de la gloire sont dissipées, que les milliards sont mangés, que toute la nation est écrasée sous un despotisme militaire sans exemple, le *Volks-Partei* reforme peu à peu ses bataillons débandés et ose, dans deux ou trois circonscriptions électorales, affronter la lutte. C'est le cas à Wurzbourg, où les catholiques leur ont offert, sur le terrain commun de l'autonomie bavaroise, une alliance que les démocrates ont repoussée.

Tels sont les partis en présence ; en réalité, il n'y en a que deux : les nationaux-libéraux ou partisans de la Prusse et les catholique ou patriotes, qui combattent pour la défense des droits de la Bavière. Il n'est guère possible de mettre au rang des lutteurs sérieux, malgré leur sainte horreur du libéralisme prussien, les membres du parti protestant orthodoxe, connu sous le nom de *Reichs-Post Partei*, du nom de son principal organe, la *Reichs-Post Zeitung*. Ce parti n'a d'autre perspective que de succomber avec honneur.

Quant aux démocrates socialistes, très-nombreux à Munich, à Nuremberg et à Furth, où ils ont réuni en 1869 deux mille cinq cents voix, ils ont décidé qu'ils s'abstiendraient, voulant, disent-ils, protester de cette manière contre la loi électorale, qui n'est qu'un instrument dans les mains du ministère.

La loi se borne, en effet, à tracer les grands cercles électoraux et laisse au gouvernement la latitude de remanier les circonscriptions, de les morceler, de les détacher, de déplacer les lieux de vote. Le ministère actuel, complètement inféodé à la Prusse, ne s'est pas gêné : il a boulversé tout l'échiquier électoral ; il a fait un travail de géométrie prodigieux ; il a noyé les communes catholiques dans les communes protestantes ; il a détaché les faubourgs nationaux-libéraux de Munich pour les verser dans les circonscriptions rurales ; il a découpé de longues lanières de plusieurs lieues dans les anciennes circonscriptions électorales ; bref, c'est un bouleversement complet. Des électeurs catholiques seront obligés de partir à minuit et de faire six à sept lieues de chemin, s'ils veulent arriver à temps pour voter. Le ministère est allé plus loin encore : il a supprimé, dit-on, des circonscriptions catholiques tout entières !

J'ai terminé la soirée par une promenade dans les auberges et les brasseries ; le vin et la bière coulaient à flots, et, ainsi arrosée, la pâte électorale devenait malléable aux mains prussiennes.

Dans une petite rue, au fond d'une petite guinguette, deux chapelains fumaient leurs longues pipes au milieu d'un groupe de gros épiciers et de gros boulangers du quartier appartenant à l'état-major électoral catholique ; ils parlaient bas, et ma présence parut les contrarier ; seul, le chapelain le plus âgé, sans doute un peu sourd, disait en secouant sa chope à moitié vide sur la table : « *Malefitz Breissen !* » (Canailles de Prussiens !)

# X

Le palais des princes-évêques. — Le *Neu-Munster*. — Le Dôme. — Walther von der Vogelweide. — L'Université. — Les réunions publiques. — Quelques discours.

Ce matin, de nouvelles affiches s'étalent sur les murs. L'une convoque les électeurs nationaux-libéraux à la Schrannen-Halle; l'autre les électeurs du parti populaire dans le jardin-brasserie de Hutten.

Jusque-là nous avons le loisir de visiter en détail la ville que Kullman a rendue illustre. C'est ici qu'il a été jugé; sa photographie vous regarde encore de travers derrière la vitrine de quelques magasins; à côté de ce mauvais drôle, on voit, comme morale de l'histoire, M. de Bismarck coiffé d'un casque à pointe et ayant tout à fait l'air d'un gendarme convaincu.

Wurzbourg est une espèce de musée d'architecture, où l'on passe sans transition du roman et du gothique au rococo le plus raffiné et au moderne le plus lourd. Le palais des princes-évêques, avec ses trois cent douze chambres et ses vingt-cinq cuisines, ses fioritures de pierre, ses fresques italiennes, son salon aux miroirs, est, aux yeux des Allemands, bien plus beau que le château de Versailles, même quand l'empereur Guillaume y était. L'ostentation, et non l'amour de l'art, a présidé à cette orgie de clinquant. Sous le rapport des dorures, de tout ce qui brille et reluit, de tout ce qui attire l'œil, les Allemands sont comme les sauvages. Ils aiment les chaînes en similor, ils portent de grosses bagues à chaque doigt, et se passeraient des anneaux dans le nez, s'ils en avaient le moyen ; les paysans bavarois sont tous ornés de boucles d'oreilles ; les plus pauvres se contentent, il est vrai, d'un clou doré, rivé à une seule oreille. Les femmes n'aiment que les étoffes voyantes ; elles se chargent de bijoux comme des châsses.

Les caves de l'ancienne résidence épiscopale sont aussi célèbres que celles de Heidelberg ; elles ne renferment pas moins de 570 tonneaux. Le baron de Pœlnitz, qui les visita au bon temps, en parle ainsi dans ses Mémoires : « Je trouvai la cave illuminée comme une chapelle qui devait servir à mes funérailles ; elles se firent avec pompe, les verres servirent de cloches ; au lieu de pleurs on répandit du vin ; et le service fait, deux heiducks du prince me portèrent dans un carrosse et de là dans mon lit, mon tombeau. »

Le *castellan*, — traduisez concierge, — gros silène qui vous montre ces caves en frappant amicalement sur le ventre plein des tonneaux, ne manque jamais de vous offrir du vin, contre argent sonnant, bien entendu ; et pour pousser l'étranger à la consommation, il répète de sa voix d'entonnoir la chanson chère aux tribus germaniques :

> Wer niemals einen Rausch gehabt,
> Der ist kein braver Mann ect. 1

Quelquefois les bourgeois et même les dames de Wurzbourg accompagnent leurs hôtes étrangers dans ces fameuses caves ; ils ont alors la précaution d'emporter du pain et du jambon... afin de pouvoir aller jusqu'au bout ; car si le visiteur est de distinction, on fait bien les choses ; on monte l'échelle des vins, bouteille à bouteille,

---

1. Celui qui ne s'est jamais « soulographié » n'est pas un brave homme.

jusqu'à une hauteur si vertigineuse qu'il n'est plus possible de se tenir debout.

Un autre édifice, chef-d'œuvre de mauvais goût, surchargé de bibelots, écrasé d'ornements baroques, le *Neu-Munster*, fait l'admiration des Allemands du Nord et du Midi. Cette église, construite dans ce style ampoulé qu'on appelle le style jésuite, n'a rien de religieux ; quand on est entré, on se croirait dans le boudoir d'une Pompadour allemande. Sur les autels ruisselants d'or, des saints vêtus de vêtements d'or, présentent, dans des poses de jeunes premiers, leur cœur brûlant de flammes d'or ; à côté d'eux, des anges soulèvent des draperies dorées et semblent vous indiquer que le paradis est derrière ; il y en a qui grimpent le long des colonnes d'or des autels et se livrent aux exercices acrobatiques les plus variés. La chaire a l'aspect d'un trône mythologique ; elle est surmontée d'une vierge qui ne descend évidemment pas du ciel, mais qui sort de la mer ; autour d'elle, de jolis petits séraphins peu vêtus jouent avec des palmes qu'il est permis de confondre avec les flèches de Cupidon. Des fresques où sont représentés des couples éthérés vous initient aux jouissances qui attendent les bons dans la Jérusalem nouvelle, et la grande lampe d'or qui projette dans le chœur ses reflets doux et voluptueux fait l'effet d'une veilleuse orientale. Il n'y a qu'un saint Antoine qui pourrait prier ici sans distractions mondaines.

Combien j'aime mieux ce vieux Dôme qui s'élève quelques pas plus loin, massif, sombre, austère, imposant ! Tout y est mystérieux comme la mort. Dans les chapelles à demi éclairées, des christs tragiques exposent leurs corps sanglants ; et l'on erre à travers les tombeaux de marbre des princes-évêques comme à travers des catacombes royales. Ils sont là, tous endormis dans la splendeur de leur gloire épiscopale et de leur souveraineté terrestre, sans savoir si l'on pleure leur trépas, ou si l'on maudit leur mémoire. Voilà le bienfaiteur de Wurzbourg, Julius Echter von Mespebrunn, qui fonda l'hôpital, qui reconstitua l'Université ; voilà Melchior von Zobel, qui fut assassiné dans une rébellion populaire ; voilà Auguste von Ehrenberg, qui fit brûler dans son évêché plus de 900 sorciers et sorcières, et qui condamna, pour sortilége, son propre neveu à être décapité ; voilà encore Gottfried von Hohenlohe, qui dort à côté de son épée. Toute l'histoire de Wurzbourg est retracée sur ces monuments ; on lit sur la figure belliqueuse et barbue de tous ces évêques, qui tiennent la crosse d'une main et l'épée de l'autre, leurs luttes et leurs combats avec leurs sujets et leurs voisins.

Le célèbre minnesinger du moyen âge, Walther von der Vogelweide, a aussi son tombeau à Wurzbourg. On a placé sur le marbre funèbre le gobelet dans lequel il donnait à manger aux petits oiseaux du ciel, ses inspirateurs et ses amis. Le poëte avait légué en mourant une partie de sa fortune aux oiseaux de sa ville, qui devaient, « eux et leurs descendants, trouver constamment des grains sur sa tombe. » Mais il est arrivé que le chapitre a eu plus d'appétit que les petits oiseaux, et depuis bien longtemps le gobelet reste vide.

Les canonicats dans les cathédrales de Wurzbourg et de Bamberg étaient regardés comme les meilleurs d'Allemagne. Les prélats touchaient de 20 à 30 mille florins par an. Les chanoines n'étaient obligés de résider qu'un mois de l'année dans leur cathédrale. Chacun d'eux recevait, à son entrée au chapitre, un coup de houssine de ses confrères. On empêchait ainsi les princes, qui ne pouvaient se soumettre à cette humiliante coutume, de faire partie du chapitre.

Bien que Wurzbourg ait remplacé ses remparts par de charmantes promenades, que ses portes aient été abattues, la ville a conservé le fier et pittoresque caractère d'une vieille cité catholique et féodale. Les transformations modernes ont touché au cadre, sans gâter le tableau. On voit encore sur les façades des enfants Jésus que Marie et Joseph conduisent par la main, et qui semblent vous souhaiter mille félicités en ce monde et dans l'autre; le soir, des lampes s'allument devant les madones; on entend toute la journée les cloches des églises et des monastères qui se répondent; mais on ne rencontre plus, il est vrai, les augustins de Wurzbourg, avec leur croix bleue émaillée sur leur grand manteau, recueillant leurs cochons, qu'ils avaient le privilége de laisser librement courir par la ville avec une sonnette au cou et un ruban à la queue, — privilége que les religieuses du même ordre avaient également à Paris.

Cependant on peut dire encore de Wurzbourg ce que Heine disait de Gœttingue : « Les habitants sont partagés en étudiants, en professeurs, en philistins et en bétail ; quatre états entre lesquels la ligne de démarcation n'est rien moins que tranchée. » Les étudiants circulent par hordes, avec leurs petits bonnets brodés, leurs nez et leurs joues que le duel a endommagés, leurs hautes bottes et leurs bouledogues. La lutte électorale les a divisés en deux camps, et ils se regardent entre eux comme chiens et loups.

L'Université de Wurzbourg compte actuellement 800 « fils des muses, » parmi lesquels on remarque 3 Japonais, 4 Turcs, 17 Russes, 19 Suisses et 1 Français. Les Facultés de théologie et de philosophie sont fréquentées exclusivement par les jeunes gens qui se destinent au sacerdoce. En Allemagne, les études se font à l'Université; on n'entre au séminaire qu'une année avant de recevoir les ordres. Ce système a son bon côté : en même temps que la science de la foi, le futur prêtre apprend la science de la vie; il s'initie aux affaires du pays, il se mêle à toutes les questions politiques qui l'agitent, car un jour il sera peut-être appelé à siéger au

Landtag ou au Reischstag. En Prusse et dans le grand-duché de Hesse, les candidats en théologie sont maintenant astreints au service militaire.

En 1817, le roi Maximilien réorganisa l'Université de Wurzbourg sur des bases toutes nouvelles ; il y appela les célèbres professeurs de théologie Feder, Grebner, Holzbau, Oberthur, l'historien Schmidt, le philosophe Schelling. La bibliothèque universitaire a été fondée par un don de 71,000 florins fait par un chanoine du chapitre de Wurzbourg. Les particuliers l'ont augmentée de plusieurs livres rares qui se conservaient dans les familles. En 1803, on retira du tombeau de saint Kilian son livre d'Évangile qui a enrichi la bibliothèque d'une relique sans prix. On conserve également un livre d'heures de Marie Stuart. Un cabinet d'histoire naturelle, un cabinet de physique et de chimie, un jardin botanique, un observatoire, une clinique, une collection anthropologique, un laboratoire pharmaceutique, un institut de musique et une galerie de peinture sont annexés à l'Université. Il y aurait une curieuse étude à faire sous le titre : *Comment on fonde une université*. L'État n'a pas déboursé grand'chose; il n'a accordé que des priviléges, et a laissé agir l'initiative privée. Les donations du clergé et des particuliers, l'intérêt des citoyens pour l'éducation de la jeunesse, voilà ce qui a fait surgir du sol allemand cette fourmilière de petites républiques académiques, indépendantes les unes des autres, vivant de leur vie propre, et qui, jusqu'en 1870, avaient toujours su se soustraire à la domination de l'État.

Je suis revenu de l'Université par le marché aux poissons. On voit sur cette place une maison dont la cheminée est décorée d'une cuirasse comme d'un trophée. Voici l'histoire de patriotisme et d'amour qu'on raconte à ce sujet. Pendant la guerre de Trente Ans, Gustave-Adolphe avait pris et pillé la ville; les Wurzbourgeois, pour se venger, résolurent d'enivrer tous les soldats suédois et de les égorger pendant la nuit. La jeune veuve qui habitait cette maison avait des relations secrètes avec un chef de la garnison ennemie; lorsque la cloche des morts sonna à la cathédrale, pour donner le signal de la boucherie, elle conseilla à son amant de se cacher dans l'intérieur de la cheminée; mais il y fut à peine monté, qu'elle vida un sac de charbon et y mit le feu. Le Suédois étouffa. En souvenir de cet assassinat patriotique, on suspendit la cuirasse du Suédois au haut de la cheminée.

Il était temps d'aller à la Schrannenhalle, car l'Allemand est l'exactitude faite homme. Je m'enfonçai dans une petite rue capricieuse, qui se déroule comme un long serpent derrière le Dôme. J'aperçus à quelques fenêtres de bons curés arrosant leurs pots de fleurs ou prenant une prise avec un geste solennel. Dans les boutiques d'épiciers, il y avait des messieurs qui buvaient de l'absinthe et du vermouth, liqueurs qui ne se débitent pas ici dans les cafés et les cabarets. La Schrannenhalle est une énorme construction carrée, sans style, à laquelle le peuple a donné le surnom caractéristique de « Tour Malakoff. » Le rez-de-chaussée est une halle aux blés; les étages supérieurs, composés de vastes salles et de salons, servent aux concerts, aux conférences, aux bals publics, aux expositions et aux réunions populaires.

Le ban et l'arrière-ban des partisans de M. de Bismarck remplissaient déjà la salle. C'étaient des industriels, des commerçants, des employés, des étudiants, et enfin toute la paroisse protestante de Wurzbourg; en tout, trois à quatre cents têtes. Cet auditoire est grave, proprement mis et ne fume ni ne boit. Sur l'estrade, les orateurs sont assis autour d'une table chargée de journaux, de brochures. Au coup de sept heures, le président agita la sonnette, se leva pour annoncer que la réunion avait pour objet d'éclairer la concience des électeurs, et donna la parole à un monsieur à longue barbe noire, orné d'une paire de lunettes aux branches d'or. L'orateur toussa convenablement, et, enfonçant ses deux mains dans ses poches, il commença ainsi :

« Messieurs, nous sommes à la veillée des armes ; je viens vous conjurer une dernière fois de rester unis, de venir tous au scrutin, car si nous battons nos adversaires, Rome aura sa journée de Sedan. Il faut que nous marchions en rangs très-serrés pour empêcher les ultramontains de passer et d'arriver à leur but, qui est l'asservissement de l'État à l'Église et aux jésuites. La haine qu'ils nourrissaient contre le vieil empire, ils l'ont reportée sur le nouveau ; ils y ont semé déjà la discorde, et fomentent la rébellion contre les lois. C'est un chef des noirs, c'est le nonce de Munich qui a poussé ce cri : « Nous n'avons plus de ressources que dans la révolution ! » Les ultramontains, ne l'oublions pas, sont au nombre de quinze millions dans le nouvel empire ; et ils échangent avec la France papale de douces œillades. Ils ont des alliés en Allemagne même. Le parti de la *Reichs-Post*, oubliant son passé, oubliant la mission de combat du protestantisme, ce parti qui se dit orthodoxe et s'est hypocritement affublé du nom de « national-convervateur », donne la main aux conspirateurs ultramontains. Ses chefs — des pasteurs ! — au lieu de prêcher la paix et la conciliation, cherchent à embrigader pour la bataille de demain les populations ignorantes des campagnes. Les débris épars du *Volks-Partei* (parti populaire), qui se pose comme l'unique gardien de la liberté et qui n'a rien fait jusqu'à ce jour pour l'indépendance nationale, se réunissent aussi pour nous faire obstacle. Le parti populaire n'a-t-il pas toujours combattu, de même que les ultramontains, l'unité si chèrement achetée de notre nation ? Ce que nous voulons, nous, c'est un empire allemand uni, puissant, assez fort pour assurer, et, au besoin, pour imposer la paix. »

Des bravos éclatants couvrirent ces paroles.

Un autre orateur vint se placer derrière la table ; il tenait un chiffon de journal à la main.

« Messieurs, commença-t-il d'une voix tonnante, en roulant des yeux fulgurants, messieurs, les catholiques sont des traîtres à la patrie, des menteurs, des canailles ; ils vilipendent à l'étranger l'empire, ses chefs, ses institutions ; ils ne reculent pas devant les calomnies les plus infâmes. Dans une lettre qu'ils ont envoyée à la *Gazette allemande de Baltimore*, ne sont-ils pas allés jusqu'à dire « qu'à la cour de Berlin on donnait des bals où les dames n'avaient pour vêtement que leurs bottines de satin rose ! » Ne croyez pas que j'invente ; je laisse cet honneur aux ultramontains ; cet article infâme, je l'ai là...

— La lecture ! la lecture ! demandent plusieurs voix.

— Non, messieurs, je ne souillerai pas vos oreilles par ces ordures, vous pouvez les lire dans la *Gazette générale de l'Allemagne du Nord*, qui les a reproduites pour édifier le peuple allemand sur la conduite des ultramontains.

L'orateur regagne sa chaise d'un pas majestueux ; une seule phrase circule dans la salle : « Ces ultramontains, comme ils sont menteurs ! »

Un monsieur chauve comme un œuf, ayant les dehors d'un garçon pharmacien, sautilla derrière la table, et débita d'une voix glapissante des phrases comme celles-ci : « Les ultramontains sont des ânes qui boivent de l'eau de Lourdes. — Sans doute, les charges militaires sont écrasantes, mais il faut s'y résigner. Comment faire autrement en face d'un ennemi voisin et affamé de vengeance ? Il faut bien que nous restions armés jusqu'aux dents, d'autant plus que les ultramontains bavarois font les affaires des ultramontains français. »

Toujours la même note ! Elle m'agaça comme le grincement d'une scie, et je descendis pour me jeter dans un fiacre. « A la brasserie Hutten, » dis-je au cocher. Il me conduisit hors de la ville, le long d'un chemin bordé de villas entourées de jolis jardins. C'est le Wurzbourg élégant qui demeure dans ce quartier, où l'air est meilleur et le paysage gracieux. Quelques villas, construites dans le style gothique des châteaux des bords du Rhin, profilent leur tour crénelée entre de hauts peupliers qui babillent avec le vent. Au bout de dix minutes, la voiture s'arrêta à l'entrée d'un vaste enclos planté d'arbres, et rempli de tables autour desquelles des femmes tricotaient ou cousaient, à portée d'un bock, et à la lumière de chandelles de suif, garanties par un large tube de verre. Dans la pénombre on distinguait vaguement des figures de moines et de religieux. On eût dit des spectres ; c'étaient des statues pieuses, provenant je ne sais d'où, et déposées provisoirement au fond du jardin. La grande salle de la brasserie était brillamment éclairée ; je parvins, à force d'efforts, à me frayer un passage jusqu'à la porte, car on s'empilait dans le vestibule. Le coup d'œil était vraiment pittoresque ; six à sept cents électeurs se tenaient groupés autour d'une centaine de petites tables en bois blanc, couvertes de cruches de bière et de portions de fromage. Quelques-uns avaient tiré de leur poche un bout de saucisse enveloppé dans un vieux journal. Au milieu, une tribune improvisée, menaçait ruine à chaque coup de poing des orateurs. Les assistants paraissaient appartenir à la classe des petits patrons et des petits marchands qui trouvent que le socialisme va trop loin, et qui, devenus propriétaires par des prodiges d'économie, n'entendent point partager avec les « frères ». Quelques ouvriers — une cinquantaine environ — formant bande à part, se tenaient du côté gauche. L'orateur qui pérorait était vêtu de gros drap du pays, ses cheveux rouges se hérissaient contre les décrets de M. de Bismarck, tandis que son nez fleuri proclamait la gloire des vignes franconiennes. Il tempêtait contre le « maudit argent prussien. »

« L'empire, soupirait-il, est le tombeau des florins ; depuis que nous formons la « grande nation, » nous n'avons plus le sou. On a fait grand bruit de la réforme monétaire; on nous a dit que cette réforme, en vigueur depuis le 1er janvier, allait remplacer tous ces vieux thalers et ces vieux florins à l'empreinte à demi effacée, cette abominable petite monnaie divisionnaire frappée à tous les coins des princes allemands, ces billets de cinq, de deux, d'un thaler et d'un demi-florin; on nous a promis de belles pièces d'or et de jolies pièces de nickel. Nous nous disions : « Enfin, « nous allons voir quelque chose de ces fameux cinq mil-« liards conquis au prix de tant de sacrifices et de sang. » On en a beaucoup parlé dans les gazettes, mais, jusqu'ici, personne n'en a vu la couleur. On se souvient des discussions chauvines qui eurent lieu à ce propos au Reichstag. Aux orateurs qui réclamèrent la création de la pièce d'or de vingt francs, on répondait qu'il fallait à la grande nation une monnaie nationale, une pièce d'or allemande, et l'on créa la couronne et la double-couronne pour l'opposer au napoléon. Or, messieurs, il y a six mois que la réforme monétaire est en vigueur, et nous sommes encore à en attendre les bienfaits. Les pièces d'or sont si rares dans notre pays des milliards, que ceux qui en découvrent les conserveraient comme des reliques précieuses, si les temps n'étaient pas si durs. Dès qu'une de ces pièces montre le nez hors des cachettes de la Banque de Prusse, vite on l'achète avec prime pour la revendre. Les banquiers ont ainsi réussi à accaparer toutes les émissions d'or, qu'ils envoient en Angleterre avec un bénéfice de demi pour cent, car la nouvelle loi fixe à 15 1/2 la valeur de l'or comparée à celle de l'argent, tandis que, dans tous les autres pays, elle est de 16 contre 1. M. Camphausen, l'habile ministre des finances de l'empire, est obligé de racheter ses pièces d'or avec un agio. Les journaux n'ont-ils pas raconté, la semaine dernière, qu'une grande maison de banque de Berlin avait offert à M. Camphausen de lui revendre, contre un petit bénéfice de 40,000 thalers, la nouvelle émission de marcs d'or que va faire le Trésor? Ces honnêtes spéculateurs ajoutaient qu'ils agissaient par patriotisme, attendu que le gouvernement serait forcé, s'il refusait la proposition, de racheter 50,000 thalers à Londres son émission d'or. Voilà, messieurs, les résultats de la science prussienne! Cette réforme monétaire, qui avait pour but d'établir la domination financière de l'Allemagne sur le monde, est un pitoyable fiasco. Elle ajoute aux embarras économiques dans lesquels nous nous débattons depuis quatre ans; l'importation ayant augmenté de deux milliards — oui, notez bien le chiffre — de deux milliards, il nous faudrait de l'or pour payer les fournisseurs français et anglais. Or, nous ne pouvons nous en procurer que contre un fort agio, et tout notre commerce, toute notre industrie courent à la ruine; si cette situation se prolonge, les ouvriers qu'on met à la porte des fabriques et qui errent affamés dans les rues de Berlin seront obligés de voler pour vivre. (Plusieurs voix : *Oui! oui!*)

« Depuis que nous sommes sous la griffe prussienne, nous avons deux fois plus d'impôts, et le prix de la vie a triplé. Et pour construire quelques forteresses et quelques vaisseaux blindés de plus, on va imposer notre pain quotidien (*sic*) — la bière! (Cris et mouvement dans la salle.) Imposer la bière, mais c'est nous arracher le pain de la bouche! La bière est la boisson nationale du peuple allemand. La Russie a réduit l'impôt sur la bière, et l'empire allemand, qui se flatte de marcher à la tête de la civilisation, frapperait d'une surtaxe antipatriotique cette boisson populaire! Que fera l'ouvrier? S'il se résigne, il cherchera une compensation dans les liqueurs malfaisantes, il se livrera à l'eau-de-vie de pommes de terre, comme dans la Prusse orientale, où il n'y a que des gens abrutis ou idiots. (Bravos prolongés.) D'après la statistique qui vient d'être publiée, on a distillé l'année dernière en Allemagne

300 millions de litres de *schnaps* (eau-de-vie) ; on en a exporté 50 millions de litres en Russie et en Bohême. Qui a bu les 250 millions qui restaient ? Ces *Betel Preussen* [1] ! (ces mendiants de Prussiens !) Ils veulent augmenter le prix de la bière pour nous empoisonner avec leur eau-de-vie de pommes de terre ! Mais cela n'aura pas lieu ; il faut que nos députés défendent nos droits et nous sauvent d'une prussification plus complète. »

Des applaudissements assourdissants firent trembler les vitres de la salle.

Le président annonça alors que le délégué du *Volks-Partei* de Munich, M. Grœber, allait prendre la parole.

Un homme de grande taille, à la chevelure démocratiquement inculte, gravit à pas lents les escaliers de la tribune. M. Grœber est, je crois, candidat à la députation. Il fit un long exposé de la situation politique en Bavière :

« Pour tout homme clairvoyant, dit-il, il est évident que nous marchons à une catastrophe. Le parti pressé d'aliéner sans condition le reste des droits de souveraineté que la Bavière a conservés n'a pas la majorité dans le pays, mais il a la conscience de sa supériorité politique et la ferme volonté d'écraser tout ce qui lui fait obstacle. La fin, pour lui, justifie les moyens ; car il n'a pas honte d'agir de la manière la plus flagrante contre le texte positif de la constitution. Pour ce parti qui s'appelle dérisoirement national-libéral, les traités de Versailles n'existent pas, et la Bavière est une préfecture prussienne. »

Le rédacteur en chef du *Wurzburger-Journal*, organe du parti démocratique ou parti populaire, succéda à M. Grœber ; Achille n'est pas plus bouillant que M. Himelein, qui éclate comme un orage :

« Les « reptiles », s'écrie-t-il, ces bêtes galeuses de

---

[1] Les Bavarois, *gut bayrich* (vrais Bavarois) ne désignent jamais les Prussiens autrement.

l'écritoire, que les fonds secrets entretiennent sur toute la surface du globe, et notamment sur le sol bavarois, déversent leurs calomnies sur le *Volks-Partei;* à les entendre, nous serions les alliés secrets des ultramontains; je les mets au défi de me fournir des preuves. »

Passant aux manœuvres auxquelles se livrent les nationaux-libéraux, M. Himelein leur conteste le titre de « libéraux ». « Sont-ce des libéraux, dit-il, ceux qui recourent à de tels moyens pour imposer silence à leurs adversaires? Sont-ils libéraux, ceux qui ne reconnaissent rien au-dessus de la force des baïonnettes et du canon? Sont-ils libéraux, ceux qui prônent le militarisme, la ruine de la nation par l'impôt du sang? — Non, ils ne sont pas libéraux. Que sont-ils donc? Ils sont : *Prussiens!* (Oui, oui, bravo !) Ils peuvent aller bras dessus bras dessous avec les hobereaux et les bureaucrates de la Prusse. Nous voulons bien, nous, une Allemagne unifiée, mais sur la base du fédéralisme qui donne des droits égaux à tous les États, sans en créer un plus grand qui opprime les autres. »

L'orateur continue au milieu des applaudissements. Cette phrase parvient encore à mon oreille : « Derrière nos adversaires, qu'y a-t-il ? Il n'y a qu'un homme. Derrière nous, il y a la justice et le droit, qui vivront encore quand les plus grands hommes d'État seront réduits en poussière. »

A cette apostrophe, ce ne fut plus des bravos, mais du délire. Tous les auditeurs avalèrent leur chope d'un trait.

En ce moment, se produisit un incident inattendu. Un délégué des cinquante ouvriers socialistes présents à la réunion demanda la permission de monter à la tribune. Elle lui fut accordée, et il développa le programme sur lequel l'entente pourrait s'établir entre le parti populaire et le parti des démocrates-socialistes. Mais M. Grœber ayant répliqué que les démocrates purs ne pourraient jamais adopter la théorie des socialistes sur le salaire et la propriété, le délégué rejoignit ses cinquante compagnons, et ils quittèrent tous ensemble la salle, sans que l'ordre fût troublé.

Quand ils furent sortis, un citoyen à la tenue débraillée, coiffé d'une vieille calotte de drap, agitant une canne à bec de corbin, se leva pour déclarer qu'il « avait été socialiste, mais qu'il n'était plus que démocrate. » Il se grattait furieusement l'oreille. « Je ne suis plus socialiste, reprit-il, parce que les socialistes sont trop têtus. Je leur ai dit plus de trente fois : « Ne soyez pas si têtus (*bockbeinig*). » J'ai fait de grands sacrifices pour ce parti ; chaque fois que le frère passait son calabrais, je mettais six kreutzers ; et je me suis abonné au journal. Mais ils sont trop têtus. Il eût été bien plus simple qu'ils se joignissent aux démocrates, au lieu de bouder dans un coin. »

Cette harangue ne produit guère d'effet, les conversations s'engagent tout haut, et, de la tribune, la discussion descend dans la salle.

En traversant le jardin, je retrouvai les femmes qui avaient accompagné leurs maris à la réunion, elles cousaient et tricotaient encore en buvant de la bière et en mangeant des radis.

## XI

Un voyage électoral. — Le Marienstein. — Rottendorf. — Un scrutin de campagne. — Kitzingen. — Les capucins brasseurs de Dettelsbach. — Un curé patriote.

La voiture que j'ai retenue hier est venue me prendre ce matin à sept heures. Mon cocher est un jeune homme intelligent ; il m'a promis un voyage électoral qui me donnera une idée exacte de l'esprit, du caractère et des mœurs du pays. Dans la plupart des villes, c'est l'élément prussien qui a pris le dessus. Jusqu'ici, les campagnes de l'Allemagne du Sud ont été préservées de l'invasion, et c'est chez elles que le sentiment national bavarois, wurtembergeois ou badois s'est conservé dans sa force et sa pureté. Demandez à un citoyen de Karlsruhe, de Stuttgard ou de Munich, ce qu'il pense de Son Excellence le chancelier de l'empire. Il vous répondra que c'est le Messie de l'Allemagne. Adressez la même question à un bûcheron de la Forêt-Noire, à un paysan du Neckar ou à un vigneron du Mein, vous apprendrez que M. de Bismarck, « l'homme de fer et de sang, » n'est autre chose que l'Antechrist.

De toutes les manières de voyager, c'est encore l'ancienne qui est restée la meilleure ; il faut, pour rapporter d'autres impressions que celles des tables d'hôte, sortir des villes, quitter les grand'routes trop battues, pénétrer le plus avant possible dans l'intérieur, s'entretenir avec le paysan, voir le maître d'école, faire visite au curé. De cette façon, les moins malins sont sûrs de recueillir des renseignements curieux, et d'arriver à une connaissance sérieuse de la contrée qu'ils parcourent.

Comment se passeront les élections de Wurzbourg? C'est ce que je saurai par les conversations et les journaux ; dans les campagnes, la comédie électorale reste inédite ; ceux qui y assistent peuvent seuls s'en rendre compte. On parle de scènes bizarres, originales ; car les élections sont en Bavière une espèce de fête populaire où l'on boit, où l'on mange, où l'on danse quelquefois, où l'on s'assomme toujours. Quand les élections tombent en automne, l'allégresse est sans mélange ; quand elles ont lieu au temps de la moisson, comme c'est le cas aujourd'hui, il y a moins d'entrain et de gaieté ; l'électeur se sent, d'un côté, retenu par son champ, — de l'autre, il est attiré par la perspective de grands tonneaux de bière qui coulent gratuitement.

Chaque campagne électorale a son cri de guerre et de ralliement. En 1848, on criait : « A bas les juges de district ! » Et l'on brûla les bancs sur lesquels ces dignes magistrats faisaient administrer la schlague. Une autre année, on cria : « A bas les sauvages ! » puis « Liberté ! » — Quelle liberté ? demanda-t-on à des électeurs de la Basse-Bavière. « Celle de mendier, répondirent-ils, partout où il y a une porte ouverte ! » Cette année, le mot donné est : « A bas les Prussiens ! » Jamais cri électoral n'a été poussé avec plus d'enthousiasme ; pour le paysan catholique, Prussien est synonyme de bourreau et de persécuteur de la religion, d'ennemi du roi, — et de ravisseur d'écus. Dans les campagnes bavaroises, on ne connaît que Dieu et le roi. L'État, le gouvernement, autant de mots incompréhensibles. Les paysans vous disent que leur âme appartient à Dieu, leur corps et leurs biens au roi. C'est au roi qu'ils donnent leurs fils, c'est au roi, qu'ils payent l'impôt; et si les affaires vont mal, c'est au roi qu'ils s'en prennent. « Les Prussiens menacent le roi, le roi est en danger! » Tel est donc le cri, et on se lève en masse pour terrasser le Prussien sur le champ de bataille électoral.

Le scrutin s'est ouvert ce matin à sept heures dans toute la Bavière; il sera fermé à midi. D'après les derniers recensements, on compte environ 800,000 électeurs, dont plus de 500,000 ont donné, en 1871, leurs voix aux candidats du parti catholique. Si jamais le suffrage universel direct est introduit, la majorité catholique sera écrasante. Le système en vigueur est le même qu'en Prusse : l'élection indirecte ou à deux degrés. Sont électeurs les citoyens âgés de vingt-cinq ans, jouissant de leurs droits civils et politiques, ayant prêté serment à la Constitution, et payant un impôt direct d'au moins deux florins, environ 4 fr. 50. Les militaires pensionnés ou en retraite sont seuls admis à voter. Dans dix jours, les électeurs du second degré, qui sortiront ce soir du scrutin, se réuniront à leur tour pour élire les députés. Ne peuvent être nommés députés que les citoyens qui payent un cens de cent florins.

J'ai laissé à mon automédon le choix de l'itinéraire. Il a pris une belle route, le long de laquelle les pommiers, les poiriers, les noyers font la haie. Nous passons au pied du Marienstein; la forteresse qui couronne ce monticule est encore parfaitement conservée, bien qu'elle ait entièrement perdu sa signification. Les princes-évêques vinrent s'y mettre à l'abri des tempêtes populaires; Turenne, Dumonceau et Turreau y ont gravé leur nom avec la pointe de leur épée; les Prussiens l'ont bombardée le 27 juillet 1866 et ont incendié son magnifique arsenal. Les obus pleuvaient en même temps sur Würzbourg sans défense, tuant des femmes et des enfants. C'est l'habitude chez les descendants d'Hermann. Les flancs du

Marienstein sont couverts de vignobles qui produisent des vins fort estimés ; le plus connu de tous est le *Bocksbeutelwein* (*bourse de bouc*), ainsi appelé à cause de la forme saugrenue des fioles dans lesquelles on le conserve. Le chapitre de Wurzbourg, qui n'aime pas à braver l'honnêteté, mais qui aime le bon vin, lui a donné le nom plus céleste de *vin du Saint-Esprit*.

Le premier village que nous trouvons est Rottendorf. La plupart des portes sont closes ; seules, quatre ou cinq vieilles femmes, la tête drapée de mouchoirs rouges, lavent du linge à la fontaine. Tous les hommes sont partis pour aller voter au chef-lieu. Rottendorf mérite bien son nom : il fait, avec ses toits de tuile, une tache rouge au milieu de la verdure. Ces villages franconiens sont chatoyants de couleurs ; les maisons, séparées les unes des autres, sont entourées de grands jardins où les fleurs d'agrément masquent les prosaïques légumes du potager. Des fresques pieuses décorent quelques façades. Les populations catholiques de cette partie de la Franconie sont profondément attachées à leur foi ; elles ne souffriraient pas, comme c'est le cas en Wurtemberg, qu'on utilisât jamais, en qualité de poteaux indicateurs, les grands christs de bois qu'on rencontre à chaque pas sur les routes, entre deux chênes. Si elles détestent la Prusse, c'est par crainte du protestantisme et de la persécution religieuse ; mais n'allez pas croire qu'en raison de cette haine elles éprouvent la moindre sympathie pour la France. Les Français, comme les Prussiens, ont envahi leur pays, et la France est restée à leurs yeux l'ennemie héréditaire et altérée de vengeance.

Avant d'arriver à Reppeldorf, nous atteignons les électeurs de Rottendorf. Ils marchent par groupes de huit à douze, le parapluie sous le bras et la pipe de porcelaine aux lèvres. Tous sont soigneusement rasés, coiffés de la casquette fourrée et vêtus de la longue houppelande noire qui descend jusqu'aux talons. Ils se découvrent respectueusement à notre passage ; quelques-uns nous saluent par la formule antique : « Loué soit Jésus ! (*Gelobt sei Jesus*) » ; d'autres nous disent simplement : « *Gruss Gotts!* (Dieu vous salue !) » ou « *Adiés!* (Adieu !) »

Le paysan franconien, de carrure massive, est gauche et lourd ; il n'a conservé de l'ancien type franc que la chevelure blonde et les yeux clairs. C'est encore une race vigoureuse, mais qui n'a plus rien dans sa physionomie ni dans son caractère de la fougue sauvage et des ardeurs belliqueuses de la race que les Romains ne purent dompter ; c'était primitivement un peuple de héros, qui avait mis le comble de la félicité dans le combat et la lutte. Les historiens nous apprennent que les Francs « étaient toujours prêts à combattre de la main gauche lorsque la droite était blessée », et que, « semblables aux vagues de la mer, ils se précipitaient avec fracas sur les Romains et les culbutaient avant que ceux-ci eussent songé à se défendre. » Faits prisonniers, ils se perçaient de leur propre épée ou se révoltaient pour se faire massacrer.

Les électeurs de six communes votent à Reppeldorf. Le bureau est installé dans la Maison de la commune, bicoque sans apparence, à l'étroit escalier de bois. Les électeurs montent les uns après les autres, défilent devant la table à laquelle sont assis MM. les assesseurs en compagnie de nombreuses chopes, retirent leur bulletin et s'en retournent pour le faire remplir à l'auberge d'en haut ou à l'auberge d'en bas, selon le parti auquel ils appartiennent.

L'auberge d'en bas est occupée par les nationaux-libéraux ; le pasteur d'une localité voisine y a établi son quartier général, car pour tenir les catholiques en échec, le ministère a taillé de nouvelles circonscriptions et mis quatre communes protestantes en présence de deux communes catholiques.

L'auberge d'en haut sert de camp retranché aux ultramontains. Le curé et le maître d'école y sont sous les armes.

Dans l'une comme dans l'autre, on boit, on fume, on mange; on se livre à des ripailles dignes d'avoir Rabelais pour chroniqueur.

A mesure que les électeurs reviennent de la Maison communale avec leur bulletin à la main, ils sont introduits dans une petite chambre; le pasteur en bas et le curé en haut moulent de leur plus belle écriture sur la feuille imprimée le nom de leurs candidats respectifs.

De temps en temps le maître d'école, qui a des mouches de Milan sur la nuque et des boucles d'argent aux oreilles, va monter la garde sur la route. Le pasteur, de son côté, abandonne par intervalle ses fonctions d'écrivain public à l'aubergiste, et, son parapluie sous le bras, il pousse une pointe hardie jusque dans la salle de vote pour exhorter les récalcitrants, convertir les douteux et les ramener sous son escorte à la salle d'en bas, où leurs bulletins sont correctement remplis.

Il n'est que neuf heures, et nous remarquons déjà que les têtes sont terriblement échauffées; ce soir, il y en aura qui ne seront plus entières.

Nous nous étions à peine remis en route, que nous vîmes arriver de grands chars, dits à échelles, ornés de petits sapins, de banderoles et de drapeaux; c'étaient des électeurs catholiques que le remaniement des circonscriptions électorales mettait dans l'impossibilité de venir voter à pied. A côté du conducteur du premier véhicule, se tenait le curé, lisant son bréviaire. Les hommes chantaient ce couplet d'une chanson très-populaire en Franconie :

> Wir guten Franken,
> Wir loben und danken,
> Das wir nicht seyen
> Wie die groben am Rhein. [1]

[1] Nous, bons Franconiens, — Nous nous vantons — De ne pas être — Comme les grossiers (Prussiens) du Rhin.

Une demi-heure après nous étions en vue de Kitzingen, gros bourg entouré de vignobles, de houblonnières et de vertes prairies qu'arrose le Mein. Un péager arrête notre voiture et nous demande huit kreutzers pour « l'usage du pavé. » Kitzingen fait un commerce de bois considérable ; c'est de ce bourg que partent ces longs radeaux qui vont jusqu'à la mer.

Les mâchoires sont en pleine activité à l'hôtel-auberge où nous descendons. La choucroute blonde, flanquée de porc électoral, exhale un parfum à ressusciter tous les Allemands morts pour M. de Bismarck dans la guerre de France. Un bureau a été installé au premier étage ; les retardataires se hâtent de retirer leur bulletin ; ils le font remplir par les chefs de file, et remontent le déposer entre les mains de messieurs les assesseurs ; après quoi, ayant bien mérité de la patrie, ils ont le droit de s'attabler, de boire et de manger jusqu'au lendemain. A Kitzingen, les patriotes reprochent aux nationaux-libéraux d'avoir tué cinq porcs dans la fleur de leur graisse pour « corrompre les électeurs. »

On vote également à l'hôtel de ville. Là, les apparences sont mieux gardées ; il y a un gendarme à la porte et tout se passe convenablement. La seule curiosité de l'hôtel de ville est une ordonnance du seizième siècle, gravée sur la muraille, qui menace d'une amende d'un florin « les bourgeois qui entrent dans la salle des séances sans leur manteau, » ce qui laisserait supposer que les habitants de Kitzingen avaient autrefois l'habitude de sortir en costume de nuit.

C'est sur la place de l'hôtel de ville que le margrave-Casimir fit crever les yeux à cinquante-neuf de ses sujets coupables d'avoir pris part à la guerre des Paysans.

Nous quittons Kitzingen pour nous diriger plus avant dans le pays ; mon cocher m'annonce qu'il me conduit à Dettelsbach, où les capucins sont tout à la fois moines et brasseurs. Le chemin longe le fleuve qui a débordé en plusieurs endroits. Un facteur rural que j'ai fait monter dan la voiture, me dit qu'il y a eu de grandes inondations du côté de la montagne, et que les paysans ont partout jeté la statue de saint Médard à l'eau. Saint Urbain, qui orne les ponts, est aussi gravement menacé : si la pluie continue, la vendange sera mauvaise, et il est sûr d'être roulé dans la boue. Le Franconien est resté superstitieux ; il croit aux revenants, aux sorciers, au mauvais œil. Si un tourbillon de vent passe, il y voit un sorcier caché. Quand il tue un porc, il met un morceau de lard dans une boîte qu'il enfouit dans son jardin, et il croit avoir mis ainsi ses jambons à l'abri des voleurs. Le mercredi des Cendres, il plante trois fétus de paille dans la porte de sa grange, pour préserver son grain contre les souris.

Dettelsbach est un village qui a des prétentions citadines. Ses maisons blanches s'alignent assez régulièrement, ses rues sont propres, et ornées de lanternes en forme de gibet. Nous rencontrons M. le bourgmestre qui rentre chez lui, avec ses lunettes à monture de laiton sur le nez, et un morceau de viande crue enveloppé dans un journal. M. le bourgmestre a reçu un cadeau du boucher qui a tué le veau gras électoral. A la devanture de la boulangerie on voit de beaux gâteaux dorés, des œufs coloriés comme les œufs de Pâques, et des pots de confiture. Les électeurs ne sauraient complétement oublier leurs femmes et leurs enfants.

Pendant qu'on me prépare à déjeuner, je monte au couvent. Le sanctuaire de Dettelsbach est en grande vogue dans la contrée. On y vient en pèlerinage chaque samedi, et, toutes les années, il y a des processions qui s'y rendent avant et après la moisson. Ces processions sont précédées de trompettes, les bannières flottent au vent, le maître d'école bat la mesure des cantiques. On promène autour du couvent les reliques saintes, et les moines servent aux pèlerins un dîner sur l'herbe tendre. L'hospitalité est pratiquée ici sur un grand pied. Tout pauvre qui se présente à la porte du monastère reçoit une chope de bière et un morceau de pain. Aussi, du matin au soir, c'est un véritable assaut d'hommes en haillons, de femmes déguenillées qui portent sur le dos leurs enfants dans une pièce de toile, d'éclopés et de fainéants.

Je sonne. Un frère m'introduit dans la salle à boire réservée aux gens qui payent, car si les capucins de Dettelsbach donnent leur bière aux pauvres gueux, ils la vendent aux gens aisés, et comme c'est le seul revenu du couvent, on ne saurait les en blâmer. Je dis que je suis étranger et que je voudrais visiter le couvent. « Notre supérieur sera enchanté d'accéder à votre désir, » me répond le frère, et il me laisse en tête à tête avec un bock monumental, au couvercle orné de gentils petit anges joufflus.

Il existe encore en Bavière trois ou quatre couvents de moines-brasseurs. A Lœchl, près de Munich, les franciscains possèdent une brasserie célèbre. Au moyen âge, l'art de brasser se perfectionna dans les couvents. C'est à un abbé que l'on doit l'emploi du houblon dans la fabrication de la bière. Le concile d'Aix-la-Chapelle détermina la quantité de bière ou de vin que pouvaient boire les religieux et les religieuses : les moines furent autorisés à consommer cinq livres de vin ou de bière par jour, et les religieuses, trois livres.

La salle dans laquelle je me trouvais était ornée d'un Gambrinus dans toute sa pompe, élevant d'une main son « vaisseau à vider cervoise » et tenant de l'autre son sceptre terminé par un bouquet d'épis. Pour ne pas faire de jaloux, on a placé vis-à-vis du roi de la bière l'image de saint François. Au-dessus de la porte, se déroule cette devise en lettres gothiques :

*Bêr nêrt, brannwin têrt.*
(La bière vivifie, l'eau-de-vie tue.)

J'achevais à peine de la relever, quand la porte s'ouvrit et livra passage au plus beau moine que j'aie vu de ma vie.

Ce n'était pas un de ces capucins amaigris, aux yeux éteints, à la face cadavéreuse, comme les aimait Zurbaran, mais un capucin robuste comme un sapeur, une espèce de Goliath en robe, à la barbe noire, au teint fleuri, à l'œil brillant ; Jean des Entommeures, « jeune, bien à dextre, hardi, hault, bien avantagé en nez, vrai moine si onques en fût depuis que le monde moinant, moina de moinerie, devait avoir cette taille et cet aspect.

Il était chaussé de bons bas et de bonnes sandales, et portait un superbe chapeau de planteur.

— Soyez le bienvenu, me dit-il. Comment trouvez-vous notre bière ?

— Exquise, mon révérend père ; un velours !

— C'est que nous sommes trop ignorants, nous autres, pour connaître la chimie, nous ne savons pas falsifier la bière. On n'en boit plus une goutte de véritable en Allemagne. La falsification nous est venue de France, — comme la révolution.

— De France ?

— Oui, monsieur, de Paris. Si vous voulez bien m'accompagner, nous visiterons d'abord la bibliothèque, où je vous prouverai ce que j'avance, documents en mains.

Je le suivis. — « La bière de France était autrefois, continua-t-il, aussi célèbre que l'est aujourd'hui celle d'Allemagne. Le malt s'appelait chez les Gaulois *bace*, dont on a fait *brasser* et en allemand *brauen*. L'empereur Julien disait que le vin des Gaulois n'était pas le vrai fils de Jupiter, car le vin sent le nectar, tandis que le leur sentait le bouc :

> Bacche quis ? unde venis ? verum tibi dejero Bacchum
> Te haud novi, tantum est cognitus ille Jovis,
> Is nectar redolet, hircum tu.....

« En Picardie, en Normandie et en Bretagne, on voit encore les bâtiments que les moines avaient annexés à leur couvent pour fabriquer de la bière. Ils avaient même établi des moulins spéciaux pour moudre l'orge. Dans une charte de l'an 1042, le roi Henri I$^{er}$ concède aux religieux de Montreuil-sur-Marne le droit de construire deux de ces moulins (*cerevisiæ usibus deservientes*). A cette époque, l'impôt sur la bière rapportait au roi de France deux tiers de plus que l'impôt sur le vin. En 1689, les brasseurs français employèrent 80,000 mesures de blé.

Nous étions arrivés devant une grande porte sculptée qui portait l'inscription grecque : *Pharmacie de l'âme*. Le supérieur me fît passer le premier dans la bibliothèque.

La salle est vaste, les livres s'entassent jusqu'au plafond. Mon guide et professeur prit dans un rayon un n-folio intitulé le *Livre des Métiers*, et me mit sous les yeux l'article suivant des *Statuts des brasseurs parisiens* que je copiai : « Nus cervoisiers (brasseurs) ne peut, ne
« doit faire cervoise, fors de yaue (de l'eau) et de grain,
« c'est à savoir d'orge, de mestuel et de dragée (lentilles,
« pois); et se il y mêloit autre chose pour efforcier (forti-
« fier), c'est à savoir, baye piment et pois reisine ; et qui-
« conque y metroit aucune de ces choses, il l'amenderoit
« au roy de XX sous de Paris toutes les fois qu'il en se-
« roit reprins, et il en seroit touz librasins qui seroit faiz
« de tex choses donez por Dieu. »

— Êtes-vous convaincu, maintenant?

— Parfaitement, et je ne regrette qu'une chose, c'est qu'on ne remette pas ces statuts en vigueur, car il est évident que dans la bière que nous buvons aujourd'hui en France il entre plus de résine que de houblon.

— Et ici, monsieur, en Allemagne, dans la noble patrie de Gambrinus, on n'y met plus que des racines de buis ! Autrefois la bière était employée comme remède ; c'est souvent un poison aujourd'hui.

Je lui demandai s'il existait une chronique du monastère

de Dettelsbach; il répondit en me montrant un gros registre à fermoirs : — La voilà, mais je ne l'ai jamais lue.

En sortant de la bibliothèque, le supérieur frappa deux coups secs contre la porte d'une cellule, puis il l'ouvrit. Je vis un grand capucin armé d'un fer, avec un tablier vert attaché à la taille, des besicles sur le nez, en train de repasser des surplis et des nappes d'autel. A côté de lui se dressait une cruche de bière au long cou.

— Frère sacristain, dit le supérieur, ne vous dérangez pas ; donnez-moi les clefs de l'église.

Le frère déposa son fer, leva son tablier, déboucla la sangle de cuir à laquelle était suspendu son trousseau de clefs, et le tendit au supérieur.

Après avoir descendu quelques marches, nous pénétrâmes dans le chœur par la sacristie.

L'église est très-richement ornée ; l'autel de la Vierge miraculeuse étincelle de dorures, de pierreries, d'étoffes précieuses. Tout autour d'elle sont rangées des poupées de cire dans de petites châsses de verre ; ces figures naïves représentent ceux qui ont été guéris par l'intervention de la sainte Madone. Les murs sont couverts d'ex-voto, parmi lesquels on remarque des moutons, des chevaux, des vaches et des cochons en cire, suspendus à un clou par une ficelle. Quand le paysan franconien a un animal domestique malade, il envoie du beurre aux capucins de Dettelsbach pour qu'ils fassent une neuvaine à la Vierge, et si la vache ou le cheval échappent à la mort, il est de règle qu'on suspende leur image dans l'église du couvent.

De l'église nous allâmes au jardin. C'est un petit paradis terrestre. Des fleurs de toutes les régions y exhalent des parfums délicieux ; la vigne forme de frais berceaux et il y a de grandes charmilles ombreuses toutes vertes où les rayons du soleil s'infiltrent doucement, comme les gouttes d'une liqueur d'or. Nous rencontrons à l'ombre d'une allée de platanes, des pères qui jouent aux quilles et boivent

7.

des brocs. Ils nous invitent à nous désaltérer, ce que nous faisons, le supérieur et moi, avec un égal empressement. De cet endroit la vue est ravissante ; on embrasse un horizon de dix lieues. Le Mein coule au milieu des vignes, çà et là des houblonnières s'alignent comme des bataillons armés de lances ; on distingue une dizaine de villages, heureusement groupés, et, tout au fond, on aperçoit la ligne noire de ces profondes forêts qui fournissent l'Allemagne entière de civets de lièvre et de filets de chevreuil. De tous les territoires de l'empire, la Franconie est le plus fertile et le plus giboyeux. Les montagnes qui l'abritent contre les vents du nord, y assurent toujours de bonnes récoltes. C'est la Normandie allemande.

Après le jardin, le supérieur me montre le verger. De gentils cochons roses gambadaient devant nous, en dressant leurs petites queues en trompette et en poussant des cris qui jetaient l'alarme parmi les oies du monastère, lesquelles formaient comme une grande plaque neigeuse au milieu de la pelouse.

Nous étions arrivés vis-à-vis d'un immense bâtiment d'où s'échappaient des bouffées de vapeur chaude.

— C'est notre brasserie, me dit le supérieur en m'invitant à entrer.

Debout sur une échelle, penché sur une immense chaudière, un moine, revêtu d'un tablier de cuir, les manches de sa robe retroussées jusqu'aux coudes, surveillait la cuisson du malt. D'autres moines allaient, venaient, montaient, descendaient avec une activité toute terrestre. Quel charmant sujet de tableau pour un peintre de genre !

Nous visitâmes ensuite les caves, spacieuses, profondes, imposantes, avec leurs doubles rangées de fûts et de tonneaux accroupis dans l'ombre comme des monstres antédiluviens. Le supérieur prit un pot d'étain, tourna un robinet et m'offrit du « bock-bier ». C'est le *nec plus ultra* des cinquante-six espèces de bière qu'on fabrique en Allemagne ; il n'en faut que dix litres pour ébranler un Bavarois.

Après avoir réglé mon compte avec le frère sommelier, je pris congé du supérieur qui avait été cueillir à mon intention une fleur d'hortensia d'une couleur tout à fait extraordinaire ; figurez-vous des tons de satin bleu pâle, délicats comme la neige.

— C'est moi qui ai trouvé le secret de leur donner cette couleur, me dit le révérend père ; j'entoure la racine de la plante de vieux débris de fer rouillé. Prenez cette fleur en souvenir de votre visite.

Je mis l'hortensia à ma boutonnière, et, après avoir donné une poignée de main au moine brasseur, je repris le chemin de Dettelsbach.

En redescendant au village, je rencontrai une dizaine de novices, tous coiffés de planteurs en paille noire, bien chaussés et munis de bâtons solides.

— Eh bien ! comment vont les élections? leur demandai-je.

— Ça va bien, ça va bien, malgré la « géométrie électorale », me répondirent-ils en riant.

Quelques pas plus loin je me trouvai face à face avec un de ces obélisques de pierre qui ont été élevés « par ordre », dans chaque village allemand, comme un monument de haine éternelle contre la France. Une des faces porte le nom de Wœrth ; l'autre celui de Sedan ; la troisième le nom de Paris ; sur la quatrième est gravée cette inscription :

*Den im Feldzuge*
*Gegen Frankreich 1870-1871*
*Gefallenen Tapfern*
*Krieger, der Stadt und des Bezirks*
*Dettelsbach*
*Zum ehrenden Andenken* [1].

[1] « Aux valeureux guerriers tombés dans la guerre contre la

Dettelsbach a perdu trois de ses fils à Wœrth, dix à Sedan, et six devant Paris.

En ce moment, des sons joyeux d'harmonica, accompagnés de cris et de *jodels*, retentirent derrière moi. Je me retournai, et j'aperçus une bande rustique, marchant bras dessus bras dessous en agitant une perche ornée d'un mouchoir blanc et jaune. Ces électeurs, émus de leur victoire, entrèrent dans une petite maison au-dessus de la porte de laquelle un artiste de village a peint un bouc encorné qui se désaltère dans un verre de bière. Je les rejoignis. Le maître de l'établissement leur serrait la main avec effusion... Je compris que c'était un candidat reconnaissant. Une jeune fille de seize ans s'empressait d'apporter à boire; elle était si délicate et si mignonne, et l'aubergiste si laid et si gros, qu'on eût dit Cendrillon chez l'Ogre.

La faim me chassa du côté de mon hôtel. En traversant Dettelsbach à pied, je remarquai que la principale industrie de l'endroit consiste dans la fabrication de cierges, de statuettes et d'animaux de cire, dans la vente d'objets de piété, chapelets, images, livres de prières, etc. Ce commerce est lucratif, car il ne passe pas ici moins de trente à quarante mille pèlerins par an.

A trois heures, je repartais, laissant les électeurs de Dettelsbach en proie à toutes les surexcitations du triomphe et de la bière des bons capucins.

Un peu avant d'arriver à Reppeldorf, nous rejoignîmes une troupe d'électeurs qui manifestait son allégresse en dansant sur la route. Seul, le curé, courbé sous le faix des ans, traînait la jambe, et essuyait de temps en temps la sueur qui inondait son visage, malgré l'énorme riflard rouge à l'ombre duquel il marchait.

France, en 1870-1871, la ville de Dettelsbach, en souvenir d'honneur. »

Je fis signe au cocher d'arrêter, et j'invitai le vénérable vieillard à prendre place à mes côtés.

— J'accepte avec reconnaissance, me dit-il en montant dans la voiture; la journée a été chaude... Ouf!

Il s'éventait avec son mouchoir rouge.

— Monsieur voyage?

— Comme vous voyez, monsieur le curé.

— Pour son plaisir?

— Oh! non... non! répondis-je en pensant aux chambres des hôtels allemands où l'on est dévoré tout vif.

— Monsieur est peut-être dans les ponts et chaussées?... Il y a une rigole devant ma cure qui aurait bien besoin d'être réparée...

— Monsieur le curé, je m'aperçois que je vous intrigue... Je suis un simple touriste, étranger au pays, et qui n'a pas voulu quitter Wurzbourg sans aller goûter la bière des capucins de Dettelsbach...

— Ah! oui... Cette année, leur bière est fameuse! Je crois qu'ils la font meilleure les années d'élections... Aussi, j'ai immédiatement doublé ma commande.

— A mon tour maintenant, monsieur le curé, de vous interroger. Êtes-vous satisfait du résultat électoral?

— Regardez! me dit-il en se levant et en me montrant avec son parapluie, ses paroissiens qui continuaient à danser... Regardez! On ne verra malheureusement pas sur tous les chemins du royaume un spectacle aussi réjouissant... J'ai envoyé le sacristain en avant afin qu'il sonne les cloches, — et qu'il dise à ma domestique de tuer les deux poulets... Si nous n'avions pas eu la victoire dans notre circonscription, je ne les aurais certes pas mangés... Je les engraissais cependant en vue des élections... On peut bien se réjouir une fois tous les deux ans...

A notre entrée au village de Bibelried, toutes les femmes étaient sur les portes. Le curé criait du haut de la voiture, en agitant son riflard : « *Sieg! Sieg!* » (Victoire!)

Nous le déposâmes devant le presbytère, dont le sacristain et la domestique avaient déjà décoré la porte d'une guirlande de dahlias. Il voulut absolument nous offrir des rafraîchissements ; tandis que mon cocher luttait seul contre une cruche de bière aux proportions babyloniennes, le curé me fit les honneurs de son jardin et de sa maison. Un coin délicieux que ce jardin ! Des fleurs à profusion, aux couleurs de velours, d'or, de satin, de pourpre, et une tonnelle où M. le curé déjeune avec un orchestre de chardonnerets et de mésanges bleues qui viennent manger jusque sur la table. La vigne festonne la façade de la petite maison de pierre exposée au soleil levant.

Pendant que nous visitions le rucher, la cloche de l'église sonna un gai rigodon :

— Écoutez, me dit-il en tendant l'oreille comme pour boire les sons de la cloche... Quel son !... Bom... bom... bim... bum !...

Il battait la mesure avec son parapluie d'une main et sa tabatière de l'autre.

— Elle annonce notre victoire... Elle en est digne, la brave cloche !... Car elle a été fondue avec un canon ennemi enlevé à Sedan.. Le roi nous a envoyé à tous des canons pour suspendre la cloche de la patrie (*Vaterlandsglocke*) dans nos clochers...

Des cris annoncèrent que les électeurs faisaient leur entrée au village ; M. le curé se précipita au-devant d'eux. Je m'esquivai.

## XII

Épilogue électoral. — Comment on vote à Wurzbourg. — Le résultat. — Réplique d'un patriote à un national-libéral.

Ce soir, Wurzbourg s'est subitement rempli de bruits de fanfares ; les membres de la *Burger Verein* (association des citoyens), se sont promenés en cortége dans les principales rues, drapeaux bavarois et prussiens déployés ; les étudiants « amis des lumières », marchaient à la queue de cette procession politique, à laquelle ne manquait que le buste couronné de lauriers de M. de Bismarck. Tous ces citoyens qu'enflammait la victoire chantaient les strophes belliqueuses de la *Garde au Rhin*. Un banquet les attendait dans la vaste salle de l'ancienne gare, qui sert à la fois d'hôtel des postes et de brasserie.

À la nuit, on a éclairé la place de feux de Bengale aux couleurs de l'empire, et illuminé un grand transparent, fixé au fronton de l'édifice, et représentant une Germania farouche, véritable femme à barbe, aux cheveux en désordre, à la tunique sanglante, le glaive en main, qui foule sous ses gros pieds nus un chassepot et une aigle française marquée d'un N.

Cette image de la France terrassée sert non-seulement d'enseigne aux auberges, mais c'est aussi l'attribut exhibé dans toutes les fêtes nationales et patriotiques ; ce soir, on la montre pour expliquer que la victoire du parti prussien de Wurzbourg est en même temps une « défaite de la France. »

Cette victoire a été vivement disputée; pendant quatre jours et quatre nuits, le bureau électoral du quatrième district siégeait en permanence. Trois tours de scrutin n'avaient donné aucun résultat, et la surexcitation des esprits était arrivée à un si haut degré, que le commandant de place avait jugé à propos de prendre des précautions militaires. Ce matin la garnison était consignée, et il a été un instant question d'occuper les abords de la Maison de Ville, où avait lieu le vote. Les comités électoraux des trois partis en lutte s'étaient installés, comme des camps volants, en plein air. Des poteaux, sur lesquels on lisait : *Liberalpartei* (parti libéral), *Patriotisch-Bayerische-Partei* (parti bavarois patriotique) et *Volkspartei* (parti populaire), indiquaient aux électeurs où ils pouvaient s'adresser pour remplir leur bulletin. Chaque parti avait fait placer au pied de son poteau une grande table avec des chaises et tout ce qu'il faut pour écrire; les meneurs y poussaient les électeurs, auxquels on mettait la plume à la main et les candidats à l'oreille. Des secrétaires de bonne volonté écrivaient pour ceux qui étaient venus au monde avant la loi sur l'enseignement obligatoire; ceux-ci n'avaient plus qu'à tracer une croix au bas de leur bulletin. Les pauvres diables, racolés jusque dans les galetas et qui venaient de vendre leur voix pour quelques florins, étaient conduits dans la salle de vote où se délivraient les bulletins, puis amenés à la fabrique qui fonctionnait dans la cour et sur la place, et enfin reconduits dans la salle de vote, où se remettaient les bulletins ouverts et signés. Tout cela publiquement, ostensiblement, sans gêne, comme la chose la plus naturelle du monde, en dépit de la loi qui punit sévèrement l'embauchage et les tentatives de corruption électorale. Les nationaux-libéraux auraient quand même subi une défaite aujourd'hui, si, un peu avant la fermeture du scrutin, ils n'avaient reçu du renfort. On vit s'avancer vers la Maison de Ville une bande d'étudiants en casquette bleue et rouge; ils étaient une cinquantaine environ, et tous si jeunes, que les catholiques s'élancèrent pour leur barrer le chemin, en criant : « Vous n'avez pas l'âge! » Mais les gendarmes protégèrent la cohorte, et elle passa avec un air de défi et de triomphe. Quelques minutes plus tard, les partisans de la Prusse reçurent encore du secours; cette fois, c'étaient des malades enlevés aux hôpitaux et portés sur des civières, des paralytiques placés dans de petites voitures, des aveugles conduits par la main, et qui votaient aveuglément. Cette arrière-garde décida du sort de la journée. Vers les trois heures, les portes de la salle du vote se rouvrirent, le commissaire électoral, flanqué de deux gendarmes, se présenta sur le perron, et, un papier en main, proclama le résultat des élections : Quatre-vingts voix de majorité pour les libéraux prussiens!

Ceux-ci poussèrent des hourras, lancèrent leurs chapeaux en l'air, et entonnèrent sur-le-champ la *Wacht am Rhein*. Les patriotes bavarois et le parti populaire se retirèrent en protestant contre la validité des élections.

Ce n'est pas seulement à Wurzbourg, mais aussi à Munich et dans d'autres villes, que l'on a *créé* des électeurs. On a embrigadé les étudiants, les jeunes commis, les employés; la veille des élections, on a payé pour eux l'impôt sur le revenu et on les a improvisés citoyens, bien que la plupart de ces jouvenceaux eussent à peine l'âge requis pour faire des soldats. Le gouvernement a menacé jusqu'aux fossoyeurs, de les destituer, s'ils ne votaient pas; on cite un journal libéral qui a renvoyé deux de ses porteurs parce qu'ils ont voté noir; un imprimeur a congédié trois employés, dont l'un était depuis vingt-quatre ans à son service, pour un forfait semblable.

A Munich, les candidats nationaux-libéraux ont obtenu 9,812 voix et les candidats patriotes catholiques, 7,043. Bamberg et Landshut sont les seules villes qui aient voté dans un sens absolument catholique. Mais partout on accuse les nationaux-libéraux des plus grandes illégalités, d'actes de pression et de corruption. Ici, ce sont des ouvriers menacés d'être expulsés des fabriques de l'État, s'ils ne votaient pas dans un sens national-libéral ; là, c'est un commissaire de scrutin qui dit aux électeurs ruraux : « Notre roi veut des députés amis de l'empire ; notre roi espère que vous voterez pour l'empereur, et non pour le pape ». Ailleurs, ce sont des électeurs catholiques assommés à coups de bâtons et de verres à bière, aux cris de : « Tuez-les, ces chiens d'ultramontains ! » Dans plusieurs localités, comme à Ratisbonne, par exemple, et à Southofen, les électeurs catholiques, tout en étant *plus nombreux* que les libéraux avaient *moins* de candidats à élire.. A Southofen, 2,570 électeurs catholiques avaient à élire 24 *wahlmœnner*, et 2,230 électeurs « prusso-libéraux » en ont élu 34.

La victoire du parti prussien à Wurzbourg et à Munich inspire déjà à la presse « bien pensante » des hymnes de triomphe. La nouvelle *Gazette de Wurzbourg*, qui vient de paraître, imprime en tête de ses colonnes, en caractères d'un demi-pouce : « La victoire est à nous ! Ils ont transformé la sacristie en salle électorale, et ont transporté la chaire dans les brasseries ; ils ont versé des larmes de crocodile sur l'Église persécutée et prêché la croisade ; ils ont prophétisé la destruction du catholicisme, et appelé le libéralisme l'enfant de Bélial ; ils ont lancé leurs mandements épiscopaux et leurs excommunications, — et ils sont vaincus ! »

Les journaux prussophiles de Munich, où la lutte n'a duré qu'un jour, chantent de leur côté le « Sedan de la *papauté* ». La presse officieuse de Berlin ne reste pas étrangère au concert ; le télégraphe apporte le résumé d'un article de la *Gazette générale de l'Allemagne du Nord*, organe officieux de M. de Bismarck, dans lequel on lit : « Oui, ils ont vaincu... L'ultramontanisme ne gagne plus de terrain ; il ne fait qu'en perdre ; il le perd au profit du sentiment allemand et national dans lequel il a reconnu son plus redoutable adversaire.... Les Bavarois sont las de se livrer aux ambitions hiérarchiques du clergé; ils refusent de se placer du côté de Rome dans la lutte contre l'Allemagne. »

On raconte qu'à Munich, des nationaux-libéraux pénétrèrent dans une brasserie où les catholiques avaient leur bureau, en criant d'un air narquois : « Vive la France ! » — « Oui, vive la France ! ripostèrent les électeurs ; avec la France nous aurions à manger, tandis qu'avec la Prusse nous crevons de faim ! »

## XIII

M. Peter Kilian Herrnhut. — Comment il est revenu à ses anciennes opinions politiques. — Une visite au rédacteur d'une feuille démocratique.

J'ai l'honneur de vous présenter M. Peter Kilian Herrnhut, bourgeois de Wurzbourg, ancien canonnier dans l'armée bavaroise, ancien inspecteur de la fabrique de tabac à priser de Kitzingen, qui vit actuellement de ses rentes dans la capitale de la Basse-Franconie, et élève des oies pour le plaisir de sa table.

M. Kilian Herrnhut est propriétaire de la maison attenante à mon hôtel; ce modeste immeuble forme coin de rue, et la jolie pelouse que j'ai sous mes fenêtres lui appartient.

Chaque matin, à cinq heures, M. Kilian descend dans son verger, tête nue, en pantoufles de cuir, avec une pipe monumentale qui rase la terre et qu'il porte avec une majesté toute sacerdotale; il ouvre une petite porte cadenassée d'où sort immédiatement une longue procession d'oies en surplis blanc et en calotte rouge; il les compte avec soin, puis voyant qu'aucune ne manque, il lance en l'air de joyeuses bouffées de fumée.

A huit heures, M. Kilian revient dans son verger, mais sans pipe, ce qui le fait ressembler à un éléphant qui a perdu sa trompe; un bonnet de velours à glands d'or couvre son vénérable chef, et un tablier de cuisine lui monte jusque sous les bras.

M. Kilian disparaît pendant quelques secondes dans les sombres profondeurs de sa cave, et en sort en tenant une oie sous chaque bras. Il s'assied sur un banc, à l'ombre d'un prunier, et « engogue » les malheureux volatiles destinés à figurer sur sa table, le jour anniversaire de sa naissance et le jour de sa fête.

Ébloui par les événements de 1870, M. Kilian eut l'idée, il y a quatre ans, d'envoyer au chancelier de l'empire, M. de Bismarck, les deux oies qu'il a l'habitude de s'offrir à lui-même. Il commanda une caisse spéciale et passa quatre jours et deux nuits à écrire la lettre qui devait accompagner l'envoi. La *Gazette de Wurzbourg* avait déjà parlé du cadeau national qui était à la veille de partir pour le n° 76 de la Wilhelmstrasse, et la *Gazette générale de l'Allemagne du Nord* ayant reproduit l'entrefilet à la première page, en avait tiré de très-longues considérations sur les sympathies de la Bavière pour la Prusse, et sur le culte qu'on y professait à l'endroit du glorieux chancelier.

A la veille du départ des oies pour Berlin, M. Kilian les avait pesées, et la balance municipale avait indiqué trente livres pour chacune, ce qui était tout à fait extraordinaire.

Le lendemain matin, à trois heures, M. Kilian descendit pour procéder à l'emballage. Mais en sortant de sa cave, il poussa un cri d'horreur : les deux oies qu'il avait sous le bras n'avaient plus de queue, elles étaient à moitié déplumées ; on leur voyait les os !

Les voisins, réveillés par le cri lamentable qu'il venait de pousser, accoururent sur le théâtre de l'événement. On fouilla la cave, on regarda dans tous les coins et recoins avec des lanternes, on ne trouva rien.

M. Kilian remonta alors dans sa chambre sans mot dire, ferma ses fenêtres, et allumant une pipe, il se mit à réfléchir. C'est un esprit sérieux ; il a suivi autrefois le cours de métaphysique comparée du célèbre docteur Weishaupt à l'Université de Munich. Kilian cependant, depuis qu'il a vu Lola Montès gouverner la Bavière, et un canon bavarois pris par deux tirailleurs prussiens, est devenu superstitieux. Il se dit tout d'abord que ses deux oies grasses changées en oies maigres étaient un avertissement du ciel. Il médita longtemps sur le songe de Joseph, et, le soir, à la nuit tombante, il alla, dit-on, se confesser d'avoir voulu envoyer deux oies bavaroises au prince de Bismarck, l'auteur de la guerre de 1866 et le persécuteur de la religion.

Et à dater de ce jour, les lèvres de M. Kilian ne prononcèrent plus le nom du chancelier de l'empire. Aujourd'hui l'ancien canonnier est rentré dans les rangs de l'opposition pour tirer à boulets rouges sur la Prusse.

Ces préliminaires sont peut-être un peu longs, mais ils sont nécessaires pour vous expliquer comment j'ai trouvé accès auprès du rédacteur en chef de la feuille du *Volkspartei* (parti populaire et démocratique), la plus importante des Etats du Sud. Depuis que M. Kilian est revenu à des sentiments politiques en harmonie avec la situation de son pays, il est abonné à tous les journaux patriotes, rouges ou noirs, peu lui importe la couleur, pourvu qu'ils combattent pour l'autonomie de la Bavière. M. Kilian n'a pas la prose facile, mais s'il écrit peu, il écrit des choses solides ; et quand la morgue des feuilles de Berlin l'agace trop, il adresse des lettres courtes mais incisives, tantôt à un organe catholique, tantôt à un organe démocratique. C'est ainsi qu'il est entré en relations avec les journaux qui « ne rampent pas ».

En bon voisin, — on se lie vite d'une fenêtre à l'autre, — M. Kilian m'a donné, avant mon départ de Wurzbourg, une lettre d'introduction auprès de M. X., à Z. La prudence m'oblige à dissimuler jusqu'aux initiales.

Z. est une petite ville industrielle, prospère, qui a de bonnes écoles et qui est peuplée de bonnes gens. Le bureau du *N... Journal* est dans une vieille maison patriarcale, au fond d'un couloir sombre comme l'enfer. Deux chaises de paille, avec une petite table en bois blanc recouverte d'une feuille de papier gris, des rayons chargés de livres, voilà tout l'ameublement.

A mon entrée, M. X. écrivait; il avait à sa droite une chope de bière au couvercle de porcelaine orné du portrait de Washington; à sa gauche, une assiette contenant du pain et du fromage. Il était dix heures ; vous savez qu'un bon Allemand ne manque jamais de « faire ses dix heures », c'est-à-dire de boire une chope et de casser une croûte. Sauf la Suisse, il n'y a, du reste, pas de pays où l'on mange plus qu'en Bavière; on y fait cinq repas par jour, et quels repas! Les restaurants parisiens tireraient six befteacks d'un befteack bavarois. Quand vous demandez *une* côtelette de veau, on vous en apporte *quatre*, cela ne coûte pas plus qu'une.

M. X. vida sa chope en lisant la lettre que je lui avais remise.

— Ah! vous êtes journaliste, me dit-il; je vous salue et vous serre la main. La tâche que vous remplissez n'est pas sans péril, car un jour viendra où M. de Bismarck demandera raison des attaques dirigées contre lui à l'étranger[1]. Je connais M. de Bismarck; un de mes amis a étudié avec lui à l'Université; c'est un tempérament brutal, un homme de fer. Quand il avait des discussions dans les brasseries, il ne manquait jamais de casser sa chaise sur la tête de son interlocuteur, et, sans s'émouvoir, il appelait l'aubergiste et lui demandait le prix de la casse. Quand les journaux berlinois annoncent que le chancelier est dégoûté de la politique, j'en ris aux larmes. M. de Bismarck est un homme de lutte, un homme d'action ; il ne déposera

---

[1] Ce jour est arrivé. D'après le nouveau code pénal, tout journaliste étranger qui ne parle pas assez respectueusement de l'empire peut être condamné par contumace et arrêté à la frontière allemande.

les armes que devant la mort. Il s'est mis dans une impasse avec sa guerre au catholicisme ; le pape est plus fort que lui. S'il avait flatté les évêques, s'il leur avait donné d'une main ce qu'il leur prenait de l'autre, s'il avait été plus fin et moins brutal, nous ne verrions pas cette résistance que moi, mécréant, je suis obligé de qualifier d'admirable. Pendant le concile, les esprits étaient très-divisés. Beaucoup d'évêques s'étaient prononcés contre l'infaillibilité. Après la guerre, l'épiscopat s'est tu. M. de Bismarck a alors frappé, oubliant que mettre des évêques en prison, c'est ouvrir la porte à la liberté de l'Eglise. Le peuple en a fait des martyrs ; la faute de la Prusse a été de donner une auréole au clergé. La résistance des catholiques est l'épine dans la patte du lion ; elle l'empêche de marcher. L'Allemagne ne se fortifie pas, tandis que la France se fortifie matériellement et peut se fortifier politiquement. M. de Bismarck le sent ; et c'est ce qui l'inquiète. La France, qu'il croyait avoir anéantie, la France qui se relève du champ de bataille où elle était étendue, qui reprend lentement ses forces et se trouve tout à coup plus riche et plus prospère que le vainqueur, voilà ce qui exaspère le chancelier de l'empire. Je suis convaincu que la guerre eût éclaté ce printemps sans l'intervention des puissances ; elle aurait éclaté contre la volonté du peuple allemand, qui, tout entier, veut la paix, parce qu'il en a besoin pour refaire son industrie, ses finances, sa fortune nationale gaspillée pendant la courte durée de l'ère des *gründer* (lanceurs d'affaires, spéculateurs). Le peuple allemand apprend depuis de longs mois que la guerre est bien le plus ruineux des passe-temps. Si cela dépendait de lui, je vous assure qu'il ne recommencerait jamais.

« Où sont allés mes beaux ducats dorés ? » dit Heine, dans une de ses chansons. Où sont allés tous ces milliards ? se demande-t-on en Allemagne. Les 793 millions de thalers distribués à la Bavière, au Wurtemberg, à la Hesse, au grand-duché de Bade ont été affectés par ces divers États à la transformation de leur armement. Quant à la part du lion que s'est réservée la Prusse, voici de quelle manière elle a été employée, me dit M. X. en me présentant les épreuves d'un article. Tenez, lisez.

Non-seulement je lus, mais je pris copie :

|  | Thalers. |
|---|---|
| Fonds impérial pour les invalides............ | 187,000,000 |
| Forteresses en Allemagne.................... | 72,000,000 |
| Forteresses en Alsace-Lorraine.............. | 40,250,000 |
| Trésor militaire impérial.................... | 40,000,000 |
| Trésor de la marine........................ | 30,509,000 |
| Avances à l'administration de l'armée......... | 6,270,000 |
| Dotation aux généraux et hommes d'État...... | 4,000,000 |
| Champs de tir pour l'artillerie............... | 1,375,000 |
| Indemnités de guerre....................... | 37,700,000 |
| Indemnités à la marine marchande........... | 5,600,000 |
| Indemnités aux Allemands expulsés de France. | 2,000,000 |
| Armement des places fortes.................. | 9,847,187 |
| Matériel de siége.......................... | 9,394,821 |
| Fonds de roulement de la caisse de l'empire... | 5,750,000 |
| Palais du Parlement........................ | 3,000,000 |
|  | 454,696,008 |

« Quelle éloquence dans ces chiffres ! s'écria le journaliste bavarois pendant que j'écrivais.

« C'est l'administration militaire qui a à peu près tout absorbé. On n'a rien fait pour l'agriculture, pour l'industrie pour les sciences et les arts. Et loin de diminuer, les impôts augmentent. La vie devient de jour en jour plus difficile ; tout a renchéri du double depuis la guerre. Qu'on s'étonne, après cela, des proportions extraordinaires que prend l'émigration. Le mois dernier, il est de nouveau parti 1,500 émigrants pour l'Amérique. Aussi les bruits sinistres qui couraient au mois d'avril dans les journaux de

Berlin jetèrent partout la consternation. Nous sommes pacifiques, je vous le répète, et le peuple allemand, quand il n'est pas surexcité, quand on ne l'enivre pas de la haine de « l'ennemi héréditaire », ne rêve pas de nouvelle guerre. En dehors des généraux et des officiers qui cherchent des dotations, des soldats qui veulent de l'avancement, des fournisseurs à l'affût d'un coup de filet, ces sentiments pacifiques du laboureur, de l'ouvrier, du marchand, de l'industriel, M. de Bismarck les connaît. Et c'est précisément parce qu'il les connaît, qu'il cherche à les ébranler en évoquant le fantôme de la revanche française ; il espère que le peuple agacé se lèvera et criera : « Finissons-en pour avoir enfin la paix ! » M. de Bismarck exploite le « fantôme » au profit de ses entreprises intérieures. C'est en répandant de fausses alarmes, en surexcitant le patriotisme qu'il a obtenu le septennat militaire, la loi sur le landsturm, et qu'il vient d'obtenir l'abrogation des articles 15, 16 et 18 de la Constitution. Que reste-t-il de l'Eglise catholique, une fois ces trois articles abolis? C'est une suppression à peine déguisée de la communauté catholique.

— Etes-vous de l'avis du député Jœrg, et pensez-vous qu'une guerre religieuse soit possible?

— Je regarde comme impossible une guerre exclusivement religieuse; mais il est de toute évidence que la prochaine lutte aura un caractère religieux.

— Croyez-vous que les catholiques allemands soient capables d'une défection à l'empire?

— La question est délicate à trancher. Si la guerre est faite à la France dans l'unique but de détruire le dernier boulevard du catholicisme, il y aura des consciences qui se révolteront en Allemagne; mais si M. de Bismarck sait masquer son jeu, s'il parvient à chatouiller au delà des Vosges l'orgueil national et à faire faire quelques sottises à un peuple d'étourdis, comme le vôtre, les catholiques allemands marcheront avec la même ardeur qu'en 1870. Les journaux prussiens qui accusent les catholiques bavarois d'être les alliés de la France savent qu'ils mentent. Ce sont là d'indignes manœuvres électorales.

Notre conversation en vint aux élections.

— Le résultat des élections du 15 est honteux pour mon pays, me dit M. X. Les nationaux-libéraux ne sont pas des citoyens libres, ce sont des esclaves. Non-seulement ils obéissent au mot d'ordre qui vient de Berlin, mais depuis deux mois ils font ouvertement appel à l'intervention prussienne. Vous avez lu les menaces fulminées par les grand prêtres de la presse officieuse. M. Lutz et M. Vœlk ont inventé, de leur côté, une nouvelle branche de géométrie, — la géométrie électorale; ils ont tripoté avec les arrondissements comme des spéculateurs avec les valeurs qu'ils veulent faire monter ou baisser. M. Lutz était démocrate autrefois, et après 1866, M. Vœlk déclarait qu'il « ne voulait pas se salir la bouche en prononçant le nom de M. de Bismark ». Il serait cependant temps que la majorité du peuple eût des représentants au ministère.

« Au point de vue de la politique extérieure, un cabinet catholique offrirait des garanties de paix que ne donnera jamais un cabinet dévoué à la Prusse. Les velléités belliqueuses contre la France qui se manifestent au moindre prétexte seraient modérées par un ministère hostile au militarisme, et qui pèserait de toute son autorité sur les membres de la commission du conseil fédéral. Si les nationaux-libéraux conservent le pouvoir, la Prusse reprendra ses anciennes allures arrogantes et suscitera de nouveau des embarras à la Belgique et à la France. Nous finirons ainsi par nous mettre toutes les puissances à dos, et aux embarras extérieurs s'ajouteront ceux du *Kulturkampf*, qui ne feront que croître et embellir. Notre politique agressive nous a forcés jusqu'ici à entretenir une armée formidable qui, d'un côté, absorbe les forces vives de l'agriculture et de l'industrie, et de l'autre est une cause d'accroissement des impôts. Si les députés catholiques et patriotes peuvent en arrivant aux affaires, faire prévaloir leurs vues, la Bavière pondérera cette ardeur guerrière ; elle n'augmentera pas le chapitre des dépenses pour l'armée et cherchera la sécurité dans une politique extérieure toute pacifique.

« La Bavière n'a aucune raison d'aimer la Prusse ; je ne pense pas que nous puissions jamais faire une sérieuse opposition à cet Etat, qui s'est placé à la tête de l'Allemagne ; mais nous pouvons en manœuvrant habilement, conserver notre autonomie, qui menace d'être détruite. Notre parti, — le *Volkspartei*, — qu'on tenait pour mort, s'est réveillé ces derniers temps. On l'a accusé d'avoir voté avec les ultramontains, ce qui est faux ; il a voté contre les serviles partisans de la Prusse et pour ses propres candidats. Il n'a pas la victoire, mais un parti qu'on croyait mort et qui renaît, un parti qui se réorganise et qui s'affirme, peut espérer beaucoup de l'avenir. Du reste, M. de Bismarck a le bon esprit de nous mettre en prison, et cela ne nuit pas à notre cause, au contraire. Si vous étiez venu une semaine plus tard, je n'aurais pas eu l'honneur de faire votre connaissance ; après-demain deux gendarmes doivent venir me chercher pour me conduire à la prison de V..., où je suis condamné à expier, pendant six mois, un article que le chancelier n'a pas lu avec plaisir. Je lui ai contesté à lui et à l'empereur le droit de combattre l'infaillibilité du pape, du moment que tous deux revendiquaient cette infaillibilité pour leur personne. Le chancelier a pris goût, du reste, à ces procès intentés aux petit journaux populaires, qu'il espère sans doute écraser sous les amendes. Pour couper au plus court, M. de Bismarck a fait imprimer plusieurs centaines de formules ainsi libellées : « Le chan-
« celier de l'empire signale au procureur du district de...
« le numéro du... du journal... Ce numéro contient page...
« colonne... un article constituant le délit de... et qui com-
« mence ainsi :... Le procureur du district est invité à

« commencer les poursuites conformément aux paragra-
« phes... et... du code pénal de l'empire.

« *Signé* : Bismarck. »

« Quand le bureau de la presse dénonce au maître un journal digne de sa colère, les blancs sont aussitôt remplis, le chancelier trace au bas sa signature de son « écriture lapidaire » et la formule est expédiée au magistrat compétent, qui ne manque jamais d'agir en conséquence. Seulement, parfois M. de Bismarck compte sans le jury, qui acquitte l'accusé. Quant aux formules imprimées, elles sont promptement devenues légendaires, et on en plaisante volontiers dans le monde du journalisme. C'est une consolation comme une autre. Si Kullmann avait eu connaissance du nombre extraordinaire de formules remplies par le chancelier aussitôt après l'attentat de Kissingen, il aurait pu victorieusement démontrer que M. de Bismarck n'a pas été touché [1].

En ce moment un monsieur à barbe grise, légèrement voûté, traînant la jambe, entra ; il échange quelques mots en anglais avec M. X., puis se retira.

« Le monsieur qui sort, me dit M. X. est un ancien démocrate de 48 ; il était dans les rangs des insurgés et a été, pendant sept ans, enfermé dans un cachot, avec des chaînes et un boulet au pied. La réaction était inspirée par la Prusse qui s'était chargée de rétablir l'ordre sur le Mein, le Rhin et le Neckar. Quelques-unes de ces victimes de la démocratie sont fières aujourd'hui d'honorer le nom vénéré de M. de Bismarck ; et ils appellent cela « ne pas avoir de rancune. »

Nous causâmes encore de la situation économique de la Bavière. Les paysans ont surnommé l'empire « le tombeau des florins ». La crise monétaire est générale, et l'or, en

[1] Le bruit court en Bavière que Kullmann, n'étant plus nécessaire en Allemagne, a été expédié en Amérique.

Bavière aussi bien qu'en Prusse, est comme dans la chanson de Robert-le-Diable, une « chimère ». Tout enchérit : ce qui coûtait avant la guerre un florin, en coûte deux aujourd'hui. Avant la guerre de 1866, on payait, à Munich, 18 kreutzers la livre de graisse ; on la paye maintenant 33 kreutzers. C'est une augmentation de 89 0/0. La livre de beurre a renchéri de 86 0/0. On la payait 19 kreutzers ; elle est à 35 1/2 kreutzers. La douzaine d'œufs valait, il y a dix ans, 15 kreutzers ; elle coûte aujourd'hui 23 kreutzers. La viande de bœuf a augmenté de 126 0/0 ; celle de veau de 145 0/0 ; celle de mouton de 129 0/0 et celle de porc de 94 0/0. Les pommes de terre coûtent le triple et la bière le double. Enfin, le bois a subi une augmentation de 182 0/0.

Telles sont les conséquences des deux dernières guerres dans la vie matérielle.

Et si les deux voix de majorité que compteront probablement les patriotes dans la nouvelle Chambre, ne sont pas inébranlables, toute une série d'impôts sera votée pour aider la Prusse à compléter ses armements.

## XIV

Nuremberg. — Une ville du passé. — Saint-Laurent. — La place du marché — L'hôtel de ville. — La maison de Dürer. — L'industrie Nurembergeoise.

Être à Nuremberg, c'est assister à une féerie. A l'aspect de ces remparts flanqués de trois cents tours, de ces portes munies de ponts-levis, de ces vieilles maisons aux pignons dentelés, on éprouve l'étonnement qu'aurait un chevalier du moyen âge à se promener dans le Paris actuel. Il n'y a pas de ville au monde qui offre une plus fidèle image du passé. A Danzig, à Ulm, il y a d'antiques rues qui ont conservé intact le cachet du quinzième siècle, mais à côté d'elles se dressent des constructions toutes modernes, impertinentes ou banales.

A Nuremberg, vous ne rencontrez pas de dissonnance, il n'y a pas de tons disparates dans le tableau, rien ne choque l'œil de l'artiste, tout se fond dans une admirable harmonie. Les maisons, isolées la plupart les unes des autres, sont construites sur un plan et dans un style à peu près uniformes. Quelques-unes sont peintes, d'autres ornées de statues de saints ou de statuettes de Vierges; la plupart avancent sur la rue un balcon avec des fenêtres de chaque côté : on dirait une excroissance de la pierre, une stalactite que le ciseau du sculpteur a fouillée pour en faire un petit pavillon aérien, décoré de pilastres gothiques ou de reliefs renaissance. Rien de plus gracieux que l'architecture de ces espèces de miradores, où les belles Nurembergeoises passent leur après-midi à tricoter, à boire du café au lait et à regarder le spectacle de la rue.

Les ponts d'une seule arche s'élancent au nombre de dix sur les eaux limoneuses de la Pegnitz ; les églises, du badigeon respectées, s'épanouissent encore aussi belles que le jour où elles ouvrirent pour la première fois leurs portes aux fidèles ; les fontaines, entourées de leur fine grille de fer, coulent, en chantant leur éternelle jeunesse ; les remparts avec leurs tours, leurs barbacanes, leurs mâchicoulis, leurs poternes, sont si bien conservés que Nuremberg figure au ministère de la guerre, parmi les places fortes de Bavière, bien qu'on n'y voie pas un seul canon. Les quatre portes principales, — il y en a dix, — sont défendues par de formidables tours rondes, en grès rouge, construites par Georges Unger vers le milieu du XVI° siècle. Au sommet de la plus haute des douze petites collines sur lesquelles les maisons sont répandues comme un troupeau en liberté, s'élève le château, autrefois forteresse imprenable. Wallenstein en fit vainement le siége, Wallenstein, le héros de la guerre de Trente Ans, qui entretenait quinze mille femmes de mauvaise vie dans son armée, prétendant, comme César, que ceux qui se battent le plus courageusement sont les soldats les plus libertins.

Voilà le décor, il est de toute beauté : mais il ne faut pas voir les acteurs. Les patriciens de Nuremberg, — ces égaux des patriciens de Venise, — boivent aujourd'hui des chopes démocratiques, lisent la *Gazette générale de l'Allemagne du Nord* et votent avec les nationaux-libéraux. La Prusse règne en maîtresse à Nuremberg ; ce n'est plus saint Sébald qui en est le patron, c'est le prince de Bismarck, — « l'hercule intellectuel du dix-neuvième siècle ». Tous les députés élus par la ville de Nuremberg appartiennent au parti prussien.

J'ai employé la journée entière à courir dans la ville ; j'ai commencé par l'église de Saint-Laurent, dont il est superflu d'énumérer les admirables richesses, les tableaux de Wolgemuth, d'Albert Dürer, le tabernacle d'Adam Karft, ce chef-d'œuvre de sculpture qu'on a comparé à une plante grimpante qui aurait sa racine dans le parvis et qui, rencontrant un appui, s'élancerait jusqu'à la voûte en dessinant dans son essor les figures les plus capricieuses. Au moment où je suis entré, l'orgue jouait, les cierges étaient allumés sur l'autel; il y avait un doux parfum d'encens sous les arceaux du sanctuaire que remplissait la foule. On célébrait un mariage; si celui qui parlait aux époux n'avait eu une paire de favoris des mieux assortis, je me serais cru à une cérémonie catholique. Saint-Laurent appartient aux protestants; mais dans cette église que la foi a décorée de ses plus belles œuvres, le protestantisme a dépouillé son caractère froid et positif pour revenir à la pompe poétique du culte romain.

En sortant de Saint-Laurent, on a devant soi une des plus curieuses maisons de Nuremberg, le *Nassauer-Haus*, avec des tourelles, des statues, de délicates broderies gothiques. Celui qui s'abritait derrière ces murs pouvait dire avec orgueil : « Ma maison est ma forteresse. » Vis-à-vis, sur la place, s'élève la fontaine des Vierges : six jeunes filles, emblèmes des vertus théologales, expriment de leurs seins deux sources d'eau vive.

J'ai descendu ensuite la rue Peter Vischer, le célèbre fondeur qui fit des merveilles incomparables. Son tombeau de saint Sébald, qu'on admire dans l'église de ce nom, lui a coûté treize ans de travail. Quand il eut achevé ce chef-d'œuvre, on refusa de le lui payer, et il dut recourir à la générosité du public pour rentrer dans ses dépenses.

Avant d'arriver à l'église de Saint-Sébald, on traverse la place du Marché, sur laquelle se voit l'église de la Vierge et la Belle fontaine. Autrefois, l'église de la Vierge était surmontée d'un clocher à jour qui ressemblait à une tour d'ivoire. Quand les heures sonnaient à l'horloge mécanique, au-dessus du porche, les sept électeurs passaient en s'inclinant devant l'empereur.

Les Nurembergeois ont voulu restaurer l'horloge après la guerre de 1870, et remplacer les sept électeurs par le roi de Bavière, le roi de Saxe, le roi de Wurtemberg et le grand-duc de Bade ; mais un ordre venu de Munich a interrompu les travaux.

Les marchés de Nuremberg sont célèbres dans toute l'Allemagne; les poissardes, surnommées les « femmes vertes », à cause de la couleur de leur robe et de la vigueur de leur langage, tiendraient tête à toutes les halles de France et de Navarre. Les étudiants de l'Université de Giessen qui viennent se promener à Nuremberg ne manquent jamais de renverser leurs paniers pour avoir le plaisir de les entendre débiter leur vocabulaire expressif.

Quelle propreté hollandaise dans cette ville où les trottoirs sont placés au milieu de la rue ! Et quel charme de flâner quand, à chaque pas, on découvre un détail nouveau et inattendu, un trait pittoresque, un bijou d'art gothique. Au tournant de ces maisons coiffées d'immenses toits rouges percés de plusieurs étages de lucarnes, aux façades ventrues, aux portes ogivales, on est tout étonné de rencontrer des gens en pantalon et en redingote. Comme notre costume moderne, étriqué, sans ampleur, sans majesté, cadre mal avec les édifices et les objets qui vous entourent ! On ne le sent nulle part aussi bien qu'ici.

Je suis entré dans cette belle salle de l'hôtel de ville, décorée de fresques de Dürer, au moment où le conseil municipal levait la séance; eh bien! ces magistrats en vestons tyroliens, en gilets de percale, m'ont paru ridicules. Si vous saviez quels regards leur jetaient ces fiers patriciens, enveloppés dans leur houppelande doublée de martre, du haut des balcons où Dürer les a placés! On eût dit des aigles qui voient des poulets éclore dans leur aire.

Ce ne sont pas de tels hommes qui eussent jamais souffert que leurs remparts devinssent une clôture de basse-cour, et les croix dorées de leurs églises les perchoirs de l'aigle prussienne. Ils étaient bien trop jaloux de leur liberté et de leur pouvoir. Ils en abusaient même, au point qu'on disait : « En passant devant une église, il faut prier un *pater;* mais en passant devant l'hôtel de ville, il faut en prier deux ». Ils avaient poussé les supplices, les tortures, les châtiments corporels jusqu'à leur dernier raffinement. On a conservé dans une salle du château les lits bardés d'aiguillons, les chevalets, les tenailles, les masques de fer destinés aux menteurs, le joug de bois rouge auquel on attachait les époux querelleurs ; les tresses de paille et la grande fraise en carton munie de grelots, qu'on mettait aux filles émancipées; la cage dans laquelle on enfermait les boulangers qui faisaient de mauvais pain, pour les plonger dans la rivière ; la cangue des ivrognes, etc.

Les débiteurs qui mouraient insolvables étaient ensevelis dans des cercueils appelés « écrase-nez » (*Nasendrucker*), à cause de leur étroitesse. Un souterrain allait de l'hôtel de ville à la tour des Grenouilles, où se trouve la Vierge de fer. Cette horrible invention glace encore d'épouvante quand on la montre au fond d'un petit caveau tout noir, à la lueur lugubre d'une lanterne. La Vierge de fer est haute de sept pieds ; elle s'ouvre comme une armoire à deux battants : on y faisait entrer le condamné ; la Vierge de fer se refermait sur lui et le poignardait de ses pointes aiguës; puis l'exécuteur tirait la planche, et le cadavre tombait dans une oubliette où il était haché par des sabres, pour servir de pâture aux poissons. D'autres souterrains conduisaient hors de la ville. Les patriciens se sentaient si peu en sûreté, et avaient si peu de confiance dans la bourgeoisie !

En sortant de l'hôtel de ville, j'ai traversé le marché aux Oies et j'ai été me perdre dans un dédale de petites rues dont quelques-unes sont barrées par des chaînes, suspendues à hauteur d'homme. Je remarque beaucoup de carreaux cassés, remplacés par des morceaux de toile découpés dans d'anciens tableaux ; les enseignes les plus bizarres grincent au-dessus de votre tête. J'ai noté la *Petite-Cloche des Saucisses*, l'auberge du *Ciel de verre*, du *Ventre nu*, du *Pont doré*, de *l'Echelle céleste* ; du *Clair de lune*. Et les noms des rues ! la rue des Chiens, du Cœur, du Chat, du Nid-de-Guêpes, la rue *Kehrum*, c'est-à-dire : « Retournez sur vos pas », cul-de-sac. Autrefois il y avait dans la *rue du Cœur*, je crois, une auberge où l'on trouvait d'abord, en entrant, un étable à porcs, puis une charcuterie, et enfin, la salle du restaurant où l'on mangeait les cochons que l'on avait vus vivants.

Tout cela complète bien la physionomie de cette ville drôlatique comme un conte de Balzac. J'ai trouvé la rue Albrecht Dürer et l'ai suivie jusqu'au bout pour arriver devant la maison du Raphaël allemand. Pauvre maison, de triste apparence ! Je connais à Paris des marchands de farine qui n'en voudraient pas, même pour y loger une nuit. Les « guides » disent qu'il n'y a rien à y voir ; entrons quand même : ici, les murs doivent parler. L'escalier est si vieux qu'il tremble sous vos pas. On me montre la chambre à coucher de l'artiste, petite, étroite, laide ; la chambre commune, au plafond écrasé, au vieux poêle de pierre ; les remparts bouchent de tous côtés la vue. On ne peut rien imaginer de plus triste ; on dirait une prison. C'est à une de ces fenêtres, au moment où les chauves-souris commençaient à voltiger le long du toit, que Dürer a trouvé le sujet de sa *Mélancolie*. Son atelier, où il y avait à peine place pour lui et son chevalet, est au rez-de-chaussée ; on voit l'ouverture que sa femme avait fait pratiquer dans le plafond pour s'assurer que son mari travaillait. Cette Xantippe donnait bien du mal au malheureux grand artiste, dont l'âme simple et pure aspirait vers l'idéal et ne comprenait guère les vulgaires intérêts terrestres. « J'ai travaillé, écrit-il dans ses *Mémoires*, beaucoup plus souvent gratis que pour gagner de l'argent ». Quel est celui de nos peintres qui pourrait en dire autant? Appelé dans les Pays-Bas, il emmena sa femme avec lui; mais il paraît qu'elle avait grand besoin d'être confessée et que ses péchés étaient gros, car Dürer écrivit sur son carnet : « J'ai payé huit stubers au moine qui a confessé ma femme. »

Albert Dürer était un mathématicien excellent; le premier, en Allemagne, il a écrit un traité sur l'art d'élever des fortifications; il dessinait sur bois, sur fer, sur étain; il trouva le procédé ingénieux de la gravure à l'eau-forte.

C'était alors une époque brillante pour Nuremberg. Grâce à sa situation centrale, la ville libre était devenue le plus vaste entrepôt de marchandises et de produits d'Orient, qui arrivaient par Venise à travers le Tyrol; l'industrie nurembergeoise ne fut jamais plus florissante qu'au temps de la ligue hanséatique. La richesse donna naissance aux arts : aussi n'y a-t-il pas de ville allemande où le sentiment du beau se soit aussi magnifiquement manifesté qu'à Nuremberg; les plus modestes ouvriers luttaient d'émulation et de zèle avec les maîtres. Behain confectionna le premier globe terrestre, et découvrit, dit-on, l'Amérique. Il se rendit à Lisbonne et légua en mourant son secret à Colomb. Pierre Hemlein fabriqua les premières montres, les célèbres « œufs de Nuremberg »; Erhard Etzlau trouva le compas; un maître serrurier fit une mitrailleuse composée de douze canons.

Nuremberg était également célèbre pour ses fusils à rouet, ses clarinettes et ses perruques. En 1470, la ville libre possédait déjà une imprimerie, et, en 1674, on y publiait le premier journal du monde : *le Courrier allemand de la guerre*. C'est à Nuremberg aussi que fut construit le premier chemin de fer de l'Europe.

On ne devine pas, en se promenant dans ces rues

paisibles, la prodigieuse activité de ce peuple d'artisans, de commerçants et d'industriels. En passant devant ces petites maisons capricieusement alignées, sans boutiques, sans devantures, sans enseignes, on est loin de se douter que, derrière leurs murs, il y a une roue qui tourne, un soufflet qui s'époumone, des marteaux qui travaillent. Et cette petite Pegnitz, aux eaux d'un jaune d'ocre, qui semble dormir comme les lagunes de Venise, quelle ouvrière habile et diligente ! Elle met en mouvement, depuis des siècles, sans se fatiguer, une quantité innombrable de moulins destinés à polir ou repasser les objets qui composent l'industrie nurembergeoise.

En Angleterre, il y a des contrées entières où l'on ne fabrique que du coton, et même une seule sorte des trois cents fils de coton connus dans le commerce ; à Nuremberg on trouve, au contraire, les industries les plus diverses ; chaque abeille de la grande ruche donne un miel différent ; les fabriques de papiers peints, d'étoffes, de produits chimiques, de bijouterie, de brosserie, de tabac, de miroirs, de tapis, d'ouvrages en fil de laiton, d'instruments d'optique et de mathématiques, etc., sont en pleine prospérité. Mais la véritable industrie de Nuremberg, c'est l'industrie de l'arbre de Noël, c'est-à-dire tous les objets d'amusement, d'utilité ou de luxe que peuvent rêver l'enfance et la jeunesse.

Les jouets de Nuremberg s'exportent en Chine, en Australie, en Afrique, en Laponie, partout où il y a des enfants. Quant aux fabriques de soldats à pied et à cheval, elles sont devenues aujourd'hui des institutions patriotiques. Les soldats de Nuremberg enseignent de bonne heure à la jeunesse allemande l'art de perforer les zouaves, d'embrocher les moblots, de pendre les francs-tireurs et de bombarder les villes. Chaque boîte nurembergeoise renferme une victoire allemande. On pourrait les étiqueter par ordre chronologique, depuis celle d'Hermann le Chérusque jusqu'à celles de Guillaume le Pieux. Autrefois, au temps des poëtes romantiques et des philosophes somnolents, les bons Allemands donnaient des livres à leurs fils ; maintenant, on leur donne des boîtes de soldats, des fusils et des sabres de fer blanc, des gibernes, des casques en carton doré. On ne rencontre plus que bambins qui jouent aux soldats et s'exercent à l'invasion. La militairomanie va même chercher les nourrissons au berceau : en rentrant à l'hôtel, j'ai croisé une bonne qui portait un bébé de six mois, coiffé d'un bonnet de cuirassier prussien, — avec un voile bleu !

## XV

Les partis à Nuremberg. — Les socialistes et le congrès de Gotha. Nuremberg vu de nuit. — Une assemblée de cordonniers allemands. — Perplexité. — Je suis pris pour un espion de M. de Bismarck.

Le parti national-libéral publie deux journaux à Nuremberg ; le parti progressiste un, et les socialistes deux. Aux élections du premier et du second degré, ce sont les nationaux-libéraux qui l'ont emporté. Leur victoire était certaine d'avance : Nuremberg est un des boulevards du protestantisme ; les catholiques y sont dans la proportion de un à mille et les socialistes ne sont pas sortis de leur tente ; ils attendent d'être plus forts pour accepter la lutte avec succès. Leur nombre ne grandit pas moins chaque jour ; et plus la situation économique de l'Allegne ira empirant, plus les rangs des socialistes se renforceront. Ils sont assez nombreux ici pour tenir chaque semaine des réunions publiques. L'hiver dernier, la police en a dissous quelques-unes. Des perquisitions ont également eu lieu chez les principaux chefs du parti. Au fond, que sont les socialistes ? Des mécontents. L'Allemagne en est pleine. On n'entend plus que des plaintes. Il y six ans, les Allemands parlaient encore un peu d'art, de philosophie, en fumant leurs longues pipes ; aujourd'hui il n'ont plus à la bouche que les mots d'argent, de « krach », d'impôts, de taxes et de surtaxes.

Dimanche dernier, les ouvriers de Scheilgnitz, petite localité à une heure de Nuremberg, avaient invité leurs collègues de la ville à une réunion dans laquelle on devait discuter : 1° l'attitude du parti socialiste vis-à-vis de la nouvelle Chambre ; 2° la crise commerciale que l'Allemagne traverse depuis la guerre. Le beau sexe, qui n'a pas la prudence du serpent, arriva en nombre si considérable que le commissaire de police, interprétant rigoureusement la loi, invita les dames à se retirer. Il y eut des rugissements de lionnes, et il s'en suivit une bagarre qui amena de nombreuses arrestations.

On sait qu'il existe en Allemagne une *Union des femmes et des filles socialistes*. Neuf d'entre elles ont été jugées l'an dernier à Berlin. Les unes ont comparu en compagnie de leur mari, d'autres en compagnie de leur fiancé. Elles étaient en grande toilette, ornées de rubans et de cocardes rouges. On a constaté qu'elles avaient déployé la plus grande activité pendant la période électorale et que leur but était de remplacer, dans l'éducation des enfants, les doctrines chrétiennes par les doctrines socialistes [1].

Dans une de ces soirées parlementaires où M. de Bis-

---

[1] Voici quelques échantillons des dépositions faites par ces dames:

LE PRÉSIDENT (à madame Halm) : Qu'entendez-vous par une opinion démocratique et socialiste ?

LA CITOYENNE HALM : J'entends par là que l'homme est un être sociable et par conséquent qu'il a le droit de se réunir avec ses semblables.

LE PRÉSIDENT : Quel était le but de vos réunions?

LA CITOYENNE HALM : J'y voulais réunir toutes les femmes qui sont d'avis que les affaires humaines doivent être arrangées à l'amiable, qu'il faut cultiver les sentiments de l'amitié et relever la moralité du sexe, qui laisse beaucoup à désirer chez les Berlinoises.

LE PRÉSIDENT : Et les moyens pour atteindre ce but ?

LA CITOYENNE HALM : Notre résolution est de nous sacrifier, s'il le faut, à notre mission. Nous nous procurons des livres et nous faisons tout ce qui peut relever notre intelligence au-dessus des préjugés communs.

marck a l'habitude de se déboutonner sur bien des choses, le chancelier disait à des députés, en parlant du socialisme.
« C'est un mal qu'il est inutile de cacher. Il fait des progrès considérables. Chaque jour, il se développe davantage. Vous le verrez aux prochaines élections. La bourgeoisie regrettera, dans quelques années, ces dispositions pénales que vous venez de rejeter, car elles lui auraient fourni une arme pour se défendre. Elle va se trouver sans force devant le flot. Ce ne sera pas ma faute, messieurs, ce sera celle de ceux qui ont refusé de voter mes nouveaux paragraphes du Code pénal. »

Cet aveu, sortant de la propre bouche du chancelier, est précieux à recueillir. Mais il y a une éloquence plus convaincante encore que celle de M. de Bismarck, c'est celle des chiffres. Aux dernières élections, sur le nombre total de 5,259,000 voix, savez-vous la part qui revient aux candidats socialistes? Ils ont obtenu plus de 339,738 voix. En 1871, ils n'avaient pu réunir que 120,108 voix. Voilà des gens qui s'entendent à faire leur chemin. Actuellement, l'armée socialiste allemande est forte de 400,000 combattants. Si les fonctions de députés étaient rétribuées, il n'est pas douteux qu'au lieu de neuf représentants au Reichstag, les socialistes n'en eussent une quarantaine. Le gros du contingent se recrute en Saxe, dans le Schleswig, le Brandebourg, les villes libres et les villes manufacturières comme Furth et Nuremberg. Dans le Lauenbourg, où M. de Bismarck règne avec la double autorité de chancelier et de propriétaire, il y a eu aux dernières élections 1,079 voix données au candidat socialiste. On raconte que les trois cheveux du chancelier s'en sont dressés d'horreur.

Jusqu'au mois de juin 1875, le socialisme allemand était divisé en deux fractions : l'*Association générale et allemande des travailleurs*, et le *Parti social-démocrate*. L'*Association générale* a été fondée par Ferdinand Lassalle, tué en duel en Suisse, et enterré dans sa ville natale,

Breslau, au cimetière des juifs, le 31 août 1864. Les *lassalliens* avaient seuls un programme nettement défini, basé sur les doctrines économiques de leur chef. Ils ne voulaient ni tout démolir ni tout niveler. Ils acceptaient l'Etat comme principe essentiel, et se seraient accommodés d'un gouvernement qui eût voué ses soins à la question ouvrière. Je ne sais plus quel écrivain a dit, en parlant d'eux : « Ne les considérons pas comme des *enragés*, mais seulement comme des *furieux*. »

L'autre fraction, les *bébéliens*, n'avait pas de président. L'égalité la plus absolue régnait entre eux. Leur comité « d'hommes de confiance » ne se réunissait qu'à la veille des assemblées, qui avaient lieu tantôt dans une ville, tantôt dans une autre. Ils réclamaient l'abolition des contributions, des armées permanentes, des lois sur la presse et sur les associations, l'abolition de tous les avantages que procurent la propriété et l'hérédité, l'abolition de la religion et des conditions sociales. Ils nivelaient tout pour arriver plus vite à l'égalité absolue. Ils poursuivaient, disaient-ils, la fondation de « l'État libre des peuples ». Les *bébéliens* étaient assez d'accord pour décerner la palme du martyre aux communards qui ont incendié Paris.

La fusion des deux branches s'est opérée à Gotha, et il n'y a plus aujourd'hui qu'un petit nombre de dissidents. Il était question depuis longtemps de donner plus d'unité et de force au mouvement et de suivre un programme commun [1]. Les débats ont duré trois jours. Le 25 juin 1875, à minuit, le président de la fraction lassallienne

---

[1] Voici le programme du nouveau parti socialiste tel qu'il est sorti des délibérations du congrès de Gotha :

« Pour préparer la solution de la question sociale, les ouvriers socialistes allemands demandent l'établissement de sociétés coopératives, avec l'aide de l'État et sous le contrôle démocratique du peuple Les associations de production doivent arriver à un tel dés'écria dans un transport d'allégresse : « Le travail de fusion et d'union est enfin achevé ; mettons-nous à l'œuvre avec veloppement dans l'industrie et le commerce qu'il en résultera l'organisation socialiste de la totalité des citoyens.

Comme bases de l'État, le parti des ouvriers socialistes allemands réclame :

« 1° Le suffrage universel direct et égal, avec vote secret et obligatoire de tous les citoyens à partir de vingt ans, dans tous les scrutins gouvernementaux et communaux. Le jour du scrutin sera un dimanche ou un jour férié ;

« 2° Législation directe par le peuple ; le peuple seul décide de l. paix ou de la guerre ;

« 3° Service militaire obligatoire. Remplacement des armées permanentes par les milices nationales ;

« 4° Abolition des lois d'exception, et avant tout des lois sur la presse, sur le droit de réunion et d'association ; en général, de toutes les lois appelées à mettre des limites à la libre manifestation de l'opinion publique et aux recherches de la libre pensée ;

« 5° La justice rendue par le peuple. Gratuité de la justice ;

« 6° Éducation gratuite et égale par l'État. Instruction obligatoire et gratuite à tous les degrés. La religion est regardée comme une affaire privée. »

Le parti des ouvriers socialistes allemands réclame dans les conditions actuelles de la société :

« 1° Un développement plus large des droits et des libertés politiques, dans le sens des demandes formulées plus haut ;

« 2° Un seul impôt progressif dans l'État et la commune, à la place de tous les impôts indirects qui pèsent particulièrement sur le peuple ;

« 3° Droit illimité de coalition ;

« 4° Création d'une journée normale de travail, réglée d'après les besoins de la société ; interdiction du travail le dimanche ;

« 5° Interdiction du travail des enfants et de tout travail de la femme contraire à l'hygiène et aux bonnes mœurs ;

« 6° Législation protectrice de la vie et de la santé de l'ouvrier. Contrôle sanitaire des logements d'ouvriers. Inspection des mines, des fabriques, des ateliers, etc., confiée à des fonctionnaires élus par le peuple ;

« 7° Règlement du travail des prisons;

« 8° Gestion complétement indépendante des caisses de secours d'ouvriers. »

une nouvelle ardeur ! » Là-dessus, les chefs des deux camps ont entonné la *Marseillaise* des travailleurs allemands, et ils ont bu au même verre.

Je viens d'assister ici, à Nuremberg, à une réunion de cordonniers socialistes convoqués aussi pour arriver à la fusion des deux branches de la cordonnerie allemande. Le meeting était annoncé en ces termes, à grand renfort de placards, sur tous les murs de la ville :

MONTAG 21 JULI ABENDS 8 1/2
*Schuster Versammlung im Saale des Cafe Merck.*
TAGESORDNUNG : *Der Vereinigung beider Fraktion der Schuster Deutschlands.*
*Collegen, erscheint in Massen!* [1]

A neuf heures, au moment où les cloches de Saint-Laurent et de Saint-Sébald, fidèles à une ancienne habitude, sonnaient le couvre-feu, j'ai quitté la ville haute pour me plonger dans le labyrinthe de la ville basse et me mettre à la recherche du café Merck que mon maître d'hôtel méprise trop pour laisser seulement soupçonner qu'il en connaît le nom.

Neuf heures à Nuremberg, c'est minuit à Paris. Les Nurembergeois sortent du théâtre, et, avant d'aller rêver sur une dure paillasse que la générale bat et qu'ils vont de nouveau « vivre comme des dieux en France, » ils entrent dans la brasserie voisine vider la chope traditionnelle. Rien de plus pittoresque que l'intérieur de ces débits de bière, à cette heure de la nuit. On voit à travers les fenêtres, par lesquelles s'échappent des tourbillons de

---

[1] Lundi, 21 Juillet, à 8 heures 1/2 du soir, réunion des cordonniers dans la salle du café Merck. *Ordre du jour :* fusion des deux fractions des cordonniers allemands. — Collègues, venez en masse !

fumée, des rangées de buveurs assis sur des bancs, comme des écoliers en classe. Quelques-uns jouent avec des cartes qui ont fait plusieurs campagnes et sont presque en lambeaux; la plupart, la tête appuyée sur les deux coudes, sucent le tuyau d'une longue pipe, les yeux à demi clos, dans un recueillement plein de béatitude. On dirait une galerie de statues de cire. Sauf les joueurs, qui, de temps en temps, laissent échapper un juron bien placé, aucun ne parle, aucun ne bouge. Deux sommelières rousses comme la lune des ballades allemandes circulent sans bruit le long des tables et remplissent, de leur propre initiative, les chopes vidées.

Je me suis attardé à regarder ce tableau d'une couleur toute flamande, et quand je suis arrivé au pont qui relie les deux parties de la ville, il n'y avait plus de passants. Le ciel était noir, et les pauvres lanternes qui éclairent la rivière avaient un aspect funèbre. Sur les deux rives, de vieilles tours prenaient des apparences de fantôme. Les clapotements du flot arrivaient jusqu'à mon oreille comme de sourds gémissements. Je me crus alors dans le Nuremberg du moyen âge, dans cette République allemande où le Conseil des dix se nommait le tribunal de la Sainte-Vehme. Tous les atroces instruments que j'avais vus la veille dans la salle de torture défilèrent devant moi.

J'avais complétement oublié le but de ma course, lorsqu'une voix fraîche chanta à l'entrée du pont le couplet suivant :

> Au compagnon cordonnier,
> Jeune donzelle, ouvre la porte.
> Le compagnon cordonnier
> Fera pour ton petit pied
> Une mule que la reine
> Serait fière de porter!

Le chanteur marchait d'un bon pas; je l'attendis au passage :

— Le café Merck, s'il vous plaît ? lui dis-je avec l'accent d'un homme qui est sûr d'avance que sa question sera bien accueillie.

— J'y vais. Venez avec moi. Chez quel patron travaillez-vous?

— Oh! je ne fais que du cirage, répondis-je d'un air candide ; j'ai inventé un nouveau cirage hygiénique.

— Chacun sa partie. Moi je fais les tiges de bottes...... Avez-vous voyagé?

— Beaucoup ; mais l'ouvrage ne va bien nulle part.

— A qui le dites-vous? Mon patron, pour s'entretenir la main, est obligé de battre sa femme. Voilà trois mois que nous vivons de soupe et de radis. Si ça continue, et il poussa un gros soupir, nous en serons réduits à faire des ragoûts avec toutes les vieilles semelles qui moisissent dans la boutique.

Nous causions ainsi en bons compagnons, tout en allongeant rapidement le pas. Le café Merck est à l'extrémité de la ville, dans le quartier ouvrier.

Au bout d'une petite ruelle qu'il m'est impossible de retrouver sur mon plan, c'est peut-être la rue du Cuir rouge (*Rothledergasse*), — nous entendîmes une joyeuse musique descendre d'un premier étage.

— Un bal ? demandai-je.

— Non, une noce. Si vous avez envie de danser, vous n'avez qu'à monter. On donne quelques kreutzers en entrant à l'époux, et l'on peut danser jusqu'au matin. Seulement, les consommations se payent à part.

Comme je témoignais quelque étonnement, un soupçon traversa l'esprit de mon jeune cordonnier, et il me dit en s'arrêtant :

— Ah çà! il me semble que vous n'êtes pas d'ici. Êtes-vous bien un cordonnier *sérieux ?*

Il souligna le qualificatif.

Il fallait payer d'audace, si je voulais être admis dans l'assemblée.

— Je vous ai dit que je voyageais, répondis-je avec calme, je puis maintenant vous dévoiler qui je suis : j'ai été fabricant de cirage, mais en ce moment je suis un des rédacteurs du *Cordonnier républicain*, moniteur international de la cordonnerie, qui se publie à Genève. Je viens en Allemagne pour étudier la crise que traverse la cordonnerie allemande.

— Monsieur, permettez-moi de vous serrer la main.

Nous tournâmes à gauche; nous étions devant le café Merck. C'est une immense construction en style gothique, qui ressemble à un château fort. Au rez de chaussée, de bons gros bourgeois fleuris mangent de la choucroute flanquée de pieds de cochon. C'est un plat que M. Merck sert tous les lundis à sa clientèle et une spécialité qu'il fait annoncer dans les journaux, avec une vignette.

Le « café » est au premier. On y monte par un ravissant escalier en colimaçon orné de fines sculptures. Le mot *café* est une fallacieuse enseigne. De mémoire d'homme on n'a servi une tasse de café dans cette vaste salle dont le plafond est soutenu par des poutres et dont le comptoir, formé de tonneaux de bière, est entouré d'une grille de bois.

La réunion était moins nombreuse que je ne le croyais. Cent cinquante à deux cents représentants du sexe fort; une dizaine de femmes, et un citoyen à la mamelle.

Le président se tenait assis avec un secrétaire sur une estrade, derrière une table convenablement chargée de chopes écumantes. Il se leva, agita sa sonnette et déclara l'assemblée ouverte au moment où nous entrions. Il avait oublié le manuscrit de son discours; de là un retard dont je n'eus qu'à me féliciter.

Il parla pendant une heure et fut écouté au milieu d'un religieux silence. Tantôt il plongeait ses mains dans ses poches comme pour les retourner et bien faire comprendre qu'elles étaient vides ; tantôt il tirait ses favoris noirs qui retombaient comme deux ailes de corbeau le long de ses joues.

« Compagnons et collègues, s'écria-t-il dans un élan oratoire superbe, voilà deux ans que nous crevons (*krepiren*) de faim. L'ouvrage, quand il y en a, n'est pas rétribué comme sont en droit de l'exiger ceux qui travaillent quinze heures par jour à la sueur de leur front. Les beaux officiers qui ne boivent que du champagne, M. de Bismarck et les autres qui nous ont fait faire la guerre pour empocher des millions, tous ceux qu'on a dotés, et même M. Camphausen qui touche 30 à 40,000 thalers par an pour gérer les finances de l'empire, ne savent pas ce qu'il faut de fatigues, de coups de marteau, pour nourrir une femme et des enfants. Les capitalistes nous traitent vraiment comme des chiens. Quand ils viennent commander une paire de bottes, et que vous leur demandez 9 florins, ils vous répondent qu'on a de la chaussure de Leipsig pour 8 florins. Il faut donc que nous arrivions à une égalité dans les prix. Il faut que nous établissions un tarif commun. Et c'est dans ce but que le congrès des cordonniers allemands va s'ouvrir le mois prochain à Leipsig. Sans l'union, pas de force. L'union en imposera. Les ouvriers ne sont pas consultés par ceux qui font les lois, mais le tour des ouvriers viendra ; l'avenir du monde leur appartient. Qu'ils aient la volonté, qu'ils soient fermement unis, qu'ils oublient leurs divisions, et ils ne seront plus les membres dispersés et faibles d'une pauvre famille, mais il formeront une phalange, une armée ! Les socialistes allemands se sont réunis à Gotha pour arriver à une fusion des deux branches. Nous allons nous réunir en congrès à Leipsig pour discuter des intérêts tout aussi importants. Que ceux qui veulent la fusion lèvent la main ! »

Unanimité générale. Quelques-uns lèvent les deux bras

Il y eut une pause pendant laquelle la discussion s'engagea familièrement. J'avais déjà cru remarquer que ma présence intriguait deux ou trois maîtres cordonniers aussi chauves que barbus.

Tout à coup, l'un d'eux se leva, vint à moi, et, choquant sa chope contre la mienne :

— Moâ aussi, me dit-il, j'avre fait des betites pottes aux chantilles Barisiennes. En France, moins de cuir, et bayer mieux ; ici, peaucoup plus cuir, et bayer moins. C'ètre pas justice de la part du pon Dieu d'avoir fait si grands bieds aux Allemands.

J'allais répliquer que si Dieu avait donné aux Allemands de grands pieds, c'était pour leur faire des mains en proportion, mais le compagnon qui m'avait introduit se glissa près de moi et me dit à l'oreille :

— Le président, à qui j'ai dû expliquer votre présence ici, se dispose à vous souhaiter publiquement la bienvenue et à porter un toast à la rédaction du *Cordonnier républicain*. Il convient que vous répondiez par quelques mots ; je crois devoir vous en prévenir.

— Très-bien ; je vous remercie, répondis-je en me mordant les lèvres.

Je ne voyais pas trop comment j'allais me tirer de ce mauvais pas, lorsqu'un apprenti cordonnier, ivre comme un cocher berlinois, fit bruyamment irruption dans la salle, en criant que son patron était une canaille, que Bismarck valait plus que lui. « Il me nourrit de coups de pieds au derrière, » hurlait-il.

La salle se remplit de cris, de protestations ; tout le monde se leva et je profitai du tumulte pour m'esquiver sans tambour ni trompette.

*P. S.* Ce matin, au moment où j'achevais d'écrire ces lignes, on m'apporta le *Nuremberger Anzeiger*. Voici ce que j'y lus à la fin du compte rendu de l'assemblée générale des cordonniers de Nuremberg :

« ... Après avoir été troublée par l'entrée de cet apprenti ivre de bière, la réunion a été fort surprise de la disparition d'un étranger qui se donnait comme rédacteur d'un journal de cordonnerie. Le président avait déjà commencé de lui souhaiter la bienvenue lorsque des *chut* couvrirent sa voix et qu'on lui fît signe que l'étranger s'était éclipsé. Ceux qui ont observé ce monsieur pendant le discours du président, ne doutent pas que ce ne soit un des nombreux espions prussiens à la solde du chancelier de l'empire. »

## XVI

Des prophètes en général. — Quelques spécimens de la littérature de « l'empire des bonnes mœurs et de la crainte de Dieu ». — Falsifications littéraires. — Prophéties allemandes pour l'an de grâce 1876. — Le prince impérial à Paris et le prince de Galles en fuite.

Les peuples heureux n'ont pas de prophètes ; ils n'éprouvent pas le besoin de chercher dans l'avenir des consolations pour le présent. Pendant les terribles désastres de la dernière guerre, la France a eu ses Daniel et ses Cassandre. Les prophètes sont devenus plus rares aujourd'hui, et c'est bon signe ; car chez les nations qui recommencent à se bien porter, on constate que les empiriques diminuent.

Par contre, en Allemagne, le nombre des prophètes a triplé depuis deux ans. On vend des prophéties partout, dans les gares, sur les places publiques, chez les marchands de cigares et dans les hôtels ; des colporteurs en librairie viennent, pendant le dîner de la table d'hôte, les déposer à côté de votre assiette, avec d'autres publications beaucoup moins ragoûtantes. Certains éditeurs ont la spécialité de ces livres à couvertures *parlantes* et coloriées, qui offrent l'étalage le plus effronté de viandes nues, de scènes de boudoir et d'alcôve. Est-ce donc là la littérature de l'empire des « bonnes mœurs et de la crainte de Dieu » ? Quels titres ! l'encre rougit en les transcrivant : *Lotte la luronne* ; *Mémoires d'une prostituée pen-*

dant son séjour à Hambourg, en Angleterre et en Amérique; Nuit d'épreuve ou l'homme devant sept femmes, par Ferd. Cupido; La Belle Isabelle ou Maison de bains et Pensionnat; Mystères de deux couvents; Agnès, la nonne amoureuse; Les Péchés Secrets du président consistorial (Consistorial prœsident) Mücker, etc., etc. Le dévergondage latin est-il jamais allé jusque-là? Cela s'appelle chez les Allemands « la littérature de voyage » — Reiselitteratur; et c'est, comme le proclament elles-mêmes les couvertures « intéressant, piquant et amusant! » En France, ces productions éhontées ne seraient pas tolérées vingt-quatre heures dans une arrière-boutique; la commission de l'estampille est, il est vrai, inconnue au delà de nos frontières; du moment que vous ne touchez ni à M. de Bismarck ni à l'empereur, vous pouvez impunément proclamer que la vertu est le vice, que le Paradis n'est qu'un bagne céleste, vous serez applaudi par tous les mamelucks de la presse officieuse. Une fois seulement, sur la plainte de pères chrétiens, la justice a sévi : elle a condamné un certain Paul Lindau, directeur d'une petite revue hebdomadaire, à quelques semaines de réclusion, mais, par habitude de famille, cette peine a été si agréable au jeune Paul, qu'il a raconté son voyage à la prison de Plœtzensee sous le titre de *Voyage de plaisir* (Vergnugunsreise).

On a illustré la Vie de saint Antoine et de quantité d'autres saints d'une manière ignoble. Ces livres se vendent publiquement; les enfants peuvent les feuilleter sur toutes les tables, et le gouvernement ne sévit pas contre un pareil commerce.

La chaste Allemagne recherche de préférence ces ouvrages de haut goût. Chaque année les bouquinistes de Francfort, Leipsig, Berlin et Munich publient un catalogue d'*Erotica, curiosa, galenterien, jocosa*, etc. Ces catalogues sont enrichis de commentaires, comme si leur titre n'en disait pas assez! Je suis bien forcé de donner les preuves de ce que j'avance, car on ne me croirait pas. Je les tire du catalogue n° 37 (1875) de la librairie de Theodor Ackermann, Promenadeplatz, 10, à Munich ; tout au haut de la page 3, voici ce qu'on lit en français :

49 Les *Aveux* d'une femme galante ou lettres de madame la marquise de *** à milady Fanny Stapelton, 8, Londres, 1786, Pp. fl. kr. 4. 48.

Roman agréable, où tous les personnages font l'amour à l'envi.

Et à la page 2 :

33. L'Apothéose du beau sexe. *av. pl.* Londres, 1741.

Livre curieux et libre.

Le premier ouvrage que vous offre le bouquiniste allemand, quand vous franchissez le seuil de sa boutique, c'est un livre de « galanterie française ». Or, savez-vous où tous ces ouvrages d'une immoralité crapuleuse et bête sont édités ? Quelle est la ville qui se cache sous les pseudonymes de Londres, la Haye, Amsterdam, Constantinople, Tétonville, Libidinibus (chez Sensualité, à la Délicatesse, rue du Tempérament) ? C'est Cologne ! Hélas ! oui, Cologne la sainte, aujourd'hui Cologne la Prussienne. Et voilà comment la littérature *française* est la plus abjecte, la plus immonde, la plus abominable qui ait jamais été [1].

Mais sortons de ces égouts de la spéculation allemande où nous avons bien dû descendre, pour faire acte de haute justice ; et ouvrons un livre acheté à table d'hôte, et qu'il

---

[1] Un libraire de Stuttgard faisait dernièrement annoncer dans les journaux un livre qui n'est que l'apologie du vice des habitants de Sodome. Dans la Thuringe, il y a une fabrique spéciale d'objets et de jouets indécents ; elle n'occupe pas moins de cent ouvriers, et le travail n'y chôme jamais.

nous soit permis d'analyser : *les Très-Véridiques Prophéties du moine Leonidas*, pour l'an de grâce 1876, imprimées chez Reitinger, à Landshut.

Le frontispice de cette brochure représente un grave docteur allemand, un vieil élève de Faust, caché sous une pelisse noire, accoudé sur un pupitre, et lisant dans un gros in-folio à la lumière d'un bout de chandelle. Un planisphère est à la portée de sa main et un hibou, emblème de la science et de la sagesse, se tient mélancoliquement perché sur le dos de son fauteuil. Par la fenêtre ouverte de la mansarde on voit la lune à son premier quartier, et les chauves-souris qui voltigent autour des clochers gothiques de la ville endormie. Sur une planche, quelques fioles. Un flacon d'acide prussique nous montre que l'alchimiste de céans étudie tout particulièrement le rôle de la Prusse dans le nouvel empire.

Landshut, où a été imprimé l'opuscule, est une jolie petite ville très-catholique, situé entre Munich et Ratisbonne. C'est la patrie du fameux député Joerg. Des prophéties qui viennent de si bon lieu doivent être en harmonie avec les sentiments du peuple de Bavière, qui n'est pas précisément enthousiaste du nouvel empire. Cette lune de miel qui s'est levée à Versailles, au bruit du bombardement de Paris, s'est promptement voilée de nuages de toute espèce aux yeux des Allemands du Sud. Figurez-vous un bon vivant qui s'est décidé à grand'peine à se battre pour une femme qu'il croyait bonne et riche ; après avoir exposé sa vie pour la dame, il découvre qu'elle n'a pas le sou et qu'elle est d'un caractère exécrable. La paix n'est plus possible dans le ménage, mais le divorce est impossible, parce que la virago, qui est la plus forte, ne veut pas se séparer du mari dont elle a fait une ganache.

Les États du Sud, la Bavière surtout, désireraient plaider en séparation de corps et de biens, mais la Prusse refuse de rien entendre. Telle est la situation. La Prusse va même plus loin : elle menace de tout briser dans la maison si le mari ne se tient pas tranquille.

Les prophéties pour l'an du Seigneur 1876 laissent entrevoir que les discordes et les querelles iront sans cesse augmentant dans notre triste vallée de larmes.

Le savant moine, auteur de ces prédictions, s'exprime de la sorte au sujet de l'empire en général :

« L'empire allemand, qui, à la suite de sa guerre victorieuse contre la France, est devenu l'empire le plus puissant de la terre, n'aura pas encore, en l'an de grâce 1876, la plénitude de la paix. A l'intérieur, les conflits se multiplieront. En plusieurs endroits, l'irritation qui règne atteindra son paroxysme et provoquera de sauvages rébellions.

« Le sang coulera dans les maisons et dans les rues, et, chose terrible ! il souillera le pied des autels. Les fauteurs de ces désordres seront punis et jetés en prison. Alors on entendra ceux qui aiment leur patrie répéter les paroles de Jésus-Christ : « Aimez-vous les uns les autres. » Mais le tumulte des discordes empêchera que leur voix soit entendue.

« Le peuple, de plus en plus entraîné vers le matérialisme, oubliera Dieu, et sa haine contre l'Église grandira. Il en résultera des malheurs terribles. Et, comme la France réussira à gagner un puissant allié, et qu'elle mettra sur pied un million de soldats, la crainte d'une nouvelle guerre sera si générale que le commerce et l'industrie traverseront la plus dure des crises. Partout où l'activité règne dans nos ateliers, il y aura un silence de mort. Le travail sera suspendu partout en même temps, et la misère sera immense ; on souffrira de la faim.

« Mais, bien que le nouvel empire compte beaucoup d'ennemis, la guerre n'éclatera pas en 1876. Cependant l'Allemagne sera obligée de renforcer son armement pour en imposer aux hordes armées qui la menaceront. L'empereur, vénérable vieillard, tombera gravement malade, et à la fin de l'année sa vie sera en grand danger.

« Son premier ministre, le « prince de fer », souffrira des atteintes cruelles de la goutte et sera couché de longs mois sur son lit de douleurs. L'Église, comme la fille de Sion, exhalera auprès de lui ses plaintes et ses larmes, mais il ne les écoutera point. Et quand il se relèvera, il combattra l'Église avec plus d'acharnement et cherchera à entraîner à sa suite tous les hérétiques du monde. Mais il ne réussira pas. Beaucoup de prêtres romains seront envoyés en exil, les moines seront chassés, mais l'esprit de l'Église survivra en Allemagne, et le catholicisme ne périra pas. »

Non moins curieuses sont les prophéties spéciales au royaume de Bavière : « La Bavière souffrira beaucoup de la stagnation des affaires, et la récolte de 1876, quoique belle, sera en partie ravagée par les rats (!!) »

L'Autriche sera bien maltraitée, s'il faut en croire le pieux prophète, elle « tombera dans le gouffre de la corruption et de la ruine; la vertu sera traînée dans la boue, le vice roulera dans des carrosses dorés; le peuple refusera de payer les impôts. »

L'empereur François-Joseph ne verra pas d'autre moyen de salut que la guerre. Il implorera pour ses armes la bénédiction du Pape. L'Autriche conclura une alliance avec la France, mais la guerre n'éclatera pas en 1876; car il y aura des troubles dans la monarchie austro-hongroise, et il faudra toute l'armée pour les réprimer.

En Suisse, où beaucoup de gens mourront, « il y aura une grande mortalité de bestiaux », les querelles religieuses s'envenimeront; on verra des luttes meurtrières dans les églises, la victoire restera aux vrais croyants.

Voici le chapitre consacré à la France. C'est celui qui

nous intéresse le plus et c'est le plus étrange. On nous en promet de belles; je traduis mot pour mot :

« Ce pays, dont la haine contre l'empire allemand n'est pas éteinte, mais brûle comme un charbon ardent, emploiera, en 1876, ses dernières forces pour mettre sur pied une armée considérable. C'est avec cette masse d'hommes que les Français voudront se jeter sur l'Allemagne pour reprendre l'Alsace et la Lorraine, pour venger leur défaite et laver dans le sang de l'Allemagne les taches de leur drapeau. Mais le Président de la République s'opposera à ce qu'on lance de nouveau le vaisseau de l'État dans une mer de sang. Il répondra que l'équipage qu'il a avec lui est trop faible, qu'il vaut mieux attendre que l'armée se fortifie et grandisse, et que quelques généraux capables aient le temps de se former, car la France manque précisément de chefs militaires, tandis que la Prusse en a beaucoup. Le Président déclarera aussi qu'il ne peut marcher sans alliés contre l'Allemagne et proposera de contracter une alliance avec l'Autriche.

« Mais il y aura un parti puissant qui voudra la guerre à tout prix. Son cœur est dévoré du feu de la haine et de la vengeance. Ce parti ourdit un complot, renverse le Président et met à sa place un homme avec un seul œil (*ein Mann mit einem Auge*). Cet homme est doué d'un esprit brillant, il prononce de si beaux discours que personne ne sait lui résister. Il parvient à gagner à sa cause une grande partie de l'armée.

« La conspiration en question éclatera pendant une revue près de Paris.

« On se rendra maître du Président, malgré la résistance de son entourage; on le fera prisonnier, et on l'enfermera dans un château fort.

« Les Français, — le peuple et l'armée — se réjouiront tous; il n'y aura que quelques esprits sensés qui douteront que ce complot puisse sauver le pays.

« Un jeune homme, au moment où les drapeaux seront déployés pour marcher contre l'Allemagne, débarquera sur les côtes, en face de l'Angleterre.

« Aussitôt des millions d'hommes accourront au-devant de lui pour acclamer le fils de l'empereur mort en exil ; son retour sera une marche triomphale ; il sera reçu avec enthousiasme par les villes et sera proclamé empereur; même ceux qui voulaient la guerre viendront à lui, pour avoir sous son règne des honneurs et de l'or. En peu de jours, il aura atteint la capitale qui le recevra également comme un monarque. Il fera immédiatement mettre le Président en liberté et le prendra pour son conseiller.

« Le parti de la guerre demandera alors à marcher contre l'Allemagne sous les aigles de l'empire ; mais le jeune souverain, quoique sûr d'une amitié puissante, ne tirera pas l'épée, afin de ne pas perdre immédiatement sa couronne. C'est pourquoi il aura beaucoup d'ennemis. Ils formeront un parti qui ne voudra plus de souverain. Un autre parti se prononcera pour un souverain de la maison de Bourbon, mais celui-ci ne voulant pas exposer sa vie, n'arrivera pas en France.

« Une révolution sanglante déchirera bientôt ce malheureux pays. Le commerce et l'industrie seront ruinés, les ouvriers, sans pain, grossiront les rangs des révolutionnaires. Plusieurs villes importantes seront incendiées dans cette lutte fratricide.

« Par bonheur pour la France, la récolte n'aura jamais été aussi belle. Mais on manquera de bras, et les blés pourriront sur pied et le raisin séchera sur le cep.

« Quand les survivants comprendront que, si la lutte continue, la France ne sera plus qu'un vaste cimetière, il y aura une trêve.

« La dernière grande bataille se livrera dans les rues de Paris. Quand des torrents de sang auront été répandus, les ennemis de l'empereur seront défaits ; et les cadavres rempliront les rues et seront entassés sur les places publiques; beaucoup de maisons et de palais seront détruits.

« L'empereur consolidera son trône, il demandera la bénédiction du Souverain-Pontife, et octroyera à l'Église une quantité de priviléges.

« Le peuple français redeviendra pieux et chrétien; il se rendra en pèlerinage à tous les sanctuaires pour implorer les grâces du ciel sur la France. »

Sur dix personnes qui achètent ce livre en Bavière il y en a huit qui y croient comme à l'Évangile! Quant à nous, nous pouvons enregistrer ces prophéties sous la rubrique : *Ce que l'Allemagne souhaite à la France.*

Voyons maintenant ce qu'elle souhaite à l'Angleterre :

« Le royaume britannique, disent les *Prophéties allemandes*, passera, en l'an du Seigneur 1876, par de dures épreuves. Il y aura une stagnation générale dans les affaires, et les grands industriels se verront obligés de congédier une partie de leurs ouvriers. Comme ceux-ci n'auront pas un schelling d'épargne, ils tomberont dans une profonde misère; on verra de longues files de pauvres parcourir les rues, et les riches, dans leurs palais, feront bombance. Les femmes et les filles pauvres seront regardées par les riches comme un bétail qui leur appartient, et le vice ne connaîtra plus la honte.

« Il en sera longtemps ainsi, jusqu'à ce que la mesure trop pleine déborde; alors les pauvres se lèveront contre les riches, et se feront justice par la force. Ils envahiront les maisons de ceux qui possèdent, et les pilleront. La colère populaire ira grandissant, et battra, comme les flots d'un torrent débordé, les escaliers du Parlement et les marches du trône. C'est en vain que le gouvernement essayera de maîtriser la rébellion; on entendra ces cris d'un bout de l'Angleterre à l'autre : « A bas les oppres-

« seurs de l'humanité ! Liberté, nourriture et droits pour
« tous ! »

« La révolte durera deux ans avant que le calme ne se
rétablisse.

« Les conséquences de cette guerre civile seront désastreuses ; il y aura des comtés entiers dévastés, des villes ruinées, et il faudra de longues années pour cicatriser tant de plaies.

« La reine d'Angleterre mourra en 1876, et son fils aîné lui succédera ; mais il fuira devant la révolution, et expirera la même année sur la terre étrangère. »

L'Italie peut également se réjouir ! Des troubles révolutionnaires éclateront vers la fin de 1876. Le Pape cherchera à former une alliance entre l'Italie, la France et l'Autriche, mais le roi Victor-Emmanuel s'y opposera. L'empereur d'Allemagne se rendra alors à Rome, mais ne sera pas reçu par Pie IX.

En Espagne, continuation de la guerre civile et misère générale.

Passons en Afrique ; c'est le pays des merveilles. Les *Prophéties allemandes* annoncent que de hardis investigateurs découvriront une grande terre inconnue, peuplée de villes et de villages. « Les naturels, hommes paisibles et habiles dans les arts, ont l'habitude de tuer à leur naissance les enfants du sexe féminin quand ils en ont déjà deux. A part cette coutume criminelle, ces gens sont doux et vertueux » On leur enverra des missionnaires qu'ils accueilleront avec joie. Un prince de la maison de Habsbourg sera élu régent de ce pays ; il rassemblera une armée puissante, asservira toutes les tribus voisines et les convertira au christianisme. Le Saint-Père enverra un de ses délégués dans cet heureux pays et le prince de la maison de Habsbourg, de régent deviendra seul souverain de toute la terre africaine. Ce royaume sera l'allié le plus fidèle du Souverain-Pontife.

Ainsi finissent les *Prophéties* du moine Léonidas, publiées à Landshut, chez l'éditeur George Reitinger. Je les livre, pures de tout commentaire, à la méditation des lecteurs français et anglais qui ignorent tout ce que l'Allemagne leur souhaite et leur prédit pour l'an de disgrâce 1876.

## XVII

La prison cellulaire de Nuremberg. — Le docteur Sigl et M. de Bismarck. — L'Allemand se laisse prendre à ce qui brille. — Les détenus de la *Zellengefængniss*. — Un journaliste maître tailleur. — Un peu de statistique.

Entre Furth et Nuremberg, au milieu de la vaste plaine monotone et jaune, on aperçoit une construction étrange, entourée de hautes murailles crénelées : on dirait une forteresse.

C'est une prison.

Depuis que des prêtres et des journalistes y méditent sur l'infaillibilité de M. de Bismarck, la *Zellengefængniss*, ou prison cellulaire de Nuremberg, a acquis une réputation que ne lui avaient pas encore value tous les assassins et malfaiteurs du royaume réunis.

L'attention se porte, surtout en ce moment, d'une manière spéciale sur cette Bastille mystérieuse, où ceux qu'on enferme sont absolument morts pour tout le monde. Un journaliste ferrailleur, — le Louis Veuillot allemand, — M. le docteur Sigl, rédacteur en chef du *Vaterland*, de Munich, vient d'y être écroué au milieu de tout le tapage de la presse locale et étrangère. M. Sigl est un profond scélérat. Il a osé écrire, peu après l'attentat de Kissingen, un article intitulé : « Où était le chien de l'empire ? » (*Wowar der Reichshund?*)

On appelle « chien de l'empire » le bouledogue qui veille nuit et jour sur la personne précieuse du chancelier.

M. de Bismarck, qui n'entend pas que la presse allemande prenne des familiarités même avec monsieur son chien, a assigné le docteur Sigl devant les tribunaux de Munich. Pleins de crainte et de respect pour le « bouledogue de l'empire », les juges ont condamné l'insolent folliculaire à dix mois de prison. M. Sigl a trouvé la chose un peu raide, d'autant plus que l'offensé n'avait pas comparu ; en sortant du tribunal, au lieu d'aller attendre les gendarmes chez lui, il prit le train et passa en Autriche.

A cette nouvelle, le chien de l'empire poussa des hurlements si lamentables que son bon maître télégraphia à M. le comte Andrassy d'avoir à arrêter immédiatement le journaliste fugitif. M. Andrassy, en serviteur fidèle, — et oubliant que, en 1849, les gouvernements des pays où il s'était réfugié avaient interprété tout autrement le droit international, — fit enlever le docteur Sigl dans son hôtel et le jeta au fond d'un noir cachot. L'infortuné homme de lettres n'en est sorti que quatre mois après, pour être livré à la gendarmerie bavaroise, qui l'a conduit en droite ligne à la *Zellengefængniss*.

Des journaux bien informés prétendent qu'on a astreint le docteur Sigl au travail manuel ; qu'il porte le costume des détenus et « le masque ».

Le masque ! Comprenez-vous ? Le masque ! Qu'est-ce que cela veut dire ? Est-ce que le roi Louis II, épris, comme on sait, d'une folle passion pour le siècle de Louis XIV, aurait poussé l'amour de l'art jusqu'à mettre un masque de fer à ses prisonniers ?

J'essayai d'interroger adroitement mon maître d'hôtel là-dessus, mais je m'y pris mal, car il me répondit comme à quelqu'un qui a des parents dans la *Zellengefængniss*. Le soir, à la brasserie de la Bouteille-Bleue, je cherchai à amener la conversation sur cette prison fameuse, mais ce fut sans succès ; on ne connaissait personne qui eût jamais réussi à en franchir le seuil.

Je ne voulais cependant pas quitter Nuremberg sans tenter de m'y introduire, avec faculté, bien entendu, d'en pouvoir sortir.

En toutes choses, mais surtout en voyage, la ligne droite est la plus courte.

Le lendemain, une voiture à deux chevaux s'arrêtait devant mon hôtel; je m'étais mis en frais de toilette, sachant par expérience que les employés tudesques n'ont de considération que pour les gens mieux vêtus qu'eux. Il m'est arrivé dix fois de me présenter au débotté chez des personnages auprès desquels j'avais des lettres d'introduction. On me répondait : « Monsieur n'est pas chez lui. » Je tirais ma montre avec ostentation, et, aussitôt on me disait fort poliment : « Attendez une seconde ; je vais voir si monsieur est rentré. » — Il n'était pas sorti ; c'est le miroitement de l'or qui avait produit son effet sur la prunelle cupide de l'Allemand.

— A la *Zellengefængniss!* criai-je au cocher.

Il me regarda comme s'il ne comprenait pas.

— A la *Zellengefængniss!* répétai-je plus fort. Il se décida enfin à partir, en hochant la tête.

Le chemin n'a rien de particulièrement intéressant. On passe devant la gare, construction en style gothique, avec des trèfles, des ogives, des tourelles ; puis on traverse une espèce de petit faubourg au delà duquel quelques riches industriels de Nuremberg ont bâti des villas pour y élever des lapins ; il y en a une dont l'architecture orientale fait un singulier effet aux portes de cette ville d'aspect féodal : c'est un palais turc, au dôme brillant, surmonté du croissant.

Au bout d'un long ruban de route poudreuse, on aperçoit la prison ; à mesure qu'on approche, elle prend des proportions gigantesques : on dirait d'un gros bourg fortifié. Ses murs, crépis à la chaux, que frappe le soleil, sont d'une blancheur éblouissante: le long des créneaux se promènent des sentinelles ; leurs fusils et leurs casques étincelants se détachent avec vigueur sur le ciel bleu foncé. Le tableau n'a rien de lugubre ; il est lumineux comme une toile de Fromentin.

Une dizaine de maisons, — des guinguettes pour la plupart, — sont venues se grouper à l'entrée de la cité dolente.

Au bruit de la voiture, des têtes apparaissent à toutes les fenêtres ; on me regarde avec autant de curiosité que d'intérêt, et j'entends une vieille femme crier à sa voisine :

— C'est le roi de Saxe !

Il paraît qu'on attendait sa visite.

Si jamais un de nos dentistes de foire s'avise de parcourir l'Allemagne avec son attelage et ses laquais au procédé Ruolz, il peut être certain que toute la blonde Germanie le prendra pour un fils de roi.

Un poste de soldats veille à la porte de la prison. Je sonne avec l'assurance d'une conscience pure. Un guichet grillé s'ouvre, et la face rébarbative d'un gardien apparaît, une de ces faces comme Albert Dürer en donne aux guichetiers de Jérusalem.

— Je voudrais, dis-je d'un ton ferme, parler au directeur.

Il fronça les sourcils ; mais ayant vu ma voiture à deux chevaux, il répondit poliment qu'il allait m'annoncer.

J'attendis deux minutes qui me parurent fort longues ; une clef grinça enfin dans la serrure et la porte s'ouvrit. Le geôlier me fit traverser une cour déserte, monter deux ou trois marches et m'introduisit, au bout du couloir, dans une salle où un monsieur à barbe rousse écrivait. C'était le directeur, homme distingué et aimable ; il m'écouta avec bienveillance, et après quelques objections dont j'eus raison, il m'accorda très-gracieusement la faveur que je sollicitais.

Il pressa un bouton télégraphique, et un employé, coiffé d'une casquette, se présenta : « Vous accompagnerez monsieur, lui dit-il, et vous lui ferez visiter la prison en détail. »

Je suivis le gardien. Il me conduisit d'abord, par un escalier en fer, dans la rotonde vitrée, placée au centre de l'établissement, et qui sert de bureau et de poste d'observation au surveillant général. Les corridors de la prison y aboutissent comme les rayons d'une roue au moyeu; il suffit d'un coup d'œil pour se rendre compte, de ce « rond-point », de tout ce qui se passe dans l'intérieur de la maison. Le surveillant général m'examina attentivement et, me présentant une plume, il me pria d'inscrire mon nom sur un registre. Usant de mon droit d'homme de lettres, je signai d'un pseudonyme. « Tiens ! s'écria le guichetier qui devait me servir de cicerone, vous vous appelez du même nom que moi ! » — « Que voulez-vous ? lui dis-je en riant, nous sommes peut-être parents sans le savoir. »

Le regard qu'il jeta sur ma chaîne d'or et ma redingote neuve me montra qu'il n'avait jamais vu un membre de sa famille si bien mis, et combien il en était flatté. Aussi fut-il plein d'empressement et commit-il même des indiscrétions pour lesquelles j'implore son pardon.

Nous commençâmes par la cuisine, — la pièce la plus importante, celle qui, en Allemagne, passe avant toutes les autres. Le repas des prisonniers cuit dans trois chaudières à vapeur; le menu n'est guère varié : trois fois la soupe, sauf le jeudi et le dimanche, jours où l'on fait une distribution de lard ou de viande. A côté de la cuisine, la boulangerie. J'ai goûté le pain et je l'ai trouvé meilleur que celui qu'on me donnait à l'hôtel. La buanderie se trouve dans le même compartiment. Le linge se lave et se sèche à la vapeur. Toutes ces pièces sont d'une propreté irréprochable. Le cachot même est blanchi à la chaux et ne devient noir que lorsqu'on ferme ses épais contrevents bardés de fer.

Les cellules sont toutes construites sur le même plan. A voir ces petites portes uniformes, surmontées d'un numéro et munies d'un judas, on dirait des cages de bêtes fauves. Les détenus sont condamnés au silence et à l'isolement le plus complet ; ils n'entendent jamais une voix humaine ; ils ne voient que la face répulsive de leurs geôliers ; le travail est obligatoire ; on apprend un métier à ceux qui n'en ont pas.

Nous entrons successivement dans des cellules de tisserands, de serruriers, de relieurs, de tailleurs, d'ébénistes. Aussitôt que la porte s'ouvre, le prisonnier met sa casquette et abaisse son « masque ». Ce masque, formé par le prolongement de la visière de drap de la casquette, descend jusqu'au-dessous du menton ; il est percé de deux trous, comme une cagoule. Quand les détenus défilent dans les corridors, à cinq pas l'un de l'autre, on dirait une procession de pénitents noirs ; l'impression est funèbre. En France, le régime cellulaire ne connaît heureusement pas ce raffinement de cruauté.

Les détenus ne se voient jamais entre eux. Le dimanche, à l'église, ils sont chacun enfermés dans une petite guérite et leurs regards ne peuvent se porter que du côté de l'autel. Dans la salle d'école, le prisonnier est soumis au même système : les guérites sont disposées en gradins.

La construction des cellules peut passer pour un modèle du genre. L'espace n'y est pas prodigué ; mais il est suffisant. Le plafond est élevé ; l'air et la lumière pénètrent par une lucarne qui se ferme du dedans et du dehors. Le lit en fer, composé d'un matelas et d'une couverture, est scellé à la muraille ; il se relève le matin et se ferme au moyen d'un cadenas, pour que le détenu ne puisse pas se coucher. Sur un rayon sont rangés les ustensiles indispensables : le gobelet, la cuvette d'étain, la cuillère de bois, le balai. Les cellules sont éclairées au gaz jusqu'à huit heures en hiver, et mises en relation avec le surveillant général par un fil électrique. Le siége destiné à un usage qu'il est inutile d'indiquer est masqué par une sorte d'armoire, dans un angle.

Mon guide m'invita à descendre dans la cour, où il y a deux promenoirs, composés de six préaux distincts, que séparent des murs ; on pourrait les comparer aux branches d'un éventail ; à la place du bouton s'élève une tour surmontée d'une *lanterne*, dans laquelle se tiennent les gardiens. Nous sommes montés dans cet observatoire. Les détenus, le masque sur la figure, se promenaient mélancoliquement au-dessous de nous ; quelques-uns regardaient le ciel, d'autres penchaient leur tête alourdie vers la terre.

— Quels sont les délits pour lesquels ces prisonniers ont été condamnés? demandai-je à mon guide.

— Ce grand diable, qui ramasse une feuille d'arbre, a empoisonné sa mère, parce qu'elle refusait de lui donner de l'argent. Il y a eu des circonstances atténuantes ; la vieille était adonnée à l'eau-de-vie, et les médecins ont déclaré que le « schnaps » qu'elle buvait pouvait parfaitement la tuer, sans qu'on y mît rien. — Le voisin de gauche est le valet de chambre du lieutenant général von B... L'été dernier, pendant l'absence de son maître, il se revêtit de son uniforme, alla à Kissingen, acheta cheval et voiture, but tous les jours ses cinq bouteilles de champagne, séduisit trois filles de conseillers auliques, enleva la femme d'un ministre protestant de Berlin, et alla se cacher dans un village de la haute Bavière. Il a été condamné pour escroquerie et faux. — Ce petit homme trapu qui tient ses mains jointes sur son abdomen, est le curé de V... Après l'attentat Kullmann, il a dit, dans un de ses sermons, que « Dieu savait armer des vengeurs pour punir les tyrans qui le méconnaissent. » Son sermon lui vaut six mois de prison. — Les autres détenus sont condamnés pour délits ordinaires, coups, sévices, vols, fraudes.

Les rapports judiciaires publiés depuis deux ou trois ans signalent dans tout l'empire une augmentation effrayante des crimes contre l'ordre public et contre les mœurs; le nombre incroyable des détournements, des parjures et des faux serments confirme également tout ce qui a été dit sur la démoralisation dans laquelle le peuple allemand est tombé à la suite de la guerre. De 1871 à 1873, il y a eu, en Bavière, environ quatre mille condamnations pour coups et blessures, et en Prusse neuf mille quarante. Les organes nationaux-libéraux attribuent tout le mal à la propagande socialiste, qui prêche dans ses réunions et ses journaux l'anéantissement de la religion, de la famille et de la propriété. Les feuilles de M. de Bismarck accusent aussi les catholiques de « donner le mauvais exemple » en résistant aux lois de l'Etat. Mais cet argument-là est moins sérieux et plus facile à rétorquer.

Nous revînmes dans la prison.

— Regardez, me souffla le geôlier à l'oreille, en m'indiquant une porte dont le judas était ouvert.

J'appliquai l'œil au guichet, et je vis un homme qui me tournait le dos, les deux coudes appuyés sur la table et la tête dans ses mains.

— Eh bien? fis-je en me retournant.

— C'est le docteur Sigl. Il est encore dans un état de surexcitation extrême. Sa plus grande privation, c'est de ne pouvoir fumer.

Un peu plus loin, le gardien me montra à travers un autre judas un prisonnier qui, les jambes croisées sur la table, confectionnait une robe de chambre.

— Vous avez devant vous, me souffla-t-il à l'oreille, M. Grillenberger, rédacteur du *Social-Democrat* de Furth; il ne savait pas enfiler une aiguille à son arrivée ici; il est aujourd'hui notre meilleur tailleur. M. Marchner, éditeur de la *Neue freie Volkszeitung*, fabrique également des boîtes d'allumettes très-solides.

— Et M. le curé Mahr, quel métier apprend-il ?

— Oh ! celui-là est trop têtu... Il écrit ses *Mémoires* ; mais, comme c'est un tissu d'injures contre M. de Bismarck, il est probable qu'on ne lui laissera pas emporter son manuscrit.

M. le curé Mahr est une espèce de Santa-Cruz politique ; la Prusse n'a pas d'ennemi plus acharné en Bavière. Il était député en 1870, mais son habitude des diatribes incendiaires a rendu sa réélection sinon impossible, du moins trop dangereuse.

Outre le curé Mahr, il y a encore dans la *Zellengefæng-gniss*, M. le chapelain Heberich, condamné à trois mois de reclusion pour offenses à M. de Bismarck.

Les prisons bavaroises ne regorgent pas encore de prêtres et de journalistes comme les prisons prussiennes ; mais les lois religieuses connues sous le nom de lois de Mai ne tarderont pas à être étendues à tout l'empire, et cet état de choses, qui doit attrister le cœur paternel de M. de Bismarck, ne durera plus longtemps.

Le *Messager* de Munster vient de calculer que le total des amendes infligées jusqu'ici au clergé récalcitrant, représente 1,200,000 marcs, et le total des condamnations, 50,000 jours de prison.

Evêques, curés, chanoines, vicaires, chapelains, grands et petits journalistes, on ne fait aucune différence : tous sont traités avec la même rigueur[1] et absolument assimilés

---

[1] Quand le Reichstag s'est occupé l'an dernier de l'amendement de M. le docteur Tellkampf relatif à un projet de loi sur les prisons, M. Liebknecht n'a pas laissé échapper l'occasion de s'élever encore une fois contre les traitements infligés aux prisonniers politiques.

« Sous la grande Révolution française, a dit M. Liebknecht, les prisonniers étaient mieux traités qu'ils ne le sont aujourd'hui chez

aux assassins, coupe-bourses, escrocs et bandits, dont le métier, comme on l'a vu, devient de plus en plus lucratif dans « l'empire des bonnes mœurs et de la crainte de Dieu. » Quelques journaux catholiques enregistrent quotidiennement, sous la rubrique *Kulturkampf* (combat pour la civilisation), les arrestations opérées par ordre du chancelier dans les rangs du clergé et des journalistes de l'opposition. Quand il n'y a que trois ou quatre prêtres et journalistes arrêtés du lever au coucher du soleil, la journée a été mauvaise; les bons jours, le nombre des emprisonnements varie de sept à douze.

L'année dernière, le *Kladderadatsch*, annonçant qu'on avait écroué onze prêtres dans la prison de Trêves, s'écriait avec cette brutalité crue qui est l'esprit des Allemands : « Cela fait un casino catholique ! » Et avec la même verve, à propos de la prison de Coblenz, où il n'y avait que dix eclésiastiques détenus, le petillant journal ajoutait : « Encore un club clérical ! »

Mais la persécution, loin d'affaiblir la foi, la ravive, et ces arrestations donnent lieu aux scènes les plus touchantes. Ici, ce sont des dames qui font tomber une pluie de roses sur la voiture qui emporte leur pasteur; là, ce sont des cochers qui refusent de se rendre complices des gendarmes, et tout une population qui forme une escorte

---

nous. Une véritable anarchie règne dans les prisons de l'Etat. Les condamnés politiques sont jetés pêle-mêle au milieu des assassins et des voleurs. (*Voix à droite :* C'est bien fait !) En ma qualité de représentant de la fraction sociale-démocrate, je plaide ici *pro domo*, la prison étant la demeure dernière de tous les défenseurs des droits du peuple, car nous n'avons pas un seul juge qui ne soit un plat valet du pouvoir. (*Plusieurs voix :* A l'ordre !) Vous voulez des faits ; je vais vous en donner. Dans la séance de la Chambre des députés de Prusse du 9 février 1866, M. le président Forckenbeck n'a-t-il pas lui-même mis en doute l'indépendance des juges ? Il s'agissait, vous le savez, de l'affaire Twesten. »

d'honneur à son évêque conduit en prison. A Zippnow, en Posnanie, c'est l'abbé Fuske, enlevé de son village au milieu de la nuit, en plein hiver, et que ses paroissiens accompagnent sur dix-huit traîneaux, à quarante kilomètres de distance, à travers d'immenses plaines de neige, par un temps glacial. A Munster, ce sont des femmes qui accourent armées de bâtons et qui mettent en fuite, aux applaudissements de la foule, les employés de la police venus pour enlever le mobilier de l'évêque.

Par suite de cette chasse aux prêtres, des diocèses entiers sont privés de secours spirituels. En plus d'un endroit, comme à Wifflingen, dans les provinces rhénanes, la maison du curé a été saisie et louée à un industriel du nord, qui y a établi un débit de vin.

Après avoir remercié le directeur de la *Zellengefængniss* et laissé une petite somme pour les prisonniers, je pris congé de mon geôlier; quand la grande porte de la cour se rouvrit devant moi et que je vis de nouveau des hommes libres, des champs, un horizon, il me sembla que je ressuscitais d'entre les morts.

# XVIII

Bayreuth. — La cour galante des margraves. — M. Richard Wagner à Bayreuth. — Son théâtre. — La mission de M. Wagner. — Une répétition de *Siegfried*. — Trucs et merveilles des *Niebelungenring*.

Bayreuth est une ville morte comme Versailles, dont elle a eu les splendeurs. Ses magnifiques allées d'arbres sont désertes, ses rues silencieuses, son vieux palais morne et inhabité ; et le rideau de l'oubli est descendu aussi sur la scène de son Opéra, où le pied mignon de tant de danseuses légères sut prendre le chemin du cœur des margraves. La cour de Bayreuth fut une des plus fastueuses et des plus galantes d'Allemagne. On y mettait le *Décaméron* en action. L'*Ermitage*, qu'on visite encore, était peuplé d'ermites qui en auraient remontré à ceux de La Fontaine. En ouvrant l'histoire de ces princes, on ne trouve que des bataillons de femmes, et dans l'arsenal de l'État on ne voit, en guise d'armes, que les flèches de Cupidon. De toutes les archives s'échappent les parfums érotiques des bosquets de Cythère. Au fond de ces mystérieuses nuits d'amour, la jalousie rampe quelquefois, dardant ses yeux jaunis. Sophie, l'épouse du margrave George-Guillaume, haïssait sa fille, parce qu'elle était belle comme le jour. Elle résolut de la perdre. Elle promit à un valet de chambre de son mari quatre mille ducats s'il réussissait à la séduire. La jeune fille détourna la tête aux œillades du valet. Alors la margravine poussa le faux amoureux sous le lit de sa fille qui fut violée pendant son sommeil. Elle accoucha, et la margravine Sophie jeta les hauts cris ; elle alla partout disant que sa fille était indigne d'elle et l'avait déshonorée. Dieu eut pitié des deux victimes : il retira de ce monde la mère et l'enfant. C'est le seul dénoûment tragique qu'eurent ces comédies d'intrigues amoureuses, où la guitare remplaçait le poignard, où les enlèvements se faisaient tous avec des cris de joie, où personne n'était battu, et où tout le monde était content.

Dans ce défilé pimpant de cotillons retroussés, la Clairon passe l'avant-dernière, sonnant triomphalement la gloire de la galanterie française. Pendant dix-sept ans elle fut la Pompadour de ce Versailles en miniature ; à son départ, lady Craven prit sa place ; et le margrave vendit ses États à la Prusse pour suivre sa nouvelle maîtresse en Angleterre.

Aujourd'hui Bayreuth attire de nouveau les regards. Richard Wagner en a fait sa résidence ; et pour les croyants, Bayreuth dont il s'est emparé est devenu une espèce de Mecque musicale. C'est là que s'élève le sanctuaire de la musique de l'avenir. On travaille depuis quatre ans à la construction de ce théâtre unique au monde ; l'œuvre avance, je dirai même qu'elle est presque achevée.

Quelques minutes avant d'entrer en gare, on aperçoit le nouveau théâtre sur le sommet d'une petite colline, qu'il couronne comme un temple grec.

Après m'être assuré, avec toutes les peines du monde, une petite chambre dans les combles de l'hôtel du Soleil, je me dirigeai à pied du côté du théâtre.

Je n'ai pas tardé à rejoindre des pèlerins et nous avons fait route ensemble ; mais le digne monsieur à cheveux blancs qui marchait à mes côtés en compagnie de toute sa smalah, et que j'avais pris d'abord pour un Munichois, m'apprit qu'il était de Bayreuth même. J'en fus d'autant plus charmé que, ne connaissant personne dans la ville, sauf M. Wagner, à qui je ne voulais rien demander, je vis le moyen, non-seulement d'obtenir quelques renseignements curieux, mais d'entrer dans « le temple » sans difficulté, comme si j'étais de la famille.

— Ce sera pour le mois d'août, l'année prochaine, me dit mon guide sans le savoir. Ah! la belle fête! L'empereur Guillaume, M. de Bismarck, le roi de Bavière, tous les princes allemands ont déjà retenu leurs places. Un tuyau acoustique mettra en communication la salle du théâtre de Bayreuth avec le palais du roi, à Munich. Des Américains ont loué des maisons entières, et l'on attend des ambassadeurs japonais. Après avoir montré sa supériorité dans les armes, l'Allemagne veut la montrer dans les arts; Wagner est l'expression suprême du génie musical allemand, comme Kaulbach l'est de la peinture allemande. Ses opéras sont des batailles livrées aux opéras français et italiens. Le théâtre de Bayreuth a sa signification nationale et patriotique, comme le monument d'Arminius et le monument de Luther; il marquera, pour les générations futures, une victoire de la culture allemande, ce sera le Sedan de l'art musical français! Aussi, voilà six mois que nous venons chaque jour, mes filles et moi, sans excepter les dimanches, voir s'élever pierre à pierre l'édifice divin de la musique destinée à régner sur le monde (sic)!

— Mais, monsieur, ne puis-je m'empêcher de répliquer, l'Allemagne n'a cependant pas la prétention d'imposer les opéras de Wagner par la force des baïonnettes?

— Non; mais quand la mission de l'Allemagne, qui est de civiliser le monde (il souligna la phrase) sera accomplie, les peuples latins, déchus, abâtardis, acclameront d'eux-mêmes cette musique puissante, grandiose, sublime...

— Comment Wagner en est-il arrivé à choisir une petite ville comme Bayreuth, pour l'exécution d'un si grand projet? interrompis-je en coupant en deux une de ces phrases allemandes qui mettent, montre en main, cinq minutes à se dérouler.

— Il n'aime pas Munich. Les Munichois ont toujours été jaloux des faveurs que lui accordait le roi. M. Wagner ne voulait, d'ailleurs, pas d'une grande ville, car le recueillement est nécessaire à ce théâtre, uniquement fondé pour une idée. Il ne voulait pas non plus d'une ville catholique, et c'est ainsi qu'il a daigné jeter les yeux sur notre modeste Bayreuth, qui est national-libéral et complétement protestant. La municipalité a offert gratuitement au maëstro le terrain de son théâtre et de sa maison.

— Et c'est le roi de Bavière qui a fait les frais de construction?

— En partie; mais comme la cassette royale n'aurait pas suffi, des associations, appelées *Wagner-Vereine*, se sont constituées sur tous les points de l'Allemagne, pour recueillir des dons et chercher des actionnaires de bonne volonté. Ces associations ont aussi organisé des concerts dans lesquels on a joué des fragments inédits du *Niebelungenring* (l'Anneau du Niebelung). L'empereur Guillaume a envoyé trois cents thalers, et le vice-roi d'Égypte cinq mille thalers.

— Je le sais; mais on dit que le vice-roi, qui a appris la géographie dans un manuel français, s'est trompé; qu'il a confondu votre Bayreuth avec la ville du même nom qui est en Syrie.

— Ce sont des calomnies que répandent les ennemis de Wagner! Le vice-roi, qui a un fils dans l'armée allemande, à Berlin, est un des admirateurs passionnés du *Tannhauser*. On espère même le voir l'année prochaine à Bayreuth; quand on en sera bien sûr, on commencera la construction du grand hôtel projeté entre la gare et le théâtre; car s'il arrive ici, il amènera ses dames, et nos deux pauvres petits hôtels seraient peu propres à leur faire oublier les splendeurs du sérail.

Nous étions arrivés, en causant ainsi, jusqu'au sommet de la colline.

Les portes du temple sont fortement barricadées, et la consigne est sévère pour ceux qui ne sont pas membres de l'église wagnérienne; mais l'aimable vieillard auquel je m'étais joint connaissait l'entrée des adeptes. Il me fit signe de le suivre dans un couloir qui nous conduisit derrière les gradins de l'amphithéâtre.

La répétition des adieux de Wotan et Brunhild touchait à sa fin. L'orchestre, caché dans une mystérieuse cavité de trente pieds de profondeur, entre la scène et l'amphithéâtre, accompagnait avec des effets d'harmonie étranges la voix splendide de madame Materna et de M. Betz. Madame Materna, du Grand-Opéra de Vienne, possède une admirable voix de mezzo-soprano, et M. Betz, de l'Opéra de Berlin, passe pour le premier baryton de l'Allemagne.

A l'endroit qu'occupe le souffleur dans nos théâtres modernes, — celui de Bayreuth n'aura pas de souffleur, — se tenait M. Richard Wagner, assis à une petite table, devant un pupitre sur lequel était la partition et qu'éclairait une lampe à pétrole. Avec cette vivacité de salamandre qui le caractérise, tantôt il se tournait vers la scène, tantôt il se penchait vers l'abîme, au fond duquel étaient les musiciens, et il remplissait tout à la fois les fonctions de régisseur et celles de chef d'orchestre. On lisait sur sa figure mobile toutes les impressions par lesquelles il passait en entendant son œuvre. C'étaient des éclairs de joie, puis de brusques nuages, lorsqu'une note clochait ou faisait explosion trop tôt.

L'orchestre, de 108 musiciens, n'est composé que de maîtres, choisis dans les orchestres de tous les grands théâtres d'Allemagne. Un jeune artiste viennois, un génie universel, disent les Allemands, — M. Hans Richter, en a accepté la direction. M. Richter connaît tous les instruments, anciens et modernes. Donnez-lui un violon, des cymbales, un serpent, un piccolo, une harpe ou une grosse caisse, il en jouera en véritable polyglotte musical.

Mon introducteur me montra avec orgueil, assis sur les premiers gradins, capitonnés de châles et de manteaux, l'abbé Liszt et sa fille, autrefois madame Bulow, aujourd'hui madame Cosima Wagner ; le ténor Schlosser, de Munich; M. Hill, de Schwerin, basse superbe; M. Reichemberg, de Graz, autre basse, et plusieurs célébrités, y compris un correspondant musical du *Standard*, et un mélomane de Chicago qui a fait sa fortune dans le commerce des cochons.

Lorsque la répétition fut achevée, et que tout le monde se fut retiré, comme j'étais dans la place, je ne voulus pas en sortir sans l'avoir visitée en détail. Avec un courage digne de Curtius, je descendis dans le gouffre de l'orchestre, qui s'ouvre devant la scène comme une large crevasse. Wagner lui a donné le nom « d'abîme mystique, séparant le monde idéal du monde réel ». Les musiciens, qui y sont enfermés comme des ours dans une fosse, trouvent que le mysticisme de M. Wagner est pour eux une véritable mystification.

« La musique sortira du gouffre mystique comme la voix d'esprits *célestes* », a dit le maëstro dans une brochure sur son théâtre de l'avenir; et les décors « apparaîtront comme dans un rêve » au spectateur que ne distraira ni la vue des avant-scènes, ni celle de l'orchestre ; « aucun objet réel ne s'interposera entre lui et l'image scénique; et ainsi enlevé à tout souvenir de la réalité, *l'état de son âme* sera favorable à la vision des choses idéales. » C'est, comme on le voit, à un recueillement religieux, voisin de l'extase, que M. Wagner veut amener son auditoire, par la disposition même de son théâtre. Il serait plus simple, et peut-être moins coûteux, de recourir à quelques habiles magnétiseurs. Les sujets chez lesquels l'extase tournerait au sommeil léthargique, seraient sûrs de percevoir quand même l'orchestration à tout casser de la Tétralogie des Niebelungen.

Sans ses amis, qui ont modéré son ardeur, le Mahomet de la musique allemande eût été plus loin ; il avait l'intention, comme il le dit dans sa brochure, d'isoler chaque spectateur dans une petite loge construite en forme de confessionnal. On aurait eu sa clef et tout ce qu'il faut pour n'être pas obligé, en cas de besoin pressant, de passer devant ses voisins et d'ouvrir une porte ; aucun bruit insolite n'eût troublé le sanctuaire, et « l'état de l'âme » du spectateur auditeur aurait toujours été digne de recevoir en communion spirituelle la musique prusso-sainte de M. Wagner.

On a creusé la colline presque jusqu'à sa base pour l'installation de la machinerie et le jeu des trappes. Tout cela est colossal, et il y aura, dit-on, des « trucs » surprenants. Le prologue, *l'Or du Rhin* (Rheingold), se passe dans l'eau, au milieu des saumons et des nymphes du fleuve chanté par Boileau. Les personnages arrivent sur la scène en « fluant » et en « jouant à la plonge ». J'ai vu les appareils singuliers, semblables à une selle renversée et à roulettes, qui permettent aux ondines folâtres tout à la fois de piquer une tête et de chanter une romance.

Pour compléter l'illusion, les basses de l'orchestre imiteront le sourd bourdonnement de l'eau, qui ira *crescendo* « jusqu'au plein ondoiement du fleuve ». Car, d'après le texte, dès que le trésor du Rhin a été enlevé, le fleuve doit montrer sa colère en bouillonnant et en débordant sur la scène. Heureusement qu'il y a le « gouffre mystique » ! Si les machinistes lâchent le fleuve, les musiciens seront les premiers noyés. Des sociétés d'assurances maritimes ont, du reste, obtenu de M. Wagner la concession d'un guichet spécial ; de cette façon, les familles dont un membre téméraire assistera à la représentation du *Rheingold* seront rassurées : il leur restera toujours la prime. Les notaires de la ville se rendront dans les hôtels avant chaque représentation, de sorte que ceux qui voudront faire leur testament trouveront toutes les facilités.

Au troisième acte de *la Valküre*, on voit les neuf filles de Wotan (Odin) chevaucher à travers le vent et l'orage, à l'instar des anciennes sorcières. Le vulgaire manche à balai sera remplacé, pour ces belliqueuses demoiselles, par des coursiers en baudruche laissés en liberté. A la fin du même acte, M. Wagner a promis d'enfoncer le Vésuve : il allumera une immense montagne de feu sur la scène.

Dans *Siegfried*, — c'est la troisième partie de cet opéra qui ne durera pas moins de quatre jours, — on assistera à un épouvantable combat de dragons. Enfin, dans la *Gœtterdæmerung* (fin des dieux) on se retrouvera en pleine école de natation pour les deux sexes. Les Nixes saisissent Hagen, qui commet l'imprudence de s'avancer trop au bord du fleuve ; les cocottes du Rhin l'entraînent avec elles sur leur humide couche de roseaux, et le fleuve, cette fois-ci, bouillonne de plaisir et dans ses soubresauts il se livre à une nouvelle inondation de la scène. Le Walhalla, qu'on aperçoit dans le fond, brûle au même moment, et en brûlant rôtit tous les dieux et les déesses de l'Olympe pour la plus grande gloire de M. Wagner.

# XIX

*L'Or du Rhin.* — *La Walküre.* — *Siegfried.* — Le crépuscule des dieux. — Les « hauts mystères » de M. Wagner et de M. Schuré.

J'ai décrit le théâtre de Bayreuth ; je vais essayer de faire un compte rendu anticipé de l'opéra pour lequel il a été spécialement construit. La tâche serait peut-être un peu difficile si l'on ne s'en tenait qu'au libretto, mais le hasard m'a fait rencontrer, dans le fils du machiniste du *Wagner-Theater,* une de mes anciennes connaissances, M. Brandt, qui est Hessois. Non-seulement cet aimable jeune homme a fait descendre devant moi les décors achevés, mais il m'a conduit dans le magasin des décors, où se trouvent les maquettes de tous les tableaux du *Niebelungenring.* Si je ne puis me vanter d'avoir entendu l'opéra, je puis dire, cependant, que je l'ai vu.

Le prologue, intitulé : *l'Or du Rhin,* et qui remplit toute la première soirée, nous initie aux polissonneries mythologiques du fleuve allemand. Albéric, roi des gnomes, caché derrière les roseaux, observe « d'un œil lubrique », trois ondines, belles et nues comme Suzanne et moins bégueules qu'elle. Ces trois demoiselles qui s'appellent Voguelinde, Velgonde et Flosshilde, — en français, Poissonnette, Grenouillette et Perchette, — sont ornées de longues chevelures ondoyantes qui semblent dire à Albéric : « Suivez-nous, jeune homme ! »

Le bon petit roi allemand, qui n'a jamais lu les cantiques de Salomon et qui ignore à quoi l'on s'expose en poursuivant les belles, se laisse prendre à ces agaceries, et le voilà qui escalade les récifs, qui roule de rocaille en rocaille à la chasse de ces corps « blancs et fluides » qui s'esquivent, « lestes comme des anguilles », en raillant l'amoureux de sa laideur. Après une poursuite qui dure environ une heure, Albéric n'en peut plus et il s'asseoit sur un rocher en montrant le poing aux nageuses. Tout à coup, l'intérieur du fleuve brille de reflets dorés : c'est l'or du Rhin, amoncelé sur un récif, qui scintille aux rayons du soleil. Les trois ondines, auxquelles est confiée la garde de ce trésor, se donnent la main et tournent autour, dans une ronde échevelée, en chantant :

>Haïa ! Haïa !
>Or du Rhin,
>Or splendide,
>Feu rayonnant,
>Tu ris clair et tranquille !
>Haïa ! haïa... ïa.., ïa, etc.

Albéric, chez qui l'eau ne refroidit pas les sentiments, se glisse comme un crabe près des danseuses, et, grâce à leur babil, il apprend que celui qui possédera l'or du Rhin et saura en faire un anneau sera le maître du monde. Mais, pour pouvoir enlever ce trésor, il faut « renoncer à la joie d'aimer et maudire l'amour ». Le roi des gnomes, qui jusqu'ici avait caché sa nationalité prussienne, la révèle en chantant et en s'annexant le trésor :

>Ah ! vous riez toujours, ô folles !
>Eh bien ! riez dans les ténèbres,
>J'éteins le jour qui vous éclaire,
>J'enlève l'or à son récif
>Et forgerai l'anneau vengeur.
>Que le Rhin l'entende :
>Maudit soit l'amour !

Après avoir dit ce couplet, il pique une tête et disparaît dans les profondeurs du fleuve. C'est alors que le papa Rhin (*Vater Rhein*) imite le *père Duchêne*; il se met b..... en colère, et inonde la scène.

Mais l'inondation se dissipe en vapeur, et l'on voit sur le sommet lumineux d'une montagne les dieux qui se réveillent. Wotan (Odin) est assis près de Fricka, sa femme, ainsi nommée parce qu'elle passe son temps à frictionner la divinité de son mari, pleine de rhumatismes. Froh (Joyeux),—qui est réellement ici le plus heureux des trois, — contemple Fricka encore à moitié endormie. Wotan a ordonné aux géants de construire sur la montagne voisine un château fort qui serve d'asile aux dieux. Le travail est terminé et les géants réclament leur salaire : la belle et jeune Freya, la Vénus blonde aux yeux langoureux. Mais les dieux hésitent à livrer leur maîtresse aux géants, et on en passe par un compromis : les dieux consentent à renoncer à la possession de la déesse, à condition que Wotan leur donne le trésor des Niebelungen. Wotan a recours à Loge, dieu de la ruse et du mensonge, — un ancêtre de M. de Bismarck, — et l'envoie se saisir du pauvre Albéric, qu'il ramène garrotté et qui est obligé d'acheter sa vie au prix de son trésor. On lui enlève jusqu'à son anneau magique, qu'il se hâte de charger de malédictions. Les deux géants Fasolt et Fafner se le disputent, et le premier tombe mort, tué d'un coup d'épieu que lui donne son frère. — En ce moment les nuages se dissipent, un arc-en-ciel unit les deux montagnes comme une arche lumineuse, et les dieux s'y avancent en procession pour entrer dans leur château fort du Walhalla.

La deuxième soirée a pour titre *la Walküre*. Nous sommes dans une chaumière de la Germanie primitive; au milieu s'élève un énorme frêne dont les rameaux se recourbent comme un toit. Siegmund, qui erre dans les forêts, est venu s'y réfugier. Il y retrouve sa sœur jumelle Sieglinde, femme de Hunding, l'ennemi de sa race, qui le provoque au combat pour le lendemain. Pendant la nuit, Sieglinde se glisse auprès de sa couche, et Siegmund lui propose un enlèvement, qu'elle est tout heureuse d'accepter. La lune se lève, le chaste couple aussi ; il roucoule une romance, puis prend la clé des champs. Hunding s'est élancé à leurs trousses. Un duel s'engage entre le mari et l'*autre*, au milieu des nuages, des éclairs et des tonnerres. Siegmund tombe transpercé, et Sieglinde, à demi-morte, est sauvée par les Walkyries.

Au second tableau, nous retrouvons ces vierges belliqueuses sur la pointe d'un rocher, où elles jettent leur cri de guerre. Elles portent les noms étranges de Guerrehilda, Berceheaume, Ortlinde, Bonnefiance, Rudegarde, Blanchecrine, Grondevictoire et Conduirépée. Une des Walkyries, Brunhild, qui a commis l'imprudence de protéger Siegmund, est condamnée par Wotan à demeurer endormie sous un sapin, entourée d'un cercle de feu, jusqu'à ce qu'un homme plus hardi que le roi des dieux la vienne réveiller.

La troisième soirée est intitulée *Siegfried*. C'est le nom que porte le produit des amours incestueuses de Sieglinde et de Siegmund. Siegfried est venu au monde au fond d'une caverne, qui sert en même temps de forge au frère du roi des gnomes, Onime. Guidé par celui-ci, Siegfried tue le dragon qui gardait le trésor des Niebelungen, et s'empare du casque et de l'anneau magiques. Un peu de sang du monstre est resté à son doigt, et comme il touche par hasard ses lèvres, il s'aperçoit qu'il comprend le chant des oiseaux. Il y en a un plus petit que les autres, qui sautille et s'égosille à lui crier : « Belle femme pour toi, au pied de la montagne, si tu oses traverser la fournaise! » Siegfried suit le petit oiseau qui fait là un singulier métier, et il arrive près du sapin sous lequel dort Brunhild ; il s'élance à travers les flammes et l'éveille par un baiser.

Nous voici enfin à la quatrième soirée. C'est la *Gœtter-*

*dœmerung*, littéralement « le crépuscule des dieux », — la fin de l'Olympe.

Les lois de l'amour libre, — les seules que reconnaisse M. Wagner, — ont rendu Siegfried et Brunhild époux. Ils ont choisi pour demeure nuptiale une grotte dans le genre de celle de Calypso, laquelle est située sous la montagne entourée de feu. Mais bientôt Siegfried trouve que cela manque de variété, et il plante là sa femme pour aller courir le guilledou à la cour du prince Gunther. Un drôle de sire que ce prince, qui est l'instrument de son frère bâtard Hagen.

Hagen est le fils de Grimhild, qu'Albéric a séduite par l'appât de l'or. Il a débuté jeune dans la carrière du crime; il est, en quelque sorte, l'incarnation du Mal. Obéissant à ses suggestions, Gunther médite le projet de s'annexer la chaste épouse de Siegfried. Gudrun, sœur de Gunther, se fait complice de son frère; elle verse à Siegfried une boisson qui lui enlève la mémoire, et le malheureux ne se souvient plus qu'il est marié. Il est vrai qu'il l'était si peu! Le voilà donc proposant à Gunther de conquérir sa propre femme, Brunhild, pour la lui donner. Joie indécente dans toute cette famillle, qui vivait, heureusement, avant l'invention des cours d'assises. Siegfried pousse la *bonté* jusqu'à se donner l'extérieur de Gunther pour aller enlever Brunhild. La pudibonde Germaine fait d'abord quelques façons; mais, enfin, elle consent à suivre son nouveau mari. Gunther, qui attend derrière un buisson, se substitue à Siegfried, sans que Brunhild s'aperçoive de rien. En arrivant chez Gunther, elle trouve son véritable époux, Siegfried, dans les bras de Gudrun, couronnée de roses. Elle s'avance vers lui en le regardant d'un air courroucé; mais Siegfried, qui est actuellement son gendre sans le savoir et qui ne la reconnaît pas, la reçoit en souriant. Brunhild, voyant l'anneau magique à son doigt, comprend tout et fait une scène à Gunther. Mais elle a beau crier qu'elle est la femme de Siegfried, celui-ci n'y prête aucune attention, passe son bras autour de la taille de Gudrun, et l'entraîne, en lui tenant des propos que les jeunes Allemandes feront bien de ne pas entendre.

Brunhild, ivre de jalousie et dévorée de vengeance, s'entend avec Hagen et Gunther pour supprimer Siegfried. C'est ainsi qu'elle se vengera de Gudrun. On part pour la chasse; on descend aux bords du Rhin; au moment où des corbeaux volent au-dessus de la tête de Siegfried, Hagen lui enfonce sa lance dans le dos.

Brunhild, à qui on a rapporté le cadavre de Siegfried, ordonne qu'on élève un immense bûcher pour brûler le corps du héros. Elle arrache elle-même une torche à un soldat pour y mettre le feu, se fait amener son cheval de Walkyrie, s'élance dessus, et, d'un bond, s'abîme dans le bûcher flamboyant. Aussitôt le Rhin, — la scène se passe au bord du fleuve, — se met à bouillonner, inonde le brasier, et le recouvre. On voit alors reparaître les ondines du prologue qui jouent de nouveau à « la plonge » et chantent « en fluant ». Hagen, qui veut les empêcher de s'emparer de l'anneau de Siegfried, est entraîné dans les abîmes mystérieux du fleuve par les demoiselles Poissonnette et Perchette, tandis que mademoiselle Grenouillette, la plus rouée des trois, « élève en jubilant » l'anneau des Niebelungen.

En ce moment, le ciel se remplit de lueurs sinistres; le Walhalla prend feu, on ne sait comment ni pourquoi, et les dieux s'effacent par degrés et disparaissent dans un crépuscule doré. C'est la *Gœtterdœmerung*, ou fin des dieux, — et la fin de la tétralogie.

Telle est la création « la plus surprenante et la plus colossale » du poëte-musicien; l'œuvre destinée à effacer le *Prométhée* d'Eschyle et à enfoncer le *Faust* de Gœthe; l'opéra d'une portée toute philosophique, destiné à établir la suprématie de la musique allemande dans le monde. C'est à peu près aussi grotesque que les fameuses fresques du musée de Berlin.

M. Edouard Schuré, qui est le grand « acclimateur » des idées wagnériennes en France, aura, je le crains, beaucoup de mal à faire partager sur les bords de la Seine son enthousiasme et son admiration pour la *Tétralogie* du théâtre de Bayreuth. En sa qualité d'initié, M. Schuré, qui a écrit des pages sans fin sur *l'Anneau des Niebelungen*, aurait bien dû nous expliquer ce que Wagner a voulu dire. M. Schuré parle de « l'idéalisme grandiose qui préside au tout » ; le type juvénile de Siegfried répond, selon lui, à « cette fontaine de Jouvence qui ne jaillit que des cœurs libres et des âmes *sans barrières* (!!). » Brunhild représente « la femme héroïque, dont l'âme aimante et consciente est la révélatrice des plus *hauts mystères !!* »

Quels mystères, monsieur Schuré? Voyons, de grâce, dites-les nous. Vous avez importé en France dans deux gros bouquins la *Tétralogie des Niebelungen*, et vous faites le cachottier! Vous gardez les « hauts mystères » pour vous tout seul; en vérité, c'est d'un égoïsme!... Et voyez le mauvais service que vous rendez à la vertueuse Allemagne. Pour tout le monde, et surtout pour le monde qui comprend à demi-mot, la « surprenante et colossale » composition de votre divin ami Wagner restera l'histoire fort peu morale d'une famille tudesque chez laquelle l'inceste, l'assassinat, l'adultère, le vol et la trahison sont les plus belles vertus. Tandis que si vous nous aviez dévoilé les « hauts mystères », peut-être aurions-nous vu dans les ondines du Rhin autre chose que des cascadeuses berlinoises, dans Albéric autre chose qu'un vulgaire voleur; Hagen ne nous aurait peut-être pas rappelé les rôdeurs du Thiergarten, et nous aurions pris la très-légère Brunhild pour une pure et angélique Allemande.

# XX

M. Richard Wagner à Munich et à Bayreuth. — Son caractère. — Sa vie intime. — Sa villa. — Comment on peut ramener des convives aux pensées graves. — Un jugement de Philarète Chasles sur Wagner. — Sa comédie : *Une Capitulation.*

En 1865, par une de ces douces après-midi de printemps comme on en a quelquefois sur les bords de l'Isar, nous étions sortis, un professeur de l'Université de Munich et moi, hors de la porte des Propylées. Arrivés devant une villa à l'architecture bizarre, entourée d'une haute grille, le professeur s'arrêta et me dit : « Si nous allions voir Wagner? — Je le veux bien », lui répondis-je avec un empressement où il y avait plus de curiosité que de sympathie.

Il sonna. Un mulâtre coiffé d'un fez vint nous ouvrir. Nous lui remîmes nos cartes, et deux minutes après, nous étions introduits dans un délicieux petit salon, ouvert sur une vérandah, qui donnait sur un jardin rempli de roses et de papillons. Une dame mollement étendue dans un fauteuil de bambou jouait avec un éventail japonais. A côté d'elle, accoudé sur le piano, un monsieur en lunettes feuilletait une partition manuscrite. Au milieu de la pièce, un buste en marbre du jeune roi de Bavière. La dame nous invita gracieusement à nous asseoir, puis elle m'adressa la parole dans un français très-pur. Mais notre conversation fut brusquement interrompue par le bruit d'une porte latérale qui s'ouvrit avec violence pour livrer passage à une espèce de diablotin tout noir, à la longue chevelure qui flottait sur les épaules, et dont les jambes minces comme des flûtes se perdaient dans d'énormes chaussons de feutre.

Cet homme était Wagner. Il nous présenta à M. et à madame Bulow. Bulow, par admiration et amitié pour Wagner, s'était fait le chef d'orchestre de ses opéras. On était à la veille de représenter *Tristan et Iseult* et le maëstro, en proie à la fièvre, tout plein de feu, ne pouvait tenir en place ; il sautait et se trémoussait ; il agitait à tort et à travers ses bras d'araignée turbulente. Les paroles sortaient de sa bouche en flots désordonnés. On eût dit d'un torrent subitement grossi par les pluies.

Tel était Wagner en 1865, à Munich ; tel on le retrouve aujourd'hui, à Bayreuth, à dix ans de distance.

Il n'y a que les cheveux qui aient changé de couleur. Ils sont légèrement argentés. La tête est la même, énergiquement taillée à angles aigus. Une tête de reître. Les gestes sont restés brusques comme des coups de rapière et sa langue a conservé la volubilité d'un moulin. C'est un nerveux, un passionné ; quelque chose comme un Orlando musical. Il est toujours furieux, il a toujours l'air de se battre, ou de prêcher une croisade. Il est en éruption continuelle. Dans tout ce qu'il fait, dans tout ce qu'il dit, il y a un mélange de lave, de flamme et de fumée. La première fois qu'on approche de cet homme volcan, il semble que l'on sent le brûlé, et l'on est tenté d'appeler les pompiers. Sa personnalité se dégage, haute et violente, comme celle d'un sublime extravagant. Si jamais il devenait prince de Lippe ou d'Anhalt, il ferait conduire par la gendarmerie, tous ses sujets à l'Opéra ; il défendrait sous peine de mort de jouer sur les clarinettes, les cithares, les pianos et les harmonicas de la principauté, d'autres compositions que les siennes ; et il introduirait par décret dans les ménages, les moulins à café à musique, les lits et les canapés à musique, les soupières et les carafes à musique.

Le jour où il aura conquis la haute faveur du roi de Prusse, il condamnera les Parisiens à trente ans de *Thannhauser*. La domination, le despotisme est le fond de ce caractère ardent et contradicteur. Il faut qu'il brutalise, qu'il tyrannise ; il bat ses musiciens, puis leur demande pardon en pleurant ; tantôt il insulte ses chanteurs, tantôt il les cajole et les comble de cadeaux. Disons le mot, il est impossible. Il s'est brouillé avec tous ses amis, il n'a pu s'accorder avec aucun directeur de théâtre, et voulant régner seul, en souverain absolu, il a dû se faire construire un théâtre pour lui seul. Louis II lui-même s'est vu obligé de mettre un pont-levis à son castel ; quand sur la route qui poudroie, le chevalier Lohengrin est signalé, on lève le pont. Il était en train de manger toute la Bavière dans la main du roi. Cet Allemand du Nord a des goûts de nabab, des besoins de Sardanapale. Il a remué l'or à la pelle, il a jeté des fortunes par les sept fenêtres des péchés capitaux. Lorsqu'il voyage, c'est en potentat. Il a son train spécial, ses domestiques, ses femmes de chambre, sa literie de soie jaune brochée d'or, son argenterie, sa cave. Il loue des hôtels tout entiers et il demande à coucher dans la chambre où les princes ont couché. A Bayreuth, il tient une véritable cour. En ce moment, je n'en connais pas en Allemagne de plus brillante. Il a ses équipages, ses comédiens, ses courtisans, ses laquais, et ses mignons. On vient, des quatre coins du monde, solliciter ses audiences et s'incliner devant le pontife de la musique de l'avenir. Sa villa a les dehors sacrés d'un temple. La façade du côté de la route est ornée d'une grande fresque qui représente Wotan, Frau Musica et Siegfried. Wotan et Siegfried sont les deux personnages principaux du *Niebelungenring*, l'opéra en quatre journées pour la représentation duquel on construit le théâtre de Bayreuth. Wagner a fait donner à Wotan les traits du chanteur qui devait remplir ce rôle, M. Schnorr von Carlosfeld, mort prématurément. Dans Frau Musica (madame la musique), on reconnaît madame Bulow, je veux dire madame Cosima Wagner, et dans Siegfried, son fils âgé de six ans. Au-dessous de ces images allégoriques, on lit, en lettres de métal doré, ce nom d'un autre personnage du *Niebelungenring*, celui qui a servi à baptiser la maison : WAHNFRIED. Ces vers se déroulent à droite et à gauche :

    Hier, wo mein Wahnen Frieden fand,
    Wahnfried sei dies Haus von mir benant [1]

Si l'extérieur est d'une église, l'intérieur est d'une pagode. La grande salle, entourée d'une galerie circulaire, reçoit le jour par une coupole. Le buste de Wagner et celui de madame Cosima sont exposés à la vénération des fidèles, sur une espèce d'autel, autour duquel les statues de Lohengrin, Tannhauser, Siegfried, Tristan et Wather von der Vogelweide, drapés dans le marbre, sont rangées comme des brahmines. De ce sanctuaire, où Vischnou-Wagner ne se manifeste qu'à ses adorateurs, et dans ses œuvres inédites, on passe dans une autre vaste pièce dont les fenêtres se découpent sur une terrasse. Une bibliothèque déploie ses ailes de trois côtés, et un piano à queue à demi caché par une draperie, ouvre son râtelier d'ivoire comme le monstre familier du lieu. Les murs sont décorés des médaillons de Schiller, de Goethe, de Louis II et de Shopenhauer, le philosophe panthéiste à la manière indoue. Cette pièce a un caractère de splendeur théâtrale. Tout y est brillant, chatoyant, et dans un beau désordre qui est peut-être un effet de l'art. C'est ici que Wagner monte sur le trépied. Il travaille le matin, selon le pro-

---

[1] Ici, où mon imagination a trouvé la paix, que cette maison soit appelée par moi la Paix de mon imagination

verbe allemand : *Morgen Stund' Hat Gold' im Mund* (l'heure du matin a la bouche pleine d'or). L'hiver, un grand feu petille dans la cheminée et les bougies roses qui brûlent dans les flambeaux d'argent exhalent des parfums voluptueux. L'été, les fenêtres sont ouvertes, et la chambre se remplit des rayons et des senteurs de l'aurore. Avant de se mettre au travail, Wagner prend un bain, fait des libations à la déesse de la musique, avec du café noir qu'on lui apporte dans une coupe d'or. Que de soins pour se bien préparer l'esprit et le corps! Lorsque Buffon écrivait ses ouvrages dont le style répond si bien à la majesté de la nature, le grand naturaliste se contentait d'un habit d'apparat, d'un jabot et de manchettes de dentelles. Quand Wagner se met à l'œuvre, il faut non-seulement que les tentures et les draperies de la salle soient en harmonie, par leurs couleurs, avec le sujet qu'il traite, mais il est indispensable que sa robe de chambre, son pantalon, sa toque et ses pantoufles soient aussi en rapport avec le motif musical. Ce n'est pas sans peine qu'on trouve la combinaison convenable; mais quand on y est enfin arrivé, l'inspiration se manifeste chez le maëstro par descabrioles et de petits cris joyeux. Wagner ne peut travailler qu'au milieu du silence le plus profond. Personne n'ose remuer, dès qu'on l'a entendu cabrioler et crier. Au moindre bruit, sa muse s'envole, et l'univers perd un chef-d'œuvre.

Lorsque Wagner vivait à Paris, grâce aux bontés de Meyerbeer et de Maurice Schlesinger, il ne lui fallait ni ce luxe ridicule, ni ces simagrées pour se sentir inspiré. On était alors en 1840, et à cette époque, Wagner qui se posait comme « l'ennemi mortel des rois » savait souffrir noblement de la faim. Il ne présentait pas encore au monde ses créations comme des livres sibyllins, sa musique n'était pas incompréhensible, elle avait des éclaircies charmantes.

A onze heures, Wagner traverse Bayreuth en voiture, et se rend à son théâtre, situé à l'autre extrémité de la ville. Les répétitions durent ordinairement jusqu'à trois heures. A son retour, il déjeune seul d'huîtres, de viande froide et de vin. Deux heures après, il dîne en famille. Son dîner se compose invariablement de six entrées. Il a une passion effrénée pour les grives et il trouve moyen d'en manger toute l'année. Le fromage a aussi pour lui des délices que nous ne connaissons pas. Il y a, dans sa cave, un compartiment spécial qui s'appelle le « Musée des fromages ». Là, le brie mûrit doucement, le gruyère se dore, le roquefort se fortifie, le camembert s'attendrit.

Wagner ne boit de la bière que par patriotisme ; il va chaque soir vider sa chope à la brasserie Ankermann, rendez-vous général des musiciens et des chanteurs de son théâtre. Au milieu de la fumée des pipes qui l'enveloppe, il apparaît semblable à un dieu du Walhalla descendu incognito sur la terre. Chez lui, l'auteur du *Tannhauser* n'humecte sa divinité que de champagne. Ses dîners ont la réputation d'être fort gais. Les grives les rendent grivois. Wagner a le mot pour rire qui donne aux dames la couleur des pivoines. Mais comme c'est l'homme des contrastes, si ses convives prennent feu à leur tour, il a un moyen toujours sûr de les ramener aux pensées graves. Il allume mystérieusement une petite lanterne sourde et il invite ses hôtes à le suivre. On descend dans le jardin ; on en sort par une porte à demi-masquée sous un rideau de lierre, et l'on se trouve comme transporté au milieu d'une sombre forêt, dont les arceaux fantastiques craquent sinistrement. D'abord, on est intrigué ; puis on devient anxieux, et l'on attend immobile et en silence.

Wagner darde alors la lueur de sa lanterne sur un bloc de granit colossal, et prenant sa voix la plus caverneuse :
« Messieurs, s'écrie-t-il, c'est mon tombeau ! souvenons-nous de la mort ! »

L'effet est prompt comme celui d'une douche. On rentre dans le salon en parlant de la brièveté de la vie, de la promptitude de la mort, de la pluralité des mondes, de l'âme, de la vertu, puis on finit toujours par mettre sur le tapis M. de Bismarck et la France. Wagner a la prétention d'être doué d'un génie politique transcendant. En 1849, il était aux premiers rangs des insurgés de Dresde. Pour lui, la révolution avec ses fusillades, ses coups de canon, ses cris, ses flots de sang, était belle comme un grand opéra tragique. Il dut se sauver en Suisse. De Zurich, il lança des brochures incendiaires contre les « despotes allemands ». Mais quelques années plus tard, les Parisiens eurent le mauvais goût de siffler son *Tannhauser*, et ce n'est plus l'Allemagne, mais la France qu'il prit à partie. Dans son *Enquête esthétique sur les Arts*, Philarète Chasles a signalé ce nouveau rôle de l'ex-républicain de Dresde : « Wagner fait des programmes politiques et écrit des brochures. Wagner attaque la France comme s'il était Obotrite ou Wende. La vieille prépondérance de notre race le fatigue, l'irrite, le provoque. Dès 1868, avant la fatale guerre, il pousse son cri de fureur contre nous et notre ascendant. Il faut lire sa brochure, intitulée : *Art et Politique*, et imprimée en 1868, pour bien connaître toutes les visées de Wagner. Il se porte athlète et champion du génie allemand, bat en brèche la civilisation française, associe dans sa haine furibonde les petits princes d'Allemagne et la démocratie française, et se fait chef de croisade contre nous. Quel étrange et profond ridicule ! Il y a cependant des lueurs curieuses dans ce livre. Wagner, qui prétend représenter l'esprit allemand complet, vante beaucoup la grande ténacité de ce génie technique à ne pas lâcher ce qu'il a une fois saisi ; il ne cache pas le désir et l'espérance d'une énorme absorption du monde par l'Allemagne. « C'est, dit-il, la mission sublime de la Germanie de prendre le monde ».

Et Philarète Chasles ajoute : « Mais pourquoi donc lit-on si peu en France, et pourquoi réfléchit-on si peu? A travers l'emphase, la pose et les incantations ridicules de Wagner, on aurait, dès 1860, vu la nécessité pour l'Europe de ne pas laisser se creuser l'abîme effroyable de haine. »

La défaite des armées françaises, le bombardement et la chute de Paris mirent naturellement Wagner dans une jubilation sauvage. Il vit dans ces désastres le juste châtiment des Parisiens qui avaient méconnu sa musique; et, dans sa reconnaissance pour l'exécuteur des décrets de Dieu, il composa l'*Hymne à l'Empereur*, et il voulut triplement célébrer en prose, en vers et en musique la capitulation de la Babylone moderne. « Vers la fin de l'année 1870, pendant le bombardement de Paris, écrit-il dans la préface du neuvième volume de ses *Œuvres complètes*, je pensais que nos écrivains dramatiques exerceraient leur verve, dans des pièces populaires, sur les embarras de nos ennemis ». Mais la verve manqua, car M. Wagner ne voyant rien venir, dut mettre lui-même la main à la pâte. Il nous apprend qu'il écrivit en quelques jours la comédie « à la manière antique » : *Une Capitulation*, qui se trouve en tête de ce neuvième volume. Wagner se montre dans ces pages sous un jour tout nouveau. Wagner, poëte comique, Wagner, le solennel, l'ennuyeux, Wagner, le Luther de la musique imitant le léger, l'incisif Aristophane ! Une oie qui court après une guêpe et qui essaye de voler comme elle !

Dans ce drame poignant de la chute de Paris, M. Wagner n'a vu qu'un sujet de comédie. Et quelle comédie ! Une farce niaise et brutale, sans goût, sans esprit, sans une paillette, sans une étincelle. Pas même un de ces gros et vulgaires pétards que les gamins font partir, les jours de marché, dans les jambes des villageois; mais une série de coq-à-l'âne, une enfilade bariolée de mots français et allemands, quelque chose de si bête qu'au lieu de se fâcher on rit, et qu'involontairement on se demande si Gagne n'est pas plus grand que le grand Wagner en fait d'extravagance. *Trochu* rime avec *parapluie*; *turcos* avec *sauce*; *Mac-Mahon* avec *Sedon*. M. Wagner a de ces licences. Il fait encore de Blondin, *Blondel*, pour donner une rime à *gondel* (gondole).

Voici les personnages dont l'auteur du *Tannhauser* s'est servi pour s'égayer aux dépens des Parisiens :

Victor Hugo.
*Chœur des gardes nationaux.*
Mottu, commandant de bataillon.
Perrin, directeur de l'Opéra.
Lefèvre, conseiller de légation.
Keller,
Dolffus, } Alsaciens.
Diedenhofer, Lorrain.
Véfour, Chevet, Vachette.
Jules **Favre**,
Jules **Ferry**,
Jules **Simon**, } membres du gouvernement.
Gambetta,
Nadar.
Flourens, Mégy et des Turcos.
Rats de Paris.

Le théâtre représente la place de l'Hôtel-de-Ville. Au milieu, un autel de la République, avec une ouverture au bas, semblable au trou du souffleur. L'escalier « antique » qui remonte derrière, forme le balcon de l'Hôtel-de-Ville. On distingue les tours de Notre-Dame et la coupole du Panthéon. A droite et à gauche, les statues de Strasbourg et de Metz couronnées de fleurs.

C'est Victor Hugo qui paraît le premier, il montre sa tête hors de l'ouverture pratiquée sous l'autel. Il cherche à sortir; la sueur inonde son front. « Enfin, s'écrie-t-il, je respire de nouveau l'air de la ville sainte. Paris, ô mon Paris, qui a tant besoin de moi! Je viens, oui, je suis venu. Je suis vraiment là. Je ferai un livre pour raconter comment cela est arrivé. — Mon Dieu! je parle en alexandrins! etc. »

Après un monologue de cette force et d'une grande page, le poëte se demande où il se trouve. « Qu'est-ce qu'il y a au-dessus de ma tête? Est-ce la potence? Peut-être une sainte guillotine? Hum! Est-ce la place de Grêve? Hum! Je ne me reconnais pas. L'Hôtel-de-Ville avait beaucoup plus d'étages. » En ce moment, des voix souterraines crient : « Victor! Victor! Reste chez nous! »

*Hugo :* Qu'est-ce que c'est? on m'appelle du fond des égouts? (Tournant la tête.) Qui est là-bas?

*Les voix :* Nous sommes les esprits protecteurs de Paris.

Victor hésite, ne sachant s'il doit monter ou descendre, lorsque *la Marseillaise* éclate : « O sons délicieux! s'écrie Victor Hugo. Je ne suis pas musicien, mais je reconnais *la Marseillaise* à quatre kilomètres de distance. Je veux sortir, je dois me montrer. »

Le chœur des gardes nationaux arrive sur le théâtre. Il fait le tour de l'autel de la République en chantant :

> Republick! Republick! Republick, blick, blick!
> Repubel, Repubel, Repubel, blick, blick, etc.
> Repubel, pubel, pupubel, pupubel, blik, blik!

*Mottu :* Halte! hommage à Strasbourg.

(Le chœur s'approche de la statue de Strasbourg.)

*Mottu :* Présentez armes! Où est l'Alsacien pour chanter l'hymne [1].

---

[1] Tout le dialogue est en français dans la pièce allemande.

*Keller*, en caporal : *Hier* (ici).

*Mottu*. Avancez. Chantez.

Keller s'avance et chante en dialecte alsacien : « O Strasburg ! ô Strasburg ! » (Pendant ce chant, les gardes nationaux déposent sur les genoux de la statue de Strasbourg les bouquets qu'ils portent au bout de leurs baïonnettes.)

*Mottu* : A présent, jurez.

*Keller* : Schuré [1] n'est pas ici.

*Mottu* : Bête d'Alsacien. — Le jurement !

*Keller* : Himmel (Ciel !). — Kreuz (Croix !). — Donner (Tonnerre !). — Tausig (Mille). — Sacrerlot (S. N. de D. !).

Quand tout le chœur a répété ce serment qui n'est, en effet, qu'un *jurement* stupide, Mottu dit : « Marchons sur Metz ! » Même scène devant la statue de Metz que devant celle de Strasbourg. Après que Diedenhofer a « juré en lorrain », Mottu, s'écrie : « Citoyens grenadiers !... Imprimez dans vos cœurs ce que vous venez de jurer, c'est-à-dire de défendre ces deux villes jusqu'à la dernière goutte de votre sang, et de ne jamais souffrir qu'une pierre soit prise par l'ennemi barbare. »

*Diedenhofer* : Dois-je aussi chanter un petit couplet ?

*Mottu* : Assez de chants frivoles ! La situation est trop sérieuse. Dansons autour de l'autel de la République !

Une première ronde s'exécute autour de l'autel, au chant de : « Republick ! Republick ! blick ! blick ! etc. »

MM. Dolffus, Victor Hugo, Flourens, Lefèvre, Mottu prennent tour à tour la parole ; on voit aussi apparaître Jules Simon et Ferry ; on entend sangloter M. Jules Favre. Enfin le chœur annonce l'arrivée de M. Perrin.

    Voyez, bourgeois, Perrin
    Qui monte sur le perron ;

---

[1] On sait que M. Schuré est l'auteur d'un panégyrique de M. Wagner, en deux volumes d'un poids de cent kilos chacun.

>            Perron, Perrin,
>           Mirliton-ton-ton!
>  Prenons-le au lieu de Plon-plon-plon!

Un chœur de Parisiens se met à la recherche du gouvernement pour le forcer à agir. Cueillons en passant ces vers qui sont, quoique en français, d'une grâce tout allemande :

>        Êtes-vous au rocher de Cancale?
>     Paris souffre d'une soif de Tantale.
>        Général Trochu, le galérien,
>     Fais donc parler le mont Valérien!
>        Faut canonner, canonner!
>        Gouvernement! bombardement!
>        Bombardement! gouvernement!
>  Gouvernement! gouvernement; gouvernement-ment-ment!

Au moment où Gambetta et Nadar disparaissent en ballon, on entend le chœur qui chante :

>            Gambetta, Nadar!
>     Gesegnetes Paar [1]!
>     In lustiger [2] équipage
>     Wir wunchen euch [3] bon voyage!
>     Ehabenes [4] gouvernement
>        Fahr wohl, [5] und vol-au-vent!
>     Gouvernement! gouvernement!
>     Vol-au-vent! vol-au-vent!

Et dès que le ballon a disparu, il se produit un grand bruit souterrain.

>        Poumperoumpoum! poumperoumpen! ratterah!
>           Ça ira! ça ira! ça ira!
>           Courage! En avant! Rats! rats!
>        Vous rats! vous rats! Poumperoumpon! ratterah!
>           Aristocrats! — crats! crats!

[1] Couple béni!
[2] En joyeux...
[3] Nous vous souhaitons...
[4] Sublime..,
[5] Adieu...

Le peuple de Paris qui trouve le siége monotone, enjoint à M. Perrin de lui donner de nouveau de la musique et de la danse. Alors arrivent sur la scène les rats qui se métamorphosent bientôt en « rats » d'une autre espèce, — en danseurs de ballet au costume léger. A l'apparition de l'auteur d'*Orphée aux Enfers*, le chœur hurle :

> Krak ! krack ! krakerakrak !
> C'est le sire Jack Offenback !
> Krak ! krak ! krakerakrak !
> O splendide Jack Offenback !

Puis on exécute le cancan. Le chœur des gardes nationaux « chahute » avec le corps de ballet, tandis que les turcos se livrent à toute espèce de cabrioles et de culbutes. Jules Favre essaye de prononcer un discours dont on n'entend que quelques mots : « Honte éternelle ! — Jamais ! — Pas une pierre ! » Offenbach dirige l'orchestre, et le chœur reprend :

> Dansons, chantons !
> Mirliton ! ton ! ton !
> C'est le génie de la France
> Qui veut qu'on chante et qu'on danse !

Victor Hugo, qui s'est emparé de sa lyre, s'avance sur la scène, et dit, en s'accompagnant de son instrument, des vers de ce genre :

> Mirliton : Plon ! plon !
> A la bataille de Sedon
> Il est battu Mac-Mahon.
> Cependant toute l'armée,
> Général Troché,
> Troché, — Trochu,
> Laladru, Ledru !
> S'enferma dans les forts de Paris,
> En l'an mil huit cent soixante-dix.
> Schnertterelin ! lin ! lin !
> Mayence et Berlin !

> Le Danube et la Sprée jusqu'au Rhin.
>     Général Monsieur
>         A Wilhelmshœh !
>         Tropfrau ! Tropmann !
>     Tratratan ! Tantan !
>         Cafés, restaurants,
>         Dîners de gourmands,
>             Garde mobile
>             Et bal Mabile ;
>     Mystères de Paris
>         Et poudre de riz.
>         Chignons et pommade,
>     Théâtre et promenade,
>         Cirque, Hippodrôme,
>         La colonne Vendôme ;
>         Concerts populaires.
>         Was wollt ihr noch mehr ¹ ?
>     Et toi peuple de penseurs
>     Que te fait de pareils malheurs ?

Pendant que Victor Hugo récite ces vers de M. Wagner, on voit sortir du trou du souffleur les attachés d'ambassade suivis des intendants des grands théâtres d'Allemagne, auxquels l'auteur du *Tannhauser* ne peut pardonner de venir recruter leurs principaux sujets à Paris. Attachés et intendants dansent de la façon la plus grotesque et sont persiflés par le chœur. A ce moment Victor Hugo est éclairé par un feu de bengale — et la toile tombe.

Cette extravagance sérieuse a cinquante pages, y compris le prologue en vers (*A l'armée allemande devant Paris*) et la préface, qui est une véritable profession de foi teutomane. Analyser cette dernière œuvre de M. Wagner, c'est en faire justice. Du reste, les théâtres allemands ont déjà vengé les Parisiens : aucun d'eux n'a voulu mettre à l'étude cette « charge » d'un rhinocéros qui veut danser sur la corde.

---

¹ Que voulez-vous de plus ?

# DEUXIÈME PARTIE

## MUNICH ET LES MUNICHOIS

### LA VILLE

#### I

Munich n'est pas mieux situé que Berlin. — Le pays est malsain et pauvre. — Premier aspect. — La vieille ville.

Berlin est au milieu d'un désert de sable, Munich au milieu d'une plaine de pierres qui semblent vous dire des choses dures et brutales. Les savants allemands ont eux-mêmes démontré les rapports intimes qui existent entre le sol de la Bavière et le caractère de ses habitants. « Le Bavarois est peu cultivé, rude, grossier, tapageur, prompt aux coups, mais sous cette rugueuse écorce il y a un cœur énergique et une âme saine [1] ». En trouvant Munich perdu dans cette immensité morne et presque stérile, on ne se doute pas qu'on est à 515 mètres au-dessus du niveau de la mer. Des vents glacés balayent ce haut plateau; l'hiver y est aussi rigoureux que dans l'extrême Nord, le prin-

[1] Weber.

temps sans sourires et l'été grincheux. Les brusques variations de température auxquelles sont soumis les Munichois ont fait de leur ville la capitale du rhumatisme.

A travers les fenêtres du wagon qui nous emporte, nous voyons de temps en temps surgir un petit clocher, droit comme une pointe de casque. Autour de lui, à sa base, quelque chose de gris et de confus : c'est un village. On pourrait tirer un second royaume de cette vaste étendue à peine peuplée qui entoure Munich.

Les habitants de cette partie du pays sont réduits à une bien pauvre condition. La viande est pour eux une consommation de luxe, et ils fabriquent leur pain avec un mélange de farine d'avoine et de pommes de terre râpées. « Ces paysans sont extrêmement malpropres, dit un voyageur allemand ; à quelques milles de la capitale on a peine à se figurer que leurs chaumières soient des habitations ; il y en a qui ont de grands bourbiers devant leur porte, et on est obligé de marcher sur des planches pour entrer dans la maison. »

Gustave-Adolphe a appelé Munich « une selle d'or sur un cheval maigre », et sa comparaison est restée pleine de justesse. Depuis que le cheval bavarois est attelé au char de l'empire, il est même devenu d'une maigreur effrayante et ce n'est pas sans raison qu'il regimbe et qu'il se cabre.

La première chose qui frappe aujourd'hui les yeux, quand on approche de Munich, ce sont d'immenses bâtiments en grès rouge. Si vous demandez ce que c'est, on vous répondra : « des casernes ». Cette vue jette un froid ; on ne s'attendait guère à voir le « sanctuaire de l'art allemand » caché par un rideau de baïonnettes ; on croyait les Munichois tout occupés de l'étude de l'ogive et du plein-cintre, et on les trouve faisant l'exercice. Dans deux ou trois ans l'étonnement sera plus grand encore : un caporal prussien vous tirera le cordon.

« Munich, écrivait il y trente-cinq ans un publiciste académicien, Munich devient une nouvelle Athènes, et, quelle que soit la chance des destinées politiques, Munich ne peut être rayé de la carte des États indépendants, sans que, grâce à sa nouvelle splendeur, l'attentat ne paraisse plus injuste. Le roi de Bavière a mis son royaume sous la protection des arts, et cette protection vaut celle de la force. » Depuis que M. Krupp a fondé une usine à Essen, l'Europe a singulièrement modifié ses idées à ce sujet, et Munich, obligé bon gré mal gré de tirer au lourd chariot de l'empire, s'occupe maintenant beaucoup plus de l'art de la guerre que des arts de la paix. Il faut, du reste, en rabattre beaucoup des prétentions de cette ville pastiche à jouer le rôle d'une nouvelle Athènes. Munich a une réputation surfaite ; on ne rencontre pas chez elle la moindre invention, la plus petite originalité : c'est un plagiat continuel, un magasin de bric-à-brac architectural, une ville de pacotille. Les peintres que le roi Louis I$^{er}$ avait groupés autour de lui n'ont fait que des copies et des enluminures. Seul, Kaulbach, qui avait des ailes d'aigle, s'est élevé au-dessus de la basse-cour pour regarder le soleil.

En entrant en ville, on passe sous une porte gothique qu'on dirait sortie des fabriques de papier mâché de Nuremberg. Au bout de la rue, sur la *Marienplatz* (place Sainte-Marie), on se retrouve en plein moyen âge. Des balcons couverts, en forme de tourelle, sont soudés aux coins des maisons ; à droite s'ouvre une rangée de vieilles arcades. Une colonne de marbre rouge, érigée en 1638 par l'électeur Maximilien I$^{er}$, pour perpétuer le souvenir d'une victoire, supporte la statue de la patronne de la Bavière, la sainte Vierge tenant l'enfant Jésus dans ses bras. Aux angles du piédestal, quatre anges armés combattent les fléaux qui ravagent le monde : la peste, la famine, la guerre et l'hérésie, allégoriquement représentées par une vipère, un basilic, un lion et un dragon. En 1857, après le choléra, on célébra solennellement une messe expiatoire devant cette colonne, et en 1870, au commencement de la guerre, on s'empressa de redorer la couronne et la robe de la Vierge. A toute heure du jour, on voit des gens agenouillés sur les marches qui entourent la colonne miraculeuse, et on les entend réciter leur chapelet. Ceux qui passent ne manquent jamais de saluer la Vierge d'un grand coup de chapeau. Un peu plus loin, le nouvel hôtel de ville épanouit les ogives et les trèfles gothiques de sa façade, tandis que l'ancien, comme honteux de se montrer à côté de son successeur, si jeune et si pimpant, cherche à se cacher derrière une grosse tour. Au printemps dernier, on a scellé, sous le portail gauche de l'hôtel de ville, deux tables de marbre qui portent les noms de tous les enfants de Munich tombés pendant la guerre de 1870-71. La pose de ces deux plaques s'est faite avec la pompe usitée. Le premier bourgmestre de Munich, en costume moyen âge, collier d'or en sautoir, épée au côté, a prononcé un discours dans lequel il a été beaucoup parlé de la grandeur présente de l'empire, mais fort peu de ceux qui y ont contribué en versant leur sang. Le prince Luitpold assistait à la cérémonie ; les soldats et les associations de vétérans qui y avaient pris part défilèrent devant lui, bannières déployées. J'ai compté sur les deux tables, inscrits en lettres d'or, soixante-treize noms d'officiers et de soldats. Mais cela ne vaut pas la table commémorative de Bogenhausen, petite localité à quelques lieues de Munich, où l'on voit, à la suite de la liste des morts, celle de ceux qui sont encore vivants !

Au centre de la Marienplatz, on remarque une curieuse fontaine, connue sous le nom de *Fontaine aux Poissons*. Les figures et les groupes dont elle est ornée expliquent que c'est dans son bassin qu'a lieu le *merzgersprung*, le saut des bouchers. Le lundi de carnaval, les apprentis bouchers, vêtus de culottes blanches agrémentées d'une queue de veau, se rangent sur le bord de la fontaine, portent la santé du roi, puis sautent dans l'eau pour recevoir le baptême de compagnon.

C'est à la place Sainte-Marie que la ville a pris naissance. Ainsi que l'indique son nom, *Munchen* fut d'abord un couvent de moines. Un jour, Henri le Lion, qui connaissait déjà le secret de se procurer l'argent des autres, alla saccager la ville rivale de Vérinza, transporta à Munchen le marché et l'hôtel des monnaies, et par ce tour digne d'un Grec, jeta dans le village monacal les fondements de la nouvelle Athènes allemande.

La rue Sendlinger et la Vallée, qui aboutissent à la Marienplatz, sont les deux plus anciennes rues de Munich. On y voit des maisons qui se retiennent les unes aux autres pour ne pas tomber sur les passants ; on y rencontre des vieilles diligences et des postillons en veste galonnée. Des paysans, vêtus de la longue houppelande noire, entrent à la file dans les brasseries ou en sortent en criant; on se croirait dans une bourgade reculée de province.

## II

La nouvelle ville. — La place Max-Joseph. — Ce qu'on voit dans la rue Maximilien. — Louis I$^{er}$. — La Galerie des généraux. — Le jardin de la cour.

Poursuivons notre promenade ; en prenant la *Weinstrasse* (rue du vin), qui s'ouvre au nord de la place Sainte-Marie, nous arrivons sur la place Max-Joseph, formée d'un côté par une aile de la Poste, de l'autre par une aile de la Résidence royale et par le théâtre. La nouvelle ville commence ici, car Munich a deux aspects : la partie que nous laissons derrière nous est la ville allemande et gothique ; celle que nous avons devant nous est la ville des fantaisies de la pierre, c'est le musée des copies archéologiques. On quitte l'Allemagne pour pérégriner en Grèce, en Italie, en Egypte ; on ferme les *Niebelungen* pour ouvrir le *Jeune Anacharsis* et les contes de Boccace. Voici une espèce de palais orné d'un portique aux colonnes toscanes. Qu'est-ce ? La demeure d'un prince ou celle d'un ambassadeur ? Non, c'est la Poste. Sous ce portique, de belles fresques pompéïennes représentent des dompteurs ; une main inconnue en a coiffé quelques-uns du casque prussien.

Au fond de la place, le théâtre royal et national déploie son péristyle corinthien surmonté d'une fresque qui montre Apollon au milieu de la cour des neuf sœurs. Le roi Max aimait, dit-on, à se reconnaître dans le dieu du soleil. Les citoyens de Munich flattèrent cette manie en lui votant, pendant qu'il vivait, à l'occasion du vingt-cinquième anniversaire de son avénement au trône, la statue qui le représente, sur cette place, étendant la main pour bénir son peuple. C'est la France, avant tout, qu'il eût dû bénir ; ce sceptre qui est dans sa dextre, c'est la France qui le lui a mis, et non le peuple allemand. Maximilien-Joseph aurait végété au fond de l'obscur petit duché sur lequel régnait son frère, si son instinct ne l'avait poussé vers Paris. Il y arriva, mince gentilhomme, pour mettre son épée au service de Louis XVI, qui lui donna le commandement du régiment d'Alsace. La Révolution trouva en lui un soldat prudent, et le royaliste de la veille devint le républicain du lendemain. Il eut tous les bonheurs : son frère ne s'entêta pas à vieillir et lui laissa le trône quelques années plus tard. L'astre de Napoléon se levait : Max-Joseph, qui aurait pu en remontrer à Jahn pour la gymnastique, se mit alors tantôt à genoux, tantôt à plat ventre, sans jamais trahir la moindre fatigue dans cet exercice monotone. Il avait eu recours à la collaboration d'une femme de théâtre pour confectionner une charmante jeune fille, vraie bouchée de roi ; il l'offrit à Eugène Beauharnais, qui lui fit donner en échange la couronne royale. Max-Joseph reçut, des mains de Napoléon, Nuremberg, deux commanderies de l'ordre teutonique, et treize autres principautés. En 1813, il en témoigna sa reconnaissance en entrant un des premiers dans la ligue contre l'empereur.

De la place Max-Joseph, un boulevard superbe a pris son essor et monte jusqu'au sommet de la colline que couronne le Maximilianæum. Cet édifice colossal, œuvre du roi Maximilien II, est surchargé de décorations, de statues, de fresques ; on trouve dans ses vastes salles la *Chute d'Ève*, de Cabanel, à côté du *Luther*, de Schnorr, de la *Bataille de Leipzig*, de Hess, du *Charlemagne*, de Kaulbach. Mais dépouillez le Maximilianœum de ses décors, vous n'avez plus qu'un hôtel garni, où l'on donne aux jeunes étudiants pauvres de l'Université, originaires de Bavière, le logement, la nourriture et l'éclairage. Il y a cinq ou six ans, on faisait encore des distributions de soupe dans la cour de l'Université; Maximilien voulut qu'on les continuât dans un palais.

A l'entrée du boulevard qui porte le nom de son créateur, on voit l'hôtel de la Monnaie, flanqué de deux pavillons, dont l'attique est orné de huit statues de bronze qui se résument dans la dernière, « l'art de battre monnaie », car sous ce ciel allemand, lourd et plombé, Mercure a toujours l'air d'un roi de Prusse, Apollon ressemble à un percepteur d'impôts, Mars à un maquignon, et Vénus à une fripière. Le café Maximilien, qui occupe le rez-de-chaussée de l'hôtel de la Monnaie, est, de l'avis des Munichois, un royal café. Il ferait, je l'avoue, l'orgueil de Berlin; mais transporté dans un faubourg de Paris, il n'y aurait que ses sommelières qui le pourraient préserver de la faillite. Ces jeunes Hébés, choisies avec un grand sentiment de la beauté plastique, vous servent, comme dans l'olympe scandinave, des brocs de bière écumeux. Déesses de la choucroute blonde, elles circulent autour de vous en répandant tous les fumets de la cuisine germanique. Au café Maximilien, on ne connaît pas les nappes, on retourne les serviettes, et les consommateurs allemands remettent leur cure-dents là où ils l'ont pris. De midi à minuit, la fumée est si épaisse qu'on pourrait changer de flanelle sans offusquer la pudeur de ses voisins. Deux ou trois fois par semaine quelques violons viennent jouer dans ces brouillards la *Wacht am Rhein* ou la Marche du *Tannhauser*. Alors on s'empile autour des tables, et les femmes et les enfants profitent de l'épaisseur des nuages pour boire autant que les hommes.

Un peu plus bas, on trouve l'exposition des métiers artistiques, et, vis-à-vis, l'hôtel des Quatre-Saisons, « dont le propriétaire, dit le *Nouveau guide à Munich*, s'efforce de flatter les goûts et les habitudes des différentes nationalités qui l'honorent de leur présence. » Voilà une promesse qui peut mener loin et donner, même à un fils du Prophète, une singulière idée de l'empire de la crainte de Dieu et des bonnes mœurs. On trouve également dans cet hôtel, le premier de Munich, un « café pour les messieurs et un café pour les dames », puis, à « l'arrière-corps de logis un café richement décoré, et achalandé par la meilleure société, de manière qu'il est souvent assez difficile d'y trouver de la place ». Heureusement que les cafés ne manquent pas le long de ce boulevard ; il y a le café National, le café de l'Opéra, le café Lorenz, le café Victoria avec un jardin Mabille en miniature, où l'on ne danse pas, mais où l'on trouve de la musique, des dames, des chiens, des conseillers de la cour, des saucisses et des chapelles gothiques, qui sont les cabinets particuliers de l'endroit, les chapelles des mariages civils.

Descendons encore : nous voici devant l'Institut photographique de M. Hanfstængl, puis devant le Musée national et l'hôtel du Gouvernement. Le Musée national est une succursale du musée germanique de Nuremberg ; l'Allemagne y apparaît depuis ses origines jusqu'au plus haut degré de sa culture, c'est-à-dire depuis le gland jusqu'au boulet de canon.

L'hôtel du Gouvernement, en terra-cotta, est surmonté d'une *Justice*, dont le triple bandeau d'airain l'empêche de voir ce qui se passe pendant la période électorale.

Quatre statues, celles des généraux bavarois E. Deroy et Rumford, celles du philosophe Schelling et de l'opticien Fraunhofer, s'élèvent devant les deux édifices. Deroy fut tué en 1812, à la bataille de Polotzk. Le général Rumford mourut à Paris en 1814. Il a bien mérité de la patrie, dit un de ses biographes, « par le jardin anglais dont il est le fondateur. »

De la place Max-Joseph on arrive, en passant devant l'ancienne résidence, à la place de l'Odéon, la plus belle de Munich. L'Odéon n'est pas un théâtre ; c'est une vaste construction dont les salles, richement décorées de fresques de Kaulbach et d'Eberle, servent aux concerts, aux bals de société et aux bals masqués.

Cette place est ornée de la statue équestre de Louis I<sup>er</sup>, accompagné d'un jeune page et entouré des figures allégoriques de la Religion, de la Poésie, de l'Art et de l'Industrie. La religion lui doit la basilique Saint-Boniface, l'église de Sainte-Marie-de-Bon-Secours, l'église Saint-Louis, et l'expulsion de l'ordre des jésuites [1]; la poésie, son *Journal des bonnes pensées*, recueil de devises de mirliton, dont le titre rappelle les *Contes moraux* de Marmontel [2]; l'art lui doit un mors et des brides, et Lola

[1] C'est à l'instigation de Lola-Montès que le roi supprima les jésuites en Bavière. Quelques libéraux montrèrent des scrupules à accepter la protection d'une courtisane, et un de leurs chefs, M. Venedey, signa une protestation qui n'eut pas tout le succès qu'elle méritait. On répondit à M. Venedey que « la fin justifiait les moyens, et qu'il appartenait à l'ancienne morale. » « O roi Louis, qu'en dis-tu? s'écria-t-il dans une brochure. Ce sont les disciples de Fourier qui te prennent sous leur protection, toi le fondateur du Walhalla, toi qui as passé ta vie à bâtir des églises et à suivre des processions! Et au nom de quels principes, le sais-tu? Au nom de la nouvelle morale! »

[2] Dans une de ses odes, Louis I<sup>er</sup> appelle l'empereur Nicolas « le chérubin à l'épée de feu à qui la terre, par toutes les voix du genre humain, et le ciel, par tous les chœurs des anges, crient de marcher à son but et de s'emparer de la Turquie. » Dans une autre pièce, il maudit la politique, et parlant des députés, il se plaint que « la bête vienne troubler l'esprit ». Condamné à la royauté constitutionnelle, ce pauvre roi, dit M. Saint-René Taillandier, invoquait sans cesse l'idéal qui devait le transporter loin de ce monde vulgaire; l'idéal n'est pas venu, mais voici les danseuses de l'Opéra. L'une après l'autre, elles passent dans ses vers, depuis celle qu'il a rencontrée à Palerme, et dont le nom lui inspire de si sérieux calembours. Elle s'appelait Candéla, et le roi lui adressait ce distique : « Oui, Candéla (Chandelle) est bien ton nom ; au milieu de la nuit de la débauche, tu brilles, ô Candéla, de toute la lumière de l'innocence! » Ce vertueux monarque a placé, au milieu de ces stances à des créatures que la plupart du temps il n'ose pas nommer, une épi-

Montès le titre de comtesse de Landsfeld. L'aventurière espagnole, que le fils d'un lord anglais avait « oubliée » à Stuttgard, eut un trait de génie en se dirigeant vers Munich, avec le plan bien arrêté de circonvenir ce Salomon caduc et impénitent, qui était resté tout à la fois directeur des ballets et roi de Bavière. Lola se fit passer pour une danseuse madrilène qui avait eu des malheurs. Elle n'était de sa vie montée sur un théâtre, mais elle avait ouï dire que la vertu germanique s'arrête où la jambe commence. Elle avait foi dans ses pieds mutins et sa jambe coquette. Le roi ne demandait qu'à voir ; il en vit trop et fut vaincu. On connaît la suite et la fin de cette chronique scandaleuse qui amusa tant l'Europe et jeta un jour si défavorable sur la pudeur farouche de nos ennemis. Louis I$^{er}$, fils de Maximilien-Joseph qui devait tout à Napoléon, se flattait de haïr les Français autant qu'il aimait sa folle maîtresse. Pour lui, la France était le pays maudit. « Nos grands hommes, notre glorieuse histoire, dit M. Saint-René Taillandier, qui se trouvait à Munich sous son règne, tout ce qui nous marque d'un signe sacré aux yeux du monde, tout cela était supprimé d'un trait de plume par ce redoutable Teuton. Bien qu'il aimât les arts, il ne cachait pas son aversion particulière pour Corneille et le Poussin, pour Lesueur et Molière, pour Delacroix et Lamartine, et il était manifeste qu'il avait des griefs personnels contre la langue de Pascal. Les monuments qu'il a fait construire, les ordonnances qu'il a signées, ses poésies même, ont proclamé assez haut cette haine de tous les instants. Les condam-

---

tre à la reine, sa femme, dans laquelle est enchâssé ce vers qui vaut un royaume : « Si je n'avais aimé d'autres femmes, oh ! non, je ne t'aimerais pas autant ! » « Ce n'est pas seulement une excuse pour le passé, dit M. Saint-René Taillandier qui cite ces vers; il y a là tout un système; nous pensions lire la confession d'un libertin, et nous rencontrons de la poésie morale », — à l'allemande, aurait-il pu ajouter

nations dont il nous a frappés sont inscrites partout, dans les bibliothèques et dans les musées, sur les fresques des églises et dans les galeries des châteaux. La pierre et la couleur, sous ce grand protecteur des arts, ont été employées mille fois à nous calomnier sottement, et les édifices dont il a embelli sa capitale ont tous ce singulier caractère, qu'on pourrait les prendre pour un long et prétentieux pamphlet à l'adresse de la France. »

Un des distiques du roi Louis I$^{er}$, que la jalouse Allemagne se plaît à rappeler, est ainsi conçu : « Rome a été la maîtresse du monde par la force, et c'est par la force qu'elle a péri. Toi aussi, ô Paris, tu crouleras un jour ! » La prédiction s'est réalisée ; et l'on peut dire que les Bavarois, en marchant avec la Prusse, ont eu à cœur d'empêcher que leur roi-poëte ne fût un mauvais prophète. Aujourd'hui, le distique se retournerait aisément contre ceux qui le citent.

La *Galerie des généraux,* entre la résidence royale et l'église des Théatins, occupe le fond de la place de l'Odéon. C'est une imitation mesquine de la Loge du marché aux herbes de Florence. « Louis I$^{er}$, dit le *Nouveau guide à Munich,* posa lui-même la première pierre de cet édifice, destiné à être un monument de gloire pour les généraux bavarois, mais mû par un sentiment patriotique sortant d'un cœur qui battait toujours pour l'Allemagne entière, il n'a pas exclu de ce Panthéon de gloire les généraux originaires d'autres pays allemands, qui ont combattu pour la cause commune ; la fête de la pose de la première pierre eut lieu le 18 juin 1841, jour de l'anniversaire de la bataille de Waterloo. » Le roi Louis qui aurait été bien embarrassé de trouver, ne fût-ce que deux généraux bavarois, plaça d'un côté la statue de Tilly, né en Flandre, et de l'autre, celle du général de Wrède, né à Heidelberg. La première de ces statues est faite avec des canons turcs qu'on a repêchés au fond de la mer après la bataille de Navarin ; on a employé pour l'autre « des canons ennemis pris en diverses occasions ». On ne voit pas, même avec les lunettes de l'érudition allemande, le rapport qu'il y a entre Tilly et la bataille de Navarin gagnée par les Français, les Russes et les Anglais ; quant au général de Wrède, on sait ce que Napoléon en disait le soir de la bataille de Hanau : « Ce pauvre de Wrède, j'ai bien pu le faire comte, je n'ai pas pu le faire général. »

Lors de l'entrée triomphale de l'armée bavaroise à Munich [1], après la guerre de France, au mois de juillet 1871, « la Galerie des deux généraux » servit de « temple de la Victoire et de la Paix ». On y exposa les trophées conquis à Bazeilles. Le buste du général Von der Thann, l'incendiaire de Bazeilles, qui a fui en vainqueur le champ de bataille de Coulmiers, ornera prochainement cette galerie.

Avant de descendre la *Ludwigstrasse* (rue Louis), entrons dans le jardin de la cour. Ne vous attendez pas à y trouver des parterres fleuris, des jets d'eau, de jolies allées où l'on a plaisir à se promener. Le *Hofgarten* est triste comme un préau de prison ; l'herbe croît entre ses petits cailloux malpropres, et les officiers ventrus qui mangent des gâteaux sous les arbres, devant la confiserie Tambossi, ne remplacent pas dans le lointain les buissons de roses. Tous les mercredis, de six à sept heures, on y fait un peu de musique qui épouvante les oiseaux.

Les arcades du jardin de la cour sont occupées par des boutiques, dont les façades, embellies de fresques, offrent aux regards des paysages grecs et italiens. La vue du golfe de Baïa sert d'enseigne à un charcutier, et les ruines de Thèbes à un pédicure.

---

[1] On but à cette occasion 1,000 muids de bière, à peu près 80,000 litres, dans une seule journée !

## III

La *Ludwigstrasse*. — La Bibliothèque. — L'église Saint-Louis. — La porte de la Victoire.

Revenons sur la place de l'Odéon ; la rue qui s'étend de la Galerie des généraux jusqu'à la porte de la Victoire, est la Ludwigstrasse, la rue Louis, la plus élégante de Munich, aux yeux des Munichois, tous un peu myopes. Ils vous disent que les *Tilleuls* de Berlin ne sont qu'une méchante ruelle en comparaison. Dans un pays où tout se mesure à la quantité, on voit dans la *Ludwigstrasse* 1,800 mètres de maisons, et comme c'est la rue la plus longue et la plus large, c'est évidemment la plus belle. Ici, les femmes les mieux mises ne sont pas celles qui s'habillent comme la Parisienne, d'un chiffon ou d'un gant, mais celles qui portent toute leur garde-robe sur elles. Un dîner où l'on se borne à la truite, au filet et aux perdreaux, est un piètre dîner, un repas d'Hargapon. Quand un Bavarois ne sert que douze plats à ses hôtes (sur lesquels trois au moins de pommes de terre), il s'excuse du peu ! Montaigne avait déjà observé cela : « Les Allemands, dit-il, aiment mieux l'avaller que le gouster ». Cet amour du gros et du poids se retrouve partout ; donnez à choisir à un Teuton entre une bécasse et une oie, il prendra l'oie ; un ouvrage ne dit rien à l'esprit et n'a que peu de lecteurs s'il n'est en trois ou quatre volumes ; et l'on n'est bel homme qu'à la condition d'avoir du ventre. M. Krupp, en exhibant, en 1867, un canon monstre, obéissait à ce sentiment de l'énorme. Si la France a été culbutée dès le début de la guerre, n'est-ce pas plutôt par la quantité que par la qualité ? Nos généraux auraient dû lire plus attentivement Montaigne, et faire l'addition de tout ce que le boa constrictor des sables du Brandebourg a avalé depuis deux siècles. C'est le plat de résistance qui nous a manqué en 1870. Il y a toute une théorie à tirer de là.

En quittant la place de l'Odéon, nous laissons derrière nous le palais du prince Luitpold et le palais du feu roi Maximilien. Ce dernier édifice est un véritable pot-pourri d'architecture. Ses trois étages présentent, mêlés les uns aux autres, des modèles d'architecture dorique, ionique et corinthienne. L'intérieur est décoré dans le goût de « Pompeia ». La fresque qui orne la salle de danse serait mieux à sa place dans les *Contes* de La Fontaine, édition des fermiers généraux. L'artiste y a retracé les jeux fort peu innocents de Psyché avec l'Amour. Dans la salle à manger, Schwandthaler a peint une bacchanale à rendre jaloux les rois du Walhalla.

La bibliothèque, que l'on trouve plus bas, est une immense construction en style italien du moyen âge. On est tout étonné de rencontrer à la porte de cet édifice des sentinelles qui s'appellent Homère, Thucydide, Aristote, Hippocrate. Si ces nobles soldats de l'esprit n'arrêtèrent pas ceux qui ont brûlé la bibliothèque de Strasbourg, du moins leur vue rappelle l'Allemagne du passé, studieuse et paisible, qui s'est évanouie il y a quatre ans au bruit du canon.

On monte par un superbe escalier de marbre, échelle de Jacob de la science allemande. Des deux côtés s'ouvrent des galeries avec des statues et des médaillons représentant les savants les plus illustres. Le roi Louis a naturellement fermé les portes de ce Paradis germanique à tous les citoyens français.

La bibliothèque de Munich possède aujourd'hui près

d'un million de volumes et 22,000 manuscrits, dont 580 manuscrits grecs, 268 manuscrits orientaux, 313 manuscrits hébreux, 14,000 manuscrits allemands, 5 à 600 manuscrits français et 500 manuscrits italiens. On y voit un évangéliaire latin du neuvième siècle avec des lettres argentées sur du parchemin rouge ; le manuscrit original du poëme de *Tristan et Isolde*, par Gottfried de Strasbourg ; le *Parcival* de Wolfram d'Eschenbach ; une traduction française du livre de Jehan Boccace, *Des cas des nobles hommes et femmes*, faite pour le prince Jean de Navarre ; des livres d'heures enrichis de dessins à la plume d'Albert Dürer et de Lucas Cranach ; mais ce que le bibliothécaire vous montre avec le plus d'orgueil, ce sont deux lettres autographes qui lui ont été adressées, sur sa demande, par M. de Bismarck et M. de Moltke. L'homme d'État et l'homme de guerre remercient les Bavarois pour leur coopération en 1870 et parlent tous deux en termes à peu près identiques des destinées glorieuses de l'empire allemand.

La salle de lecture de la bibliothèque ne cadre pas avec le reste ; elle est petite, étroite, sombre, et sent l'infirmerie. On n'obtient pas plus de quatre volumes à la fois, et encore faut-il avoir soin de les demander la veille, avant midi. Il en résulte une perte de temps considérable. La bibliothèque prête en ville, mais il n'y a que les professeurs et les employés de l'État qui jouissent du privilége de lire chez eux le divin Klopstock, entre un bock et un morceau de pain et de fromage. Tout à côté de la bibliothèque s'élève l'église Saint-Louis. Une inscription latine, répétée au-dessus de toutes les portes, avertit ceux qui entrent que la « ville de Munich donna 878,000 florins pour cette construction, et que le roi Louis dut y ajouter encore 100,000 florins pour les fresques ». Nulle part en Allemagne, on ne vous montre un monument sans vous dire exactement combien de florins et de kreutzers il vaut ou il a coûté. La beauté d'un objet ne se juge que par son

prix. Vous entendez à chaque instant cette phrase :
« Cela a coûté cher, c'est très-beau ». (*Das hat viel gekostet ; das ist sehr schoen.*)

En payant 100,000 florins les fresques de M. Schwandthaler, le roi a été indignement volé ; mais il a eu la consolation de se voir au nombre de ceux qui, au jugement dernier, ressuscitent d'entre les morts ; il est au premier plan, avec un grand manteau et une couronne de laurier sur le front. L'artiste a placé au milieu des flammes de l'enfer Judas Iscariote et le beau-père d'Arminius, cet Allemand qui vendit sa patrie aux Romains.

La porte de la Victoire termine la rue ; d'un côté se trouve l'université et de l'autre le séminaire et un institut de jeunes filles fondé par Maximilien-Joseph. La porte de la Victoire n'avait guère de raison d'être quand elle a été construite ; c'est un pastiche de l'Arc-de-Triomphe, sans aucune signification historique ou artistique. Sur la frise, une Bavaria, — on en met partout, même sur les tartes, — conduit un chariot traîné par des lions, qui ressemblent à des ours mal léchés. Des bas-reliefs retracent des combats imaginaires, avec charge de cavalerie, assaut de forteresse, escalade de montagne. Les « victoires volantes », sous l'arc du portail, ont été ajoutées après l'annexion de l'Alsace-Lorraine.

# IV

L'Université. — Les étudiants au temps de la Réforme. — Le dix-septième siècle. — Le réveil patriotique en 1813 et en 1870. — Le *Kulturkampf* dans les universités.

L'université, dont les abords sont ornés d'un jet d'eau et de quelques corbeilles de fleurs, est un bel et vaste édifice en style byzantino-florentin, avec deux ailes saillantes. Il date de trente ans à peine ; en 1840, l'université était encore reléguée dans le vieux Munich, derrière l'église des Jésuites. C'est là que Schelling enseignait sa douce et consolante philosophie. Schelling était protestant, mais sa doctrine appartenait au catholicisme le plus pur. Trois mille étudiants, accourus de toutes les parties de l'Europe, étaient venus se grouper autour de sa chaire. M. Dœllinger n'en a pas autant aujourd'hui ; le nombre des étudiants immatriculés à l'université de Munich est d'environ huit cents, dont deux cent cinquante peut-être suivent les cours de l'ex-chanoine de Saint-Cajetan.

Le vestibule de la nouvelle université est décoré de médaillons comme ceux des galeries de la bibliothèque ; dans les vitrines, sont affichés les cours des professeurs et sur une grande table noire, on lit les noms des étudiants pour lesquels sont arrivées des lettres, et une foule de petites annonces dans le genre de celles-ci : « *A vendre les œuvres de Platon. — Jolies chambres meublées à louer. — Un étudiant a perdu son chien ; manteau noir, pattes blanches ; il répond au nom de Fuchs. Le ramener* chez le bedeau (Pedell). — *Un étudiant désire donner des leçons de guitare.* — *A vendre une paire de bottes à canon (Kanonenstiefel).* — *Bonne pension bourgeoise à 30 florins par mois. S'adresser au bedeau de l'université*, etc., etc. » Les libraires affichent à un pilier spécial la liste des ouvrages nouveaux qui ont paru dans le mois et le sommaire des revues scientifiques.

L'escalier qui conduit au premier étage est éclairé par de très-beaux vitraux avec les armoiries de Munich : un moine jouffiu élevant un broc de bière; les armoiries de Landshut: trois cuirasses, et celles d'Ingolsladt: un dragon vomissant du feu. L'université a été successivement dans ces deux villes avant d'être transférée sur les bords de l'Isar. De larges couloirs conduisent dans les salles du Sénat et les salles des cours, et dans les deux « aulas » où ont lieu les examens, les discours académiques et les cérémonies universitaires. La statue colossale de Louis I$^{er}$, sceptre en main et couronne en tête, trône dans la grande « aula ».

On ne peut franchir le seuil de ces antiques sanctuaires de la science allemande, sans que les souvenirs de leur histoire vous assaillent. Cette histoire est celle de la civilisation germanique. Elle est marquée par trois étapes : au sortir des langes du moyen âge, l'Allemagne savante s'émancipe et entreprend une croisade contre Rome; au dix-huitième siècle, elle devient sceptique; au commencement du dix-neuvième, elle se fait révolutionnaire, et en 1813 et en 1870, elle est patriotique, elle va combattre « l'ennemi héréditaire » sur les champs de bataille et ne rentre dans ses universités que pour se déclarer l'humble servante de l'État.

Les premières thèses soutenues avant la Réformation nous font sourire. On disputait sur la question de savoir « pourquoi Dieu a créé les souris et les rats; » on cherchait à préciser « l'heure à laquelle Adam et Ève avaient été chassés du paradis terrestre » ; des professeurs scolastiques soutenaient que « en paradis, les bienheureux étaient vêtus d'une chemise », tandis que d'autres prétendaient « qu'ils étaient nus ». Un célèbre professeur de l'université de Bavière, alors à Ingolstadt, le moine Occam, prétendit que « Dieu étant tout-puissant, il aurait pu aussi bien s'incarner dans un âne ou un taureau que dans un homme ». Les étudiants du seizième siècle formaient des confréries et se transportaient comme des bandes de Bohémiens d'une ville universitaire dans une autre. On redoutait leur passage comme celui d'une armée. Ils faisaient main basse sur les poules, les oies, les lapins, les chats; ils maraudaient le miel des ruchers et les fruits des vergers. Ces jeunes étudiants qui venaient se mettre sous le patronage de leurs aînés, les *bacchants*, leur servaient de domestiques et étaient chargés de leur procurer la nourriture quotidienne. Un pauvre berger suisse, du canton du Valais, Thomas Platter, nous a tracé les péripéties de cette vie [1] : « Nous étions, écrit-il, huit ou neuf en tout, trois béjaunes et les autres de grands bacchants, ce sont les noms qu'on donne aux jeunes et aux vieux écoliers; j'étais le moins âgé et le plus petit des béjaunes.

« Quand je ne pouvais plus me traîner, mon cousin Paulus se plaçait derrière moi, armé d'un bâton ou d'une pique ; il m'en donnait des coups sur mes jambes nues, car je n'avais point de chausses et seulement de mauvais souliers. Bien que je ne puisse me rappeler toutes nos aventures de grands chemins, quelques-unes cependant sont restées dans ma mémoire. Une fois, comme nous cheminions, devisant de choses et d'autres, les bacchants dirent entre eux qu'en Misnie [2] et en Silésie, l'usage per-

---

[1] La *Vie de Thomas Platter* écrite par lui-même. Genève, imp. Fick.
[2] Meisen, en Saxe.

mettait aux écoliers de voler les oies, canards et autres victuailles, et qu'ils n'avaient rien à craindre tant qu'ils ne se laisseraient pas surprendre par le propriétaire. Or, un beau jour que nous approchions d'un village, nous rencontrâmes un grand troupeau d'oies dont le gardien était absent; il faut savoir que chaque village paye un homme pour mener les oies en champ. Je dis aux béjaunes : « Quand arriverons-nous en Misnie, que je puisse tuer des oies? — Nous y sommes », répondirent-ils. Incontinent, ramassant une pierre, je la lance et attrape à la patte un des volatiles ; les oies s'enfuient, mais celle que j'avais rendue boiteuse ne les suit qu'avec peine ; une seconde pierre l'atteint à la tête et la fait tomber. Je cours à l'oie, lui tords le cou, et, après l'avoir cachée sous mon habit, je fais mon entrée dans le village. Bientôt le gardien arrive en criant : « Le gars m'a volé une oie! » Les béjaunes et moi de nous enfuir, et pendant cette course les pattes de la bête sortent de dessous mon vêtement. Les paysans se mettent à notre poursuite, armés d'épieux. Voyant qu'il n'y a pas moyen d'échapper avec ma prise, je la laisse tomber. Une fois hors du village je quitte la route, me jette dans les broussailles, tandis que mes deux compagnons continuent à suivre le grand chemin. Ils ne tardent pas à être arrêtés ; ils se mettent à genoux, demandant grâce, jurent qu'ils n'ont rien fait, et les paysans, reconnaissant qu'ils disent la vérité, s'en retournent en emportant l'oie. Je laisse à penser dans quelles transes j'étais pendant toute cette scène. « Pour sûr, me disais-je, je ne me suis pas signé aujourd'hui, » car on m'avait recommandé de le faire chaque matin. Rentrés au village, les paysans trouvèrent à l'auberge nos bacchants et leur réclamèrent le prix de l'oie. C'était l'affaire de deux balzen (30 cent.). Cependant j'ignore si les bacchants payèrent. Quand ils nous rejoignirent, ils s'informèrent en riant de ce qui s'était passé. Je m'excusai sur ce que je m'étais cru autorisé par la coutume du pays ; ils répliquèrent sur ce que je m'étais trop pressé. »

Plus tard, Platter rencontra des brigands, « à onze milles de Nuremberg, dans une forêt ». Il a raconté comment ces bandits poursuivirent les étudiants, et comment ceux-ci furent assiégés la nuit dans l'écurie où ils s'étaient réfugiés.

A Naubourg, « ceux de nos béjaunes qui savaient chanter parcouraient la ville, dit Platter; pour ma part, je mendiais et ne mettais jamais les pieds à l'école. On voulut nous contraindre d'y aller. Le magister intima l'ordre à nos bacchants de se rendre en classe, sinon qu'il se saisirait d'eux et les y conduirait de force. Pour toute réponse, Anthonius lui dit qu'il n'avait qu'à venir. Nous, béjaunes, nous portons des pierres sur le toit ; Anthonius et les autres gardent la porte, et quand le magister arrive avec toute sa séquelle de béjaunes et de bacchants, nous les recevons à coups de pierres et les faisons battre en retraite. Avertis que plainte est portée à l'autorité, nous profitons de ce qu'un voisin allait célébrer les noces de sa fille, et avait à cette occasion engraissé des oies dans son écurie, pour lui en voler trois pendant la nuit; nous nous sauvons dans un faubourg situé à l'extrémité de la ville ». A Dresde, où Platter se rend ensuite, « le bâtiment de l'école était plein de vermine » qu'il entendait « grouiller dans la paille qui formait notre couche ». A Breslau, où il fit un long séjour, Platter nous apprend que les écoliers « sont bien traités, bien soignés, qu'ils ont un bon lit, mais garni de poux gros comme des grains de chènevis. On ne peut pas, continue-t-il, se faire une idée de la quantité de vermine dont sont couverts les écoliers, grands et petits, ainsi qu'une partie du bas peuple. J'eusse parié de relever de ma poitrine, autant de fois qu'on l'eût voulu, trois insectes à chaque coup. Souvent, et particulièrement en été, j'allais laver ma chemise au bord de l'Oder, je la suspendais ensuite à une branche, et pendant qu'elle séchait, je nettoyais mon habit, je creusais un trou, y jetais un monceau de vermine, le recouvrais de terre et plantais une croix dessus. » La prop eté allemande, dit-on, a fait quelques progrès sous ce rapport.

La Réforme arriva sur ces entrefaites, et la jeunesse allemande se lança avec ardeur dans les luttes religieuses. Souvent même elle chercha ses arguments dans ses poignets. Quelques universités cependant étaient restées fidèles à Rome et étaient devenues des sortes de séminaires. A Vienne, les étudiants portaient une robe noire, serrée à la taille par une sangle, et ornée d'un capuchon. Il leur était défendu de se faire couper les cheveux et tailler la barbe sans autorisation. La cloche de Saint-Étienne les réveillait à quatre heures du matin, à cinq heures ils entendaient la messe, et se rendaient aux cours à six heures. Les statuts de l'université de Tubingue interdisaient les promenades nocturnes. Les injures verbales entre étudiants étaient punies de 15 kreutzers d'amende ; celui qui tirait son épée et blessait un de ses camarades était passible d'un florin d'amende. Il était défendu de jouer aux dés, de porter une autre coiffure que la barrette. Les enfants naturels, — *ex damnato et incestuoso coitu geniti,* — n'étaient pas admis dans les universités. En dépit de tous ces règlements, la petite ville de Tubingue ressemblait « à une Sodôme et une Gomorrhe ». Les bourgeois étaient attaqués jusque dans leur maison, les nonnes jusque dans leur couvent, dit un chroniqueur.

Au dix-septième siècle, les étudiants allemands cessent d'être parqués sous la surveillance universitaire et logent chez leurs professeurs. Le prix de la pension était alors de 1 thaler par semaine et le prix du logement de 8 thalers par an. Les fils de nobles étaient seuls autorisés à se loger chez les bourgeois. Ils avaient d'autres priviléges encore ; à l'église, ils occupaient les premières places et pouvaient amener leurs chiens avec eux; dans la cave de l'université, ils avaient une table particulière, et aux noces, le droit de faire la première danse. Jamais ils ne fermaient les portes en sortant, et, dans la rue, les bourgeois devaient leur céder le pas, et les étudiants fils du commun les saluer d'un coup de chapeau. Les mendiants s'adressaient à eux en employant une formule qu'ils leur avaient imposée. Ce ne fut qu'en 1661 qu'on mit ordre à ces abus scandaleux qui provoquaient des conflits sanglants. A la même époque, les étudiants commencent à former entre eux des associations bachiques, et ils s'exercent à boire comme ils s'exercent à l'escrime. Mathias Friedrich nous apprend que pour être reçu dans ces sociétés « il fallait savoir bien boire, bien manger, bien mentir, être de taille à passer des nuits blanches et à supporter les intempéries des saisons », et qu'on donnait le titre de magister ou docteur à ceux qui buvaient le plus. A Iéna, des professeurs en étaient arrivés à tenir eux-mêmes des brasseries et des auberges, tellement ce commerce était lucratif. On soutenait des thèses en l'honneur de Bacchus, le verre en main. Voici le couplet d'un hymne qu'on chantait à cette occasion :

Buvons et amusons-nous jusqu'à demain! — Chassons les soucis et tenons-nous joyeux.—Nous n'avons que peu de temps à rester sur la terre. — Celui qui est mort est bien mort et ne se relève plus. — Il est privé de la vie et des plaisirs. — Aucun de nos camarades n'est encore revenu de l'enfer — Nous dire comment on se trouve là-bas. — Se divertir en joyeuse compagnie n'est pas un péché. — Bois donc jusqu'à t'étendre par terre, — Relève-toi, et bois, et enivre-toi de nouveau!

Les soldats de Tilly avaient introduit en Allemagne l'usage du tabac, et, tout en buvant, les « fils des Muses » ne négligeaient pas la pipe. Celui qui fumait cinquante pipes de suite était promu au grade de magister, et celui qui allait jusqu'à cent pipes était, *ipso facto*, docteur. « Quand je vois des bouffées de fumée sortir de toutes ces gueules, s'écrie un écrivain du temps, il me semble que j'ai devant moi les cheminées de l'enfer ». Les sénats académiques s'effrayèrent de toute cette fumée, et l'usage du tabac fut interdit pendant un certain temps aux étudiants; il y eut alors des sociétés secrètes de fumeurs, dans lesquelles n'étaient introduits que ceux qui présentaient à l'aubergiste un billet avec ces signes légèrement cabalistiques : « Fid. Fbus. S. D. N. H. Hodie hora VII A. i. m. m. h. n. e. c. a. v. s », c'est-à-dire *Fidibus fratribus salutem dicit N. hospes. Hodie hora septima apparebitis in museo meo, herba nicotiana et cervisia abunde vobis satisfaciam.* Dès que les étudiants se trouvaient réunis dans la tabagie, ils bourraient leur pipe et l'allumaient avec le billet présenté pour entrer et qu'on appelait *fidibus*. Au commencement de ce siècle, les étudiants d'Iéna se rendaient encore à l'église et à l'université en robe de chambre et écoutaient les leçons, le bonnet sur la tête. La durée des études universitaires était de quatre à six ans. A Wittemberg, le fils du professeur Schœllingen étudia quarante ans. L'université de Leipzig a conservé le nom d'un étudiant, — Henrich Oel, — qui mourut à l'âge de cent ans. J'ai connu moi-même, à l'université de Fribourg, en 1869, deux étudiants qui n'étaient pas loin de la cinquantaine, et qui ne songeaient nullement à renoncer à leur titre de libre citoyen académique.

Sous la domination de Napoléon I$^{er}$, les universités changèrent de caractère et d'aspect. Elles devinrent un foyer d'ardent patriotisme. Chaque étudiant aspirait à jouer le rôle de conspirateur. On se réunissait dans les caves, à minuit, pour boire à la mort du « tyran ». Lorsque Frédéric-Guillaume lança, en 1813, son appel au peuple prussien et à la nation allemande, les universités se vidèrent : étudiants et professeurs coururent aux armes. C'était la guerre sainte. Le corps des « chasseurs de Lutzow » était en partie composé d'étudiants. Ils portaient un képi orné d'une tête de mort et s'appelaient « les vengeurs. » Théodore Kœrner était au milieu d'eux ; il est resté leur barde et leur héros.

En 1870, l'agitation patriotique commença de nouveau dans les universités ; les étudiants de Munich imitèrent ceux de Leipzig, d'Iéna, de Heidelberg, de Berlin ; ils adressèrent la proclamation suivante à la jeunesse bavaroise :

> Le vieil ennemi héréditaire de l'Allemagne (*der alte Erbfeind Deutdchland*) menace de nouveau nos frontières, et se flatte de tirer d'insolents avantages de la désunion des tribus allemandes. Il se trompe étrangement. La nation entière prend les armes, et nous, qui n'appartenons pas encore à l'armée, nous ne voulons pas être les derniers à offrir notre cœur et nos bras à la patrie.
>
> Animés de ces sentiments, nous avons résolu de former un corps de volontaires, afin d'avoir aussi notre part à la lutte qui va s'engager. Notre résolution a été saluée généreusement par Sa Magnificence (le recteur de l'université), par le sénat académique et le *plenum* des professeurs comme une expression de notre patriotisme qui, cette fois encore, aidera à la victoire de l'Allemagne. Son Excellence le ministre de la guerre veut prendre part lui-même à la création de notre corps.
>
> Que ceux qui se sentent du courage dans le cœur et de la force dans le bras se joignent à nous pour marcher au combat et éloigner de notre commune patrie le danger qui la menace.
>
> Munich, le 25 juillet 1870.
>
> *Le Comité provisoire.*

Vingt-huit étudiants munichois sont tombés sur les champs de bataille français, pour « le roi et la patrie ».

Leurs noms sont inscrits en lettres d'or sur une table de marbre.

Depuis la guerre, ce sont les controverses religieuses qui agitent et remuent l'université de Munich. Elle est la crèche où naquit le vieux catholicisme, entre le chanoine Dœllinger et le chapelain Friedrich, qui le réchauffent en vain de leur souffle; car, bien que le grand charpentier de l'empire, M. de Bismarck, s'en soit déclaré le père nourricier, l'enfant ne grandit pas, il n'ose marcher seul et reste cramponné à la mamelle des fonds secrets. Réunis comme les bergers autour de son berceau, les « fils des Muses » chantent maintenant des cantiques de ce genre [1] :

Avant que nous allions à Canossa, Satan nous sauvera de l'excommunication! — Suivez le courageux cavalier (Luther). — Buvez plusieurs hectolitres. — A mort les jésuites! — Non, nous n'irons pas à Canossa! — A l'occasion de la Pentecôte, l'aubergiste doit nous faire gaiement danser. — Soyez sans souci : — Non, nous n'irons pas à Canossa!

Ou bien, c'est cette parodie latine qu'ils entonnent :

Falco ruit in columbas. — Ora grex, ne mox occumbas. — Miserere, mis... miserere.

Januæ sunt apertæ Orci. — Eripiuntur nobis porci. — Miserere... mis... miserere.

— Et pertransivit clericus *den Teutoburger Wald*. — Quid vidit ibi eminus? — *Ein Mægdlein wohlgestalt* [2].

---

[1] Extraits du nouveau recueil impérial de chants pour les étudiants allemands (*Allgemeines Reichscommersbuch für deutsche Studenten Herausgeger en von Muller von der Werra. Leipzig*, 1874.) On chante ces couplets dans les réunions hebdomadaires d'étudiants.

[2] Le faucon se précipite sur les colombes. — Prie, ô troupeau, de peur que tu ne succombes. — *Miserere*, etc. — Les portes de l'enfer sont ouvertes. — Les porcs nous sont enlevés, etc. — *Miserere*. Le clerc traverse la forêt de Teutoburg. — Qu'y voit-il de surprenant? Une jeune fille bien tournée.

Cette demoiselle que le *clericus* rencontre dans la forêt de Teutoburg, c'est la chaste et robuste *Germania*, la femme au canon; le « *clericus* » lui fait quelques petites avances, auxquelles la donzelle répond d'un air tout à la fois vertueux et folichon :

> Nunc Cæsaris, carpe viam,
> *Du rœmischer Jammermann,*
> Si vis tuam Germaniam,
> *Frag bei Majunke an* [1].

Tout cela n'est ni fin ni spirituel; par endroits, c'est ordurier. Mais la jeunesse allemande a cessé depuis longtemps de cueillir des myosotis.

C'est sous cette forme croustillante que le *Kulturkampf*, « le combat pour la civilisation, » a été introduit dans les universités, rouvertes, après la guerre, au chant de l'*hymne de Bismarck*, le « Jupiter de l'époque la plus glorieuse du monde. »

C'est en 1872, qu'eut lieu le grand jubilé de l'Université. Afin de bannir le français de la solennité, on rédigea la carte du festin en latin. Les pommes de terre furent appelées « bulbi rotundi americani », bulbes ronds d'Amérique.

Parmi les professeurs les plus en renom de l'université de Munich, il faut citer M. le professeur d'histoire Giesebrecht; le docteur Halm, très-versé dans les vieux parchemins; le docteur Brantl, philosophe matérialiste, auteur d'une histoire de la logique. C'est le docteur Brantl, si je ne

---

[1] « Prends le chemin de César, pauvre Jérémie ultramontain; si tu veux *sa Germania*, demande-la à Majunke. » — Jeux de mots sur la *Germania*, organe des catholiques allemands, dont M. l'abbé Majunke est le rédacteur en chef.

Ces couplets, dont nous ne citons que les plus *convenables*, sont intitulés : *Clericaler Jammer* (Jérémiades cléricales).

me trompe, qui dit un jour à ses élèves : « S'il y en a encore parmi vous qui croient à des niaiseries comme celle de l'existence de Dieu, je les prie de se dispenser de suivre mon cours. » Citons encore M. Riehl, dont les études sur l'histoire de la civilisation sont d'une notoriété européenne ; M. Holtzendorf, professeur de droit pénal, l'un des défenseurs de M. d'Arnim. Dans un banquet récent, donné en son honneur à Vienne, M. Schmerling lui a porté ce toast qui a provoqué la grande colère du grand chancelier : « Je bois à la santé d'un homme qui a eu le vrai courage de prendre la défense d'un persécuté ». M. le professeur Prinz, est un savant, commentateur des Pandectes ; M. Schegg, a écrit une *Vie de Jésus* à un point de vue très-chrétien, et un *Voyage à Jérusalem.*

La Faculté de médecine s'enorgueillit des professeurs Pettenhofer, Buhl et Nusebaum. Le célèbre philologue Richter est mort il y a quelques années. Il parlait dix-neuf langues et pouvait converser aussi facilement en chinois qu'en allemand. Ayant appris que parmi ses auditeurs se trouvait un jeune homme du midi de la France, il voulut apprendre avec lui le provençal. Au bout d'un mois, M. Richter lisait le *Calendau*. « Maintenant, dit-il à son jeune professeur, je veux apprendre l'argot de Paris. » La chose était assez difficile, mais un Français se tire toujours d'affaire. M. D. réunit tous ses compatriotes, et l'on se cotisa pour remplir une grande feuille de papier d'expressions choisies dans la langue du Chourineur. Une semaine après, M. Richter était invité à un grand dîner scientifique et diplomatique, et il interpellait le ministre en ces termes : « Notre malheureux roi est en train de *dévisser son billard ;* le voilà maintenant obligé de *faire la tortue*. Sa *largue* en remercie *le meg des megs.* Il paraît que vous ne *dévidez* pas *le jars ?* Vous me *la faites à l'oseille !* »

Personne n'y comprenait rien, et la grave *Gazette d'Augsbourg* annonça que M. Richter avait appris l'iroquois.

## V

Les Propylées. — La Glyptothèque. — Les fresques de Cornélius. — L'école de Munich.

Quand on parcourt Munich, on se croit dans une vaste exposition d'architecture. Nous avons vu la section gothique et byzantino-florentine ; nous voici dans la section hellénique. Pour passer de l'Italie en Grèce, nous n'avons eu qu'à remonter la rue Louis et à prendre la rue de Brienne. On traverse chemin faisant la place Caroline, au milieu de laquelle s'élève un obélisque coulé en bronze avec des canons que Napoléon Ier donna aux Bavarois, et que ceux-ci s'imaginèrent avoir conquis ; puis on arrive aux portes d'Athènes : les Propylées dressent devant vous leur portique blanc à trois baies, surmonté de deux tours carrées. De chaque côté, s'élèvent deux édifices trapus, aux frontons triangulaires, ornés de colonnes d'ordre ionique et de statues ; l'un est la Glyptothèque et l'autre sert aux expositions d'objets d'art.

Les Propylées ont été élevées par le roi Louis « en souvenir de l'héroïque guerre » par laquelle les Grecs s'affranchirent du joug des Turcs pour appeler au trône le roi Othon Ier, fondateur de la dynastie gréco-bavaroise. Des bas-reliefs représentent le jeune monarque recevant les hommages de ses nouveaux sujets et montant sur son trône. L'histoire n'est pas complète : on a oublié de montrer comment il en est descendu. Louis Ier avait fait des rêves fantastiques sur cette union de la Grèce et de la Bavière. Il s'attendait au croisement des deux génies, comme si le bœuf pouvait s'accoupler avec la colombe. Il a développé ses théories là-dessus dans des pièces diplomatico-artistiques très-curieuses qu'on retrouve dans les journaux de l'époque. La Grèce régénérée par l'esprit bavarois : Vénus sortant d'un tonneau de bière !

La Glyptothèque renferme ces fameux marbres d'Égine que le roi Louis acheta dans un moment propice, et ce superbe *Faune endormi* cuvant son ivresse séculaire, œuvre de Praxitèle, que Bélisaire, cerné dans le château Saint-Ange à Rome, fit jeter sur la tête des Goths sans qu'il se réveillât dans sa chute. Les salles sont au nombre de douze : la salle égyptienne, la salle des incunables, la salle des Éginètes, la salle d'Apollon, la salle bachique, celles des Niobides, des dieux, la salle troyenne, les salles des héros, des Romains, des sculptures à couleur et des sculptures modernes. Elles sont séparées au centre par deux salles de repos désignées sous le nom de *salles de fête*. Cornélius et Overbeck les ont décorées de ces fresques philosophiques, dont ils avaient la spécialité. On voit Prométhée qui se crée lui-même, tour de force qui n'a nullement effrayé M. Cornélius ; toutes les scènes de la Genèse mythologique y passent ; puis nous arrivons aux quatre éléments, aux quatre saisons, aux quatre heures du jour et aux quatre règnes cosmogoniques. Le règne de l'*Air* est tout simplement représenté par... la fenêtre. Nous trouvons cela puéril ; les Allemands ont écrit plusieurs volumes pour montrer combien le peintre avait été ingénieux. Ce qui nous fait rire les plonge dans l'extase ; ils ont découvert dans le cadre de cette fenêtre le cadre de toute une thèse scolastique.

M. Overbeck, dans des fresques appartenant au même cycle, a peint les douze grands dieux de l'Olympe. Il n'a pas reculé devant une tâche qui a effrayé Raphaël. Aussi, toutes les compositions sont-elles médiocres. Pas de types de la divine beauté. La couleur choque, elle est froide, crue, sans expression, et souvent grotesque dans ses effets. On dirait que Vénus a des engelures et que la blonde Hébé a contracté l'habitude de vider le fond des coupes. Dans la salle troyenne, les fresques, qui ont la prétention de concentrer toute l'*Iliade* en huit grands tableaux, sont traitées de la même manière gauche et lourde. « C'est là, dit M. Viardot, sur les jugements duquel je tiens à m'appuyer, c'est là que se montrent dans toute leur évidence les défauts d'une peinture plus théâtrale que dramatique, l'exagération perpétuelle, le mouvement désordonné, la confusion, la recherche, l'envie impuissante d'être terrible et touchant ; c'est là, en se rappelant les artistes anciens, si grands avec des moyens si simples, qu'on reconnaît toute l'infériorité de la hardiesse moderne. » Ces peintures colossales, regardées comme le chef-d'œuvre de Cornélius, lui valurent, en 1825, le titre de directeur de l'école de Munich, « avec l'ordre du Mérite et la noblesse personnelle. » L'Allemagne acclama en lui le penseur ; on l'appela le commentateur de Fichte, et plus tard, lorsqu'il eut exécuté son *Jugement dernier* dans l'église Saint-Louis, on le considéra comme l'émule du vieux philosophe Schelling.

L'école munichoise tient de l'université et du cloître. La petite colonie de peintres allemands qui traversa les Alpes au commencement de ce siècle, alla s'installer dans un couvent de Rome et choisit pour son supérieur artistique M. Frédéric Overbeck. Pierre Cornélius fut un des novices de ce monastère, où se continuait l'œuvre des Cimabué et des Fra-Angelico. Wilhem Schadow, Philippe Veit, Jules Schnorr, Henri Hess sont des esclaves du passé et de l'imitation. On les voit, au fond de leur couvent romain, refaire, comme des moines enlumineurs, les types des vierges italiennes et les têtes de Christs byzantins. Ils ne vont pas au delà de Raphaël ; il n'y a que Cornélius qui ose furtivement tâter les muscles des créations de Michel-

Ange. Nul essor, pas de liberté. Ils tournent dans le cercle étroit que leur a tracé le sceptre réactionnaire du roi Louis Ier. Aussi cet art, appelé pompeusement « le nouvel art chétien, » ne fut-il ni une révolution ni une métamorphose.

L'art allemand s'était endormi sur les tombeaux d'Albert Dürer et de Lucas Kranach ; il se réveilla à la même époque, en plein seizième siècle, et ne s'aperçut pas que le monde avait marché. De là son air démodé et archaïque. De là toutes les peintures théologales, mystiques, philosophiques et pédantes, qui couvrent les murs de Munich et même ceux de Berlin. Cornélius représente l'art byzantin ; Henri Hess, le moyen âge italien ; Jules Schnorr, le moyen âge tudesque, austère, viril, un peu raide : c'est le peintre des Niebelungen. Seul, Kaulbach, le dernier venu de cette pléiade, ose témoigner d'une certaine imagination et d'une certaine hardiesse. Il se révèle par un tableau tout moderne : *la Maison de fous*, et prend résolûment Michel-Ange pour modèle. Puis, peu à peu, il se transforme, s'agrandit, et s'élève par son propre essor dans des régions qu' deviennent sa conquête.

## VI

La nouvelle Pinacothèque. — Les fresques extérieures. — Kaulbach.
— Son œuvre posthume. — Le *Déluge.* — Le *Saint Michel allemand.*
— Décadence de l'École munichoise.

La nouvelle Pinacothèque s'élève à quelques minutes de la Glyptothèque. C'est encore une espèce de construction moitié grecque, moitié italienne, plus longue que large, sans fenêtres, avec un perron et une colonnade. Elle est toute bariolée à l'extérieur de fresques de Kaulbach. Bariolée est bien le mot, car rien de plus disparate que ce mélange de couleurs verte : jaune, rouge, violette. Les chairs ont des tons de tuile. Il ne faudrait pas cependant juger de l'individualité de l'artiste par ces compositions de commande qui vont parfois jusqu'aux drôleries charivariques de la musique de M. Wagner. Un critique anglais a dit avec raison « qu'elles rappellent assez exactement, pour la conception et l'exécution, les toiles enluminées qui ornent les devantures des baraques de foire. » Théophile Gautier a été poli en les appelant des « charges d'atelier. » Je ne parlerai que de la première, qui est la perle de la série. Figurez-vous un monstre vert aux pattes de chien, et dont les têtes grimaçantes et à face humaine portent des perruques, debout sur un autel placé au haut d'une colline, et se défendant des griffes et de la queue contre les rénovateurs de l'art, qui l'attaquent, divisés en deux groupes. Cornélius, à cheval sur Pégase, s'élance à la tête des peintres, en brandissant son épée à deux tranchants. Overbeck, qui n'a pas eu le temps de se débarrasser de sa robe de chambre, porte béatement une bannière sur laquelle est peinte l'image de la Vierge. L'auteur des fresques, Kaulbach, ne s'est pas oublié : il renverse une espèce de cordonnier allemand, à l'habit vert bouteille, armé d'un pistolet.

Les sculpteurs sont drapés de manteaux rouges et s'avancent conduits par Minerve, qui vise le monstre avec sa lance. Il y a encore un gros monsieur bien mis, à la figure rubiconde, aux favoris à la prussienne, qui marche avec un portefeuille sous le bras, guidé par une chouette et trois grenouilles. Est-ce le roi Louis? C'est ce que personne n'a pu me dire, bien qu'il y ait, depuis Phèdre et La Fontaine, des rapports intimes entre les grenouilles et la royauté. Cachés dans une niche, sous l'autel, les Trois Grâces suivent les péripéties du combat et en attendent anxieusement l'issue. Cette scène baroque a pour titre : « Les artistes du roi Louis combattant l'hydre du mauvais goût ». Ils ont raison de combattre le monstre qu'ils ont logé dans leurs propres tableaux.

La critique ne peut ranger dans l'œuvre de Kaulbach ces fresques ridicules que le temps prend soin lui-même d'effacer. Dans ces compositions serviles, l'artiste n'a pas reproduit sa conception, mais celle du roi son maître. Celui qui connaît le caractère railleur de Kaulbach se demande s'il ne s'est pas livré à un cruel persiflage, s'il ne s'est pas moqué du monarque et du public. Lui le sceptique, lui, le mécréant, représenter Overbeck pressant dévotement la bannière de Notre-Dame sur son cœur, mais c'est tout simplement une méchanceté de caricaturiste! On a eu tort de prendre ces fresques au sérieux, bien que Kaulbach soit un artiste multiple, qui passe, avec une égale aisance, de la gaudriole au poëme épique, de l'épigramme à l'élégie. C'est le Voltaire de la peinture. A côté de *la Henriade*, *la Pucelle*; à côté de son *Caveau de Charlemagne*, l'arrière-

14.

boutique des *Marchandes d'amour*. Un mélange de boue et de feu, comme dit Gœthe. Le dix-neuvième siècle se résume en lui avec ses doutes et ses espérances, ses blasphèmes et ses prières. En sortant des orgies païennes, il tombe en extase et vous montre des madones et des anges qu'on regarderait à genoux. Ici, c'est Jeanne d'Arc se jetant aux pieds de la Vierge miraculeuse, en lui présentant le drapeau mutilé de la France ; là, ce sont de blonds séraphins qui chantent les cantiques de Noël autour de la crèche de Bethléem. Il a comme cela des élans de croyance, des *sursum corda*. Sont-ils sincères ? A Ferney, Voltaire entendait la messe.

Ce qui rapproche encore Kaulbach de l'ami de Frédéric, c'est que, comme lui, il fut le favori d'un prince dont il finit par se moquer. Le roi Louis était plus souvent dans l'atelier du jeune peintre que dans son palais. Il posa devant lui, et lui confia plus tard les traits adorés de Lola. Quand le roi et sa maîtresse s'en étaient allés, Kaulbach prenait, avec son sourire sardonique, un morceau de craie, et traçait sur la table noire des « charges » impitoyables de « l'heureux couple ». Un jour que le monarque était inopinément revenu, Kaulbach n'eut que le temps de pousser une toile devant un Louis Ier, travesti en troubadour et escaladant le balcon de la senorita espagnole. On vous offre encore, chez certains antiquaires, la série d'illustrations que fit Kaulbach de cette épopée burlesque des amours d'un vieux monarque et d'une jeune gourgandine. L'impureté de l'art et l'art de l'impureté n'ont jamais été poussés si loin. C'est ainsi que l'artiste acquitta sa dette de reconnaissance envers son protecteur, car après l'avoir vu dans l'atelier de Cornélius, Louis se l'était attaché et l'avait hissé sur la roue de la fortune.

Kaulbach avait été formé jeune par la souffrance et le malheur. De là, sans doute, ce profond mépris pour les acteurs de la farce humaine. Dans sa vieillesse surtout, il aimait à déchirer, — comme s'il avait à venger sa jeunesse si pauvre, si triste, si misérable. A dix-sept ans, un soir, en rentrant chez lui, il ne trouva plus son père. Où était-il ? Personne n'osait le lui dire. Enfin une voisine charitable lui apprit qu'on l'avait conduit en prison, à cause de ses dettes. Il ne perdit pas courage ; sa mère était dénuée de ressources ; il lutta, il travailla, et c'est à cette époque sombre qu'il fit ces deux dessins d'un réalisme si effrayant : *la Maison de fous* et *le Crime pour sauver l'honneur*. Pendant les premières années de son séjour à Munich, il s'éprit d'une jeune fille que les parents refusèrent d'abord de lui donner en mariage ; mais la jeune fille s'obstina et devint sa femme. Un jour que Kaulbach se promenait avec sa fiancée, un monsieur s'approcha de lui et lui demanda quand il payerait la redingote qu'il portait. C'était son tailleur. Chaque fois que Kaulbach racontait cette anecdote, il ajoutait : « J'aurais voulu que la terre s'entr'ouvrît pour m'engloutir. » Et sa femme le regardait en riant ! Il a bien aimé cette noble et courageuse compagne de sa vie. On retrouve sa gracieuse figure, ainsi que celle de ses enfants, dans toutes ses grandes compositions.

La nouvelle Pinacothèque ne renferme que peu d'œuvres du maître. En entrant on voit son portrait du roi Louis, traité à la manière raphaëlesque. Beau portrait, très-parlant, d'un coloris juste et harmonieux. Deux portraits encore dans la troisième salle : les peintres Heinlein et Menten, en costume de chevaliers, tels qu'ils ont figuré dans la mascarade des artistes munichois. C'est tout. Le tableau de *la Destruction de Jérusalem* est une réduction de la fresque qui se trouve au musée de Berlin. Ce n'est pas là qu'il faut chercher Kaulbach ; on ne trouverait que la désillusion. Son œuvre capitale est à peine connue : elle est posthume ; la photographie ne nous l'a révélée que cette année. Ce Kaulbach de la troisième manière est énorme. Il s'élève à la hauteur de Michel-Ange, avec des particularités plus romantiques et plus modernes. Dans sa série de compositions pour *le Déluge universel*, il a déployé toutes les ressources de son génie. On ne peut rien rêver de plus tragique, de plus grandiose, de plus saisissant. C'est un nouveau poëme du déluge, où tout est neuf, imprévu, sans que l'idée de l'invraisemblance vous vienne à l'esprit. A la légende biblique l'artiste n'emprunte que l'arche et l'ange qui la conduit. Tout le reste est de sa création et porte la marque d'une personnalité puissante, d'une poésie coquette, âpre, tendre et féroce. Voici d'abord l'*Ivresse d'amour*. Les fêtes de Cythère sont des jeux d'enfant à côté de cette frénésie érotique, qui s'est emparée de la nature entière. L'humanité succombe en bloc à la faute d'Adam; et, du haut de l'arbre de la science, le serpent du paradis terrestre darde sa langue enflammée. Mais cette fois ce n'est pas un ange qui viendra punir le péché universel; Dieu inondera d'eau cette terre toute brûlante de désirs impurs.

Dans la seconde composition, la pluie a commencé; elle tombe fine, serrée, avec une égalité lugubre. Un groupe de jeunes filles est occupé à tordre le large lambeau de toile dont elles se recouvrent. La vue de ces jeunes et frissonnantes beautés excite un impudique vieillard, espèce de faune embusqué sur le seuil d'une caverne; mais le flot monte, menaçant; l'humanité fuit vers les montagnes, et les animaux sauvages lui disputent le chemin. Kaulbach nous montre des combats successifs avec des lions, des dragons et des aigles; ces trois compositions sont d'un pathétique sublime.

Et le flot monte toujours! L'humanité atteint les sommets où trône la Mort. Ici, sur une arête de rocher, c'est le grand-prêtre qui se hisse sur les épaules des autres prêtres, et le chandelier sacré en main, attend, résigné, que l'eau arrive jusqu'à lui. Là, sur le plateau d'une montagne élevée, c'est un chef de tribu barbare qui a fait élever un bûcher pour immoler ses femmes et ses enfants et s'immoler lui-même; mais rien ne calme le courroux céleste. Les flots sont au niveau des plus hautes cimes. Les animaux antédiluviens se livrent un horrible et dernier combat; d'énormes serpents se dressent sur leur queue; un crocodile monstrueux s'attaque à un mammouth. L'arche, conduite par un ange aux ailes déployées, tenant une rame dans la main, passe calme et tranquille, emportant le couple de la régénération du monde. Des groupes épuisés, cramponnés à des radeaux à demi submergés, implorent l'envoyé du Seigneur, qui s'éloigne avec l'impassibilité majestueuse du justicier divin.

Telle est, rapidement et incomplétement esquissée, l'œuvre de Kaulbach, œuvre magistrale, audacieuse, devant laquelle s'ouvrent pour lui les portes de l'immortalité. Tout y est nouveau : les types, les sites, les situations. Il n'y a là rien de convenu; il a fait un vrai déluge universel en exprimant les idées communes à toutes les religions. Les découvertes de la science lui ont permis de rendre à la faune sa physionomie primitive, étrange et sauvage, et d'encadrer ses scènes dans le panorama gigantesque des âges préhistoriques.

Au nombre des œuvres posthumes de Kaulbach, il s'en trouve une que j'aimerais mieux laisser dans l'oubli, mais elle a fait à elle seule plus de bruit que les neuf grandes compositions du *Déluge*, et elle attire encore, à l'heure présente, des groupes devant les vitrines où elle est exposée. Je veux parler du *Saint Michel allemand* écrasant du même pied l'Église catholique et la France.

Kaulbach a donné à sa peinture, comme Wagner à sa musique, une « mission civilisatrice. » C'est ainsi que les Allemands appellent aujourd'hui leur haine contre l'ennemi héréditaire. Combattre la France, c'est « remplir une mission civilisatrice ». Si jamais un Français se fait assassiner au delà des Vosges, ce qui, du reste, est déjà arrivé [1], on entendra le meurtrier dire à ses juges : « J'ai fait mon devoir de bon citoyen ; n'ai-je pas aidé mon pays à accomplir sa mission civilisatrice ? »

C'est là pourtant où conduit cette haine effrayante qu'on inocule à l'enfant dès sa naissance, et que plus tard les livres d'école, la lecture des journaux, la poésie, le théâtre, la vue des gravures, les fêtes, les anniversaires de bataille, entretiendront comme la flamme sacrée du patriotisme. A ce compte-là, le patriotisme n'est que du cannibalisme. Kaulbach qui, dans ses fresques du musée de Berlin, a déjà célébré le « triomphe de la nation germanique sur le monde », était désigné d'avance pour symboliser les éclatantes victoires de la dernière campagne. Son *Saint Michel* est un vigoureux Germain, dans toute la force de la jeunesse, coiffé d'un casque dont la pointe se termine par une petite croix. L'aigle des Hohenzollern lui a prêté les ailes qui ornent son dos ; du bras droit, il lève son glaive ; du bras gauche, il tient son bouclier. Son pied écrase l'empereur Napoléon, dont la couronne a roulé à terre et qui tient son fils épouvanté dans ses bras. Napoléon est d'une ressemblance frappante, le prince impérial tourne à la caricature ; il a l'air d'un collégien en train de faire une farce et que son maître a surpris. Un autre « puissant de la terre », recouvert du manteau d'hermine et retenant sa couronne des deux mains, frappé par saint Michel, prend la fuite en rampant. Que représente ce personnage ? C'est ce que l'académie de Berlin pourrait nous dire peut-être, mais ce que nous ne pouvons deviner. Est-ce un prince dépossédé ? ou est-ce le vieil empire de Habsbourg, dont le traité de

---

[1] Qui ne se rappelle l'horrible assassinat, dans une cave de Berlin, de ce pauvre maître de français du nom de Grégy ? Il fut coupé en morceaux et cousu dans un sac qu'on retrouva dans la Sprée L'année dernière, le correspondant berlinois d'un grand journal de Paris a failli subir le même sort, parce qu'il ne voulait pas donner sa bourse à ceux qui la lui demandaient.

Versailles a achevé la ruine ? D'aucuns le prétendent. C'est ce que nous saurons bientôt. Un turco, à la figure bestiale et convulsée, se débat au milieu des flammes. Les autres figures appartiennent à la lutte religieuse. Le pape, élevant d'un geste désespéré l'Encyclique et la proclamation de l'infaillibilité, se sauve avec son collége de cardinaux ; de l'autre côté un jésuite déchire de ses ongles, dans son agonie, la carte de l'empire allemand, et un chapelain batailleur menace saint Michel du poing et de son chapelet. A travers la fumée, on aperçoit les trophées de la victoire, des aigles, des drapeaux [1].

Cette allégorie brutale est « dédiée à la valeureuse nation allemande ». Kaulbach a eu soin de décorer son saint Michel de l'ordre de la Croix de fer, afin que chaque soldat reconnaisse en lui un lieutenant ou un membre des associations guerrières. Le tableau est peint à l'huile et doit, dit-on, enrichir le musée de Berlin. On pourra graver sur son cadre ce verset du *Psaume contre Babylone*, du poëte Geibel : « Le Dieu de la lumière a terrassé le dragon, et la ville des insolentes railleries tremble sous l'épée flamboyante de l'Allemagne ». D'après les poëtes officiels allemands, ce qui a vaincu à Wœrth et à Sedan, ce « n'étaient pas les fusils et les canons, c'étaient l'humilité, la tempérance et la chasteté allemandes, conduites par saint Michel en personne. »

Les œuvres posthumes de Kaulbach seront exposées dans un petit musée que sa famille fait construire près de sa villa de la *Gartenstrasse*. Outre les cartons du *Déluge*, on y verra ceux des illustrations des poésies de Gœthe, et ses premiers essais de jeunesse, que madame Kaulbach a

---

[1] Jadis l'étendard allemand était orné d'un saint Michel cuirassé, comme celui de Kaulbach. Au quatorzième siècle, l'aigle fit son apparition. Le duc de Bavière a fondé un ordre de Saint-Michel qui existe encore et qui était primitivement destiné à récompenser ceux qui avaient « défendu la patrie ».

pieusement conservés. De ce nombre est un portrait que l'artiste fit de lui-même, et qu'il apporta, le soir de Noël, à son père en prison. Il s'est traité à la manière de Raphaël; les abondantes boucles de sa chevelure blonde lui donnent quelque ressemblance avec le maître romain. A la suite d'une maladie, il perdit à trente ans cette chevelure, véritable crinière de lion, qui était son orgueil. Il la remplaça par une perruque, dans laquelle il taillait imperturbablement, chaque fois qu'une de ses sentimentales admiratrices lui demandait quelques cheveux pour mettre dans un médaillon.

Kaulbach laisse un fils, qui est peintre aussi, mais qui ne marche pas sur ses traces. Il se rapproche, par son genre, de la peinture française.

Les autres maîtres, Cornélius, Overbeck, Hess, n'ont pas laissé non plus de successeurs. L'art s'en va à grands pas, et en fait d'école, les Munichois ne connaîtront bientôt plus que l'école du soldat.

## II

**TYPES, MŒURS ET CARACTÈRES**

### I

Les rues et les passants. — Véhicules et cochers. — Le Munichois. — La Brasserie royale. — Quelques types. — Le plus heureux des hommes. — La bière, les brasseurs et les buveurs. — Gambrinus et Bacchus.

Munich est trop grand pour le nombre relativement restreint de ses habitants. Ses vastes places, ses rues spacieuses sont la plupart du temps désertes. Aussi l'Athènes allemande est-elle ennuyeuse comme *Télémaque* traduit en allemand. Je préfère le village, petit, gai, coquet, à ces grandes capitales prétentieuses et froides. Berlin a l'air d'une vivandière qu'un général heureux a mise dans ses meubles; Munich ressemble à une comédienne sur le retour qui joue, différemment grimée et costumée, dans une pièce à tiroirs.

La vivandière lasse jusqu'à ses amants, et la comédienne manque de spectateurs. Il n'y a que les sables du Sahara qui soient aussi dépeuplés que certaines rues de Munich. Quand on passe devant les statues qui ornent ces décors grecs, gothiques, byzantins, on est tenté de les prier de descendre de leur piédestal pour animer un peu la scène.

Les véhicules vont avec une telle lenteur qu'on se demande s'ils craignent de réveiller la cité endormie. Toutes les demi-heures, on voit s'avancer une grosse voiture jaune, sans impériale, traînée par deux chevaux poussifs; on dirait d'une diligence de campagne qui a pris sa retraite : c'est un omnibus. On ne peut rien imaginer de plus fripé, de plus sale, de plus délabré. Les hommes y fument et les dames y mangent. Quelquefois on passe la bouteille à la ronde.

Les fiacres sont à si bon marché qu'on en prendrait du matin au soir, si l'on n'était pressé. Le cocher munichois, à force de passer sous les Propylées et de conduire des Anglais à la Pinacothèque, à la Gliptothèque, et d'entendre parler de la Grèce, d'Athènes, de Thésée, s'est incarné dans le malheureux Hippolyte sortant des portes de Trézène :

> Sa main sur ses chevaux laisse flotter les rênes;
> Ses superbes coursiers qu'on voyait autrefois,
> Pleins d'une ardeur si noble, obéir à sa voix,
> L'œil morne maintenant et la tête baissée,
> Semblent se conformer à sa triste pensée...

J'aime cependant mieux cet air penché et mélancolique de l'automédon munichois que l'expression si profondément canaille du cocher de Berlin.

Quand un équipage traverse Munich, c'est un événement. Les marchands accourent sur le seuil de leurs boutiques et l'on entend toutes les fenêtres s'ouvrir.

Les seuls véhicules qui se suivent et se succèdent presque sans interruption sont les chars de brasseurs et d'autres grands chars qui viennent de la gare, chargés de verres à bière, ce qui prouve que le nombre de bocks que les Munichois se cassent sur la tête n'a pas diminué.

Les constructions grecques, italiennes, byzantines qu'on rencontre à chaque pas, cadrent mal avec le type et la structure des habitants. L'architecture grecque est imposante et harmonieuse; l'architecture italienne, élégante, nerveuse, flexible. Or, les Bavarois sont ronds : figurez-vous des tonneaux ornés de bras et de jambes. On dit en allemand du Munichois : C'est un *Bierfass* (tonneau à bière) quand il se lève, et un *Fassbier* (tonneau de bière) quand il se couche. La tête du Munichois a la forme d'un entonnoir, elle est évasée par le haut. Un voyageur allemand, le baron Riesbeck, qui visita Munich au siècle dernier, a laissé du Bavarois un portrait qui n'a pas vieilli. Le baron Riesbeck était un observateur sincère, et les Allemands d'alors ne parlaient pas de « vertu allemande », ni de « sincérité allemande », ni de « courage allemand », comme s'ils avaient demandé à leur « bon Dieu allemand » un brevet pour l'exploitation spéciale de ces vertus. Il est vrai que, dans ce temps-là, s'il y avait des premiers moutardiers, il n'y avait pas encore de grands *penduliers*.

« Ce qui distingue à l'œil un Bavarois, écrit le baron Riesbeck, c'est sa tête, son menton pointu et son gros ventre. Plusieurs ont l'air de véritables caricatures. Ils ont les pieds courts, les épaules étroites, la tête grosse et le cou ramassé. Ils sont lourds dans leur démarche, et leurs petits yeux annoncent en eux un grand fonds de coquinerie. Les femmes, en général, sont les plus belles créatures qu'on puisse voir. Elles sont, à la vérité, un peu épaisses, mais leur carnation surpasse celle des plus belles peintures... Dans la capitale, les deux sexes s'habillent ou du moins croient s'habiller à la française, car les hommes sont toujours trop amateurs de l'or et des couleurs mélangées ; les gens de campagne se mettent absolument sans goût. Le principal ornement des hommes est une veste large et longue, étrangement brodée, au-dessous de laquelle pend fort bas une culotte fort

ample, apparemment pour donner du jeu à leur ventre, qui est la partie principale d'un Bavarois. Les femmes se parent ou se déguisent avec une espèce de justaucorps qui leur couvre la poitrine et les épaules et leur cache toute la gorge; cette cuirasse est couverte de grains et de chaînes d'argent. Dans plusieurs endroits, la maîtresse de la maison porte un trousseau de clefs et un couteau pendus à sa ceinture et qui touchent presque à terre. »
Frédéric II a porté le jugement suivant sur ses compatriotes : « Les Allemands, en général, sont des lourdauds, *les plus stupides, parmi eux, sont les Bavarois.* Les plus souples sont encore les Prussiens. Les Poméraniens sont naturels et rudes; mais les Berlinois et les Brandebourgeois ne valent absolument rien... »

M. de Bismarck, qui se flatte d'être le continuateur de Frédéric II, dont il a adopté la politique retorse, pleine de trappes et de mensonge, a dit du Bavarois : « Le Bavarois est quelque chose d'intermédiaire entre l'Autrichien et l'homme ».

Enfin le Suédois Oxenstiern a défini le Munichois par cette phrase : « C'est une créature qui boit plus qu'elle ne peut porter, un tonneau qui contient plus qu'il ne paraît. »

L'excès de la nourriture et de la boisson déborde, chez ce peuple, sur tout le corps. Il est bâfreur, glouton, avale royaume. Il déjeune jusqu'à midi et il dîne jusqu'au souper. L'apoplexie et l'indigestion le déciment. Aussi, quelle énorme chose qu'un Bavarois au repos, dormant, bien repu! Cela forme un vaste amas de chair; on a comme une idée de l'homme préhistorique, de l'homme mastodonte, d'une race toute matérielle qui devait vivre côte à côte avec les mammouths, les plésiosaures, les icthyosaures, en se traînant sur le ventre.

Les plus beaux exemplaires de ce type à peu près unique en Allemagne se rencontrent dans la brasserie royale.

La brasserie royale est une auge où toute la population munichoise est à l'engrais.

Il est impossible de décrire la malpropreté de cet établissement séculaire ; les générations qui y ont bu, mangé et dormi, se comptent par les couches de crasse qu'elles y ont laissées. A plusieurs reprises, les princes de Bavière ont essayé de faire comme Hercule et de prendre le balai, mais la populace s'est ameutée ; les Munichois ne veulent pas qu'on touche à cette brasserie sacro-sainte : elle est à eux, et le roi n'est ici qu'un simple cabaretier. L'étranger n'y trouve pas de place ; on lui permet de boire un broc dans la cour, mais on ne le laissera jamais s'asseoir à ces larges tables de bois, toutes gluantes de bière répandue, et sur lesquelles sont entassés des débris de repas apportés dans un morceau de vieux journal, par les consommateurs eux-mêmes.

Le cardinal du Perron qui appelait les Allemands « la nation la plus brutale, ennemie de tous les étrangers ; des esprits de bière et de poêle », disait qu'on reconnaissait immédiatement un Allemand devant un verre de vin ou de bière dans lequel une mouche est tombée. L'Italien renvoie le verre ; le Français ôte la mouche ; l'Allemand avale le verre avec la mouche.

— Mon Dieu, que c'est donc sale ici ! s'écria un jour un Viennois qui entrait pour la première fois dans la brasserie royale.

— Oui, oui, répondit un buveur, c'est un peu *simple*, mais il faut que cela reste ainsi pour qu'on continue à nous servir de la bière royale.

Il n'y a ni garçons ni *biermamzel* (demoiselles qui servent la bière). A la brasserie royale, chacun doit se servir soi-même. Comme les brocs sont toujours en circulation, il faut d'abord se mettre à leur recherche. Le plus simple est de se placer derrière un buveur et d'attendre qu'il parte ou qu'il s'endorme. Mais quelquefois il se réveille en sursaut et il défend son broc comme un fils qui défend sa mère. Quand vous avez un broc, vous allez le rincer à la fontaine, puis après avoir eu soin de prendre son numéro, vous le placez sur le comptoir. Au bout d'une minute, les brocs vides reviennent pleins, et l'on se bouscule pour retrouver chacun le sien. Les marchandes de radis, les marchandes de petites saucisses et de morceaux de *schwartzbrot* (pain noir), viennent vous offrir leur mangeaille peu appétissante. A dix-huit ans, ces marchandes étaient les Athéniennes du quartier grec de Munich : aujourd'hui, chargées de misère et d'infirmités, elles vous disent comme la lorette vieillie, de Gavarni : « Charitable môsieu, Dieu préserve vos fils de nos filles! »

Mais laisser les gens se servir eux-mêmes, cela a son inconvénient. Je n'en veux pour preuve que l'avis suivant que je trouve dans le numéro du 30 novembre 1875, de la *Suddeutsche-Presse* de Munich : « *Où sont les cruches à bière?* (Wo sind die Masskruger?) Dans la période
« des 22 derniers jours du mois, 300 cruches à bière
« ont été enlevées de la brasserie royale. M. Hartl prie
« ceux qui les ont de bien vouloir les lui revendre à
« 6 kreutzers pièce; il promet de ne faire aucune question
« indiscrète sur la provenance de ces brocs. »

C'est à la brasserie royale qu'on trouve la collection la plus complète de Munichois de vieille souche, *Urmünchner*. On rencontre à la même table le greffier du tribunal, avec sa calotte de drap, ses cheveux hérissés sur le front et sur la nuque, son binocle à cheval sur le bout du nez, sa bouche qui fait la moue et son menton en talon de galoche. De sa cravate de soie noire, roulée comme une corde autour du cou, jaillit un col à la pointe meurtrière. A côté de lui, un étudiant mal léché, son bonnet en forme de soucoupe sur la tête, fume un cigare ou tette une pipe. Le gendarme, avec son casque de pompier terminé en forme de croissant, son nez long et bête, sa bouche cachée sous une épaisse moustache blonde, et son impériale qui descend jusqu'au troisième bouton de son uniforme vert foncé, écoute gravement l'huissier du tribunal, à la casquette plate, au nez en pied de marmite et à la moustache de chien barbet, qui lui raconte de quelle façon l'accusé s'est comporté devant ses juges et comment il a entendu la sentence. On voit des buveurs dans tous les costumes possibles et impossibles. Il y en a en pantoufles, en robe de chambre; il y en a même qui ont oublié de mettre une chemise sous leur redingote. Mais une chemise, est-ce que cela fait le bonheur ? Les Allemands ne sont pas d'accord là-dessus. Vous connaissez ce joli poëme de *l'Homme heureux*. Un bon roi du temps jadis, qui n'avait pas d'usine Krupp dans ses domaines, qui revenait quelquefois de la brasserie avec sa couronne de travers, voulut un jour savoir quel était le plus heureux de ses sujets. Il fit venir des nobles, des bourgeois, des paysans ; tous avaient un petit cheveu dans le potage gras ou maigre de leur existence terrestre. Enfin, on lui amena un pauvre hère, qui couchait à la belle étoile et n'avait pour banquier que le bon Dieu des petits oiseaux. Cet homme déclara au roi qu'il était le plus heureux des mortels et qu'il n'avait pas... de chemise.

Dans quelques autres vieilles brasseries, enfumées et malpropres, telles que celles de Pschor, des Augustins, des Franciscains, de la *Scholastica* et du *Leberwurst*, on rencontre encore le vrai Munichois. La bière est son élément, comme l'eau est celui du poisson. La bière remplace pour lui le lait, la soupe et le pain. Quand la bière augmente, il y a des *bierkraval*, des révolutions de bière [1] ; quand la bière est mauvaise, il y a des révoltes

---

[1] En 1844 la populace brisa les vitres du palais du roi parce que la bière avait enchéri d'un kreutzer. On dut faire plusieurs charges de cavalerie ; on tira contre la Brasserie royale.

populaires contre les brasseurs. On ne badine pas avec la bière.

« La bière, disait à propos des dernières élections un journal viennois, la bière est l'alpha et l'oméga de l'existence en Bavière ; elle joue dans les affaires sociales, religieuses et politiques un rôle plus considérable que la viande de bœuf en Angleterre. Le culte de Gambrinus est poussé si loin, qu'on nourrit les nouveau-nés avec de la bière ; et chez ce peuple flegmatique et aux courtes jambes (*kurzbeinig*), l'augmentation de la bière produit des explosions terribles. »

Un enchérissement, même d'un kreutzer, a une grande importance pour le Munichois qui consomme en moyenne, de huit heures du matin à dix heures du soir, six à sept litres de bière. 7 kreutzers par jour, c'est 49 kreutzers par semaine, soit 6 francs par mois, 72 francs par an. Aussi, chaque fois que les journaux de Berlin parlent d'un impôt impérial sur la bière, les Bavarois se lèvent et brandissent leur cruche. L'impôt royal qui existe frappe déjà fortement la brune liqueur. Pendant la période de 1819 à 1825, cet impôt a rapporté annuellement en moyenne 4,400,000 florins; pendant celle de 1843 à 1849, 5,400,000 florins, et pendant la période de 1861 à 1867, il a rapporté en moyenne 8,660,000 florins. En 1869, la Bavière comptait 5,385 fabriques de bière, produisant chaque année 8,800,000 cimers de bière. L'industrie de la bière occupe 9,727 ouvriers permanents. La plus grande brasserie est celle de Gabriel Sedlmayr, qui livra, en 1869, 280,000 hectolitres de bière et paya 1,032,000 francs d'impôt. La ville de Munich seule consomme 28,200,000 litres de bière par an. Un jour que j'étais dans une petite brasserie, j'entendis un buveur qui criait : « Ah ! vieille hôtesse d'enfer, tu ne veux plus me donner à boire. Tu dis que j'ai bu quinze chopes, et que si j'en bois davantage je serai ivre ». — « Oui, et j'ai raison, riposta l'hôtesse ; quand tu rentres ivre, ta femme te bat, tu restes trois jours au lit et je perds quinze chopes par jour. »

Les brasseurs, les charcutiers, les bouchers de Munich sont presque tous millionnaires. Le grand brasseur Pschor, qui porte des boucles d'oreilles, vous sert lui-même un bock de bière ou une soupe, et il s'en va ensuite en équipage à deux chevaux faire une promenade au Jardin anglais, — le bois de Boulogne de Munich. Le propriétaire de la brasserie des Franciscains fait absolument la même chose.

Il y a plusieurs sortes de bière : le salvatorbier, le bockbier, le weissbier, le winterbier qui se débitent à des époques déterminées. Quand l'une ou l'autre de ces bières est prête à être livrée à la consommation, les journaux de Munich l'annoncent solennellement, plus d'un mois à l'avance. Un sapin à l'entrée des brasseries indique qu'on est pourvu de bockbier. Le bock est une boisson noire, sirupeuse, épaisse. Deux chopes suffisent pour enivrer un infidèle. Avec le bock on mange des *bockwurzte*, petites saucisses de viande de veau très-épicées. Le bock ne se boit qu'au printemps et se sert dans des vases spéciaux, au couvercle d'étain, orné d'un petit bouc qui se précipite, tête basse, contre un verre de bière. A la brasserie royale, on débite le bock dans un vieux hangar, de neuf heures à une heure. On se dispute l'entrée à coups de poing. C'est une véritable fête. Des violoneux ambulants, montés sur des tonneaux, raclent la *Bockwalzer*. Bientôt, hommes et femmes tourbillonnent dans une ronde bachique, en poussant le cri consacré, l'*Evohé* munichois :

> Ha! ha! ha!
> O Jérum, Jérum!
> Jérum!

Jadis on promenait un bouc enrubanné dans les rues de Munich ; les étudiants qui le conduisaient tenaient des discours humoristiques à la foule, — puis passaient le plat.

Le salvatorbier est le précurseur du bockbier. On sert le salvator quinze jours avant le bock ; on l'appelle aussi *Zacherloel* (huile de Zacherl) ou *Gott Vater Bier* (bière Dieu le Père). Quand le couvent qui la brassait fut supprimé, le privilége de faire de la bière de salvator fut octroyé à un brasseur nommé Zacherl. Le bourgmestre de Munich vient en personne et à cheval boire le premier verre de salvator. Le dernier jour, quelques heures avant qu'on ne livre au public la dernière chope de salvatorbier, on voit arriver des bandes de musiciens armés de harpes, de violons et de clarinettes; ils jouent la *Salvatorwalzer* que les buveurs dansent en hurlant :

> Gut'n Morgen, Herr Fischer,
> Herr Fischer, gut'n Morgen.
> Ia ! ia ! Hinum, herum,
> Hinum, herum, hinum!
> . . . . . . . . .
> Jetz muss ma, jetzt muss ma
> Jetz muss ma fort.
> Au weh! au weh! jetz muss ma fort.

— Bonjour, monsieur Fischer, — Monsieur Fischer, bonjour. — Oui, oui, hinum, etc. — Maintenant il faut s'en aller. — Il faut s'en aller, ô douleur, ô malheur, etc.

En français, cela s'appelle d'un mot vulgaire, mais énergique, une *scie*.

Cette bière, que le Bavarois s'ingurgite du matin au soir, le rend gras, lourd, renfrogné et brutal. Dans les brasseries, les conversations roulent généralement sur la mangeaille, on y dévore et on y boit plus qu'on ne parle. C'est un jeu de mâchoires non interrompu; on dirait qu'elles sont mises en mouvement par un moteur à vapeur. Il n'y a un peu d'animation que lorsqu'on parle de la France où l'on a vécu, en 1870-1871 « comme des dieux ». Quand il y a trop d'alcool dans la bière, l'étranger risque d'être insulté.

Un de mes amis entra l'été dernier dans une brasserie où il s'avisa de parler français. Tout à coup un colosse de six pieds se lève, et s'approche de lui : « Je vous défends de parler français, » hurla-t-il. Une vive contestation s'engage ; le colosse déclare qu'il est officier, et menace le *franzmann* de le faire « empoigner » par la patrouille. Cette haine contre la France, que la Prusse entretient partout, de l'école jusque dans les brasseries, est, ainsi qu'un écrivain le constate avec raison, le meilleur dérivatif aux fâcheuses velléités qu'ont les Allemands de s'occuper de leurs petites affaires intérieures et de critiquer leur gouvernement.

La vénération du Bavarois pour Gambrinus et Bacchus date de loin. La chronique de la petite ville bavaroise de Memmingen rapporte qu'en l'an 1448, les cabarets de la ville n'eurent plus de vin. Le sénat envoya une députation solennelle chez les vignerons du Neckar pour se procurer à boire. A l'approche du chariot chargé de tonneaux, les citoyens se rendirent en procession au-devant de lui, avec des tambours et des drapeaux, et l'on alluma un grand feu de joie, autour duquel l'on dansa en faisant des libations.

## II

L'Allemagne a-t-elle un caractère national? — Berlin et Munich. — La race du Nord et la race du Sud. — Antipathies entre les deux races. — Anecdotes. — Le langage des députés et de la presse avant et après la guerre.

L'Allemagne, quoique unifiée depuis quatre ans, n'a pas de caractère national proprement dit. Berlin s'est arrogé le titre de capitale de l'empire ; au fond, c'est encore la capitale de la Prusse. Munich est restée la capitale de la Bavière ; Dresde, la capitale de la Saxe ; Stuttgard, la capitale du Wurtemberg. Hambourg est une capitale décapitée par la Prusse, elle porte sa tête comme saint Denis, et cette tête pense et parle encore. Les caractères provinciaux ou *particularistes*, si l'on peut employer ce mot, se retrouvent partout. « Il est certain que l'Allemagne, pour diverses raisons, a dit l'auteur de *l'Allemagne politique*, est difficile à connaître. D'abord c'est, avec la Suisse, le seul pays où l'esprit local, si puissant autrefois, subsiste dans toute sa force. Si l'on entend par capitale une ville petite ou grande où se concentre comme dans un foyer l'esprit général d'une société grande ou petite, l'Allemagne est le seul pays qui ait plusieurs capitales ; elle en a presque autant que de villes. Un poëte s'est demandé dans une chanson célèbre quelle était la patrie des Allemands ; il aurait dû répondre : La rue où il est né. L'Allemand est homme de clocher, et longtemps encore le bourgeois primera en lui le citoyen. C'est précisément pour cela qu'il est cosmopolite, qu'il se résout facilement aux lointaines migrations. Une fois sorti de l'ombre de ses murailles natales, peu lui importe où il va. Que le Francfortois s'établisse à Berlin ou au Brésil, il n'y sera pas chez lui. Telle cigogne badoise ou bavaroise s'en va passer ses hivers en Egypte; ne détruisez pas le nid qu'elle s'est construit au sommet du clocher qu'elle aime, ce nid, pour elle, c'est l'Allemagne, et, si elle ne le retrouve pas, elle se croira toujours en Egypte. Dernièrement un journaliste prussien de méchante humeur reprochait aux bourgeois de Hambourg le peu d'enthousiasme que leur inspire la grande cause de l'unité nationale; il ajoutait, non sans quelque dépit, que pour le Hambourgeois il n'y a que deux choses : Hambourg et le monde. A ce compte, toutes les villes allemandes sont des Hambourg : grand embarras pour l'étranger qui veut connaître l'esprit allemand, où ira-t-il l'étudier? A Francfort, à Dresde, à Munich ou à Stuttgard? »

Le caractère prussien qui domine aujourd'hui dans la politique, n'est pas le caractère allemand; car la Prusse n'est pas une nation, c'est un système. Le royaume de Prusse, a dit un Prussien, est une espèce d'horloge qui s'arrête dès qu'une roue est dérangée. Une fois le mécanisme détraqué, le caractère politique actuel disparaîtra. La situation présente des divers États de l'empire rappelle le petit Poucet et ses frères dans la maison de l'ogre.

Quand il s'agit des Allemands, il faut faire comme les médecins, il faut distinguer. Ce qui s'applique à telle province ne s'applique pas à telle autre; l'individualisme n'est nulle part développé comme au delà du Rhin, et les efforts de M. de Bismarck et de ses fidèles nationaux-libéraux tendent précisément à détruire cet esprit local pour arriver à une unité de mœurs, d'idées et d'institutions dont Berlin seul règlerait la marche.

Entre les Allemands du Sud et les Allemands du Nord, la différence est presque aussi grande qu'entre les Italiens et les Anglais. Il y a contraste dans la nature et contraste dans les mœurs, contraste dans la religion, les idées et le caractère. Le Nord a d'autres origines, d'autres traditions, un autre tempérament. Aussi le mariage de la Bavière avec la Prusse, célébré à Versailles en 1871, est-il un mariage de convenances politiques fort mal assorti, et la Bavière, si elle l'osait, plaiderait en séparation.

Cassel qu'on peut prendre pour le point de limite entre les deux zones du Nord et du Sud, est une ville italienne; non-seulement Stuttgard est italien d'aspect, mais oriental, avec ses jardins merveilleux de la Wilhelma.

L'Allemagne du Nord, comme l'Angleterre, est un pays côtier. Les sables du Brandebourg ressemblent à une prolongation du rivage de la mer; et il y a du pirate dans le Prussien. Son pays est trop pauvre pour le nourrir; il doit forcément prendre ailleurs, envahir ou émigrer. La guerre est pour lui une industrie.

On sait comment il a traduit la devise : *Ora et labora*. Prie, travaille et prends. Il a pris de tout temps, et il prendra encore beaucoup, jusqu'à ce qu'enfin l'Europe mette toute sa gendarmerie à ses trousses.

Dans le Sud, où le sol est fertile, où le vin est abondant, où le houblon et la pomme de terre fleurissent, le peuple n'a pas ces instincts de rapine. Il boit, fume et s'engraisse sans souci. C'est le ventre. Le Nord, c'est la tête. Le paysan bavarois est un grand seigneur en comparaison des pauvres diables qui grattent le sable du Brandebourg. Il s'en va au marché en char attelé de deux chevaux, tandis qu'en Prusse, ce sont de malheureux chiens, mourants de faim, qui traînent à la ville les maigres produits d'une nature marâtre.

Dans le Nord, il n'y a pas de cathédrales, mais il y a des casernes et des arsenaux. Dans le Sud, la plus belle maison du village est l'auberge; dans le Nord, c'est l'école.

Et les sentiments religieux. Le protestant du Nord est sceptique ou rationnaliste. Il considère la vie comme un accident, il en fait bon marché ; la mort est pour lui une transformation plutôt qu'une transition. Sur le champ de combat, le soldat prussien ne connaît pas l'héroïsme ; il reste impassible et meurt dans le rang, comme si la bataille était une parade. Il sert l'État, il obéit ; en mourant, il fait tout simplement son devoir. Les gens du Sud se démènent et crient ; ils sont Italiens ou Espagnols sous ce rapport, et pour eux l'autre monde, le paradis, est un lieu où « l'on s'amuse d'une façon vraiment exquise, où l'on a tous les divertissements possibles ; où l'on passe tous ses jours dans la joie et les plaisirs, absolument comme Dieu en France. On dîne du matin au soir ; les volailles rôties volent çà et là, la saucière au bec, et se sentent très-flattées lorsqu'on veut bien les prendre ; des tourtes au beurre, dorées, poussent droites comme des tournesols ; partout des ruisseaux de bouillon et de vin de Champagne ; partout des arbres auxquels flottent des serviettes ; on mange, on s'essuie la bouche, et l'on mange de nouveau sans se fatiguer l'estomac [1]. » Le monde futur des hommes du Nord est tout philosophique, c'est la fin des joies et des souffrances.

Attablez-vous dans une auberge de campagne, en Bavière, on vous servira des repas de prince. On trouve du Bordeaux dans les hameaux les plus reculés de la monarchie, et l'aubergiste vous apporte, à la fin du dîner, un journal pour emporter les côtelettes, le jambon et le fromage que vous n'avez pas fini [2]. Dans le Brandebourg, on fera bien de prendre des provisions de voyage avec soi,

---

[1] Heine.
[2] On raconte que les curés bavarois trouvent toujours moyen de rapporter quelque chose dans leur poche quand ils dînent dehors. Par exemple, quand on sert une saucisse, ils disent à l'amphytrion. « Ça vous est égal où je coupe la saucisse ? » — « Parfaitement égal monsieur le curé ». — « Alors je la couperai chez moi, » et ils empochent la saucisse.

Les *Fligende Blætter* de Munich représentaient après la guerre un officier prussien, maigre et efflanqué, qui rencontre un capitaine bavarois dont le ventre aurait eu besoin de solides étais : « Il y a donc aussi une Bavière en France ! » s'écrie le Prussien.

Avec ces différences de caractère essentielles, les deux races du Nord et du Sud se sont toujours haïes et méprisées.

Les Bavarois ne peuvent oublier que Frédéric II leur fit la guerre uniquement pour payer son armée. « Quand on entend parler du roi de Prusse dans le Midi de l'Allemagne, dit un voyageur allemand qui parcourait la Bavière à la fin du règne de Frédéric, on s'imagine entendre l'histoire d'un ange exterminateur dont l'occupation et le plaisir étaient de tuer les hommes par millions, de brûler des villes et des villages et d'être le premier général de son temps. Cette opinion est fondée sur la même base qu'une autre de même espèce, généralement adoptée par le vulgaire pendant la dernière guerre de Silésie : c'est que le roi de Prusse avait pris les armes contre la France et l'Autriche, afin d'abolir la religion catholique romaine. »

Le vieux Bavarois, *alt Baier,* ne pardonne pas 1866 aux Prussiens, et il ne les désigne jamais que sous le sobriquet de *Bettelpreussen,* gueux et mendiants de Prussiens.

Quand un Prussien voyage dans le Sud, il a toujours soin de se dire et d'écrire sur les registres d'hôtel : *Norddeutsche* (Allemand du Nord), pour bien se distinguer des *Suddeutsche* (Allemands du Sud), qui sont à ses yeux de race très-inférieure.

Les touristes prussiens sont toujours armés d'un parasol blanc. On les reconnaît par là dans toute la Bavière. L'été dernier, un boucher de Munich se rendit dans une auberge des environs avec un parasol de cette couleur. Les paysans qui buvaient, de s'écrier aussitôt : « Ça c'est un Prussien ! Il n'y a que les Prussiens qui portent des affaires comme ça ! Dehors, chien de Prussien ! » Et ils se précipitèrent sur le malencontreux boucher et le chassèrent à coups de pied.

Des faits de ce genre se passent à tout instant. Immédiatement après les « étonnantes victoires » des armées prussiennes, en 1870-71, quand un Prussien élevait la voix dans une brasserie ou un café, personne n'osait ouvrir la bouche : on avait peur. Aujourd'hui, ce terrorisme qu'inspirait le prestige de la force, a disparu, et il n'y a pas de plaisir plus recherché des Bavarois que celui de jeter les Prussiens trop insolents hors des *localen*.

Même les inscriptions sur les couvercles de chopes sont dirigées contre la Prusse. En voici une prise au hasard et copiée à la brasserie des Franciscains :

> Wenns Deutschland einmal einig wird,
> Und a jungs schon's Madl treu;
> Wenns s'viele Geld die Leut genist,
> Ist alles kreuz vorbei.
>
> Quand l'Allemagne sera unie,
> Et qu'une jeune et belle fille sera fidèle,
> Et quand tout le monde aura beaucoup d'argent,
> Alors, ce sera un paradis.

Au-dessous des mouches peintes, avec cette inscription :

*Aber da hat's Mücken !*

c'est-à-dire, il sera difficile d'en venir là, il y a « des mouches ! »

Les anecdotes sur cette antipathie croissante abondent. Un jour, un monsieur se présente dans un magasin et demande un flacon d'eau-de-vie de Dantzig. — « Nous n'avons pas de produits étrangers, » répond le marchand munichois. — « Mais, dit le monsieur, Dantzig est en Prusse ; ce n'est pas un pays étranger ». — « Pour nous autres Bavarois, réplique le marchand, la Prusse est un pays étranger », et il tourna le dos au client, qui était un secrétaire de l'ambassade prussienne.

Lorsque le prince royal de Prusse, « notre Fritz », passa cet automne à Munich, à son retour d'Italie, les gamins se mirent à crier au moment où le train quittait la gare : « Le voilà qui s'en retourne en Prusse ! »

Il suffit de relire les discours de la Chambre des députés, en 1870, avant et après la déclaration de guerre, pour se convaincre de l'antagonisme qui a toujours existé entre les Bavarois et les Prussiens. A l'occasion de la constitution de l'empire, un député patriote répondit aux orateurs nationaux-libéraux qui essayaient de gagner leurs adversaires par des phrases sentimentales sur l'unité allemande : « Ah ! nous la connaissons, votre unité : c'est la domination prussienne ; si vous poursuivez réellement l'idéal de l'Allemagne unifiée, pourquoi commencer par l'exclusion des 12 millions d'Allemands autrichiens ? »

Les nationaux-libéraux changèrent alors de chanson et de ton ; ils dirent : « Si vous ne signez pas les traités de Versailles, la Prusse nous cherchera noise ; elle nous annexera sans autre forme de procès. »

M. Jœrg fut enchanté de ce langage qui lui faisait la partie belle : il mit les nationaux-libéraux en contradiction avec eux-mêmes. « Vous nous vantez la magnificence du roi de Prusse ; vous nous parlez sans cesse des sentiments fraternels des Prussiens, et vous venez nous dire aujourd'hui que nos bons amis, pour lesquels 12,000 de nos enfants se sont fait tuer, et pour lesquels nous avons dépensé 150 millions ; vous venez nous dire que ce sont de faux frères et qu'ils n'attendent que le moment de nous tomber dessus. »

Le 20 janvier 1871, le député Pfahler contestait en ces termes, à M. de Bismarck, le droit de fonder l'unité allemande : « Pourquoi la Prusse a-t-elle si souvent attaqué l'Autriche depuis un siècle ? Pourquoi a-t-elle conclu avec la France le honteux traité de Bâle ? Pourquoi a-t-elle empêché en 1815 le rétablissement du Saint-Empire ! Pourquoi a-t-elle pratiqué, en 1854 et en 1859, la politique du « libre arbitre ? » Pourquoi a-t-elle alors contenu et étouffé l'ardeur des Allemands du Sud contre l'ennemi héréditaire ? (La Bavière et la Saxe voulaient s'allier à l'Autriche contre la France et l'Italie.) Pourquoi, en 1866, a-t-elle dissous la Confédération germanique avec l'aide de cet « ennemi héréditaire ? » Pourquoi, en 1870, a-t-elle entrepris une guerre qui surpasse en barbarie tout ce qu'on a vu ? C'est à l'histoire de répondre ; mais moi, je déclare que celui qui a travaillé à détruire le lien allemand ne peut créer l'unité allemande. »

Ce langage n'était que l'écho affaibli de ce que disaient les journaux de Munich lors de la déclaration de guerre. Le *Vaterland*, entre autres, se demandait : « Que ferons-nous ? La conscience d'un ministre, d'un représentant bavarois leur permet-elle de sacrifier la vie et le sang de nos enfants pour la caserne prussienne, pour l'avide et féroce ambition des sanglants assassins de 1866 ? Est-il possible à un Bavarois de se battre pour cette Prusse qui, victorieuse, — Dieu nous en garde ! — nous dévorerait comme elle a dévoré, en 1866, le Hanovre et la Hesse ? Non, jamais ! — La revanche de Sadowa est sur le point de s'accomplir ; la justice éternelle a tiré le glaive pour châtier le crime immense des brigands sanguinaires de 1866. Laissons le glaive retomber sur leur tête, laissons passer la justice de Dieu ! Que le sang de nos frères et de nos fils immolés sur tant de champs de bataille retombe sur les assassins prussiens (*sic*). Que la Prusse, fille de Caïn, aille seule se placer devant la mitraille française, etc., etc. »

Voilà un langage suffisamment expressif et qui laisse peu à désirer sous le rapport de la clarté. Les journalistes qui le tiendraient aujourd'hui seraient mis entre quatre murs; mais allez, le dimanche soir surtout, dans les brasseries populaires, vous entendrez tous les buveurs de la vieille Bavière crier bien fort qu'ils veulent « mourir Bavarois et non crever (*krepiren*) Prussiens. »

## II

Les Prussiens en Bavière. — Les trois préfets de M. de Bismarck. — Comment la Prusse s'empare de l'armée. — Les sous-officiers prussiens. — Le roi et le prince héritier. — La Prusse maîtresse d'école. — La presse prussienne et le roi de Bavière.

En l'an 1573, l'empereur de Chine Chin-Tsong avait permis aux Tartares-Mandchoux, descendus du Nord, de s'établir dans son empire; quand ils furent bien établis, comme les mandarins étaient devenus très-gras et n'avaient plus assez d'énergie pour gouverner, les Tartares-Mandchoux s'emparèrent de Pékin, détrônèrent le prince régnant, et proclamèrent leur chef, Choun-Tschi, empereur de toute la Chine.

Les écrivains de l'avenir seront appelés à constater la similitude qu'il y a entre cette période historique de la Chine et la période politique que traverse actuellement la Bavière. Les Tartares-Mandchoux du Brandebourg sont presque déjà maîtres de Munich, où les mandarins sont pour eux. Le fils du Ciel lui-même commence à douter de sa divinité, et il ouvre les portes de son palais à l'ennemi.

Ce serait la plus curieuse et la plus instructive des enquêtes que celle sur les voies et moyens employés par la Prusse pour s'emparer insensiblement de la Bavière. Les Hohenzollern ont l'habitude de préparer le terrain de longue main, et d'arriver à une conquête politique et morale qui rend souvent superflue la conquête matérielle.

M. de Bismarck a commencé par faire donner aux mandarins du roi Louis, qui n'avaient pas de bouton, le grand bouton de cristal, avec l'Aigle noir et la dotation de première classe. Sur les cinq milliards... empruntés à la France, la Prusse a prélevé quelques centaines de mille thalers pour les octroyer gracieusement à MM. Lutz, Pfeufer et Fœustel. Ces ministres remplissent à Munich les fonctions de préfets prussiens. Ils ne prennent pas leurs ordres au château de Berg, mais au n° 76 de Wilhemstrasse, à Berlin. Ce sont eux qui ont inventé cette fameuse géométrie électorale, qui devait assurer la victoire des amis de la Prusse. Pendant la période électorale, le chef du bureau des *reptiles*, le confident de M. de Bismarck, M. Ægidi, est venu à Munich ; il demeurait dans le voisinage du ministre des affaires étrangères. « Le 20 octobre, dit le journal auquel j'emprunte ce détail caractéristique, quand le roi Louis eut lancé son *quos ego* à la majorité de la Chambre et du pays, M. Ægidi reprit le chemin de Berlin en fredonnant cette variante de la *Wacht am Rhein :* « Chère patrie, tu peux dormir tranquille ; Pfeufer et Von der Tann montent la garde aux bords de l'Isar. »

M. de Bismarck a désigné les ministres actuels pour introduire le *Kulturkampf* en Bavière. La *Gazette nationale* disait, au mois d'octobre dernier, qu'elle espérait « qu'à l'aide des nouvelles lois, on extirperait de la Bavière le chancre ultramontain qui la ronge ». Ces hommes d'État qui ont entrepris de fondre le royaume dans le grand empire germanique, ont déjà tenté un petit essai de « guérison », au mois de juin dernier. Ils ont profité des vacances de la Diète pour interdire les processions du jubilé. Mais voulant masquer leur jeu, quand est venue la fête de Sedan, MM. Lutz et Fœustel ont prévenu les pasteurs protestants « qu'une autorisation préalable du ministre était nécessaire pour sonner les cloches et célébrer un service spécial ». Là-dessus grande fureur de la même *Gazette nationale* de Berlin, qui accabla M. Lutz de reproches et l'accusa de faire cause commune avec les « noirs enfants des ténèbres ». Cette comédie des deux augures se joue chaque fois que Berlin a besoin de jeter un peu de poudre aux yeux des Bavarois.

M. de Bismarck a su non-seulement s'attacher par les liens puissants de l'intérêt, les chefs du cabinet du roi, mais encore les chefs de l'armée. Tous les généraux bavarois ont été récompensés par de grosses dotations, et en restant fidèles à la Prusse, ils ont la perspective de percevoir encore de fortes commissions sur les annexions et les bombardements futurs. Le général Von der Tann, cet enfant ingrat de l'Alsace, a reçu pour sa part 300,000 écus. Les jeunes officiers ne voient de l'avancement et des décorations que dans les plis du drapeau de l'empire, — drapeau rouge, blanc et noir, — les trois couleurs du sang, de l'argent et de la mort.

Quant aux sous-officiers, ils sont tous d'origine prussienne. Le soldat bavarois les déteste, parce qu'ils ont l'habitude de traiter les conscrits avec une vigueur de poignet qui rappelle cette anecdote : Le domestique d'un officier prussien vantait à un de ses camarades les qualités de son maître : « Il est doux, il est bon, il est charmant, disait-il ; pourvu que je lui brosse bien ses habits, c'est tout ce qu'il demande. » — « Et mon maître donc ; il est bien plus facile à vivre : il bat mon uniforme chaque matin quand j'ai fini de battre le sien ! » — « Vraiment ! » fit l'autre d'un air incrédule. — « Mais oui !... Seulement, il faut que j'aie mon uniforme sur le dos. »

Ces sous-officiers ont conservé dans leur pureté primitive les traditions de Frédéric II, dit le Schlagueur. Le *Zeitgeist*, de Munich, racontait l'autre jour, en le leur attribuant, le fait que voici :

Un soldat du régiment de la garde, qui avait subi une détention de cinq mois à Passau, pour désertion, fut réincorporé dans son régiment, et déserta de nouveau. On le rattrapa ; ramené à la caserne, il fut lié à un poteau. Il pouvait à peine remuer la tête. Après l'avoir laissé quatre heures ainsi attaché, on lui fit faire l'exercice, puis on le traîna, à moitié mort de fatigue, dans un infect cachot.

C'est ainsi qu'on apprend aux Bavarois qu'ils font partie du glorieux empire de la crainte de M. de Bismarck.

L'armée bavaroise est maintenant aux mains de la Prusse. Sous cette discipline de fer, le soldat n'est qu'une machine ; il murmure quelquefois, mais il obéit toujours. Ce qui fait la force du système prussien, c'est précisément l'armée. Tant que M. de Bismarck pourra compter sur le soldat, il n'a à redouter ni les ennemis de l'intérieur ni ceux de l'extérieur.

Le prince Frédéric-Guillaume de Prusse a pris le titre d'inspecteur général des deux corps d'armée que forme le contingent bavarois. L'été dernier, « notre Fritz » a passé la revue du 1er corps dans les environs d'Augsbourg, et un mois plus tard, comme pour affirmer sa souveraineté, le roi Louis passait une autre revue de ses troupes sur le champ de Mars de Munich. A la vue de son souverain, le peuple poussa des acclamations qui ont dû faire dresser les oreilles au prince héritier, à Berlin. Le lendemain, les journaux catholiques, démocratiques et socialistes faisaient unanimement ressortir l'importance politique de cette revue, et parlant de l'enthousiasme de la foule, ils ajoutaient : « Non, il n'est pas possible que la Bavière subisse jamais le sort du Hanovre ».

A la suite du roi, et au dernier rang de l'état-major se tenaient modestement l'attaché militaire de l'ambassade prussienne et le major de Stülpnagel, frère ou neveu du général de cavalerie que M. de Moltke envoya à Stuttgard pour réorganiser l'armée wurtembergeoise. On sait que ce chevalier des casques à pointe n'avait pas une position des plus agréables à la cour du roi Charles, fort indécis sur l'exercice de ses droits royaux et militaires. Un jour que le général Stülpnagel était parti en congé, le roi de Wurtemberg voulut faire comme le roi de Bavière, et reparaître devant les soldats de son pays, sans trouver à leur tête un général prussien. Mais l'aide de camp de M. de Stülpnagel s'empressa de télégraphier à son chef la résolution du roi. Le général repartit à la hâte pour Stuttgard et arriva juste au moment où l'armée wurtembergeoise, rangée en ordre de bataille sur le champ de manœuvres, attendait l'arrivée du roi. La surprise du monarque fut grande quand, en s'approchant de ses troupes, il aperçut le général de Stülpnagel, l'épée à la main, qui s'avança respectueusement et lui dit en le saluant : « Votre Majesté a ordonné une revue du 13e corps de l'armée allemande ; j'aurai l'honneur de faire défiler les troupes devant Votre Majesté. »

Le budget militaire de la Bavière est fixé, pour 1876, à 41,600,283 marcs, soit 1,088,624 marcs de plus qu'en 1875. La Chambre n'a pas le droit d'y toucher. On le lui communique et elle doit l'accepter tel quel, toutes les questions militaires étant du ressort spécial du Parlement allemand. La Chambre bavaroise a toutefois le privilége de pouvoir discuter les crédits extraordinaires que le ministère de la guerre demande chaque année, et qu'elle a refusés jusqu'ici avec enthousiasme. Un conflit éclata à ce sujet, entre le général Prankh et la Chambre qui rejeta son projet de loi concernant les pensions des employés civils de l'armée. Le général Prankh, ministre de la guerre, offrit sa démission.

« Peut-on espérer, se demandait alors un correspondant munichois, qu'un changement de personnes amènera un mieux sous ce rapport ? Nullement. Que ce soit, au lieu de M. Prankh, un autre ministre quelconque, la situation demeurera la même. A Berlin, on se frotte naturellement les mains de tout cela, car il doit immanquablement arriver qu'un de ces jours la Bavière, pour des motifs financiers, renonce à son administration militaire particulière et laisse à la Prusse le soin d'administrer pour elle son armée. La

Prusse poursuit l'unification de l'Allemagne, c'est-à-dire des peuples allemands. Et elle fera tout pour arriver à son but. Les difficultés ne la rebutent pas; elle marche les yeux fixés sur le point d'arrivée, et tout ce qui entrave sa marche, étant renversé par elle, ne semble vraiment pas exister. »

La *Suddeutsche Post* fit judicieusement remarquer que par suite de l'autonomie militaire administrative de la Bavière, l'argent est mesuré avec beaucoup de parcimonie au ministère de la guerre, d'autant plus que le contrôle prussien a soin d'arranger les choses de façon que les crédits extraordinaires aillent vers l'empire plutôt que vers le royaume et qu'ils s'épuisent du côté où ils penchent.

M. le général Prankh, qui travaillait depuis 1866 à faire des soldats bavarois d'excellents soldats prussiens, se retira, et c'est aujourd'hui le général Mallinger, commandant du 2ᵉ corps d'armée, qui est chargé d'enlever la chenille des casques bavarois pour la remplacer par la canule. M. Mallinger a fait la campagne de la Loire, et de même que M. Pfeufer, ministre de l'intérieur, il est connu pour ses tendances archi-prussiennes.

La Prusse, après s'être emparée de l'armée, cherche à s'emparer de l'école. Elle plaide la cause des instituteurs, elle flatte le maître d'école, et l'enseignement, sous prétexte d'être national, est absolument prussien. « *Die Wissenschafft eine Waffe, die Waffe eine Wissenschafft.* » La science est une arme, et une arme est une science ! Telle est la devise que les maisons de librairie de Berlin avaient arborée à l'exposition de Vienne. « Le jury en corps a été conduit devant ce trophée, dit le rapporteur suisse, M. Rambert. Il ne comprenait pas d'abord. On a eu le malheur de lui laisser le temps de comprendre, et le jury, d'un mouvement unanime, a fait une volte-face significative. »

Ouvrez les livres de lecture et les recueils de chants introduits dans les écoles bavaroises depuis la guerre. Tout y est ramené au *Preussische Staat*, à l'État prussien. Les autres États de l'Allemagne ne sont que des satellites qui reçoivent la lumière de l'astre central. Il n'y est question que de la « mission civilisatrice » de la Prusse. Les cartes et les traités de géographie enseignent tous la guerre. Depuis 1867, les cartes murales incorporent le Tyrol, Vienne, Trieste, le Danemark dans l'empire allemand. Le *Leitfaden für den Unterricht in der Geographie von prof. reff. A. Daniel* [1] (Guide pour l'enseignement de la Géographie, par le prof. A. Daniel), obligatoire dans toutes les écoles allemandes, renferme sous le titre générique de *Deutschland*, Allemagne, ce paragraphe peu rassurant :

Paragraphe 103. — *Deutsche Aussenlænder* (Schweitz, Liechtenstein, BELGIEN, NIEDERLANDE, Luxemburg, Dænemark.) *Die sechs in der Ueberschrift genannten Staaten werden als Anhang zu Deutschland betratchtet, weil sie grœssentheils innerhalb der naturlichen Grenzen Deutschlands liegen, weil mit weningen Ausnamen diese Lænder zum alten Deutschen Reiche theilweise bis 1866, zum Deutschen Bund, gehœrt haben.*

Voici la traduction littérale de cet exposé d'annexions *ad usum scholarum* :

Paragraphe 103. — Pays ALLEMANDS hors frontières. (*Suisse*, Liechtenstein, BELGIQUE, PAYS-BAS, Luxembourg, Danemark.) Les six pays dénommés ci-dessus sont considérés comme faisant partie de l'Allemagne, *parce qu'ils sont, en majeure partie, situés dans l'intérieur des frontières naturelles de l'Allemagne*, parce que, à peu d'exceptions près, ces pays ont ap-

---

[1] Herausgegeben von Dr. A. Kirchhoff, Oberlehrer an der Louise stœltischen Gewerbeschule und Docent der allegemeinen Erdkunde an der Kœnigl. Kriegs-Akademie zu Berlin. — Halle, Verlag der Buchanalung des Waisenhauses, 1873. — 82, *unverœnderte Auflage*. (82me édition stéréotype.)

partenu à l'ancien empire allemand, et en partie, ont appartenu, jusqu'en 1866, à la Confédération germanique.

Après avoir énuméré toutes les provinces belges — *ein sehr dicht bevölkertes, reiches und bluendes Land*[1], — le traité de géographie officiel ajoute : « La Belgique avait autrefois de nombreuses forteresses sur la frontière française, mais maintenant elles ne servent plus à rien. Par contre, Anvers est la principale forteresse de la Belgique.

Dans une réunion publique tenue avant les élections, un orateur ne put s'empêcher d'exprimer sa profonde indignation contre ce militarisme enseigné dans les écoles. « J'ai dit à mes enfants : « Éloignez de mes yeux ces pages odieuses! » C'est ainsi, ajouta l'orateur, qu'on inocule à ces jeunes esprits le poison du militarisme. (*Cris :* C'est vrai! c'est honteux!) A quoi doit servir l'école? A former des hommes, des citoyens libres, et non des malotrus propres à *cirer ou à lécher les bottes des cuirassiers.* » (Bravos retentissants.)

Dans le *Liederbuch für Voklschulen*, recueil de chants pour les écoles primaires (deuxième partie), publié à Nuremberg, chez Korn, par les soins de la Société des instituteurs de Bavière, sur 61 morceaux de chants, il y en a au moins 30 qui sont des chants de guerre. En tête, le *Chant matinal du soldat* (Kriegers Morgenlied), dont voici les premiers couplets :

Levez-vous de terre, ô dormeurs, sortez du repos [2]. — Les chevaux qui hennissent annoncent le matin.
*Refrain :* Les chères armes (*die lieben Waffen*) étincellent magnifiquement aux feux de l'aurore. On rêve de couronnes, de victoire, mais l'on pense aussi à la mort.

---

[1] Un pays très-peuplé, très-riche et très-florissant. M. Daniel met l'eau à la bouche de ses compatriotes.

[2] Le soldat allemand n'a pas de tente; il dort sur le sol, roulé dans son grand manteau.

O toi, Dieu tout-puissant, regarde-nous de la tente de ton ciel bleu. — *Tu nous as toi-même invités à venir sur ce champ de bataille.*

*Refrain* : Conduis-nous au combat et donne-nous la victoire. — Ce sont des drapeaux chrétiens qui flottent. — *Et cette guerre, ô Seigneur, est la tienne!* (Dein ist, ô Herr, der Krieg.)

Les enfants qui chantent ces couplets sont bien vite persuadés que leurs papas n'ont pris les armes en 1870 que pour être les instruments du Seigneur. Si la Prusse s'avise prochainement d'annexer les territoires marqués en rouge sur la nouvelle carte de l'empire, et de descendre de nouveau dans quelques coffres-forts, ce sera avec les pleins pouvoirs du Saint-Esprit et uniquement pour obéir à Dieu. « Et cette guerre, ô Seigneur, est la tienne! »

Le second chant du recueil est intitulé : *Das Lied von Feldmarschall* (le chant du feld-maréchal).

Il s'agit du général Blücher, culbutant partout les Français sur son passage.

On trouve ensuite la *Wacht am Rhein*, cette *Marseillaise* allemande haineuse, brutale, dont tous les mots partent comme des coups de revolver contre la France ; puis le *Chant du cavalier*, le *Chant de marche des chasseurs*, le *Chant du matin du cavalier* (Reiters-Morgenlied), *le Bon Camarade*, *le Prince Eugène*, *Barbarossa*, *la Patrie*, le *Chant nocturne du Soldat* (Soldaten-Nachtlied), *les Adieux à la patrie*, le *Petit Conscrit*, le *Chant du vieux manteau*, le *Chant de l'unité allemande* (Bundeslied), etc. Il y a deux chants spéciaux pour les fêtes de gymnastique et deux chants populaires sur Strasbourg. Dans l'un, on raconte l'histoire d'un prisonnier allemand fusillé par un féroce capitaine. Le prisonnier symbolise « l'ancienne province allemande », et le capitaine, c'est Barbe-Bleu, c'est la France.

Ah! il faut qu'on la craigne encore, si mutilée qu'elle soit, pour la haïr ainsi. Toutes les chansons et les poésies patriotiques, *toutes sans exception*, sont un long cri de mort contre « l'ennemi héréditaire ». Voici quelques autres échantillons poétiques qui se trouvent dans un livre également en usage dans les écoles. Sous le titre de *Deutscher Trost* (Consolation allemande), on lit :

« Laisse au Welche l'assassinat ; — Toi, sois honnête, pieux et libre ; — Laisse au Welche les chaînes de l'esclavage ; — Qu'une loyauté simple soit en toi [1] ! »

Dans une autre pièce, un Tyrtée teuton vocifère ces cris de cannibale :

« Bondissez comme une mer sans rivages, — Par-dessus ces Français !

« Tous les champs, tous les lieux, — Faites-les blanchir en répandant leurs ossements ! — Ceux que les corbeaux et les renards auront dédaignés, livrez-les aux poissons ! — Arrêtez le Rhin en construisant des digues avec leurs cadavres.

« C'est une joyeuse chasse comme lorsque des chasseurs suivent la trace du loup. — Assommez-le. — Le jugement de l'histoire ne vous demandera pas pourquoi. »

On a eu la cruauté d'imposer ce livre aux fils des vaincus. Le *Sammlung deutscher Gedichte für Schule und Haus von docteur Gustav Wenet* (Recueil de poésies allemandes pour l'école et le foyer, par le docteur Gustave Wenet),

---

[1] Dans son *Chant du nouvel empire*, M. de Redwitz parle ainsi de la France : « Qui donc aujourd'hui peut regarder sans dégoût le bourbier Welche ? Ce qui recouvrait une chair rosée éclate comme un abcès purulent. Des cadavres putréfiés jonchent de toutes parts ce jardin parfumé qui recouvrait un cimetière. Jamais on ne vit pareille pourriture ; elle brave toute honnêteté. Ce peuple était digne de son Bonaparte. »

est non-seulement obligatoire dans les écoles d'Allemagne, mais aussi dans celles de l'Alsace-Lorraine. Les pères de famille de Strasbourg ont vainement protesté. *Le Journal d'Alsace*, qui en a donné des extraits, n'a pu s'empêcher de s'écrier :

« Voilà ce que l'on met entre les mains des enfants ! Nous ajoutons : voilà ce que l'on met entre les mains des enfants alsaciens, qui sont nés Français, qui ont leurs pères, leurs frères, leurs amis dans les armées de la France, et qui, peut-être, pleurent encore un des leurs, tué sous les drapeaux français. Or, nous le demandons à tous les esprits élevés et impartiaux, est-il bon que ces enfants lisent de pareilles choses ? Et, abstraction faite même des conditions particulières dans lesquelles se trouvent des Alsaciens en présence de pareilles excitations à la haine et au mépris d'un peuple voisin, est-il raisonnable et d'une saine pédagogie de développer, par ces lectures, des sentiments de guerre, de vengeance, de sauvage passion fratricide dans des cœurs que l'on devrait ouvrir, au contraire, aux sentiments les plus purs, les plus humains ? »

La Prusse ne demande que des soldats. Pourquoi formerait-elle des hommes ? Le docteur Macquardt, pédagogue très-connu au delà du Rhin, a formulé la méthode de l'enseignement prussien en ces lignes : Penser, sentir et apprendre en *allemand ;* ne voir que l'*Allemagne ;* se nourrir d'histoire et d'idées *allemandes ;* ne pas apprendre d'autre langue que l'*allemand* et exclure la *religion* de l'école (1). » On la remplace par la religion Krupp, « qui se charge par la culasse. »

1 « Unsere Jünglinge sollen zuerst lernen, deutsch empfinden und deutsch denken : gerade durch die Geschichte sollen sie genährt und ganz erfüllt werden mit deutschen Ideen, *mit ganz bornirter Einseitigkeit*, sollen sie in der Geschichte vor allen anderen Nationen die deutsche sehen, kennen und bewundern lernen, mit ganz bornirter Liebe sich ans deutsche Vaterland haengen und *nichts gelten lassen als dieses.* » — Le même M. Macquardt propose de

Cette glorification de la sainte mitraille enseignée aux jeunes Allemands du Sud, ce breuvage de haine dont on les enivre comme d'un philtre propre à donner le délire sacré, ces anathèmes qu'on leur apprend contre les Welches, le culte sanglant pour lequel on les forme, tout cela en fait plus tard des soldats fanatiques, toujours prêts à châtier les crimes des autres peuples.

Maîtresse de l'armée et de l'école, la Prusse a voulu être maîtresse de la presse. Elle a acheté des journaux, elle en a fondé, et elle entretient à Munich un bataillon de journalistes qui combattent pour elle et surveillent de près les « ennemis de l'empire. » Le roi est soumis à un contrôle très-sévère, et quand il s'écarte du chemin qui conduit de Munich à Berlin, il faut entendre les admonestations qu'on lui adresse ! On lui fait croire que l'hydre de l'ultramontanisme va le dévorer tout vif et que Rome et la France l'attendent au coin d'un bois, l'escopette au poing. Louis II rentre alors en lui-même et dans le bon chemin. Un journal berlinois lui disait dernièrement qu'il serait un *lâche* et un *imbécile* (*sic*) et qu'il deviendrait « le valet de la prêtraille » s'il tolérait un ministère catholique.

Le *Tagblatt* de Berlin écrivait à la même époque qu'en Bavière il y a deux souverains : l'un qui se nomme Louis II, est un roi constitutionnel ; l'autre, un jeune homme à l'esprit extravagant, est connu dans le peuple sous le sobriquet de Huber.

Et la prophétesse inspirée par M. de Bismarck, la *Gazette de l'Allemagne du Nord*, faisait entrevoir l'éventualité où « un poing vigoureux (*eine nervige Faust*), armé d'une éponge énorme, passerait sur les poteaux bleu-blanc des frontières bavaroises, et renverserait d'un

---

ne lire à l'école (Gymnase) ni Lessing, ni Schiller, ni Gœthe, attendu que les professeurs qui les comprennent sont très-rares. — En revanche on étudiera en première (c'est-à-dire dans la classe supérieure) la *Grammaire philosophique*.

seul coup la table où un ministère patriote serait en train de manger. »

Les journaux charivariques de la « la capitale de l'intelligence » ont de tout temps égayé leur public aux dépens du roi de Bavière. Ils le représentent quelquefois sous les traits d'un guerrier de l'*Iliade*, remontant péniblement le penchant d'une montagne escarpée, en soulevant avec effort le fameux casque à chenille, conservé par l'armée bavaroise. Au sommet de la montagne, un soldat coiffé d'un casque à pointe barre le passage au Sisyphe royal et lui dit : « Tu t'uses en puérils efforts. »

L'*Ulk*, de Berlin, montrait, il y a un mois, S. M. Louis II travesti en Lohengrin et les deux pieds posés sur deux meubles de table de nuit.

Lorsque le roi dit aux habitants de Füssen qui avaient décoré leurs maisons pour le recevoir : « Je ne veux que des couleurs bavaroises dans mon royaume, » le *Kladderatsch* montra Louis II occupé à peindre les poteaux de ses frontières. Les deux pots à couleurs (bleu et blanc) avaient la forme de pots de chambre, et on lisait sous la caricature cette légende insolente : *Farben und Pinzel*, ce qui veut dire *Couleurs et Serin*.

Les almanachs pour l'an de grâce 1876 sont aussi remplis de planches odieuses contre la dynastie des Wittelsbach. L'almanach du *Daheim* donne, comme pendant au portrait de Kullmann, le portrait de la reine douairière de Bavière, qui a commis le crime de se convertir au catholicisme.

Ce sont là de petits faits, mais ils montrent où l'on veut en venir. On mine de tous côtés la monarchie ; on met tout en œuvre pour séparer le roi de son peuple ; on cherche enfin à faire comprendre aux Bavarois que leur souverain véritable est l'empereur ; que si la Bavière existe encore, c'est par la grâce de l'empire, et que hors de l'empire il n'y a point de salut.

# IV

Les Munichois jugés par un Allemand. — Où est l'empire « des bonnes mœurs ? » — La moralité administrative. — La Spitzeder. — Le soldat bavarois. — La moralité publique.

« Le caractère des habitants de Munich est une énigme pour moi, et le serait toujours, quand même je resterais ici plusieurs années, dit le baron de Riesbeck dans son *Voyage en Allemagne*. Je crois à la vérité, qu'on peut dire qu'ils n'en ont point du tout. Leurs mœurs sont corrompues... Parmi les grands, on trouve ici, comme partout ailleurs, des gens polis et fort bien élevés ; mais, ce qu'on appelle le peuple, y est absolument dépourvu de tout sentiment d'honneur, sans éducation, sans activité... Les possesseurs (de grandes fortunes) ne connaissent d'autre usage de l'argent que celui de s'en procurer des jouissances sensuelles. Plusieurs bonnes maisons ont été totalement ruinées par le jeu... La plupart des dames de la cour ne connaissent pas d'autre occupation que de jouer avec leurs perroquets, leurs chiens ou leurs chats. Une des plus grandes dames, avec qui j'ai eu l'honneur de faire connaissance, tient une salle pleine de chats, avec deux ou trois filles destinées à les servir ; elle passe la moitié des journées à converser avec eux, leur sert souvent du café et du sucre, et les habille à sa fantaisie, tous les jours d'une manière différente... Le reste des habitants semble plongé dans les débauches les plus scandaleuses. Toutes les nuits, les rues retentissent de la grosse joie des ivrognes qui viennent de boire et de danser dans les nombreux cabarets de la ville. Tout noble ici doit entretenir une maîtresse ; tout le reste vit et fait l'amour pêle-mêle... »

Ce tableau, tracé par une main allemande à la fin du siècle dernier, n'a pas besoin d'être beaucoup retouché. La campagne de 1870-1871 n'a pas adouci les mœurs, proverbialement brutales du peuple bavarois, et les « possesseurs de grandes fortunes », qui ont aussi pris part à la guerre sainte, ne sont pas devenus plus vertueux, grâce aux milliards. La faute en est sans doute à l'air vicié qu'ils ont respiré en France.

Des gens de bonne éducation qui ont vu, depuis 1866, la Prusse prendre de tous côtés, en louant le Seigneur Dieu qui lui a donné des mains pour prendre, en sont arrivés à ne plus distinguer le *tien* du *mien*. L'escroquerie et le vol sont à la mode aujourd'hui dans l'empire « de la piété et des bonnes mœurs. » Témoins tous ces députés du Parlement qu'on accuse de tripotage ; témoin ce fameux Strousberg, dont le palais était voisin de l'hôtel de M. de Bismarck, et que la Russie a le mauvais goût de retenir en prison. Je ne parle pas de cette populace de Berlin qui trouve que l'hiver est trop froid et qui incendie des usines et des maisons pour se chauffer. Quand les pompiers arrivent, elle les repousse à coups de pierres [1].

---

[1] Voici le texte de l'avis affiché aux quatre coins de Berlin, les premiers jours de décembre 1875 :

« Pendant les grands incendies nocturnes, qui ont éclaté dernièrement dans la capitale et résidence royale, il s'est produit chaque fois le fait déplorable que de grandes masses de curieux se sont pressées dans le voisinage immédiat du feu, par leurs cris et sifflets ont troublé le repos de la nuit et ont absolument méconnu les avertissements des autorités, *y ont même opposé une résistance active* accompagnée de propos ironiques. Cette conduite, qui est une insulte aux bonnes manières (*sic*) et qui paralyse les efforts des pompiers en vue de protéger la propriété des habitants, menace néanmoins de devenir une sorte d'amusement populaire et traditionnel, et ne peut

A Munich, les journaux sont chaque jour remplis de récits de vols et d'assassinats. On se croirait en Sicile ou au fond des Calabres. Hier, c'était le fils d'une des premières familles qui « faisait » la montre dans la poche d'un ambassadeur étranger ; aujourd'hui, c'est un boucher qui attaque trois de ses compagnons en pleine rue [1] et les assassine tous trois à coups de couteau. Demain ce sera un procès monstre où comparaîtront quatre employés de l'administration militaire accusés de détournements. L'un deux, Pauly, directeur administratif de la garnison de Gemersheim, s'est pendu aux barreaux de son cachot. Il était accusé de cinquante-deux crimes et deux délits. L'inspecteur de caserne de Wurzbourg est sous le poids de cent cinquante-trois crimes et vingt-quatre délits ; un de ses

pas être tolérée plus longtemps. Par conséquent, j'ai ordonné que la police exécutive, dans chaque occasion de ce genre sévisse impitoyablement avec énergie et, s'il le faut, avec l'arme blanche, pour faire respecter ses ordres. Comme dans cette occasion il est impossible de distinguer les coupables, les innocents et les moins innocents, j'adresse aux habitants de Berlin la prière instante de me seconder dans mes efforts afin d'empêcher tout accès inutile du théâtre de l'incendie, et afin que la partie non indépendante de la population, les enfants, apprentis, domestiques, etc., ne soient pas autorisés à sortir dans la rue en pareille occasion. Un exemple de répression énergique suffira, je l'espère, pour mettre un terme à ces désordres sinistres qui déshonorent notre capitale.

« *Le préfet de police,*

« De Madaï. »

Le lendemain du jour où cette proclamation fut affichée, dit le correspondant de Berlin de *la Gazette de France*, éclatait un incendie dans la fabrique de machines de Borsig, le sixième grand incendie depuis deux mois, et comme d'habitude dans la nuit du samedi au dimanche. Si, par hasard, quelqu'un avait, ce que je ne veux pas croire, formé le plan d'incendier toutes les fabriques de Berlin, cela pourrait durer longtemps encore car il y en a 1,900 dans la ville, occupant ensemble 64,510 ouvriers dont 14,500 ouvriers mécaniciens.

1. La *Herrenstrasse*, rue des Messieurs.

collègues est poursuivi pour cinquante-deux crimes et deux délits [1].

On se rappelle également le fameux procès de la Spitzeder. Cette pieuse Allemande, qui avait été comédienne, abusa cruellement de la soif d'or qui tourmentait l'Allemagne.

Elle imagina de fonder une banque qui promettait 120 pour 100 à ceux qui y déposaient leurs économies. Quelqu'un lui apportait-il cent francs, elle lui rendait immédiatement trente francs, les intérêts du premier trimestre. Des paysans vendaient leurs terres pour vivre en rentiers. C'était vraiment splendide ! Mademoiselle Adèle Spitzeder faisait comme certain farceur qui, se trouvant sans argent, et ayant appétit, acheta quand même deux coqs à une brave paysanne. Il lui proposa de lui en laisser un en gage. La bonne femme fut fort satisfaite du marché. Le farceur emporta son coq et s'en régala. Quant à la paysanne, elle attend encore son argent, comme les créanciers de mademoiselle Spitzeder.

C'est dans une maison d'aspect sévère de la *Schœnfeldstrasse* qu'elle avait dressé son traquenard. Sur la porte on lisait cette pieuse inscription : « Que Dieu protège cette demeure et ceux qui en franchiront le seuil ! » Les pauvres paysans, les naïves domestiques qui arrivaient pour déposer leurs petites économies dans la caisse à double fond de mademoiselle Spitzeder avaient, en effet, bien besoin de la protection du ciel, qui s'est malheureusement fait attendre un peu.

Des tableaux de sainteté ornaient les corridors et les couloirs ; une grande croix d'or massif décorait le coffre-

---

[1] Le procès a été jugé dans la dernière quinzaine de novembre à Wurzbourg. Il a duré 11 jours et l'on a entendu 133 témoins. Braun, inspecteur de la caserne de Wurzboug, a été condamné à cinq ans de travaux forcés, et les autres à un emprisonnement de dix mois à deux ans.

fort du bureau principal. Les salons de la dévote Allemande étaient de véritables sanctuaires, où l'on respirait des parfums de cierge et d'encens, où l'on entendait les suaves mélodies de l'orgue. Au-dessous d'images de la Sainte-Vierge, on lisait des inscriptions en lettres d'or : « La bénédiction de Dieu est mon principal soutien. » — « Sois toujours honnête ! »

Les bons curés qui venaient de temps en temps s'asseoir dans les fauteuils capitonnés de mademoiselle Spitzeder et partager avec elle les liqueurs que lui fournissaient les religieuses, prenaient tout cela à la lettre et parlaient de cette femme comme d'un exemple et d'un modèle à suivre.

Dans la maison de l'ancienne comédienne, le gaspillage atteignait cependant des proportions qui auraient dû éveiller les soupçons des plus naïfs. Les lettres de change traînaient éparpillées sur le parquet; il y avait des pièces d'or et d'argent oubliées sur tous les meubles et à la portée de toutes les mains, on trouva même un sac de napoléons dans un poêle et une obligation de deux mille francs dans un endroit où, à l'avenir, on ne déposera que les papiers Turcs.

La vaisselle et l'argenterie étaient dignes de figurer sur la table d'une reine. Des vins exquis étaient entassés dans sa cave.

Mademoiselle Spitzeder avait aussi la passion des pendules à musique : on en trouvait une dans chaque chambre, sans compter deux harmoniums dans le salon de réception.

Chaque dimanche, on chantait des cantiques, après quoi la sainte femme et ses acolytes faisaient un repas de Lucullus.

Mademoiselle Spitzeder avait son équipage, — le plus beau de Munich.

Quand elle parcourait les campagnes, elle voyageait en

voiture fermée, descendait directement au presbytère, offrait au curé un ostensoir ou une paire de burettes, et s'en allait ordinairement avec les économies du pauvre prêtre, qui distribuait le lendemain avec enthousiasme à ses paroissiens les prospectus encadrés d'ornements pieux de la *Dachauerbanck* (banque de Dachau).

On assure qu'il y avait dans les écuries de l'hôtel Spitzeder assez de chevaux pour établir des relais de Munich à Salzbourg : un jour de voyage au moins.

Outre la nourriture, le logement, leur part aux bénéfices, les employés de mademoiselle Spitzeder recevaient 300 fr. par mois. Ils ne s'en tenaient pas tous à ce chiffre, comme l'a prouvé l'enquête, et la plupart puisaient largement dans la caisse de quoi satisfaire toutes leurs fantaisies.

Une descente de police au domicile de la dame de compagnie de mademoiselle Spitzeder a amené la découverte d'une demi-douzaine de cassettes et d'écrins qui renfermaient des pierreries et des bijoux achetés chez les principaux joailliers de Munich.

Le vol se pratiquait sur toute la ligne, et de grands personnages se sont trouvés gravement compromis à la suite de leurs relations avec mademoiselle Spitzeder.

Le soldat bavarois a pris, dans l'armée allemande, une place à part, et qui n'est pas précisément à son honneur. Dans la campagne de France, le soldat bavarois était plus à craindre que le soldat prussien. Le baron de Riesbeck, sur le jugement duquel je suis heureux de m'appuyer, en parle en ces termes : « On pourrait les employer (les soldats bavarois) encore très-utilement en qualité de *ravageurs*, dont les vols et l'insubordination sont plus pardonnables que dans les troupes réglées. »

En 1807, pendant la campagne de Silésie, « les Bavarois et même les Wurtembergeois, dit M. Rambaud dans son très-curieux ouvrage sur l'*Allemagne et Napoléon I*ᵉʳ, abusaient étrangement du droit de réquisition. Du général au soldat, c'était à qui écorcherait l'habitant. Ils furent partout plus durs pour leurs compatriotes allemands que les soldats français. »

« Je reçois votre lettre du 19 octobre, écrivait Jérôme à son chef d'état-major; j'y ai vu avec peine que M. le général Mezzanelli avait, dans deux circonstances, fait prendre la caisse des petites villes où il a passé. »

A Dresde, les Bavarois se conduisirent comme des Peaux-Rouges. M. de Thiard, commandant de place, ne savait comment faire pour rétablir la discipline. « Je n'ai pas un adjudant pour m'aider, dit-il dans une dépêche, pas un gendarme pour la police, et dans mon antichambre deux ordonnances bavaroises *ivres*. » Dans une lettre à Berthier : « La division bavaroise commet beaucoup de désordres. Il m'est difficile d'y remédier, *parce que cet esprit est dans la tête*, et que, lorsqu'il m'arrive des plaintes très-fondées, je ne puis envoyer, pour les vérifier, que des Bavarois, qui donnent toujours tort à la bourgeoisie, tandis que j'ai souvent la certitude du contraire. C'est surtout dans les villages environnants que les désordres se multiplient, parce que, étant commandant de la ville, je ne puis y porter remède... Je désirerais bien que Votre Altesse voulût me faire savoir si je puis déclarer à la division bavaroise que la Saxe avait été considérée par Elle comme pays neutre, destiné à devenir sous peu allié, et non comme un pays ennemi. Les généraux voulaient s'emparer de l'Arsenal, et, si j'étais arrivé douze heures plus tard, la *ville était traitée comme le pays qu'ils ont parcouru, où ils ont saisi les caisses publiques.*

M. de Thiard écrivait également à l'empereur : « Demain, il partira pour Wittemberg un second convoi de la valeur de plus de cinq cents voitures..., et je réponds, *si les Bavarois ne le pillent pas en route*, qu'il arrivera dans son entier. »

En Silésie, s'il faut en croire un rapport à Jérôme, « les hommes demandent partout des chevaux, des MONTRES et de l'argent [1]. »

Le prince Jérôme, à son tour, dit que « les Bavarois trouvent *le pillage une chose toute naturelle,* » et que « les officiers inférieurs, dès qu'ils sont détachés ou lorsqu'ils le peuvent, lèvent des contributions, et ne *conçoivent pas qu'on puisse le leur défendre.* »

Ces soldats si habiles à retourner les poches n'étaient pas d'une valeur à toute épreuve. Le prince Jérôme, qui ne pouvait les décider à se lancer à l'assaut, écrivait à l'empereur : « Je crois, Sire, que les alliés auraient besoin de quelques régiments français pour leur donner l'exemple » ; et il constatait, le même jour, que « quatre-vingts Bavarois, *croyant qu'il voulait donner l'assaut, avaient déserté.* »

La débauche est presque aussi grande à Munich qu'à Berlin. Le soir, les ombrages du Jardin anglais deviennent le théâtre de véritables saturnales.

De tous les États de l'Allemagne, la Bavière est celui où le nombre des naissances illégitimes est le plus considérable. La recherche de la paternité favorise les mauvaises mœurs. Tous les étrangers qui ont habité Munich sont d'accord pour constater que, dans cette ville, ce ne sont pas les hommes qui séduisent les femmes. La maternité, pour la jeune fille pauvre, est une affaire et devient un capital.

[1] *Mémoires et correspondances*, tome II, pag. 78, 174.

## V

Divertissements populaires. — Le carnaval. — Les fêtes d'octobre
La Bavaria. — Le *Ruhmshalle*.

A ce peuple grossier, il faut des plaisirs grossiers, de gras divertissements. A la brasserie royale, on le trouve du matin au soir vautré dans la bière. Quand il sent que le liquide déborde, il sort dans la cour et il use du même moyen que les Romains pour se désemplir. En carnaval, on voit les pauvres porter leur matelas au mont-de-piété afin de pouvoir aller au bal masqué; après la valse, ils quittent leur danseuse et viennent demander l'aumône aux curieux. Les mendiants vous assiégent du reste jusque chez vous toute l'année. Aussi les Munichois, qui aiment la charité bien ordonnée, placent-ils sur leur porte une plaque avec cette inscription : « *Haussiren ist verboten. Mitglied der Armen-Verein.* » (Le vagabondage est interdit. Membre de la société pour les pauvres.) On achète le droit de mettre cette inscription protectrice à sa porte, moyennant une redevance annuelle à l'*Armen-Verein*.

Les fêtes d'octobre sont des ripailles nationales qui durent six jours et six nuits, comme la création du monde. On y boit les premières chopes de la bière d'hiver, *Winterbier*. Poussée par la soif, la Bavière se lève comme un seul homme et descend sur la *Theresienwiese*, décorée de mâts et de drapeaux, encombrée de boutiques et de baraques de saltimbanques [1], pleine de cris et de musiques.

[1] J'ai assisté, dans une de ces baraques, au « réveil du grand

C'est un tohu-bohu assourdissant, une mêlée indescriptible, quelque chose comme une nation tout entière, hommes, vieillards, femmes, enfants, qui descendrait la Courtille. Les éclats de grosse caisse sont étouffés par les éclats de grosse joie. Des cuisines en plein vent s'élèvent à chaque pas, comme les tables de sacrifice de ce peuple qui croit que manger c'est prier. Les marchands et les marchandes de cervelas et de *schweitzer Kaese* (fromage suisse) sont assez riches, à la fin de ces journées, pour jouer à la Bourse. D'habitude, le roi et la cour ouvrent la fête. Ce jour-là est consacré aux courses. Le lundi, les tireurs d'arbalète débouchent sur la *Theresienwiese*, précédés de musiciens au justaucorps de velours, au chapeau à plumes et aux culottes bouffantes. Des pages portent sur des coussins de velours les médailles d'or destinées aux tireurs. Le mardi, on mange et l'on boit ; le mercredi on boit et l'on mange ; le jeudi on mange ; le vendredi on boit ; et le samedi toute la Bavière est ivre.

On a calculé qu'à la dernière fête il y a eu 60,000 visiteurs ; on a bu 900,000 litres de bière par jour et consommé 200,000 petites saucisses bouillies. Il s'est vendu jusqu'à 20,000 oies par jour. On a vu arriver un seul propriétaire de ces utiles volatiles auxquels nous devons les terrines de Strasbourg, avec 1,200 de ses élèves : une procession d'un quart de lieue.

La statue colossale de la Bavaria, qui domine la *Theresienwiese*, élève sa main en agitant une couronne,

empereur Barbarossa ». Des gnomes arrivent, en agitant des cadavres de corbeaux, dans la caverne où sommeille l'empereur. Barberousse lève la tête, ouvre les yeux et frappe le rocher de son sceptre. La terre s'entr'ouvre, un homme coiffé d'un casque à pointe et enveloppé d'un grand manteau apparaît : c'est l'empereur Guillaume. Barberousse lui offre sa couronne et son épée, — et retombe dans son sommeil. Il a raison de se rendormir, car il pourrait regretter pour son peuple les corbeaux qui volaient autour de la montagne.

comme pour proclamer que les buveurs ont bien mérité de la patrie. La Bavaria a 66 pieds de haut. Six personnes peuvent s'asseoir dans ses narines ornées de canapés de bronze. En faisant l'ascension de la statue, on entend des dialogues de ce genre : « Mina, où es-tu ? » — « Je t'attends dans le petit doigt de madame Bavaria ». Les petites annonces des journaux de Munich révèlent à l'étranger que les naturels de l'endroit se donnent des rendez-vous dans l'oreille gauche ou dans l'oreille droite de la femme-colosse. Heureusement qu'elle est sourde, car ses oreilles se fermeraient souvent sur les propos des amoureux.

Quand on sort sa tête de la prunelle de la Bavaria, on a une vue fort étendue sur Munich, dont les tours d'églises ont toutes la forme d'une cruche à bière. Derrière la statue se trouve la *Ruhmshalle*, qu'il ne faut pas prendre pour un débit de rhum ; en allemand, la liqueur chère à M. de Bismarck veut dire *gloire*. La *Ruhmshalle* est une espèce de Panthéon, une halle où sont conservés les bustes de plâtre de tous les Bavarois qui ont illustré leur pays. On dirait une exposition de têtes de pipes. Pour remplir les vides, le roi Louis I*er* a dû se livrer à des annexions qui n'ont heureusement pas coûté de sang et n'ont fait de mal à personne.

# VI

**Les théâtres. — Les pièces à tendances. — Les cafés chantants. —
La fête de Sedan au Colosseum. — Les bals.**

Les lieux ordinaires de divertissement des Munichois, à part les brasseries et les jardins d'été, sont les théâtres, les cafés chantants et les bals de banlieue. Le Théâtre royal, où les premières loges s'appellent *Fremden-Logen*, loges des étrangers, et les premières galeries, *Gallerie-noble*, galeries nobles, joue spécialement l'opéra et le répertoire classique allemand. C'est là que *Tristan*, dans l'opéra de ce nom, tombe mortellement blessé, et chante, couché sur le dos pendant une demi-heure, toujours sur le point de rendre le dernier soupir. Il meurt enfin, mais tué par la musique de M. Wagner. C'est sur cette scène aussi que Hermann, dans le drame grotesque de Kleist, égorge une demi-douzaine de Romains, en s'écriant qu'il faut « convertir en un monceau de ruines, Rome, le foyer de toutes les corruptions et de tous les vices qui infestent le monde. »

« Vous n'ignorez pas, écrivait de Munich le baron de Riesbeck à son frère, que les caractères les plus fréquents, sur le théâtre allemand, sont des amants frénétiques, des parricides, des voleurs de grands chemins, des ministres, des maîtresses et des hommes du grand ton, dont les poches sont remplies de poignards et de poisons; des hommes mélancoliques, des enragés de toute espèce, des incendiaires et des fossoyeurs. Vous avez peut-être peine à me croire, mais je pourrais vous nommer plus de vingt pièces, dont les personnages principaux sont des fous, et dans lesquelles le poëte a voulu se surpasser dans les développements de la plus effrayante folie. Je vous assure aussi que cette portion du public allemand, avec laquelle j'ai eu l'honneur jusqu'à présent de lier connaissance, admire et applaudit avec transport les scènes qui montrent le fou dans tout l'excès de la folie. On y voit des pièces où le principal personnage tue successivement douze ou quinze individus, et pour couronner l'œuvre, s'enfonce ensuite un poignard dans le sein. Il est de fait que les pièces qui contiennent le plus de fous et de meurtriers sont les plus applaudies. Plusieurs acteurs et actrices se sont plaints à moi de ne pouvoir plus inventer de nouvelles manières de mourir sur le théâtre. Je conçois qu'il doit être assez difficile d'y mourir comme eux; car, dans certaines scènes, les principaux acteurs doivent rester, au moins pendant une demi-heure, dans les transes de l'agonie, prononçant des mots entrecoupés, et dans de perpétuelles convulsions. J'ai vu souvent mourir cinq ou six personnes à la fois sur le théâtre, l'une sonnant son glas avec un pied, l'autre avec ses bras, une troisième avec son ventre, et une quatrième avec sa tête, tandis que le parterre semblait prêt à mourir aussi de joie, surtout si le jeu durait quelque temps, et applaudissait de toutes ses forces chaque mouvement convulsif. Ceux qui tiennent le second rang sur le théâtre allemand, après les fous et les meurtriers, sont les ivrognes, les soldats et les gens du guet. Tous ces personnages correspondent trop bien avec l'humeur de la nation pour ne pas être accueillis de l'auditoire. »

Au Théâtre-Royal, les dames tricotent ou font de la tapisserie; au moment pathétique, quand l'héroïne meurt, on voit les spectatrices trop sensibles essuyer leurs larmes avec une pantoufle commencée ou une chaussette de laine. En 1874, on y a représenté un grand drame de M. Muller, *Henri IV*. La claque applaudissait surtout ce passage : « Tous les malheurs de l'Allemagne viennent de la papauté. » M. Paul Heyse y a fait aussi représenter un drame national-libéral, intitulé : *La Paix*.

Le joli petit théâtre de la Résidence, attenant au Théâtre-Royal et National, était primitivement réservé aux opéras et ballets italiens; on n'y admettait que ceux qui avaient leurs entrées à la cour. Pendant que le baron de Riesbeck était à Munich, on y jouait la comédie française. « La cour de Bavière, dit le voyageur allemand, est la plus galante et la plus polie de l'Allemagne. Nous y avons actuellement comédie française, bal et jeu tous les jours. Il y a trois fois par semaine concert; tout le monde y assiste masqué. Après le concert, on joue et l'on danse. Ces assemblées publiques, où l'on voit l'Électeur et toute la cour, sont d'un grand revenu pour les valets de chambre de l'Électeur, car outre que chacun paye l'entrée, ils ont aussi l'argent des cartes, et ils sont intéressés dans presque toutes les banques, de sorte que les domestiques ont presque tout l'argent de la noblesse, avec qui ils ne se font pas scrupule de figurer. »

Aujourd'hui, le théâtre de la Résidence joue encore des pièces françaises, mais en allemand; ce n'est pas par amour de notre littérature et de nos mœurs, mais par nécessité. L'art dramatique allemand semble frappé de mort, il végète, il n'a plus de séve. On ne trouve que des imitateurs. M. Paul Lindau, qui a longtemps habité Paris, a essayé de s'approprier le genre du théâtre du *Vaudeville*, mais il a la patte trop lourde. Sa comédie, *Un uccès*, n'en a pas eu. La prude Allemagne a pouffé de rire en écoutant les dialogues burlesques de *Marie et Madeleine*. Sa *Pomme de discorde* ne lui a valu que des pommes cuites. Gutskow est vieux; Hacklælander et Benedix se reposent. Les Allemands ont les milliards tristes.

Le théâtre vraiment populaire de Munich est le théâtre royal de la Gærtnerplatz, dans le faubourg de l'Isar. On y joue la *Possen*, la farce, et l'opérette. *Lumpacius vagabundus* est le modèle de la *Possen*. C'est l'épopée comique d'un cordonnier qui, plus modeste que M. de Bismarck, ne parcourt le monde que « pour ressemeler les vieux souliers ». Jadis, c'était un peu la mission de l'Allemagne, et tout semble montrer aujourd'hui qu'elle s'en trouvait mieux.

Il y a encore à Munich une quantité de petits théâtres auprès desquels feu *Bobino* aurait eu l'air d'un palais. A l'*Elyseum Theater* on joue des pièces de circonstance. On y a exhibé dernièrement des chapelains batailleurs dans une *Possen* électorale. On y représente aussi avec un certain succès de curiosité une pièce intitulée : *l'Empereur et le Jésuite*. Il est question de l'impératrice d'Autriche, d'un prince qui aime une princesse, et d'un jésuite qui tente de séduire la princesse. On y a joué une pièce vieille-catholique; c'est l'histoire d'un jeune curé qui a recueilli une orpheline dans son presbytère et qui n'a pas la solidité de saint Antoine. De longues tirades contre le célibat des prêtres. Le curé expose enfin son cas à son évêque et soutient avec lui des thèses épistolaires sur la nécessité de reconstituer l'Église sur la base du mariage des prêtres. L'évêque se fâche. On se brouille. Le curé quitte le presbytère, épouse l'orpheline et reçoit une foule de cadeaux de M. Falk, ministre des cultes, tandis que l'évêque est jeté en prison. C'est ainsi que la vertu est récompensée en Prusse.

Le socialisme envahit aussi la scène des petits théâtres. On intercale des grèves dans les pièces populaires. Shweitzer, le chef de l'école lassallienne des socialistes, a écrit une pièce : *Notre grand citoyen*, dirigée contre la bourgeoisie. On y voit des personnages qui changent de chemise sur la scène.

Les Allemands ont au théâtre la passion de l'actualité.

Après Kissingen, les auteurs dramatiques s'emparèrent de Kullmann; aujourd'hui, c'est le tour du fameux Strousberg. La pièce où figure ce Prussien désintéressé est intitulée : *Tout ce qui brille n'est pas or*. Quatre actes et sept tableaux. Bazaine aussi a eu son tour.

Avant la guerre, Munich ne connaissait pas les cafés chantants. La Prusse, après ses « étonnantes victoires, si agréables à Dieu », a voulu qu'il y eût quelqu'un pour les chanter dans la capitale de la Bavière. Un mois avant le retour triomphal de l'armée bavaroise, Berlin a fait des envois de prima dona au gosier d'airain et à la vertu de verre, exercées à la prussienne à hurler les « *hurrah, Germania!* » En une nuit, le *Neue-Welt*, le *Colosseum* et le *Westend-Halle* sortirent de terre comme trois champignons vénéneux.

Le *Neue-Welt*, — le nouveau monde! On ne pouvait trouver une plus belle enseigne. Elle est collective. C'est un monde nouveau, en effet, que celui qui se révèle aux gens du Sud qui entrent dans ces temples élevés à la Vénus aux carottes. Danses, gestes, chansons, tout appartient au monde nouveau de la civilisation prussique. On se croirait à Berlin, à la villa Colonna ou à l'Orpheum.

L'atmosphère de ce « local » vous prend à la gorge comme un bandit berlinois. C'est une composition variée de parfums de choucroute, d'odeurs de vieux souliers et de vieux habits, de fumée de pipes et de poumons attaqués. On est tenté de demander au garçon, au lieu d'une chope de bière, un flacon d'eau de Cologne. Les habitantes de la nouvelle Athènes ont fait de ces cafés de vastes marchés nocturnes. Elles rôdent autour de vous dans leurs plus séduisants atours : chignon en forme d'obus, poitrine blindée, jupe relevée et jambe bottée. Quelques-unes sont coiffées de chapeaux tyroliens avec des rubans rouges. La plupart ont dépassé l'âge de la floraison, car pour entrer dans ces établissements tenus avec approbation et privilége du roi, il faut avoir conquis le bâton de maréchal sur les trottoirs de Munich. Dès que ces sirènes de la chope et de la saucisse bouillie aperçoivent un étranger dans la salle, elles viennent manger dans son assiette et boire dans son verre. Les *Louis*, qu'on reconnaît de suite à leur accent prussien, vous adressent familièrement la parole et vous disent, en vous montrant les deux grandes loges garnies de rideaux du Colosseum : « Elles sont réservées aux grands personnages, mais on peut quand même louer la chambre attenante pour six florins. »

Les chanteuses ont des voix de chaudron et des gestes de laveuses de vaisselle. Elles trouvent le succès dans les couplets politiques et les chansons guerrières. J'ai entendu « l'histoire d'Isabella », ex-bouquetière de Hambourg, passée en Espagne à la recherche d'une position sociale. Un soir, Isabella rencontre un soldat qui s'appelle Prim, et qui lui offre son cœur et le trône d'Espagne. Mais Isabella est chassée, après avoir usé sous elle cent quatre-vingt-cinq ministres. Elle est exilée en France, et au souvenir des beaux jours passés avec Marfori, elle chante d'une voix dolente :

>Ah! wie selig, selig,
>War's mit Marfori!

Et toute la salle hurle en gesticulant :

>Ah! wie selig, selig,
>War's mit Marfori! [1]

Et les bons sergents de ville font éclater leur ceinturon à force de rire [2] !

---

[1] Ah! quelle volupté ; quelle volupté ; c'était avec Marfori.

[2] Les dispositions de l'esprit public en Allemagne étaient loin d'être favorables au jeune roi Alphonse. Peu après l'arrivée du roi

Après la reine Isabelle, c'est le tour de Napoléon :

> Lebt wohl, ihr Weib und Kinder!
> Uns winket reicher Lohn!
> Wir schiessen den grauen Sünder
> Herab von seinem Thron.
> Und purzeln hinterher
> Sol Lulu und la mère
> Mit sammt dem Buhlerhehr
> Auf nimmerwiederker! [1]

Et la salle entière, frappe avec des couteaux, des clefs

à Madrid, le correspondant berlinois du *Temps* écrivait : « J'étais hier à une pièce qui faisait naguère encore beaucoup d'argent. Titre : *Nous autres barbares*. Lieux de l'action : Berlin et l'Alsace. Temps : 1870 et 1871. Un premier commis berlinois fait la campagne de France comme sergent-major, devient sous-lieutenant et finit par épouser une baronne française dont il a occupé le château en Alsace avec sa compagnie. But du drame : prouver que les Prussiens ne sont pas si barbares qu'on le dit, du moins avec les dames. Cette pièce a été reprise ces jours-ci, — c'est, si je ne me trompe, la 185e représentation, — avec des couplets nouveaux, appropriés aux circonstances actuelles. Or, Alphonse XII fait tous les frais de la soirée, avec la neutralité anglaise et l'inévitable M. Majunke.

« S'il y a aujourd'hui un personnage raillé, conspué à Berlin sur la scène, dans les petits journaux et dans les feuilles humoristiques, c'est ce pauvre jeune Alphonse XII que les dames madrilènes ont trouvé, à ce qu'il paraît, si gentil.

« Vous me demanderez ce que le roi d'Espagne vient faire dans une pièce dont l'action se passe en 1870 et 1871 ; c'est le secret des vaudevillistes berlinois, dont les œuvres sont d'ailleurs aussi soporifiques qu'invraisemblables.

« Notez que la satire publique à Berlin, depuis trois ans, attaque quelquefois l'administration, mais s'inspire toujours de la pensée supposée du gouvernement. On a pu dire que le bureau de la presse étendait son influence sur les petits théâtres.

[1] Adieu, femme et enfants — Une riche récompense nous attend ; — Nous jetterons le pêcheur endurci à bas de son trône. Loulou et la mère — feront la culbute, — Et tous les courtisans, — Et cela pour toujours

et des fourchettes, contre les verres, pour accompagner ce refrain :

> Auf, gegen die franzosen,
> Mit Saebel und Gewehr,
> Dass von den roten Hosen,
> Nicht bleibt ein Fetzen mehr [1].

Puis c'est un soldat bavarois, qui a fait la campagne, et qui raconte en dialecte ses bonnes fortunes en France :

> I mœcht'a nach Paris,
> Ichzt kost's ein koan kreuz'r
> Wenn i no a so friss.
> So ma oft'n scho denkt.

— Maintes fois j'ai pensé — Vouloir aller à Paris; — Maintenant cela ne coûte pas un kreutzer — Pour s'y bien goberger.

> Da saufi champaninga,
> Friss Trüff'ln grod gnua,
> Die franzœsich'n mad'ln
> Müass'n tanz'n dazua.

— Aussi, que je bois de champagne, — Et comme je m'emplis de truffes; — Les mamzelles françaises — Doivent danser avec nous.

Que les Bavarois soient venus chercher des truffes en France, personne n'en a jamais douté.

Les officiers et les sous-officiers forment la claque ordinaire de ces établissements où l'on entend aussi rimer : Mac-Mahon avec *grrrande nation* et même avec *chignon* Je les ai vus rappeler jusqu'à *douze fois* une chanteuse Le soir où je m'aventurai au Colosseum, on me désigna

---

[1] Debout, contre les Français, — Avec le sabre et le fusil; — Debout, afin que des pantalons rouges — il ne reste plus un morceau.

un de ces jeunes guerriers, fils de Hermann-le-Tatoué, qui a chez un jardinier-fleuriste une note de deux cents florins pour bouquets envoyés à Mlle Amanda, la chanteuse qui dit si bien : *Ah! wie selig!* et *Aufnimmerwiederkehr!* Mlle Amanda, la belle Hélène de ce Pâris, s'empresse de revendre le lendemain les bouquets qu'elle a reçus la veille ; et l'on assure que des sous-officiers prussiens, imbus des sages principes d'économie de leur souverain, les rachètent, pour avancer en grade dans le cœur des dames de la cour. Mlle Amanda a joué un rôle patriotique considérable le jour de la Saint-Sedan. C'est elle qui a récité devant « un public enthousiasmé » ces vers que le *Kladderadatsch* a envoyés aux quatre coins de l'Allemagne, la veille du grand jour :

Jour de victoire sans pareille ! Jour de sublime allégresse ! — Montez vers le ciel, ô signes de joie de tout un peuple en délire ! — Arbre de la liberté, arbre de l'unité, — Étends sur nous tes rameaux protecteurs, — Conserve la pureté de notre triomphe. — *Bénie soit la fête de Sedan !*
Ce n'est pas pour danser la danse des armes — Que nous avons allumé les torches de la guerre ; — Ce n'est pas par gloriole que nous avons combattu le combat des géants : — Une colère sainte a armé notre bras vengeur. — Il nous a fait accomplir l'œuvre divine. — *Saint est le jour de Sedan !*
Il est terrassé, le César corse. — Nous avons coupé court à la soif du vol qui possédait la France. — Nos armées impériales sont restées victorieuses. — L'unité de l'Allemagne a triomphé, — Et l'Allemagne repoussera tout nouveau joug. L'empire a apaisé les discordes, — Il a dissipé la crainte de l'étranger. — *Voilà notre jour de Sedan !*
Cependant, l'azur de ce beau jour — Est encore taché de quelques nuages. — Sur les guérets allemands, — On voit une gelée pernicieuse et une rosée empoisonnée. — Pauvres fous au Sud et à l'Ouest, ils nous jettent des regards de travers ; — Mais nous connaissons leurs nouveaux piéges. — *Et ils se préparent le jour d'un nouveau Sedan.* — Car il vien-

dra le jour des jours — Où l'esprit de lumière luira pour tous, — Où l'on entendra la dernière plainte de nos ennemis. — Arbre de la liberté, arbre de l'unité, — Je vois ton feuillage d'or qui brille. — Dans une paix ininterrompue — *Nous fêterons le jour de Sedan!*

Le barde qui a composé cette cantate s'appelle Ernest Scherenberg.

La *Suddeutsche Presse*, sentinelle prussienne qui monte la garde à Munich, a décerné à cette occasion de si vifs éloges à Mlle Amanda, que toutes les serres des jardiniers de Munich ont été transportées à ses pieds.

Le *Vaterland* s'est fâché tout rouge : « Ah! drôles que vous êtes, s'est-il écrié, les Munichois ont assez de vos farces (*schwindel*). Ces fêtes nationales prussiennes sont des polissonneries. O saint Sedan! épargne ceux qui t'ont célébré, en passant par les douze degrés de l'ivresse tarifée [1]. »

Il y avait quatre mille nationaux-*misérables* au plus, le 2 septembre, au Colosseum. L'enthousiasme populaire a absolument fait défaut. Le lendemain, les *Nouvelles de Munich* disaient d'un ton piteux : « Notre fête de Sedan, a eu cette année deux grands défauts. Elle doit être une

---

[1] Voici le programme *musical* de la soirée du 2 septembre au Colosseum : *Ouverture de jubilation*, de Weber ; *Message de victoire*, de Kreutzer ; *Chant de guerre*, de l'opéra de *Jessonda*, de Spohr; *Si aujourd'hui un esprit descendait ici-bas!* (pour le 18 octobre 1816, fête de la Warburg), de Runz, texte du *Kladderadatsch* du 4 septembre 1870 ; *Finale Guerrier* du premier acte de *Lohengrin*, de Wagner ; *Marche triomphale*, de Schonehen ; *Toute l'Allemagne*, de Franz Abt ; *Marche guerrière*, de Wagner ; *Le Roi Louis II de Bavière*, chœur général d'après la mélodie *Prince Eugène; Bénédiction des Poignards*, des *Huguenots*, de Meyerbeer ; *Le Postillon de Sedan*, de Hager ; DIE WACHT AM RHEIN (la garde sur le Rhin), chœur général de Wilhelm ; *La Vie du soldat*, tableau musical guerrier de Béla-Kéler.

fête populaire, où maître et valet, pauvre et riche se reposent et se réjouissent ensemble ; la récompense, pour avoir travaillé à l'unité et à la liberté de la patrie, doit être décernée ce jour-là, mais où a-t-on vu que quelque chose fût fait, pour que tout le peuple prît part à la joie? L'ouvrier, le pauvre en a été exclu, exclu quand il y a un mois et demi, il a donné sa voix à Munich pour le salut du pays. Les comités libéraux auraient eu une tâche réellement digne d'eux. Chaque section aurait dû avoir une salle de fête, les associations de tireurs, de gymnastes, de pompiers auraient dû aussi fêter cet anniversaire ; *le peuple se serait réjoui, si on lui eût donné occasion de se réjouir*. Mais on ne lui a rien donné, ni rien offert. Pas de jeu, pas de danse, pas de combat de coqs, pas de jeu de boules, pas de course en sac, rien, rien de tout cela, mais *un concert dont les portes sont restées fermées pour les pauvres*. Une fête où la participation n'est que passive ne deviendra jamais une fête populaire ; le peuple veut collaborer à la fête par les jeux et la danse. De la sorte vous ne rendez pas l'anniversaire de Sedan aimable au peuple, vous ne faites que creuser l'abîme qui sépare le riche du pauvre, et au lieu de faire d'un jour glorieux pour l'Allemagne un vrai jour de fête, comme Noël, bienvenu de tout le monde, le 2 septembre devient le jour de l'envie et de la division. »

Les programmes du Colosseum, du Westen-Halle, de Neue-Welt, sont très-variés. La danse, les jeux gymnastiques, les tableaux vivants, les évocations de spectres, les vélocipédistes, etc., alternent avec les chanteuses nationales et légères et les chanteuses américaines, flanquées de moricauds. Des paillasses de foire soulèvent des enthousiasmes indescriptibles ; l'apparition d'une géante ou d'une femme qui enlève des quintaux, met toute la salle en délire. Ce sont alors des cris d'animaux, des glapissements sauvages, des rugissements de chacals.

Quant aux danseuses, Ève était plus vêtue qu'elles avec une simple feuille de figuier.

L'hiver, ces établissements se transforment en vastes salles de bals publics. On y danse cette étrange valse à six temps, glissée, ondulée, pendant laquelle le danseur tient ses lèvres appliquées sur le front de sa danseuse. Rien de plus curieux que les annonces des journaux à cette époque; on lit, en caractères extravagants, ornés de vignettes décolletées : « *Bals parisiens. Bals à la Mabille. Bals habillés* », ce qui pourrait faire supposer qu'il y en a qui ne le sont pas.

# VII

La bourgeoisie. — Le rôle de la femme en Allemagne. — Sa position dans la famille. — Le mari. — Les filles et les fils. — Les alliés de M. de Bismarck.

Tel est le peuple, malpropre, paresseux, ivrogne, brutal, embourbé jusqu'au cou dans la matière. Au-dessus de cette masse épaisse qui boit, mange et digère, il y a la bourgeoisie. Ce n'est pas le papillon, fils de la chenille, mais quelque chose d'intermédiaire entre la bête qui rampe et la bête qui vole. La bourgeoisie allemande a des jambes, si elle n'a pas d'ailes. Elle se tient. Elle est apprivoisée, bien qu'au fond de ses manières on trouve encore le souvenir de la forêt teutonne. C'est chez elle que la civilisation a trouvé bon accueil. La femme lui a ouvert la porte. De sa fenêtre gothique, l'Allemande sourit et fait signe à l'étudiant et au poëte aux longs cheveux. Lessing, Herder, Gœthe, Schiller viennent s'asseoir à ses genoux et chantent les vertus chevaleresques ; puis Haydn, Mozart, Beethoven lui donnent leurs douces et sublimes sérénades. La femme de la bourgeoisie se forme et se transforme. Et subitement voilà que s'allument pour elle tous les clairs de lune sentimentale de la poésie allemande. C'est l'époque romantique, ou plutôt romanesque. Mais la fumée des canons français obscurcit bientôt cette nuit étoilée; les castels de ballade s'écroulent comme des châteaux en Espagne. Après les désastres de la patrie, qui relève d'abord la tête? La femme.

Grâce à la femme, la bourgeoisie allemande s'est policée et est devenue sociable, hospitalière aux étrangers, et dans ces pays du Sud où les jouissances matérielles ont toujours été préférées aux jouissances morales, elle sait faire équitablement les deux parts. Les professeurs d'Université reçoivent leurs élèves dans leur famille; on boit de la bière, on joue du piano, on discute, et quelquefois on danse. Ces soirées sont d'une simplicité charmante, et c'est là qu'on retrouve l'Allemagne que nous avons tous aimée, cette Marguerite au front chaste que Faust et Méphistophélès n'ont pas encore touchée.

La femme, au delà du Rhin, n'a cependant jamais joué le rôle brillant de la femme française. Elle n'a pas de distinction; elle n'a ni les élégances de l'esprit, ni celles de la toilette. On peut dire que la femme allemande manque de cachet. Celle qui est cultivée a toujours l'air d'une maîtresse d'école. Elle répète ce qu'elle a lu ou appris. Jamais une saillie, un trait original. Elle est vulgaire, sans tenue; les princesses elles-mêmes, dans un salon ou une réunion, rient aux éclats comme des filles de portières.

La femme allemande, dans les campagnes, joue un rôle qui rappelle parfois celui de la matrone romaine. Dans les grandes fermes de paysans, la mère de famille se tient sur un siége élevé, au milieu de ses filles et de ses servantes, afin de surveiller le mouvement de l'intérieur et le travail de la domesticité. Chez le paysan pauvre, par contre, elle remplace la bête de somme et s'attèle au chariot. La femme du peuple s'astreint aux mêmes travaux pénibles et durs que l'homme. En général, la femme, dans le ménage, bourgeois ou noble, est la première servante. Les écrivains moralistes allemands ont appelé cela « lui donner sa vraie place, en développant ses aptitudes domestiques et en en faisant la mère de famille et la mère modèle. » La femme prend de la sorte le gouvernement économique de la maison. Elle met, comme on dit vulgairement, la main à la pâte. Son éducation l'a formée dans ce but : elle a appris à cuire, elle a appris à coudre. En sortant de l'école supérieure, on l'a envoyée prendre des leçons de cuisine dans un hôtel, et des leçons de couture chez une couturière. Elle est à même de suppléer à l'insuffisance du père, et cette responsabilité qu'elle accepte en se mariant, développe les côtés énergiques de son caractère. La vie de famille, comme on l'entend en France, les intimes causeries au coin du feu, la réception des amis, n'existent pas, en général, en Allemagne. J'ai cité les maisons de professeurs ; c'est une exception. L'Allemand n'a que le goût de la vie d'auberge. Dans le Sud et dans le Nord, les femmes accompagnent les hommes au cabaret. Que de fois j'ai vu, à Munich, le dimanche soir, toute une famille revenir de la brasserie ; le père, en tête, le chapeau de travers, faisait le moulinet avec sa canne, et chantait. La mère venait ensuite, donnant les symptômes d'un violent mal de mer. La bonne portait, en trébuchant, un nourrisson dans ses bras, et les enfants, restés en arrière, se battaient entre eux.

« Pour le bas bourgeois, dit M. Riehl dans son livre sur *la Famille* en Allemagne, l'auberge est un autre chez lui ; il s'y installe, il y tient cercle : malheur à qui usurpe sa place habituelle auprès du poêle ; il a sa chaise, son verre avec son nom, sa pipe culottée. C'est là qu'il apporte cette humeur joviale et sans façon qu'on voit dans les tableaux de Van Ostade et de Téniers. Il n'y a que l'Allemand pour savourer les joies du cabaret. »

Et tandis que le père est plongé dans les délices de la bière, on fait la cour à ses filles. Il ne s'en inquiète pas. Quand un jeune homme s'éprend d'une jeune fille, il lui exprime ses sentiments sans que l'idée lui vienne de s'adresser aux parents. La latitude la plus complète règne à cet égard. J'ai connu des étudiants qui faisaient depuis trois ans la cour à des demoiselles de bonne famille, qui venaient les chercher pour les conduire au bal, au concert ou en traîneau, sans que les parents fissent jamais la moindre observation. L'étudiant a cependant une réputation de cœur volage; un proverbe souvent répété par les lèvres roses a dit du *student* :

    Ein'anders Städtchen
    Ein'anders Mædchen.

    Une autre ville
    Une autre fille.

Mais une jeune fille peut recevoir successivement les hommages d'une demi-douzaine d'amoureux sans que sa réputation en soit le moins du monde atteinte.

Les jeunes gens apprennent de bonne heure à gagner leur vie. La bourgeoisie est plus laborieuse que le peuple. Le commerce, l'industrie, la banque, l'administration sont entre ses mains. C'est sur elle que M. de Bismarck s'appuie pour asseoir son système dans toute l'Allemagne. Il a eu assez de pénétration pour deviner qu'avec les phrases pompeuses de « combat pour la civilisation », les déclamations hypocrites contre « Rome et la France, » les grands mots de « mission providentielle de l'Allemagne », il entraînerait à sa suite cette bourgeoisie qui se dit libérale et nationale, et qui, au nom de la liberté, chasse le moine du couvent et le prêtre de l'autel. C'est cette bourgeoisie dont je parle qui voit des jésuites dans le canon de pistolet de Kullmann, qui considère la France comme « la caverne de l'hydre ultramontaine », et qui compare Paris à un fumier d'infection. Ils sont tous persuadés, ces nationaux-libéraux, que le pape a fait les dernières élections en Bavière, et que les desseins de Dieu sont que l'Allemagne châtie encore la France. Cette bourgeoisie-là est aujourd'hui la plus forte dans les villes du

Sud comme dans celles du Nord. Elle forme le troupeau servile du poëte romain, ce troupeau qui suit M. de Bismarck sans voir que ce singulier pasteur de peuples est escorté de gendarmes, et qu'il porte un casque sur la tête et un fusil Mauser sur l'épaule.

# III

## LA QUESTION RELIGIEUSE. — LE CLERGÉ. — LES FÊTES.

### I

Le système politique et le système religieux de la Prusse. — Le pape et l'empereur. — La lutte est aujourd'hui entre le protestantisme et le catholicisme. — La persécution en Allemagne. — Etat de l'Eglise protestante. — La Prusse et la Bavière. — Le conflit religieux en Bavière. — Les églises de Munich.

La Prusse poursuit non-seulement un but politique, mais encore un but religieux. Son système politique enveloppe l'Allemagne comme un filet aux mailles étroites et solides ; c'est une œuvre de conservation. Son système religieux, au contraire, est une œuvre de destruction ; elle veut, comme le déclarent ses hommes d'État, terrasser « l'hydre ultramontaine », en finir avec le catholicisme, « la plus tenace et la plus vivace des variétés du christianisme ». Cette lutte à mort s'appelle *Kulturkampf*, le combat pour la civilisation.

M. de Bismarck, qui se donne pour le successeur de Frédéric II, s'écriait lors de la discussion sur l'abrogation des articles 15, 16 et 18 de la constitution : « Nous sommes ici en face d'un étranger, d'un Italien, élu par des prélats italiens et poursuivant des intérêts étrangers aux nôtres. »

On sait que les catholiques allemands ne sont désignés dans les journaux prussiens que sous le nom d' «ennemis de l'empire. » Sous ce titre, la *Gazette nationale* publiait, en janvier 1874, un article virulent qui renfermait des déclarations comme celle-ci : « Entre l'empire protestant et le prétendu souverain du monde qui est au Vatican, il n'y aura pas de paix possible, tant que ce prêtre orgueilleux n'aura pas été humilié et n'aura pas rendu à César ce qui appartient à César. » Et dans tous les magasins de papeterie de l'empire on vend une photographie représentant le roi Guillaume qui tient à la main sa lettre à Pie IX, et Bismarck brisant les clefs de saint Pierre. Au-dessus de cette image éloquente, on lit : « *Nous n'irons pas à Canossa.* »

Le pape et l'empereur ! C'est l'ancienne lutte qui se perpétue en Allemagne à travers les siècles. Elle ne fut jamais aussi terrible que sous Frédéric le Glorieux, deux fois excommunié par le vieux Gregoire IX. « L'agitation des esprits était extrême dans toute l'étendue du Saint-Empire : chaque homme, dit un chroniqueur, chaque femme et chaque fille, les riches et les pauvres, les nobles, les bourgeois et les paysans, tous prirent parti soit pour le seigneur pape de Rome, soit pour le seigneur empereur d'Allemagne. » Plus tard, Othon, duc de Bavière, fit exécuter par le bourreau le légat du pape ; et la ville de Spire chassa celui qui était dans ses murs. Un fils bâtard de Frédéric, Henzio, s'empara d'une flotte française de vingt-deux navires et fit prisonniers trois légats du pape, plus de cent archevêques, évêques et abbés qui s'y trouvaient, se rendant à un concile général convoqué contre l'empereur. Henri III déposa trois papes italiens et les remplaça par un pape allemand, Suidger de Bamberg. « *Vous proclamerez mon pape allemand,* écrit-il au collège des cardinaux, *sinon je vous emmène tous enchaînés et garrottés au fond de mes forêts.* » La querelle était alors entre Guelfes et Gibelins ; elle est aujourd'hui entre protestants et catholiques. Lors de la discussion de la loi qui place sous séquestre les propriétés ecclésiastiques, M. Falk, ministre des cultes, n'a-t-il pas déclaré, en plein Parlement, que « tous les protestants devaient se grouper autour du drapeau levé contre Rome ; car cette lutte *est la continuation de celle de la Réforme contre le catholicisme.* » Et dans le fameux manifeste de guerre publié le 1er janvier 1873 par la *Nouvelle Gazette évangélique* de Berlin, moniteur officiel de l'Église évangélique prussienne, ne trouve-t-on pas ce passage : « Bon espoir, levez-vous ! Puissions-nous, au lieu de nous lamenter sur la guerre intestine des confessions dans notre pays, remplir nos âmes d'espérance, et comme les anciens guerriers germains, frapper nos boucliers en cadence, et nous précipiter avec allégresse dans la mêlée des esprits ? Nous touchons à la crise religieuse la plus formidable qu'ait subie notre peuple depuis les jours de la Réforme. Néanmoins, quoiqu'elle soit imminente, nous répétons du plus profond de notre cœur : *Bon espoir, levez-vous !....* Il s'agit, pour le Samson de la puissance nationale allemande de déchirer les liens des Philistins, de porter les portes de Gaza sur la montagne de l'esprit. » Samson, c'est M. de Bismarck, et Gaza c'est Rome qu'il faut réduire à l'impuissance.

C'est avec raison que, dans la séance du 10 décembre 1873, M. Windtshorst disait devant le Parlement et à la foule entassée dans les tribunes : « M. Lœve reproche aux catholiques l'Édit de Nantes et nous parle de la revanche du protestantisme. N'oubliez pas, messieurs, que l'Édit de Nantes a été rapporté par un roi, et non par un pape : — par Louis XIV, — dans le plein enivrement de la puissance et de la gloire ; et nul ne condamne plus énergiquement cet acte que moi. Louis XIV pratiquait la doctrine de l'omnipotence de l'État, doctrine qui sert de base au système russe et qui est aussi la vôtre, car vous nous traitez, nous autres catholiques, comme Louis XIV a traité les protestants. Vous, majorité protestante, vous vous arrogez le droit de faire des lois religieuses pour nous, minorité catholique ; vous voulez réglementer nos affaires ecclésiastiques, qui ne vous regardent pas. Vous l'avez déjà tenté après la défaite de l'Autriche, dont l'autorité et l'influence protégeaient autrefois la liberté des catholiques allemands. Maintenant que vous êtes les plus forts, vous oubliez jusqu'au *patriotisme* des catholiques. »

Les catholiques allemands n'ont, en effet, pas attendu Bazeilles pour affirmer leur patriotisme ; il est prouvé aujourd'hui (M. Lasker l'a déclaré un jour à la tribune) que ce fut grâce à l'influence des chefs du parti catholique de Prusse, qu'on obtint de la majorité hésitante de la Chambre de Munich le vote du crédit militaire, nécessaire à la mobilisation des troupes bavaroises.

On sait que le conflit religieux éclata presque immédiatement après l'écrasement de la France. « Jamais, comme dit la *Gazette évangélique*, jamais la Prusse qui doit son origine au protestantisme, n'a trouvé une plus belle occasion. » Son bras pouvait frapper libre d'entraves. Elle commença par chasser le clergé de l'école [1] : le clergé eut le

---

[1] Ces lois antireligieuses, toutes votées au mois de mai, sont ordinairement désignées sous le nom de « Lois de Mai ». Les premières, votées en 1873, exigent de tous les ecclésiastiques la nationalité allemande et placent l'Église sous le contrôle de l'État. Le gouvernement prend en quelque sorte la direction des affaires ecclésiastiques. Il ne tolère à la tête des paroisses qu'un clergé qui ait fait ses études dans les établissements placés sous la surveillance directe de l'État, c'est-à-dire que l'enfant ou le jeune homme ait porté la camisole de force de l'enseignement prussien avant qu'il lui soit permis d'endosser la soutane. La loi impose trois années d'études dans les universités. Le plan d'études des séminaires est soumis à l'approbation de l'État, et les séminaristes, avant de pouvoir être ordonnés prêtres, sont obligés de subir un examen d'État

mauvais goût de se plaindre ; on fit des lois contre les abus de la chaire, mais elles ne suffirent pas : il en fallut d'autres ; les prisons se remplirent et les prêtres furent réduits à la mendicité ou conduits en exil.

Certains presbytères ont été transformés en postes de gendarmes, parce que les curés expulsés revenaient la nuit pour exercer leur ministère.

Mgr Ledochowski, archevêque de Gnesen et Posen, arrêté le 3 février 1874, a passé plus d'un an dans la prison d'Ostrowo ; Mgr Mathieu, évêque de Trèves, incarcéré le 6 mars 1874, n'est sorti de la maison de correction de Trèves que le printemps dernier ; Mgr Melchers, archevêque de Cologne, a été près d'une année emprisonné dans la maison de détention de Cologne, et il vient de fuir pour se soustraire à un nouvel emprisonnement ; Mgr Martin, évêque de Paderborn, a été également mis en état d'arrestation le 4 août 1874. Après la fermeture du grand évêché de Fulda, on interna Mgr Martin dans la forteresse de Wesel ; c'est là qu'on est venu lui remettre copie du jugement de la cour ecclésiastique qui le condamnait de nouveau à deux mois de prison. Le prélat a refusé de recevoir le document, et l'huissier l'a cloué, à grands coups de

---

dans lequel « ils doivent prouver leur connaissance de l'histoire *allemande*, de la philosophie *allemande* et de la littérature *allemande* ». Les évêques qui violent ces prescriptions sur la nomination des titulaires ou des suppléants ecclésiastiques, sont passibles d'une amende de 200 à 1,000 thalers ; mais l'amende, pour eux, c'est la prison. Les lois de 1873 abolissent les couvents et le pouvoir disciplinaire en matière ecclésiastique, et elles instituent une cour royale d'appel devant laquelle peuvent recourir les prêtres frappés d'excommunication ou d'autres peines ecclésiastiques.

La loi votée au printemps de 1874 établit que l'évêque ne peut monter sur le siége épiscopal vacant que s'il possède les qualités requises par la loi de 1873 et s'il accepte le serment que lui impose l'État. Les évêques qui se mettent en rébellion sont destitués, et le gouvernement met à leur place des administrateurs civils.

marteau, comme cela se passe en pareil cas, à la porte de la cellule de l'évêque. Quelques jours plus tard, Mgr Martin, qui était souffrant et avait vainement demandé l'autorisation de faire une cure d'eaux, prenait la clef des champs, aidé dans son évasion par ses propres gardiens.

A Munster, le commissaire de police, M. Dalsen, a refusé de procéder à l'arrestation de l'évêque. Destitué par dépêche, M. Dalsen a été immédiatement nommé, par le comte de Droste, riche propriétaire, intendant général de ses domaines. La population lui a donné le soir même une sérénade. La veille de l'arrestation de Mgr Brinkmann, une main inconnue a tracé à la craie, sur les portes des maisons de la noblesse, l'avertissement suivant : « *Demain, arrestation à 10 heures* ». Toute l'aristocratie s'est tenue prête et a accompagné dans ses équipages la voiture qui emmenait l'évêque à la prison de Warendorf. Cette petite ville s'est pavoisée pour recevoir le prisonnier, et la population tout entière agenouillée, dans la rue, chantait des cantiques. Quand l'inspecteur de police est rentré à Munster, des groupes menaçants l'ont apostrophé, et le propriétaire de la maison qu'il habitait lui a donné son congé. Au retour de Mgr Brinkmann à Munster, la foule se livra à des démonstrations si tumultueuses en son honneur que la police voulut intervenir. Mais aux sommations de l'inspecteur, il fut répondu par une grêle de pierres [1].

[1] Les conflits religieux sévissent plus que jamais, écrivait de Berlin, ce printemps, le correspondant d'un journal français. On se dispose à faire prononcer judiciairement la déposition de l'évêque de Paderborn ; on saisit les meubles de l'évêque de Hildesheim ; on expulse ou l'on emprisonne en maint endroit curés et vicaires, et, s'il faut en croire *la Gazette de la Croix*, M. de Bismarck fait poursuivre en justice une couturière qui médit de lui en juillet dernier, après l'attentat de Kullmann. Un tailleur et son apprenti ont déposé contre cette couturière ultramontaine, qui apprendra que *trop parler nuit*. En Posnanie, les curés polonais semblent vouloir narguer l'administrateur civil du diocèse, M. de Mas-

Non-seulement les meubles des évêques condamnés ont été saisis et vendus aux enchères, mais leur traitement, ainsi que celui du clergé récalcitrant, est suspendu et l'administration des diocèses confiée à des mains laïques.

Les couvents ont aussi été frappés [1]. Jusqu'ici la Prusse en a fermé 914 et elle a chassé de son territoire 8,795 religieux et religieuses.

Malgré l'acharnement que met M. de Bismarck dans sa lutte contre le clergé, ses efforts n'ont pas répondu à ses espérances. Le chancelier se flattait d'exterminer l'Église en quatre années au plus ; mais la persécution, au lieu d'affaiblir le catholicisme, semble au contraire le retremper et lui donner des forces nouvelles. Il y a peu d'hommes d'État qui aient la mémoire aussi courte que M. de Bismarck. Il disait il y a vingt ans : « Le vaisseau des fous libéraux se brisera contre le rocher de l'Église. » Alors,

---

senbach, qui fait clouer ses arrêtés sur les portes de leurs presbytères. Ils lui renvoient par la poste son arrêté *avec les clous*, et un journal catholique ajoute qu'avant peu, si cela dure, « M. de Massenbach pourra entreprendre un fructueux commerce de vieux clous », ce qui prouve que l'esprit et la bonne humeur n'ont pas encore disparu de la province.

[1] On télégraphiait de Berlin, le 6 août 1875, à l'*Agence américaine* :
« A Paderborn, l'émotion est très-grande et elle a donné lieu à des excès. Le président de l'administration du cercle de Paderborn, M. Jentzch, ayant voulu opérer la fermeture du couvent des Franciscains, la foule s'est attroupée dans les rues avoisinantes et a commencé à briser les vitres de la maison d'un libéral.

« Les agents de police ont dû faire usage de leurs armes. On a arrêté huit personnes. Des gens de la campagne se trouvaient au milieu de cette foule, car on avait voulu célébrer ce jour même, dans l'église des Franciscains, la fête de saint Liborius.

« Au couvent d'Annaberg, près de Breslau, les Franciscains avaient été sommés d'évacuer le couvent, et comme ils ne se pressaient pas de le faire, un landrath *à poigne* s'est rendu sur les lieux, a saisi le plus robuste (*sic*) des moines par son capuchon, l'a entraîné jusqu'à la porte, en intimant aux frères lais l'ordre impérieux de le suivre. »

il est vrai, M. de Bismarck n'était pas prince et se vantait d'appartenir aux *junker*, c'est-à-dire au parti conservateur féodal. Il n'aurait pas pu mieux prédire ce qui arrive, car la « lutte civilisatrice » n'aboutit à aucun résultat pratique. En réalité, c'est l'Église protestante qui a le plus souffert jusqu'ici. Les pasteurs sont dans l'abomination de la désolation. Le mariage civil obligatoire les a privés d'une partie de leurs bénéfices, et leur autorité spirituelle touche à sa fin. Ce qui montre l'état de consomption dans lequel anguit l'Église évangélique de Prusse, depuis qu'elle a dû boire au calice de M. de Bismarck, c'est la statistique des étudiants ou candidats en théologie. Les jeunes gens abandonnent tout à fait cette carrière, et si la crise se prolonge, les « directeurs de cercle » devront remplir les fonctions de pasteurs. C'est, dit-on, ce qui se pratique déjà dans divers cantons helvétiques. Le dimanche, M. le maire, revêtu de la robe pastorale, monte en chaire et distribue ensuite la communion ; mais la table sainte n'est plus qu'une table de cabaret, et les paroissiens s'en approchent pour « tuer le ver ». A l'université de Giessen, — une des plus fameuses de Prusse, — où il y a sept professeurs de théologie, on ne compte actuellement qu'un seul élève !

La loi sur le mariage civil obligatoire n'a atteint, en réalité, que les pasteurs protestants. Les couples évangéliques ne font plus bénir leur union au temple, et ils ne prennent plus la peine de faire baptiser leurs enfants.[1] Si

---

[1] Depuis l'introduction du mariage civil, la proportion des mariages religieux n'est guère au-dessus de 50 pour 100. Sur 27,500 enterrements dans le cours de 1874, à Berlin, 24,000 au moins ont été des enterrements civils, et l'on remarque avec effroi que 16 à 20 pour 100 des enfants nouveau-nés ne sont plus portés aux fonts baptismaux depuis que le baptême a cessé d'être obligatoire.

Le journal *Die Post*, de Berlin, donne le relevé suivant des questions de divorce et de *remariage* jugées par le grand conseil ecclésiastique évangélique pour 1873. Le nombre de ces sortes d'affaires

un prochain avenir ne suscite un nouveau Charlemagne pour ramener, au prix d'une chemise neuve, les descendants d'Albert l'Ours au christianisme, il y aura bientôt sur les bords de la Sprée une innombrable tribu de petits **païens.**

Les lois antireligieuses ou *lois de Mai*, ne sont, pour le moment, en vigueur que dans le royaume de Prusse ; mais le jour n'est pas éloigné où M. de Bismarck demandera qu'on les étende à tout l'empire. Dans le grand-duché de Bade, M. Jolly n'a pas attendu l'ordre du grand-vizir, pour « introduire la civilisation prussienne » ; il a même élaboré des lois auprès desquelles les lois de Mai sont presque des modèles d'équité et de douceur. En Wurtemberg, où les catholiques sont en infime minorité, on semble assez d'avis que le soleil doit luire pour tout le monde. En Bavière, M. de Bismarck a trop d'intelligences dans la place pour n'être pas sûr de son affaire. Le prochain coup de balai impérial nettoiera sans doute la terre bavaroise de ses 1,094 religieux et de ses 5,054 religieuses. C'est avec un mélange de colère et d'effroi que l' «hercule intellectuel du dix-neuvième siècle » a dû apprendre que de 1870 à 1875 seulement, il s'est fondé 66 couvents en Bavière. Quel guêpier ultramontain que cette maison de Wittelsbach ! A Berlin, les feuilles charivariques ne

---

dans le cours de 1873 a été de 1,882. La Prusse y figure pour 404, le Brandebourg pour 710, la Poméranie pour 159, etc. Sur ces 1,882 demandes, 1,644 ont été accordées, 78 rejetées, 69 retirées, et 91 sont encore en instance.

Le divorce avait lieu en 615 cas pour adultère, en 696 pour abandon, en 114 pour sévices, en 19 pour refus d'alimentation, en 43 pour ivrognerie, en 195 pour incompatibilité d'humeur, en 4 pour folie, en 5 pour maladies incurables, etc.

Pour les 78 cas où le refus a eu lieu, il était motivé, en 58, par une fin de non-recevoir opposée par le conjoint aux observations qui lui avaient été faites, et en 20 par l'opposition de l'Eglise aux motifs allégués pour la séparation ; 12 des couples divorcés se sont réconciliés et ont convolé en secondes noces.

montrent plus la Bavière que sous l'image d'un vieux lion dévoré de « vermine cléricale ».

Au mois de juin 1874, le comte Fugger, de l'ordre des Jésuites, expulsé par la loi de l'empire contre cet ordre, en appela devant la Chambre de Munich, qui lui donna raison par 77 voix contre 36, en se fondant sur les traités de Versailles qui stipulent, en faveur des sujets bavarois, certains priviléges qu'ou oublie trop souvent à Berlin. Je me trouvais en ce moment à Leipsig ; les politiqueurs étaient sens dessus dessous :

— On devrait immédiatement occuper la Bavière, disait l'un.

— Et prier le roi Louis d'offrir ses services aux Espagnols, ajoutait l'autre.

— Ceux-ci ne demanderaient sans doute pas mieux, répétait un troisième. Le roi est un coureur de processions, un adorateur de saintes Vierges, et il leur amènerait l'abbé Liszt et les Jésuites.

— Il pourra faire tout ce qu'il voudra derrière les Pyrénées, rétablir l'Inquisition, si le clergé la demande, cela nous est bien égal ; mais que, dans l'empire allemand, le roi de Bavière ne coupe pas court à l'agitation ultramontaine, qu'il la tolère, qu'il protége les Jésuites, voilà ce que nous ne pouvons, nous Allemands prussiens, souffrir plus longtemps.

— Le vote de la Chambre bavaroise est la signature d'un traité d'alliance avec Rome contre l'Allemagne !

— Tant que la Bavière, reprit un petit vieillard coiffé d'une casquette à visière verte, tant que la Bavière s'est bornée à faire de l'opposition d'enfant boudeur, à refuser le casque à pointe, à ne pas vouloir soumettre ses soldats aux mêmes règlements que les nôtres, on pouvait trouver cette conduite singulière et hausser les épaules en riant ; mais aujourd'hui les choses sont plus sérieuses, c'est l'unité, c'est la dignité, c'est l'existence de l'empire qui sont en jeu. Ce ne sont pas, en effet, des patriotes bavarois et allemands qui ont voté, le 3 juin, avec le parti du comte Fugger, mais des Romains, des adhérents de l'internationale noire.

Cette discussion avait lieu à la table voisine de la mienne, pendant que je soupais. En quittant la salle à manger du restaurant, pour aller respirer l'air et entendre la musique sur la terrasse, je remarquai que, dans tous les groupes, on ne parlait que de la Bavière et que l'explosion d'indignation était générale. Je me fis donner les feuilles du soir.

J'y lus des articles de la dernière violence contre la Chambre de Munich et le roi Louis.

« Ce roi, s'écriait le *Journal de Leipsig*, qui faisait offrir en 1871 la couronne de l'empire à l'empereur Guillaume, ce roi va de nouveau aujourd'hui à la procession de la Fête-Dieu, après avoir oublié d'y aller pendant trois ans. Le roi Louis deviendra-t-il l'allié du pape et renouvellera-t-il en Allemagne la lutte des Guelfes et des Gibelins ? Qu'il prenne garde, l'Allemagne libérale aura désormais l'œil ouvert sur lui. »

Une autre feuille faisait la réflexion suivante : « Le vote de la Chambre bavaroise est un symptôme qu'on ne saurait assez méditer : il révèle dans ce pays, dernier foyer du particularisme, une haine implacable contre la Prusse. »

Ce langage de la presse et des patriotes prussiens montre à nu les bons sentiments qu'on nourrit dans le Nord à l'égard de la Bavière. Avant les élections, la presse nationale-libérale organisa une campagne contre le nonce qui réside à Munich et laissa entendre que M. de Bismarck exigerait au besoin son renvoi. Après les élections, on se rappelle que des menaces on faillit passer aux faits, et que la déchéance du roi de Bavière fut sérieusement agitée dans les organes qui traduisent la pensée du chancelier.

Cependant, le *Kulturkampf* a déjà commencé sur les

bords de l'Isar par quelques petits coups d'épingle. Les mandements électoraux des évêques ont été saisis ; trois ou quatre chapelains qui ont oublié que la langue a été laissée aux sujets du nouvel empire pour déguiser leur pensée, ont été jetés en prison[1] ; le roi Louis a refusé de se séparer des ministres qui font chez lui les affaires de la Prusse, et il vient enfin d'ordonner lui-même des poursuites contre l'évêque de Spire, qui n'a pas reculé devant l'horrible forfait de laisser l'archevêque de Mayence monter en chaire dans son diocèse, après en avoir humblement prévenu Sa Majesté. Ce sont là les premières escarmouches. Les alliés de M. de Bismarck sont prudents, ils savent qu'ils opèrent sur un terrain dangereux. Les élections de juin leur ont prouvé qu'ils s'avancent en pays ennemi. La majorité du peuple les regarde d'un œil de menace. Parlant du catholique bavarois, un journal de Wurzbourg, le *Volksblatt*, disait dernièrement : « Pareil à un mur contre le *borussianisme*, ainsi que contre le libéralisme antichrétien, se tient debout le catholique bavarois, ferme et croyant, plein d'enthousiasme pour l'Église et le Saint-Père. »

Les populations catholiques des campagnes sont profondément religieuses, et le clergé a conservé sur elles une influence toute-puissante. Dans les villes, on est étonné

---

[1] Depuis que ces lignes sont écrites, le mariage civil a été introduit en Bavière, et cependant, dit un journal berlinois, on peut y faire des manifestations contre cette loi de l'empire. Ainsi, à l'exemple de ce qui vient de se passer dans un canton catholique de Suisse, un journal clérical de Munich a donné aux époux le conseil de ne paraître aux cérémonies civiles qu'en habits de travail et de n'endosser le costume de noces que pour le mariage à l'église. Dans quelques localités des campagnes, ce conseil a été suivi. Tandis que l'officier public faisait les cérémonies en habit noir, les époux, sans être pour cela de la classe ouvrière, étaient en habits de travail, et ils les remplacèrent pour le mariage religieux par leurs plus beaux atours.

de voir à toute heure du jour tant de monde dans les églises. Pie VI, à son retour de Vienne, en 1782, s'étant arrêté à Munich, fut tellement frappé de la piété du peuple, qu'il appela la capitale de la Bavière « la Rome allemande ».

Il est vrai qu'il n'y a pas de ville en Allemagne où l'on trouve de plus belles églises. On sent le voisinage de l'Italie. Les cérémonies du culte ont conservé toute leur pompe théâtrale et grandiose. Je ne sais pas de spectacle plus imposant qu'un office à la Basilique. J'y suis entré un dimanche : un vieux prêtre célébrait ses noces d'or avec l'Eglise. Des affiches, appliquées à l'extérieur, invitaient les fidèles à prendre part à la solennité. L'encens remplissait la nef de ses effluves enivrantes, l'autel étincelait comme le soleil de justice, et l'orgue roulait sous les voûtes les flots majestueux de ses vastes harmonies. A la porte de l'église, un groupe de mendiants et d'éclopés priait en se frappant la poitrine, au pied d'un grand christ suspendu tout sanglant à sa croix tragique. On se fût cru à Byzance, au temps du grand Constantin.

## II

Le clergé du Sud et le clergé du Nord. — Le chapelain et le curé bavarois. — Le clergé du Sud et la Révolution française. — Histoire abrégée du vieux catholicisme. — Les espérances de M. de Bismarck. — Les résultats. — L'évêque Reinkens. — Un bon mot du diable.

Le clergé de l'Allemagne du Sud ne ressemble pas au clergé de l'Allemagne du Nord. En Prusse, le clergé catholique est austère, rigide ; en Bavière, il est légèrement rabelaisien et manque de tenue. Sous la redingote ecclésiastique, on retrouve le joyeux *bursch*, l'étudiant d'université. Les prêtres se promènent dans les rues le cigare aux lèvres et un gourdin à la main. On en rencontre à toute heure du jour dans les cafés et les brasseries, parfois jouant aux cartes, quelquefois aussi dormant du sommeil du juste. Dans les petites villes, où l'on sait tout, et où il y a tant de mauvaises langues, on prétend que les chapelains et les chanoines sont beaucoup plus ferrés sur la carte des vins que sur la chronologie de l'Église. Ils connaissent tous les bons endroits et savent quelles sont les cuisinières qui font une sole ou un filet de chevreuil à point.

Je n'ai jamais franchi le seuil d'un jardin-brasserie des environs de Munich sans trouver des *kapelan* attablés devant des brocs hauts comme des cathédrales ; ils commençaient par bourrer une pipe, puis tiraient de leur poche une botte de navets et un morceau de fromage de Limbourg. Quand ils avaient mangé, ils allaient eux-mêmes renouveler leur bock et ils rebourraient leur pipe avec un air de céleste béatitude.

Dans les campagnes, quand on aperçoit un homme vêtu de noir debout devant une maison, on peut être sûr que l'homme est un *kapelan* et la maison une auberge. Autrefois, il y avait des curés qui tenaient des débits de boisson dans leur propre cure. En Suisse, actuellement, il existe encore des auberges qui sont le principal revenu du bénéfice ecclésiastique.

Les Bavarois, qui ne manquent jamais de dire, quand ils parlent d'une fête à laquelle ils ont assisté : « C'était charmant, il y a eu cinq ou six hommes de tués », ont la bière orageuse, et les *kapelan* qui ne savent pas se retirer à temps sont ordinairement pris dans la bagarre. Régulièrement, chaque dimanche, les brasseries sont le théâtre de rixes sanglantes. Un voyageur allemand, le baron de Riesbeck, nous a laissé, dans une de ses lettres de Bavière, le récit suivant d'une scène très-caractérisque à laquelle il assista et qui dépeint bien les mœurs du bas peuple, fanatique et brutal :

« Un jour, écrit-il, il m'arriva d'entrer dans le plus noir et le plus sombre de tous les cabarets à bière ; des nuages de fumée de tabac m'aveuglèrent dès la porte, et le bruit des buveurs me rendit presque sourd. Peu à peu mes yeux pénétrèrent à travers l'épaisse vapeur, et je découvris le curé de l'endroit au milieu de quinze ou vingt ivrognes ; son habit noir était aussi barbouillé que leurs sales casaques ; il tenait, comme les autres, des cartes dans sa main gauche, et les jetait sur la table, en frappant si fort, que toute la chambre en tremblait. D'abord, je fus choqué du ton de violence qui régnait entre eux, et je crus qu'ils étaient en querelle ; mais bientôt je m'aperçus que les termes de *goujats* et autres qui me paraissaient si choquants n'étaient, dans leur idiome, que des salutations amicales et fraternelles. Chacun d'eux avait bu ses huit ou dix pots de bière ; ils demandèrent alors chacun un verre d'eau-de-vie pour leur fermer, comme ils disaient, l'estomac ; mais tout à coup leur bonne humeur s'évanouit, et je vis dans leurs regards et dans leur gestes les plus sérieux préparatifs pour un combat. A la fin, la bombe éclata : d'abord, le prêtre prit quelque peine pour les arrêter ; il jura pour le moins aussi fort que les autres, mais inutilement. L'un d'eux saisit un pot et le jeta à la tête de son adversaire ; un autre frappait en aveugle à grands coups de poing ; un troisième arrachait les pieds d'un tabouret pour en frapper son ennemi à la tête ; enfin tout paraissait ne respirer que le carnage, quand tout à coup la cloche vint à sonner l'*Angelus* du soir. « *Ave, Maria* », s'écria le prêtre. Alors, les bras tombèrent à tout le monde ; ils ôtèrent leurs bonnets, puis, joignant les mains, répétèrent fort dévotement leur *Ave, Maria*. Mais aussitôt que les prières furent finies, les braves champions reprirent, avec plus de furie, leur conversation manuelle ; les pots et les verres recommencèrent à voler, j'aperçus le curé qui se glissait prudemment par-dessous la table, et moi, je me retirai dans la chambre à coucher du cabaretier. »

Je ne sais si cela se passe encore ainsi ; le baron de Riesbeck voyageait en Bavière vers 1780. Mais les guerres qui ont eu lieu depuis et dans lesquelles les Bavarois ont toujours su se distinguer des peuples civilisés, n'ont pas adouci leurs mœurs. On se souvient que les soldats bavarois campés autour de Paris, avaient l'habitude de piller quelque villa, le dimanche, après avoir fort dévotement entendu la messe. Les journaux ont aussi raconté que durant la période électorale, des *kapelan* qui s'étaient oubliés dans les brasseries de Munich ont reçu à plusieurs reprises des horions de leurs adversaires politiques.

Toutefois il ne faudrait pas tirer de ces faits des conclusions générales contre le clergé de Bavière. Il y a de nombreuses exceptions. Le curé a, du reste, une conduite toute différente de celle du *kapelan*. Celui-ci est considéré plutôt comme une espèce de bedeau et de marguillier, et ses incartades sont jugées avec indulgence. C'est avec un de ces chapelains que je suis allé d'Oberammergau à Hohenschwangau, une des résidences d'été du roi. Ce compagnon de rencontre voyageait déjà depuis sept jours, et n'avait pour tout bagage que son parapluie, dans lequel il logeait son unique faux-col pendant la marche Le soir, il se mettait au lit sans prier, et le matin, il se levait de bonne heure, et son premier acte de dévotion était de s'attabler devant un plat de truites. Il professait le plus profond mépris pour le clergé français « qui ne comprend rien à la science allemande, qui reste plongé dans les ténèbres de l'ignorance et ne lit pas les journaux. » Lui, il les lisait trop, surtout ceux de Berlin ; il y apprit que l'auteur du *Voyage au pays des milliards* était un jeune bandit, et il s'empressa de dévoiler sa présence à l'inspecteur de police de Fussen, qui imita heureusement les carabiniers d'Offenbach et arriva trop tard.

Un vénérable prêtre français auquel je racontais tout cela, et qui a lui-même habité longtemps Munich, m'a communiqué les deux faits personnels suivants ; ils compléteront cette esquisse du *kapelan* :

« Un soir, le chapelain de l'église *** se présente chez moi : Monsieur l'abbé, me dit-il, pourriez-vous me rendre le service de dire la messe pour moi demain à onze heures ?

« — Vous savez, monsieur le chapelain, lui répondis-je, que je travaille fort tard et que ma santé ne me permet pas de rester à jeun jusqu'à midi ; c'est pourquoi je dis ma messe à sept heures.

« — Ah ! vous êtes pien Franzose, s'écria le *kapelan* ; nous, nous brenons touchours une betite pole de bouillon ! »

Une autre fois, l'abbé en question se promenait dans le Jardin anglais en lisant son bréviaire.

— Qu'est-ce que vous lisez là ? lui dit un chapelain de l'Au-Kirche qui le rencontra.

— Mais, c'est mon bréviaire, herr kapelan; vous ne savez probablement pas ce que c'est.

Le chapelain arracha le livre des mains du prêtre, et lui montrant le titre : *Breviarium romanum*, il lui dit : « Nous sommes, nous, *Allemands*; nous ne sommes pas *Romani*. »

Il semble qu'il y a un petit Luther caché sous la redingote noire de chacun de ces chapelains. Ils ont été fort désappointés le jour où l'épiscopat allemand, d'abord opposé à l'infaillibilité, déclara se soumettre aux décisions du Concile. Leurs études théologiques, dans les universités [1], les ont convaincus que le christianisme doit se développer graduellement et suivre le progrès humain dans toutes ses fluctuations. A la science définie, ils opposent la science indéfinie. Mais la perfectibilité ne menace-t-elle pas ici la stabilité ? Disséquée sous la plume des philosophes universitaires, la religion n'est qu'un sujet d'analyse; elle n'est plus cette flamme d'enthousiasme et d'amour qui jaillit de l'âme et du cœur.

De tout temps, le clergé de l'Allemagne du Sud a été travaillé par les idées nouvelles. Ce fut par les fissures des cathédrales des bords du Rhin que les doctrines de la Révolution française pénétrèrent en Allemagne.

« La double influence des réformes de Joseph II et du mouvement philosophique français ne se fit sentir nulle part avec plus de force que dans les principautés ecclésiastiques du Rhin, dit M. l'abbé de Cazalès, et, chose étrange, ce fut avec la faveur et l'appui des électeurs archevêques. Possédant, en vertu des lois de l'empire, la plénitude de l'autorité temporelle, ces princes supportaient impatiemment que leur autorité spirituelle fût limitée par la primauté

---

[1] En Allemagne, on ne passe qu'un an au séminaire.

du pape, et ils avaient désiré se rendre aussi indépendants à son égard dans l'Église qu'ils l'étaient dans l'État à l'égard de l'empereur... Les électeurs ecclésiastiques encourageaient ou toléraient la propagation de la nouvelle philosophie française, qu'il laissaient enseigner, en même temps que les livres et les journaux travaillaient à les répandre dans le peuple... Les écrits les plus hardis étaient ceux qu'ils recherchaient et vantaient le plus; les bustes de Voltaire et de Rousseau avaient remplacé dans leurs appartements les images de la mère du Christ et celles des saints apôtres; ils ne juraient que par Mably, Rousseau, Raynal et Helvétius, traitant de préjugés surannés toutes les vieilles idées... »

En provoquant, de concert avec le chanoine Dœllinger et d'autres prêtres de Munich, ce fameux mouvement vieux catholique, M. de Bismarck comptait sur ces tendances de révolte contre Rome, qui s'étaient déjà si souvent manifestées dans le clergé du Sud. Ses espérances ont été trompées. Les évêques sont restés fidèles au Saint-Siége, et le schisme a dû se contenter de quelques chanoines trop gras et de quelques chapelains trop pressés d'imiter le Sire de Framboisy, qui « la prit trop jeune et bientôt s'en repentit. »

En Bavière, où la population catholique s'élève à 3,500,000 âmes, la secte nouvelle ne compte que 13,000 adhérents, dont 12 prêtres. C'est dans le duché de Bade que le schisme fait, comparativement, le plus de progrès. Sur les 940,000 catholiques badois, il y en a aujourd'hui 14,000 qui appartiennent au vieux catholicisme. A Berlin, dans la « capitale de l'intelligence », le mouvement manque totalement d'entrain, malgré les encouragements de la caisse des fonds secrets. La population catholique berlinoise est de 60,000 âmes. 210 catholiques seulement se sont convertis à la doctrine des « vieux », et, parmi ces adeptes, il n'y en a que 80 qui aient une position indépendaute, c'est-à-dire qui ne soient « ni commis de magasin, ni domestiques, ni portefaix. »

L'année dernière, le clergé vieux catholique, qui forme en tout une petite tribu de 54 prêtres, s'est augmenté de six recrues : un Prussien, deux Bavarois et trois Suisses. Les nouveaux apôtres ont été ordonnés prêtres par l'évêque Reinkens, qui tient ses pouvoirs de M. de Bismarck et de M. Falk, lesquels les tiennent d'eux-mêmes.

Mgr Reinkens est né à Baratte, près d'Aix-la-Chapelle. Il fut ordonné prêtre en 1841, à Cologne. En 1856, il était prédicateur à la cathédrale de Breslau et professeur à l'université de cette ville, dont il a écrit l'histoire. Il est l'auteur de quantité de dissertations religieuses et historiques, et il lança, pendant le concile, sa célèbre brochure : *Pape et papauté*. J'ai eu occasion de voir M. Reinkens, en 1874, à Stuttgard, pendant le séjour de l'empereur de Russie. Il essaya vainement d'obtenir une audience du czar, et disparut sans tambour ni trompette, dès le lendemain de son arrivée. C'est un gros homme, à la forte encolure, bien portant, au teint fleuri et au superbe coup de fourchette. Son regard est doux et son cœur sensible [1].

Lorsqu'il vint à Berlin, en 1873, prêter serment de fidélité à la constitution impériale, on lui fit fête. M. Falk

---

[1] M. Reinkens a dû soutenir un singulier procès, le 12 mars 1874, devant le tribunal de Bonn. Voici en quels termes en parle une correspondance de Berlin du *Français* :

« Un procès fort curieux a été jugé à Bonn samedi dernier. Le plaignant était M. Reinkens, « évêque » des vieux catholiques, et l'accusé le rédacteur de la *Gazette de l'empire*, journal catholique, qui s'était permis des allusions peu discrètes à une certaine maladie dont « l'évêque » avait été chercher la guérison à Wiesbade. Le médecin des eaux, qui avait révélé le fait, a refusé de comparaître et a été, pour ce fait, condamné à une amende. Mais cinq témoins cités par l'accusé ont fait les révélations les plus compromettantes et la sensation a été profonde dans la petite ville de Bonn, où réside cet « évêque, par la grâce de M. de Bismarck. »

illumina le ministère des cultes de plusieurs douzaines de bougies, et prononça un discours bien senti, dans lequel il constata que c'était un devoir pour l'État d'accorder assistance et protection aux vieux catholiques, « disposés à rendre à César ce qui est à César. »

M. Reinkens répondit en renouvelant ses promesses d'obéissance et de soumission à l'État, puis prêta serment. Il fut ensuite invité à dîner chez le prince royal, dont les idées rationalistes sont connues, et repartit avec une somme fort ronde qui lui permit d'acheter un petit hôtel épiscopal aux portes de Bonn, ville qu'il a choisie pour résidence.

On attribue au prince de Hohenlohe, qui n'a cependant pas été étranger au mouvement vieux-catholique, un mot cruel sur la nouvelle Église. Après avoir parcouru le rapport présenté, cette année, au congrès de Bonn, rapport qui nous a fourni les chiffres cités, le prince dit d'un air moitié sérieux, moitié railleur : « Mais cette Église sans clergé et sans fidèles, me fait l'effet d'un couteau auquel manquent et la lame et le manche. »

Les résultats si mesquins obtenus jusqu'ici ne devraient ils pas rappeler plus souvent à la mémoire de M. de Bismarck la jolie parabole que la *Germania* lui dédiait au début de la « lutte civilisatrice ? »

Un célèbre ministre, racontait le journal catholique de Berlin, pendant son séjour à Versailles, fit l connaissance d'un étranger disert en toutes choses, parlant avec la même facilité de politique, de religion, de science et d'art.

Un jour l'étranger dit au ministre :

— C'est avec étonnement que je vois votre politique devenir hostile à l'Église catholique.

— Ah ! oui da ! Vous verrez bien d'autres choses. Dans quatre ans, faites-y attention, j'aurai fait table rase de la prêtraille.

Alors l'étranger se leva et se prit à sourire :

— Mes compliments très-sincères à Votre Excellence ; moi, je travaille à la même œuvre depuis dix-huit siècles, et je n'y ai pas encore réussi : car, sachez-le, je suis...... le Diable !

# III

Une visite au chanoine Dœllinger. — Son opinion sur le père Hyacinthe. — Son attitude à la diète de Francfort. — Dœllinger et Montalembert. — Dœllinger et Bismarck. — Insuccès de son œuvre.

La *Von der Tannstrasse* est à Munich, ce que la rue d'Assas est à Paris. Large, silencieuse, elle descend du côté de l'*Englischen Garten*, ce Luxembourg aux arbres séculaires, et se cache comme si elle avait peur d'être vue. Ceux qui l'habitent, — des savants, des artistes, des poëtes, — ne recherchent le tumulte et le bruit qu'à leurs heures, et aiment à trouver le recueillement dans cette solitude.

Ils sont là à la ville et à la campagne. Les maisons sont toutes entourées d'un joli petit jardin soigneusement clos, où les savants allemands qui placent le bonheur dans le retour aux mœurs primitives, ont l'habitude de se promener en costume presque paradisiaque, et d'offrir l'encens d'une pipe matinale au soleil allemand qui éclaire le monde depuis 1870.

A peu près vers le milieu de la rue, s'élève une maison plus grande que les autres, d'une apparence bourgeoise. Si l'on entre et qu'on monte au premier étage, on est tout étonné d'arriver en face d'une porte munie d'un de ces guichets claustraux connus sous le nom de judas. Quand on a sonné, deux yeux brillent derrière le grillage, puis une clef grince dans la serrure, et l'huis s'ouvre sans bruit. Une femme de trente à trente-cinq ans, dont le costume tient à la fois de celui de la sœur tourière et de la maîtresse de maison, vous accueille et vous introduit dans le « salon ». Il semble qu'on soit là dans la chambre de réception d'un curé de campagne. La forme des chaises est antique ; la table est recouverte d'un tapis violet avec des applications jaunes ; le canapé, orné d'un coussin représentant l'agneau pascal, est raide et dur ; des lithophanies pieuses décorent les fenêtres et aux murs sont suspendus des tableaux de saints et des scènes bibliques Un crachoir en bois blanc, dont le couvercle se lève au moyen d'un mécanisme, complète cet ameublement plein de simplicité.

Au bout de quelques minutes, la porte d'un cabinet s'ouvre et livre passage à un grand vieillard maigre, au dos voûté, à la figure osseuse, ridée et parcheminée. Les lèvres sont minces et livides. Le nez long, en forme de trompe, est comme à la recherche de la cassolette de la flatterie. La voix a quelque chose de sépulcral. Dans cette tête de momie, il n'y a plus que l'œil : il est étincelant ; toute la vie du corps semble s'y être concentrée.

Cet homme, ou plutôt cette ruine, c'est le chanoine Dœllinger, fondateur du vieux catholicisme.

Il m'est apparu ainsi, dans ce cadre familier, quelques jours avant son départ pour le Congrès de Bonn. Il était vêtu d'une redingote écourtée et râpée aux coudes ; son gilet, avec une attache à souliers servant de chaîne de montre, lui montait jusqu'au cou ; son pantalon à l'ancienne mode a conservé le pont-levis. Il était chaussé de vieilles pantoufles.

Un de mes amis m'avait chargé d'aller lui demander un renseignement. On m'avait dit : « Il sait le français aussi bien qu'un abbé de Saint-Sulpice. » Je lui adressai la parole dans cette langue, mais il me répondit en allemand. J'avais oublié qu'il est aussi atteint de cette affreuse contagion de haine qui règne contre la France, et que sa bouche était encore chaude de ces paroles, prononcées à l'occasion de la clôture de l'année universitaire : « Nous sommes encore sous l'impression des grands événements qui ont mis l'Allemagne à la tête du monde, et nous tenons nos regards anxieusement fixés sur les portes de l'avenir. La France reste retranchée derrière la papauté, dont elle se fait la complice; mais la France est terrassée et l'Allemagne n'a plus devant elle qu'un ennemi, — le pape ! »

Le vieux renard me regardait d'un air de défiance. A deux ou trois questions qui sortaient du sujet pour lequel j'étais venu, il me répondit par monosyllabes. Le nom du père Hyacinthe, que j'intercalai dans une phrase, mit sur sa lèvre un sourire perfide et je l'entendis murmurer entre ses canines à moitié usées comme celles du serpent de la fable : « *Ein Pinsel!* » c'est-à-dire un nigaud, un serin ! Bien qu'entre Français et Allemands cette expression se comprenne, entre vieux catholiques elle est un peu raide. Est-ce ainsi qu'ils se prennent au sérieux ? Mais ce n'était pas Dœllinger, le sectaire, qui parlait : c'était Dœllinger, le souverain pontife de la science allemande, la seule, la vraie, hors de laquelle il n'y a pas de lumières, — depuis qu'il l'a éclairée de sa lanterne. Selon lui, c'est à la science allemande, comme aux baïonnettes prussiennes, qu'appartient l'avenir du monde. Ses livres sont des pièces d'artillerie d'un nouveau système dressées contre les vieux canons de l'Église. Il est le Krupp de la théologie. Après avoir, dans des ouvrages fameux, mis le protestantisme en lambeaux, il s'est retourné contre le catholicisme. Mahomet aussi a essuyé une rude attaque, et Boudha aura son tour. On n'est pas fils d'anatomiste pour rien. Son père disséquait des cadavres, lui dissèque des religions.

Il est né à Bamberg, le 28 février 1799. Après avoir

étudié dans cette ville et à l'Université de Wurzbourg, il fut ordonné prêtre en 1822, et peu de temps après, nommé chapelain d'une petite paroisse rurale. En 1833, on l'appela à la chaire de théologie du Lycée d'Achaffenbourg, et trois ans plus tard, l'université de Munich s'ouvrait devant lui.

A cette époque, il guerroya avec succès contre les mariages mixtes, et lors de la discussion qui s'éleva pour savoir si l'on devait obliger les protestants à plier le genou au passage de la procession de la Fête-Dieu, il se prononça affirmativement. La renommée commençait à trompeter son nom. Il s'était révélé à la Chambre comme un orateur abondant et concis, véhément et passionné. On se faisait une fête d'aller l'entendre. Sa parole nerveuse, brillante, attira bientôt autour de lui, dans les salles de l'université, toute la jeunesse catholique allemande. Le contraste était si grand avec le débit lourd, monotone et ennuyeux des autres professeurs. Parmi ses élèves les plus enthousiastes, figurait le jeune baron Kettler, aujourd'hui archevêque de Mayence.

A la diète de Francfort, où il siégea en 1828, il fut un des chefs de la fraction catholique, et défendit en véritable paladin les droits de l'Église. Ses ouvrages l'avaient précédé dans l'arène. Il avait déjà écrit *l'Eucharistie dans les trois premiers siècles*, sa belle *Histoire de l'Église*, et ses deux livres sur la religion de Mahomet et sur la religion de Luther.

Il sait donner à sa forme beaucoup de séduction. C'est un des rares écrivains allemands qui ait souci de la propriété et de l'élégance de son style. Il ne se présente pas en négligé au lecteur. Il trouve le débraillé peu poli. C'est un artiste. Il a une certaine coupe élégante et s'entend à assortir les couleurs de l'étoffe. Sa pensée est correctement mise, elle ne flotte pas dans des vêtements disproportionnés, et parle le langage de la bonne compagnie.

Un de ses traducteurs français lui disait : « Avec une de vos phrases, j'en fais deux, tandis qu'avec celles des autres, j'en fais douze. »

C'est un écrivain plein d'éclat. Il avait au front la flamme des apôtres, mais l'orgueil a soufflé dessus et la flamme s'est éteinte. Toujours ce diable d'orgueil! Il a transporté le prêtre sur le sommet de la montagne, et lui a montré dans un mirage le pays de l'ambition et des grandeurs. Dœllinger voulut être archevêque. Son nom fut mis en avant pour l'archevêché de Salzbourg. Mais à Rome on se tenait sur la réserve. Le théologien ne semblait pas sûr. On avait eu vent de certains propos tenus un soir par le chanoine, et qui avaient mis en fuite Lacordaire et Montalembert. M. de Haulleville a de nouveau raconté la chose dernièrement pour venger la mémoire de Montalembert, conspuée par M. Dœllinger lui-même. « C'était en 1833, dit M. de Haulleville, après la promulgation de l'Encyclique *Mirari vos*. Lamennais, Lacordaire, Montalembert et un jeune professeur que la mauvaise humeur de Lola Montès fit expulser des universités de Bavière et qui est mort il y a quelques années, à Insprück, M. le baron de May de Sens, dînaient à Munich, chez M. le D$^r$ Dœllinger, alors dans tout l'éclat d'une jeunesse austèrement studieuse et d'une fidélité dont la science était l'unique ambition. Après le repas, où Lamennais « s'était démené comme un diable » (ce sont les expressions de M. de May, qui m'a raconté cette anecdote) et où M. Dœllinger avait tenu le langage calme, serein, élevé, serré, que ses élèves ont admiré pendant trente-cinq ans, les amis déconcertés étaient allés se promener dans les allées monumentales et si souvent solitaires créées par la fantaisie du roi Louis. Ils dissertaient, discutaient, disputaient. Lacordaire avait écouté avec une religieuse attention les saints raisonnements et les exhortations de M. le D$^r$ Dœllinger. Tout à coup il s'approcha de lui, et lui demanda :

L'encyclique *Mirari vos* est-elle, selon vous, un document doctrinal imposé à notre foi? La réponse du prêtre Bavarois ayant été « carrément » affirmative, Lacordaire devint silencieux. Le soir il bouclait sa malle et repartait pour la France. Montalembert, fidèle à la devise de ses ancêtres *ne espoir ne peur*, le suivit le lendemain dans la route royale du sacrifice, de l'humilité, de la discipline et du devoir. Quant à Lamennais, qui ne revit plus ses jeunes amis, il continua à se « démener comme un diable » et quoiqu'il ne connût dans sa vieillesse que des infirmités morales, il mourut dans un affreux isolement, après avoir tout renié, même la certitude philosophique. »

N'ayant pu être archevêque, Dœllinger essaya d'être évêque. Quatre fois il fut présenté, quatre fois le Saint-Siége l'écarta. Son amour-propre en fut tout meurtri. Il se plaignit, mais il ne cria pas encore. Enfin, le pape convoqua le concile et ne convoqua pas M. Dœllinger. Cette fois, la blessure fut mortelle, et il poussa le cri de révolte, — à travers un masque, comme les comédiens antiques. Le masque de *Janus*, à deux faces, comme celui de Judas !

M. de Bismarck était précisément à la recherche d'un théologien en vue, actif, remuant, ennemi des jésuites, hardi, rusé, ambitieux, qui fût capable de rallier les anti-infaillibilistes, de les pousser à une insurrection violente, et de prendre leur commandement. Ordre fut donné à M. d'Arnim, alors ambassadeur à Rome, de fournir des munitions et des armes à M. Dœllinger. On lui envoya des documents et des notes. Un contre-concile fut convoqué à la fin d'août 1870, à Nuremberg. Une protestation en sortit, mais les *protestants* n'osèrent pas la signer. Le 26 décembre, l'archevêque de Munich publia une lettre pastorale dirigée entièrement contre le chanoine de Saint-Cajetan, bien que le nom de Dœllinger ne fût pas prononcé. Celui-ci répondit dans la *Gazette* d'*Augsbourg*. L'archevêque défendit alors aux étudiants en théologie de suivre les cours du prêtre apostat. Le parti prussien à Munich poussa de belliqueuses clameurs. On se fût dit à la veille d'une guerre de religion. Les bedeaux parlaient de barricader les églises. Les partisans du chanoine Dœllinger tinrent des meetings. Dans une réunion publique, un cordonnier proposa d'offrir la bourgeoisie d'honneur à celui qui avait « levé contre Rome le drapeau de l'Allemagne. » Ce cordonnier fut couvert d'applaudissements, et lorsqu'il apporta à M. Dœllinger le diplôme de la bourgeoisie d'honneur, il lui dit : « Monsieur le chanoine, vous ressemellerez l'Église ! »

L'archevêque, pendant ce temps de trouble et de rumeur, était à son poste, veillant sur la bergerie et le troupeau. Du haut de la chaire de la cathédrale, il fulmina contre le révolté l'excommunication majeure. Les *Dœllingriens* protestèrent et envoyèrent une adresse au roi; comme elle restait sans réponse, ils convoquèrent un congrès. De ce congrès sortit le vieux catholicisme, et le programme qui en est l'Évangile.

M. Dœllinger se flattait de mettre le feu à l'édifice romain. Mais les auxiliaires sur lesquels il comptait, — les évêques allemands, — au lieu de l'aider dans la propagation de l'incendie, coururent aux pompes. La citadelle de la foi est restée intacte. Les généraux insurgés n'ont pas de soldats ; ils n'occupent que quelques petites églises isolées dont les gouvernements se sont emparés par violence.

Inquiet de son insuccès en Allemagne, M. Dœllinger tourne aujourd'hui ses regards vers les églises orthodoxes de Russie et de Grèce, et vers l'église anglicane. Au mois de mars 1875, il adressait au patriarche de Constantinople une lettre pour lui annoncer que les conférences de Bonn allaient être reprises, dans le but d'aplanir la voie qui pourrait conduire à une union sur les dogmes fondamentaux de la religion, union qui aboutirait à la reconnaissance réciproque d'une communion ecclésiastique. « Les théologiens allemands qui ont pris part aux conférences de Bonn, disait M. Dœllinger dans sa lettre, sont convaincus que l'Église orthodoxe du patriarcat de Constantinople est la véritable Église qui a reçu l'héritage apostolique et qui forme une partie de l'antique, grande et apostolique communauté chrétienne. »

Le patriarche de Constantinople répondit par l'envoi de quatre délégués. On a discuté pendant plusieurs jours sans arriver à aucun résultat.

L'œuvre de réforme du professeur de Munich est une œuvre morte. Ce qui lui manque, c'est l'estime.

Dans ces heures où l'homme regarde dans sa vie comme dans un miroir magique, M. Dœllinger doit regretter le bon temps où il corrigeait les épreuves de ses livres sur le lutrin du chapitre de Saint-Cajetan, et où, les jours de pluie, abandonnant la procession, il entrait en surplis chez les bons bourgeois, qui s'empressaient de lui faire oublier l'humidité extérieure en rétablissant l'équilibre par une humidité intérieure beaucoup plus agréable.

# IV

**Les fêtes religieuses. — La Fête-Dieu. — La fête des Morts. — Noël.**

Le caractère d'un peuple qui pousse aussi loin le culte des formes extérieures se révèle tout particulièrement dans ses fêtes religieuses. En aucune ville allemande, si ce n'est à Vienne, la Fête-Dieu n'est plus somptueuse qu'à Munich. Louis Ier avait fait de la procession qui parcourt ce jour-là les rues une sorte de cortége théâtral et artistique. Il y avait introduit des pénitents de toutes couleurs, des chevaliers de Malte, des croisés. A la suite des discussions qui agitent l'Allemagne politique et religieuse, la fête a perdu une partie de son éclat, mais c'est encore un grand et beau spectacle. On place des arbrisseaux devant chaque maison ; les façades sont décorées de tapis et de guirlandes ; des images saintes sont exposées sur les fenêtres entre des bougies allumées ; les rues sont recouvertes d'un parquet et jonchées de fleurs. La troupe fait la haie. Les cuirassiers, sur leur haute monture, sabre au poing, sont échelonnés devant le palais du roi. Les cloches sonnent à toute volée, le canon tonne, la musique éclate. En tête s'avancent les différents corps de métiers avec leurs insignes et leurs bannières. Voici d'abord les drapiers en costume du seizième siècle, puis les tanneurs, les cordonniers, les brasseurs, les tailleurs, les ramoneurs, les tonneliers, etc. Ils sont suivis des élèves de toutes les écoles de la ville; les petites filles en robe blanche avec des nœuds roses; les petits garçons en noir avec des gants blancs. Puis viennent les congrégations, les membres des diverses confréries, en chapeaux et manteaux de pèlerins; les sœurs de charité, les internes des hôpitaux, les capucins avec leur croix colossale, les franciscains et les dominicains. Le clergé des paroisses de Munich et les chantres de la chapelle royale précèdent l'archevêque qui s'avance sous un dais, avec un ostensoir d'or étincelant de pierreries. Immédiatement après lui marchent le roi, les princes royaux, les ministres, les employés supérieurs, les professeurs universitaires dans leur longue robe de docteur, le conseil municipal, etc. La foule suit, tête nue, en priant à haute voix. Cette prière générale et publique, récitée sur un certain rhythme, est une chose grande et touchante. Quatre reposoirs s'élèvent sur le parcours de la procession; à son passage, tout le monde est tenu de se découvrir et de fléchir le genou, sous peine d'amende.

La fête des Morts (*Allerseelenfest*) se célèbre d'une manière toute particulière en Bavière. Dans les villages, la veille au soir, dès que les cloches ont commencé de sonner, les enfants improvisent un petit autel devant la porte des maisons; ils placent sur une planche, recouverte d'une serviette, un crucifix ou une madone entre deux bougies, avec un plat ou une soucoupe devant. Ceux qui passent sont tenus d'y déposer un kreutzer qui sert à payer le pain qu'on mange le lendemain en souvenir des âmes, en récitant un *Pater* pour elles. Ces petits pains sont de formes diverses; ils sont faits avec du froment; on les mange chauds, et on y met du safran pour figurer les flammes du purgatoire. Dans les villages voisins du Tyrol, on fabrique des gâteaux spéciaux pour les âmes elles-mêmes. D'après les croyances populaires, les âmes du purgatoire obtiennent la permission de venir sur la terre, oublier leurs tourments, la nuit de la Toussaint. Aussi a-t-on soin de laisser les portes ouvertes et de ne pas fermer trop brusquement les fenêtres, afin de ne pas effrayer les pauvres petites âmes qui voltigent autour de la maison. A côté des gâteaux, on met un bol de lait, « pour qu'elles puissent se rafraîchir. » On croit également que, cette nuit-là, les âmes assistent au saint sacrifice célébré dans l'église paroissiale, et que celles qui ont achevé leur temps de souffrance sont reçues au ciel.

Dans la basse Bavière, on entasse, en croix, des bottes de paille sur les tombes, et à minuit, après avoir bien bu, bien mangé et souvent bien dansé, on revient au cimetière y mettre le feu.

A Munich, les tombes sont recouvertes de nappes, de draps de lit, sur lesquels on dresse de véritables autels, avec des vases de fleurs, des rangées de bougies, des images saintes, des reliques, des médailles; on y étale même des bijoux; on y apporte tout ce qui peut écarter les pensées sombres. La Mort est dépouillée de son caractère lugubre; ce n'est pas cette chose épouvantable qu'on ne peut regarder fixement, comme dit La Rochefoucauld; ce n'est pas non plus le squelette ricaneur de la danse macabre, faisant « siffler sa faux et claquer ses ossements », ni le crâne jauni sur lequel les saints anachorètes méditent au fond de leur grotte. La Mort est ici sereine et souriante; on dirait d'une jeune femme sous le voile et la couronne de fiancée. Ainsi, chez les Grecs, la Mort ressemblait à l'Amour et au Sommeil, et chez les Romains, elle apparaissait, splendidement parée, comme un infatigable et joyeux convive. On buvait à la Mort en même temps qu'à la Vie, à la Jeunesse et à la Beauté.

Dans cette fête munichoise de l'*Allerseelentag* tout est absolument païen. On y trouve les idées de Ménandre et d'Horace, et non les divins préceptes de l'Évangile. Derrière ces oripeaux et ces décors, on cherche vainement la responsabilité chrétienne. Le cercueil prend l'aspect d'une barque pleine de fleurs, où entrent les passagers du fleuve de la Mort. Ils quittent les rives de la Vie au chant du *Gaudeamus* et non aux accents déchirants du *Miserere*. L'expression allemande indique bien ce départ, qui n'a rien de douloureux ni de terrible ; on ne dit pas, à Munich, il est mort, *er ist gestorben;* on dit : il est rentré chez lui, *er ist Heim gegangen* [1]. La vie est un voyage, une table à laquelle on s'assied pendant quelques jours, et non un lieu d'expiation. Cette interprétation de l'idée de la Mort se retrouve dans toutes les inscriptions tombales. Ici, ce sont des parents qui s'adressent à leur fils, parti avant eux ; écoutez comme ils lui parlent :

> *Im Grab ist Ruh, im Leben schmerz,*
> *O! schlummere sanft, du liebes Herz!*

> Mourir, c'est le repos, et vivre c'est souffrir.
> Sommeille doucement, ô petit cœur aimé !

Là, c'est l'enfant mort lui-même qui dit à ses parents :

> *Hier ruhe ich im Rosengarten,*
> *Will auf meine eltern warten.*
> *Liebe eltern, seid getræst,*
> *Ich ruhe hier aufs allerbest.*

> Je repose dans le jardin des roses ;
> C'est vous que j'attends, mes chers parents ;
> Dormir est bien la plus douce des choses ;
> Ici, je dors tranquille, ô chers parents!

Il n'est question ni des joies célestes ni des peines éternelles. Ce n'est pas Dieu qui rappelle sa créature à lui ; ce n'est pas l'âme qui passe par la mort, « en laquelle elle ne s'arrête point ». On ne retourne que pour *dormir*. Le

---

[1] On sait à peine ce que c'est que le deuil. Il ne m'est pas arrivé, pendant les deux séjours que j'ai faits à Munich, de rencontrer une personne en deuil.

cimetière s'appelle le *Friedhof*, c'est-à-dire le champ du repos, et c'est, comme en Orient, un jardin embaumé de fleurs et égayé de chants d'oiseaux. Rien n'y porte aux méditations salutaires et fécondes; rien n'y enseigne que la mort est le châtiment suprême, l'expiation dernière, le *Pulvis es...*

Le cadavre lui-même est arraché aux affreuses réalités de la mort. On le transporte immédiatement dans la *Todtenkammer* (chambre mortuaire) du cimetière. Cette translation a lieu sans cérémonie ; le prêtre et quelques croque-morts accompagnent seuls le char funèbre. Dans la *Todtenkammer* décorée à peu près comme une chapelle, le cercueil reste ouvert, et les parents et les amis s'empressent de venir le joncher de fleurs. Après l'enterrement, la famille du défunt remercie par l'intermédiaire des journaux ceux qui ont apporté de si beaux bouquets. Le corps, revêtu de ses vêtements de fête, reste exposé pendant deux jours ; on lui met un crucifix sur la poitrine et un chapelet dans les mains. La levée du corps se fait en présence des parents et des amis, puis on se rend processionnellement jusqu'à la fosse, au bord de laquelle le prêtre prononce non des paroles de regret, mais de consolante espérance.

De toutes les fêtes, la plus belle est celle de Noël. Noël, la fête bénie des petits et des grands ; Noël, dont la pâle étoile dans ce ciel froid du Nord, brille d'un éclat si doux. Cette fête est restée celle de la famille : c'est la fête des cœurs, c'est le grand banquet où tout le monde trouve sa place, riches et pauvres, jeunes et vieux. Aussi, quelle transformation dans la capitale ! Les rues s'animent et étincellent de lumières. Des forêts de sapins couvrent la *Karlsplatz* et balancent comme dans les contes de fées leurs rameaux chargés de fruits d'or et de fleurs lumineuses. Partout des boutiques improvisées où l'on vend de petits moutons en sucre, des canards en chocolat, des montres à six kreutzers, des poupées, des jouets et des soldats de

Nuremberg ; dans les grands magasins, l'article de Paris tient la première place et proclame bien haut la supériorité de l'élégance et du bon goût français. M. J. Gernert, dans la *Rosentrasse*, ne manque jamais d'annoncer qu'il a été lui-même (*persönlich*) faire son choix et ses achats dans les meilleures fabriques parisiennes. Aux étalages des marchands de comestibles, — de *délicatesses*, pour employer le terme allemand, — les regards émerveillés s'arrêtent avec complaisance sur les dindes à la poitrine marbrée de truffes, sur les saumons du Danube, sur les saucisses de Strasbourg et les jambons du crû, décorés comme des généraux prussiens.

Le soir de Noël, on soupe en famille ; puis à la fin du repas on illumine l'arbre resté caché derrière un rideau ou dans la chambre voisine. Ce sapin arraché à la forêt, vert comme l'espérance, vigoureux comme la jeunesse, est un vivant symbole. Et comme cette mise en scène, ces petites bougies qui scintillent à travers les branches, ces anges suspendus par un fil invisible et annonçant la bonne nouvelle, ce *Christkindel* couché sur un brin de mousse et qui apporte de si jolis jouets aux enfants de bonne volonté, comme tout cela est moins prosaïque et moins froid que les sacs de bonbons que nous distribuons solennellement au nouvel an ! Demandez à une Parisienne de six ans qui lui a apporté sa poupée, elle vous donnera l'adresse du magasin et vous dira ce qu'elle vaut.

Le 1ᵉʳ janvier est une fête civile, le 25 décembre est une fête religieuse ; toute la différence est là.

En écrivant ces lignes, il me semble revoir encore, de ma fenêtre, mes voisins de la Karlstrasse groupés autour de l'arbre de Noël. Les tout petits ouvrent de grands yeux étonnés, et, derrière, les frères aînés et les sœurs se tiennent graves et recueillis, tandis que les parents et les grands parents, à demi noyés dans l'ombre, sourient doucement et se sentent revivre dans leur jeune famille. On procède à la distribution des cadeaux. Pas de futilités, des objets utiles, pratiques. Aux filles, des robes, des paniers à ouvrage, des albums de dessins et de musique; aux garçons des vêtements, des livres, un abonnement à un journal illustré ou à une revue.

Il y a en Allemagne, comme en Angleterre, toute une littérature de Noël. On a fait en France, depuis quelques années, de grands efforts pour créer aussi une littérature de l'enfance et de la jeunesse, mais les Allemands n'en restent pas moins maîtres dans cette spécialité. Leur langue s'y prête-t-elle mieux que la nôtre? Je ne le crois pas. Seulement ils ont conservé la manière naïve et bonhomme que nous paraissons avoir perdue. Et puis il faut dire que la jeunesse a l'esprit plus sérieux. Quel est celui de nos collégiens de quinze ans qui a lu nos grandes épopées nationales? En Allemagne, les élèves des écoles primaires savent les *Niebelungen* par cœur. Un poëte rhénan, M. Karl Simrock, s'en est fait le vulgarisateur. Il ne s'est pas borné au *Niebelungenlied*, il a publié successivement les poëmes patriotiques de Wolfram von Eschenbach, de Walhter von der Vogelweide; il a germanisé jusqu'aux Eddas scandinaves. En France, où le sentiment national a tant besoin d'être éveillé, pourquoi ne met-on pas à profit cet exemple? Un écrivain bien français de cœur et de talent, M. Léon Gautier, a enfin ouvert la voie. Sa *Chanson de Roland* en est à la sixième édition. Mais il ne faudrait pas s'arrêter là. L'arène est ouverte. Allons, Fier-à-bras, Renaud, Gérard, descendez à votre tour des hauteurs gothiques où vous êtes exilés, venez nous dire les exploits de l'ancienne valeur française! L'oiseau de l'espérance, quand les sources de l'avenir sont troubles ou taries, va boire aux sources limpides et salubres du passé.

Les aventures du *Petit-Poucet* et celles de *Jean-Paul Choppart* sont certainement fort intéressantes; les *Voyages extraordinaires* de M. Verne sont une création originale et heureuse, mais à tous ces grands faits au fond des mers ou au plus haut des airs, je préférerais ceux des héros de l'histoire de France. Il faut de bonne heure inculquer à l'enfance et à la jeunesse l'amour de la patrie. C'est ce que l'Allemagne a compris longtemps avant nous, peut-être parce qu'elle a été plus éprouvée et plus malheureuse. Sa littérature de la jeunesse est avant tout une littérature nationale et patriotique. Les livres qu'on trouve aujourd'hui au pied de l'arbre de Noël tout resplendissants dans leur reliure d'or et illustrés par le crayon des Bida, des Doré et des Meissonnier allemands, sont les œuvres complètes de Théodore Kœrner, les « Héros de l'Allemagne moderne » (biographies de Guillaume I*er*, du comte de Moltke, de M. de Bismarck, du prince de Hohenlohe, etc.); les « Luttes de l'Allemagne » (*Deutsche Kæmpfe*), par Karl Frenzel. Ce livre est divisé en trois parties : 1° Luttes contre la France; 2° Luttes contre Rome; 3° *Luttes futures*. La librairie Spamer, à Leipsig, a édité une dizaine de volumes illustrés pour étrennes, dans lesquels il n'est question que des ennemis de l'Allemagne embrochés par les baïonnettes allemandes. La « Grande année 1870-1871 » (*das grosse Jahr* 1870 *auf* 1871) a maintenant son « Livre patriotique d'honneur » (*Vaterlændisches Ehrenbuch*), comme l'avait déjà l'année de la guerre de délivrance. Le « Nouveau livre du soldat » (*Neues Soldatenbuch*), dédié à la jeunesse allemande, n'a que cinq tomes, et le livre de M. de Bismarck ne contient que deux cents illustrations! Quelle influence exerce sur l'esprit d'une nation une littérature qui marche ainsi vers un but et qui a, comme elle dit, « une mission ! » Triste mission, sans doute, que celle de remplir les jeunes imaginations de tableaux de meurtres et d'incendies, et d'allumer déjà à cet âge les haines de races et de sectes. Mais, de cette façon, la Prusse maintient l'Allemagne dans une atmosphère de pensées et de sentiments nécessaire à la conservation de son système aussi artificiel qu'artificieux.

A Berlin, où l'on cultive plusieurs variétés de haine, on ne se contente pas du livre et de l'image, il faut encore le joujou de combat. C'est par les yeux plus que par les oreilles qu'on arrive à l'âme, a dit Horace. Les gamins des bords de la Sprée courent les rues en portant des pantins de carton, suspendus à une perche, et qui représentent des zouaves et des soldats français. « Achetez mes Français ! Un Français tout entier pour un groschen ! »

« Un autre jouet familier aux enfants de Berlin, écrivait le 27 décembre 1874 un témoin oculaire, M. Gardet, se compose de deux petits bonshommes, dont l'un d'ordinaire trois fois plus grand que l'autre, tient par les deux oreilles, turlupine et fait sauter sa victime sans trêve et sans pitié. Cette victime a été longtemps le fils de Napoléon III, connu ici sous le nom familier de *Loulou*, et qui sautait le plus gentiment du monde sur les genoux de M. de Bismarck. L'année dernière, il était remplacé par un malheureux jésuite que le prince tenait par les deux oreilles. Le jouet de cette année représente un moine à tête de loup, avec sa ceinture de corde et son rosaire, faisant sauter une nonne benoîte et naïve, à figure de brebis. Un artiste ingénieux, s'emparant d'un mot prononcé naguère à la tribune du Parlement par le prince de Bismarck, a fabriqué un Kullmann qui se cramponne aux basques de M. Windthors, le célèbre député du centre. Cette fraction parlementaire n'est pas désignée autrement que sous le nom de « fraction Kullmann » dans les feuilles humoristiques inspirées. L'une de ces dernières, appelée *Rumor*, a présenté à ses lecteurs le député catholique et l'assassin de Kissingen, réunis par une membrane charnue comme les deux frères Siamois. Ces « joyeusetés », que les députés calomniés essayeraient en vain de poursuivre en justice, font leur chemin dans la foule comme les mots « ailés » du prince de Bismarck, et la population en arrive à voir dans tout le parti catholique une vaste association de meurtriers. C'est d'un

20.

bon augure pour la tranquillité future de ce pays. »

Enfin il n'est pas jusqu'aux hommes politiques qui n'aient, en Allemagne, leur arbre de Noël. Voici, d'après les *Guêpes* de Berlin, l'arbre du prince de Bismarck : à la plus haute branche pend un « calotin » en pain d'épice, représentant M. l'abbé Majunke, directeur de la *Germania*, actuellement pensionnaire du grand chancelier dans la prison de Plœtzensec; un peu plus bas est suspendue une cage dans laquelle sont enfermés les démocrates socialistes. Les fonds secrets qui servent à l'entretien des « reptiles » sont symbolisés par un homme armé d'une plume d'oie exécutant des sauts de paillasse sur les branches. Au pied du sapin le président du Parlement, M. Benningsen, offre à M. de Bismarck, au nom du Reichstag, un cœur enflammé sur lequel on lit : *Vote de confiance*. A cette vue le prince chancelier déchire une feuille de papier portant le mot de *Démission*. A l'arrière-plan, M. Lasker joue de l'orgue de Barbarie en chantant le cantique des cantiques des fêtes impériales : « *Maintenant, remerciez tous le Seigneur !* » — cantique qu'un poëte traduisit ainsi en 1871 :

> Nous avons éclipsé le soleil d'Austerlitz,
>   Avec mes hauts barons, mes Bavarois, mon Fritz,
>     Mes obus, ma peste bovine,
>
> Nous avons châtié ces gens sans foi ni loi !...
>   Dieu !... Que de changements bâclés par moi, par toi,
>     Par nous, Providence divine !

Quant à l'arbre de Noël que M. de Bismarck offre à son fidèle peuple allemand, il n'a jamais varié depuis qu'il va lui-même le couper dans la forêt parlementaire; c'est le budget, arbre gigantesque, espèce de mancenillier aux branches noires et touffues où les impôts s'allongent en grappes de plus en plus démesurées, et qui porte des obus en guise de fruits.

# IV

## LA POLITIQUE ET LA CHAMBRE

### I

Comment le roi Louis II entend la monarchie constitutionnelle. — Le ministère battu et content. — M. de Hohenlohe, président du cabinet. — La discussion des traités de Versailles. — Le rôle des catholiques prussiens et l'archevêque de Munich. — Le but des nationaux-libéraux.

La Bavière est une monarchie constitutionnelle. Mais le roi Louis II n'est pas un roi comme un autre, et il gouverne ses États avec les fantaisies d'un monarque absolu. Il joue au petit Louis XIV. Il a fait de ce prince son idéal, il le prend pour modèle, et comme Louis XIV, il aime à braver son Parlement. Aussi, dans cette singulière monarchie constitutionnelle, le ministère n'est-il jamais plus content que lorsqu'il est battu. Le roi le relève, le frictionne, le console, l'embrasse, lui donne à boire dans son propre verre et le fait monter dans sa voiture ; il l'accable de caresses et il le comble d'honneurs. C'est un peu l'histoire de Lola Montès et de Louis I$^{er}$. Plus on attaquait et plus on bafouait la favorite, plus son royal protecteur l'adorait. Un jour que la rue s'était insurgée au passage de Lola, on vit le roi accourir en toute hâte, seul, à pied, offrir le bras à sa chère comtesse et la conduire dans l'église des Théatins pour la dérober aux insultes publiques. Là, la favorite se laissa tomber au pied de l'autel, et s'écria : « Dieu, protégez mon meilleur, mon seul ami ! » Puis elle se releva, tira un pistolet de sa poche, et s'avançant vers le portail, elle fit feu sur la foule.

La nouvelle Chambre a accueilli cet automne le ministère Pferstzchner, Fœustel et Lutz par une bordée de huées et elle l'a aplati sous un vote de méfiance. Le jeune roi Louis II est aussitôt accouru offrir galamment son bras au ministère écloppé ; puis il a fait savoir par un simple petit billet, apporté par son grand maître des cérémonies, qu'il ne recevrait pas la députation chargée de lui remettre l'adresse. Ce *Handbillet*, ce billet à la main, a été imprimé à des milliers d'exemplaires et affiché dans tout le royaume [1].

La même comédie se passa en 1870. Les élections du 12 mai 1869 ayant donné une majorité de deux voix aux catholiques, le cabinet Hohenlohe, soutenu par le roi, ne voulut pas céder. On dut dissoudre la Chambre. Les nouvelles élections renforcèrent l'élément ultramontain, et le prince de Hohenlohe, que la victoire de Sadowa avait appelé au pouvoir en sa qualité d'ami de la Prusse, subit un échec plus complet que la première fois. La Chambre haute discuta et vota en une séance la réponse au discours du trône; dans cette réponse, M. de Harley, pasteur protestant, déclarait que les élections avaient été falsifiées, et il invitait Sa Majesté à s'entourer d'autres

---

[1] En voici la teneur :

Je n'ai pas l'intention d'accepter l'Adresse des députés, et je suis, d'ailleurs, vivement étonné du langage tenu, au cours de la discussion de cette Adresse, par plusieurs orateurs. Veuillez le faire savoir au président de la Chambre. Louis.

Munich, 21 octobre 1875.

conseillers. L'adresse fut adoptée par 32 voix contre 12. Tous les princes du sang, sauf le prince Charles, votèrent contre le ministère. Le roi se fâcha et annonça qu'il fermerait sa porte aux députés chargés de lui porter l'adresse. Le même jour, il invitait à sa table les députés libéraux qui avaient protesté contre la réponse de la Chambre, et il exilait de la cour les six princes de sa famille qui avaient voté contre le cabinet. Mais les intransigeants devaient avoir raison. M. de Hohenlohe fit alors comme Codrus qui se sacrifia pour sauver son armée. On avait mis en doute la solidarité qui unissait les membres du ministère. M. de Hohenlohe s'en alla seul et tous ses collègues restèrent.

Cette habile manœuvre empêcha la majorité catholique de profiter de sa victoire.

A M. de Hohenlohe succéda M. le comte de Bray, dont le nom indique assez l'ancienne origine française. Le parti catholique se désorganisa de plus en plus. « Une fraction modérée, satisfaite d'avoir renversé le rédacteur de la dépêche sur le concile, dit M. Frédéric Kohn dans une excellente étude politique sur la Bavière, se refusait à d'autres manifestations de nature à provoquer des complications avec la Prusse. Une autre fraction, au contraire, poussait de toutes ses forces à un conflit ; elle espérait que la France s'en mêlerait et que sa victoire assurerait l'exécution des décrets du concile dans toute l'Europe catholique. La fraction intransigeante des cléricaux apprit la déclaration de guerre avec des transports de joie. Si la guerre avait été de la part de l'Allemagne une guerre d'agression, on aurait pu attacher de l'importance à ces manifestations. Mais M. de Bismarck ayant su amener l'empire à l'attaquer et pouvant affirmer que le but de Napoléon III était d'humilier et de démembrer l'Allemagne, les déclamations des députés et des journaux catholiques ne servirent qu'à exciter davantage les passions germaniques. Les patriotes modérés sentirent qu'il était nécessaire de dégager leur responsabilité. Pourtant l'on sait que jusqu'au dernier moment le parti se prononça pour la neutralité [1]. Il s'en fallut de deux voix que le Landtag consentît à ne voter des dépenses militaires que pour la défense de l'intégrité de la Bavière. A la fin et sous la pression des manifestations populaires, la déclaration de guerre à la France réunit 100 voix contre 47. Trente-six « patriotes » s'étaient détachés de leurs coreligionnaires politiques. Le soir même du vote (19 juillet), le groupe patriotique bavarois décréta sa propre dissolution. Une partie (les modérés) servit à reconstituer l'ancien centre gauche ; l'autre (les intransigeants) se constitua en « parti catholique populaire ».

« La marche des événements fut rapide. Obéissant à une de ces inspirations romanesques qui hantent parfois son esprit, le jeune roi de Bavière avait offert à Guillaume « le Victorieux » la couronne impériale. On le prit

[1] Le gouvernement français fit sonder, le 10 juillet, le gouvernement bavarois pour savoir quelle serait son attitude en cas de guerre. On lui répondit que la Bavière ne séparerait pas sa cause de celle de l'Allemagne. Le 16 juillet le roi ordonnait la mobilisation de l'armée, et le ministre de la guerre fut chargé de demander à la Chambre un crédit de 26,700,000 florins. Dans la discussion qui eut lieu à ce sujet, les rapporteurs Joerg, Ruland, Greil et Weshermaïer se déclarèrent pour la neutralité de la Bavière. La surexcitation était extrême dans la salle, on s'apostrophait dans les galeries et une foule immense stationnait dans la rue. Ce même jour le représentant de la Bavière à Berlin déclarait, au nom du roi Louis II, que la France ayant attaqué l'Allemagne, tous les États allemands feraient cause commune avec la Prusse. Le roi Guillaume envoya aussitôt un télégramme au roi de Bavière pour lui annoncer qu'il acceptait le commandement de l'armée bavaroise et qu'il le remettait à son fils. Le prince héritier partit immédiatement pour Munich, où il fut acclamé avec un fanatisme sauvage. On sait comment les Bavarois se battirent sous sa conduite à Wissembourg, à Wœrth, à Bazeilles, à Sedan, devant Paris et à Orléans.

au mot ! Mais il ne fut pas aisé, après avoir remercié Louis II de son initiative, d'en finir si promptement avec son ministère. Le comte Bray n'était peut-être pas très-clérical, mais il était franchement particulariste, et ses exigences mirent plus d'une fois les nerfs de M. de Bismarck à l'épreuve. Ce fut bien une autre histoire devant le Landtag. Le parti patriote s'était retrouvé. La majorité de la commission demandait le rejet des traités. Le 12 janvier 1871, alors que Paris au désespoir déchirait ses dernières cartouches, la discussion commença à Munich. Comme la partie prussienne de la population paraissait disposée à commettre des excès, le bâtiment où siège la Chambre fut entouré d'un cordon de troupes ; une force de police imposante tenait le public à distance. Le résultat était facile à prévoir, on ne pouvait pas défaire à Munich ce qui avait été conclu au quartier général de Versailles, les traités furent acceptés par une petite majorité après une discussion sur laquelle il vaut la peine de s'appesantir[1]. Les débats ne durèrent pas moins de douze jours. Commencés le 12 janvier, ils se terminèrent par le vote le 27, juste au moment où M. Jules Favre se rendait à Versailles pour entamer les négociations. Les orateurs nationaux-libéraux s'efforcèrent de gagner les esprits tantôt par la persuasion, tantôt par l'intimidation. »

[1] La Chambre, se réunissant le 1ᵉʳ janvier 1871, avait à discuter les crédits militaires et les traités de Versailles. Le professeur Greil demanda, dans la commission financière, le rappel immédiat de l'armée bavaroise dans ses foyers. M. Kolb proposa de n'accorder les crédits nécessaires que jusqu'au 31 janvier.

Dans la commission chargée de l'examen des traités, M. Joerg proposa de rejeter ceux de Versailles, de se borner à donner de l'extension à ceux qui existaient, et de développer le traité du Zollverein sur le terrain constitutionnel. Cette proposition fut acceptée par 12 voix contre 3. L'idée de M. Joerg était d'avoir un empereur avec une suite de princes médiatisés, un roi véritable en Allemagne et un grand-duc dans les Marches orientales.

« M. le ministre de la guerre, s'écria un député *patriote*, vous avez déclaré, le 19 juillet, que vous étiez Bavarois, des cheveux jusqu'au bout de l'orteil ; vous avez dit que si, après une guerre victorieuse, l'indépendance de la Bavière était menacée, on vous retrouverait pour la défendre contre qui que ce soit. Le moment est venu de tenir parole ! »

M. Jœrg, le rapporteur de la commission, prononça comme il le dit lui-même, « l'oraison funèbre de la patrie bavaroise ». Selon lui, « l'acceptation des traités devait être pour la Bavière une capitulation de Sedan. Ces traités ne répondent en rien aux goûts pacifiques du peuple bavarois, ils l'entraîneront dans les guerres d'aventure de la monarchie prussienne. »

Pendant que cette discussion avait lieu, les Bavarois et les Prussiens combattaient côte à côte sous les murs de Paris. La situation était grave. Les patriotes pouvaient compter sur la majorité, et il n'était possible à personne de prévoir les conséquences d'un rejet. La fraction des députés catholiques de Prusse se dit que le moment d'agir était venu. Elle dépêcha un des siens à Munich, M. de Reichensperger, qui pesa de tout le poids de sa parole et de son influence sur les membres récalcitrants du parti catholique. En même temps, le roi écrivit à l'archevêque pour lui exprimer « la satisfaction qu'il éprouvait de le voir prendre, comme membre de la Chambre, une attitude si conforme aux intérêts de la couronne », et il le priait « de bien vouloir user de son autorité dans les cercles dont on attendait le vote, car ce vote serait décisif pour le rétablissement si désiré de la paix intérieure ».

Cette lettre, que tous les journaux publièrent, fit une impression profonde ; le gros des députés patriotes se groupa autour de l'archevêque et du roi, et les traités furent adoptés le 21 janvier par 102 voix contre 48.

M. Jœrg et ses 47 députés patriotes intransigeants quittèrent la salle.

Les catholiques ne devaient pas tarder à regretter amèrement leur faiblesse et leur complaisance. Le système prussien est un engrenage où tout le corps passe quand on a eu l'imprudence d'y laisser prendre un doigt. La Bavière n'a plus le droit de s'occuper de son armée, soumise au commandement suprême et à la direction générale de l'empereur; de toute sa souveraineté militaire, le roi Louis n'a conservé que le privilége de nommer les officiers et de payer les sommes votées par la diète de Berlin pour l'entretien de l'armée sur pied de paix ou pied de guerre. Le soldat bavarois est tenu au serment de fidélité au drapeau impérial. La Bavière a également perdu le droit de se prononcer dans toute question de politique extérieure. Elle ne peut plus faire défendre à l'étranger ses intérêts politiques ni ses intérêts commerciaux; elle n'a plus le droit de législation ni celui d'inspection supérieure sur les douanes; elle ne peut plus battre monnaie, émettre du papier, contracter des dettes; elle est soumise, en matière de police médicale, de presse, d'associations et de réunions publiques, aux lois de l'empire. Non contents d'avoir réduit leur pays à cet état de vassalité, les nationaux-libéraux voudraient le mettre sous la domination complète de la Prusse. Ils appellent de tous leurs vœux le jour où M. de Bismarck introduira en Bavière le *Kulturkampf*. Le chancelier a toujours compté sur leur appui. Avec une Chambre dont la majorité serait libérale, c'est-à-dire prussienne, la lutte pourrait commencer sans retard. C'est pour conjurer ce danger, pour sauvegarder les derniers vestiges de souveraineté nationale, qu'on a vu les catholiques lutter avec tant d'acharnement dans les élections de 1875. C'était une question de vie ou de mort. Bien que le ministère les ait entravés dans la libre manifestation de leur vote, ils ont réussi à élire 79 députés. Les nationaux-libéraux n'en comptent que 77. Mais ces deux voix de majorité catholique semblent suffisantes pour contre-balancer, momentanément du moins, les influences de la Prusse.

## II

La Chambre des députés. — La séance d'ouverture. — La discussion du projet d'Adresse. — Les journaux de Berlin et le roi Louis II. — M. Jœrg et son état-major. — M. Vœlk. — De l'avenir de la Bavière.

La Chambre des députés de Bavière est placée sous la protection de la Sainte Vierge. Une madone orne la façade noire et triste de la maison de la Prannerstrasse qui sert de lieu de réunion aux Pères du peuple. La salle est vaste, de forme quadrangulaire. Elle est décorée avec économie. L'ouverture de la session se pratique encore selon le mode antique et solennel. A onze heures, un service religieux réunit les députés dans l'église Saint-Michel. L'archevêque officie. Les hallebardiers font la haie; à droite, sous un dais, s'élève le trône royal, et en face, à gauche, sont les prie-Dieu des ministres et des membres de la première Chambre.

Cette année, c'est le prince Luitpold, oncle du roi, qui a ouvert la session. Il est arrivé en voiture de gala, attelée de huit chevaux caparaçonnés d'or et de pierreries, et la tête ornée de grands panaches blancs. La voiture elle-même est surmontée de plumets aux quatre coins. Des hallebardiers, des laquais et un détachement de cuirassiers formaient l'escorte. Un peloton d'infanterie de la garde échelonné devant le « palais législatif » tenait la foule à distance.

L'aspect de la salle a ce jour-là quelque chose de théâtral. Les *Reichgrœthe* (députés de la première Chambre), en uniforme de généraux ou en costume de chambellans, sont assis sur des siéges recouverts de velours rouge. Leur poitrine étincelle de décorations. Au milieu d'eux on remarque l'archevêque de Munich, corpulent et fleuri comme un chanoine de Séville, et Mgr l'archevêque de Bamberg, grave comme un patriarche.

Le trône, surmonté de la statue de Maximilien I$^{er}$, « père de la Constitution », était voilé d'un crêpe, à cause des deuils récents de la famille royale. Le prince Luitpold s'est tenu debout et s'est borné à prononcer la formule sacramentelle, après quoi le ministre de l'intérieur, M. Pfeuffer, a procédé à la prestation de serment des nouveaux élus.

Les tribunes étaient pleines, mais elles l'ont été bien davantage les jours suivants, pendant la discussion du projet d'Adresse. Les débats ont duré deux jours; commencés le 13, ils ont fini le 14 octobre au soir, au milieu de la plus vive émotion. M. Jœrg, rapporteur de la commission de l'Adresse, a eu les honneurs de ces journées mémorables. Son premier discours n'a pas duré moins de deux heures. Le fougueux député s'est surtout appliqué à prouver que le ministère avait complétement faussé les élections en remaniant les circonscriptions électorales. « Après avoir tout fait, a-t-il dit, pour transformer la majorité en minorité, le ministère s'est présenté devant la Chambre comme si de rien n'était. Voilà ce qui ne s'est jamais vu dans aucune monarchie constitutionnelle. Ailleurs, le contraire a eu lieu. Aussi, la majorité a-t-elle résolu d'user de son droit et de s'adresser directement au souverain. Les élections n'ont pas été libres. Il se peut que l'Adresse ne soit adoptée qu'à deux voix de majorité, mais ces deux voix ont une signification et une portée extraordinaires. Le ministère n'a pas fourni de détails statistiques sur les résultats des dernières élections ; veut-il me permettre de lui en donner ? D'après des travaux spéciaux, ces deux voix de majorité représentent 860,000 habitants ; car si le parti libéral compte 2 millions d'électeurs primaires, le parti patriotique en compte 2,860,000. Il a donc une majorité de 860,000 habitants. Ces 860,000 habitants devraient être représentés par 26 ou 27 députés, et non par 2. Si, de 24 voix la majorité a été réduite à 2, c'est l'effet de la division nouvelle des circonscriptions électorales. En ajoutant les électeurs primaires qui ont été écartés par la formation des colléges, on peut porter à 1 million les électeurs que représentent ces deux députés ! »

M. Jœrg a terminé sa brillante philippique en exprimant le vœu que le roi décide en dernier ressort et fasse triompher la cause du droit et de la justice.

M. Lutz, le ministre le plus attaqué, s'est alors levé, et se tournant du côté de M. Jœrg : « Je trouve, a-t-il dit, le ton de l'Adresse un peu sauvage (*uncivilisirt*) et digne d'une réunion de paysans. »

A cette apostrophe, M. Jœrg et ses collègues se sont contentés de hausser les épaules.

M. Lutz n'a pas été très-adroit dans sa défense de la « géométrie électorale » ; il s'est excusé en disant que « le peuple n'est pas intelligent, qu'on l'a surexcité et que le clergé le menait; le ministère était en droit de légitime défense, et s'il n'avait pas remanié les circonscriptions, les véritables sentiments du pays eussent été étouffés. Le combat à mort que se livrent l'État et l'Église a amené cette situation. » M. Lutz a donné lecture de quelques passages du mandement de l'évêque de Ratisbonne, puis il a achevé son plaidoyer par une parodie assez peu réussie du projet d'Adresse.

M. Stauffenberg, le *leader* du parti national-libéral, a continué la lecture des mandements épiscopaux ; le chanoine Molitor lui a répondu aux applaudissements de la droite.

Le 14, c'est M. le curé Ruswurm qui a ouvert le feu contre le ministère. « Voyez, s'il vous plaît, s'écria-t-il, ce qui se passe autour de nous, dans le glorieux empire : nos évêques sont destitués ; d'autres sont en exil ou en prison ; même en Bavière, on n'a plus la permission de se dire catholique ; les processions sont interdites par une ordonnance bureaucratique. Eh ! messieurs, ceux qui disent que l'Église menace l'État nous raillent et se moquent de nous ! (*Dénégations à gauche. — Applaudissements à droite.*) La toute-puissance est du côté de l'État; de son côté est la force ; nous n'avons, nous, que la souffrance et la persécution. M. le ministre des cultes a prétendu que le remaniement des circonscriptions électorales était devenu une nécessité pour se garantir de l'ultramontanisme ; il a dit que cette mesure était une réponse aux mandements des évêques. Messieurs, ces mandements n'étaient pas encore publiés lorsque déjà on avait arrêté les nouvelles circonscriptions. Comment les mandements ont-ils pu provoquer ces mesures ? (*Applaudissements à droite.*)

« Et, du reste, qu'y a-t-il de si terrible dans ces lettres épiscopales ? Elles ne développaient que ces deux points :
« Votez pour de bons Bavarois ; votez pour de bons catholiques. »

« L'évêque de Wurzbourg avait ajouté que c'était un cas de conscience de se présenter au scrutin. En 1848, le gouvernement a lui-même prié les évêques de faire des mandements afin que les élections eussent un sens très-conservateur. Ce qui était permis alors, pourquoi n'est-il plus permis aujourd'hui ? En sommes-nous donc venus là, en Bavière, qu'un évêque se rend coupable d'une mauvaise action en conseillant à ses diocésains de voter pour de bons Bavarois, qui défendent le trône et le pays ? *La Gazette de l'Allemagne du Nord* et *la Gazette de Mag-*

*debourg* n'ont-elles pas parlé de médiatisation? Vous savez ce que l'historien Treschke a dit : « Les princes allemands seront réduits au rang de souverains *in partibus* richement dotés. »

« N'est-il donc pas nécessaire que les évêques rappellent leurs devoirs aux fidèles? Même les journaux qui se publient en Bavière ont agité la question d'une prussification complète du pays. (L'orateur lit un passage de *la Gazette de Schweinfurt*, mais le tapage est si grand à gauche, qu'il est impossible de rien comprendre.) — Ai-je la parole ou pas? demande alors M. Ruswurm. Si je l'ai, qu'on me permette de continuer mon discours. (*Hilarité*.) Dans les réunions publiques, on a aussi agité la question de souveraineté de la Bavière sans que l'autorité qui était présente songeât à protester. Maintenant, comprenez-vous pourquoi il était nécessaire que les évêques adressassent des mandements aux fidèles? Le libéralisme et la bureaucratie traitent notre nation catholique de la manière la plus honteuse. Un membre de cette Chambre n'a-t-il pas dit : « Ce n'est que la Prusse qui nous délivrera de la lèpre cléricale. » (Écoutez, écoutez!) Le dernier mot de ce monsieur a été : « *Séparation de Rome!* » les évêques ont dit : « *Restez avec Rome! Demeurez catholiques!* » Voilà leur crime! chaque jour on répand contre notre religion les brochures les plus infâmes. »

L'orateur donne lecture de quelques phrases qui comparent le pape à un animal immonde, etc.; puis, revenant à la géométrie électorale, il applique au ministère la maxime connue : « La fin justifie les moyens! »

« Quant à l'évêque Senestrey, dit M. Ruswurm, il n'a pas donné l'ordre de profiter des sentiments de la population pour arriver à de bonnes élections, du reste l'évêque proteste lui-même par un télégramme contre cette accusation. L'évêque Senestrey est un bon patriote. En 1866, au temps de cette terrible guerre entre frères, il a procuré de l'ouvrage à des centaines d'ouvriers qui mouraient de faim. En 1870, ses séminaires furent transformés en hôpitaux ; il a secouru les veuves et les orphelins. Ses sacrifices prouvent son patriotisme. »

Enfin M. Ruswurm rappelle qu'un membre de la gauche s'est écrié un jour : « A la porte de la Chambre les théologiens ! » « Le peuple, dit-il, a entendu le mot et envoyé ici en réponse des représentants qui ne dépendent d'aucune Excellence. »

« Le cri qui serait applaudi partout, est aujourd'hui celui-ci : « A la porte tous les géomètres électoraux, hostiles au peuple et irrespectueux du droit et de la loi ! »

L'agitation est au comble sur les bancs de la gauche, et elle grandit encore quand M. Schels, juge au tribunal de Ratisbonne et député du Traunstein, monte à la tribune et lit des extraits des journaux satiriques de Berlin, l'*Ulk* et le *Kladderadatsch*, dans lesquels le roi est insulté de la façon la plus grossière. La gauche couvre ces révélations par les cris : « A l'ordre ! à la question ! » Mais M. Schels se tourne vers les nationaux-libéraux et les apostrophe en ces termes :

« Si vous connaissez assez peu les convenances parlementaires pour m'interrompre constamment, je ne saurai plus dans quel lieu je me trouve. »

Toute la gauche se lève et quitte la salle.

L'orateur s'adressant alors au président, le prie de le rappeler à l'ordre s'il l'a mérité.

Le président répond que le tumulte l'a empêché d'entendre et qu'il ne sait comment motiver le rappel à l'ordre.

M. Pfretzchner, président du conseil des ministres, déclare de sa place, que la gauche a quitté la salle pour témoigner son indignation de la lecture des extraits cités par l'orateur. « Nous serions sortis aussi, dit M. Pfretzchner, si nous n'étions retenus ici par notre devoir. Quand un membre de la Chambre ose répéter les infamies publiées dans les journaux *étrangers* sur la personne du roi et nous fait rougir, la raison fait place au sentiment ». Mais M. Schels tient bon ; il cherche à établir que les membres de la gauche ne sont pas sortis pour ce motif et il continue son discours. « L'état actuel du pays, dit-il, est propre à jeter une partie des populations vers l'absolutisme, et une autre vers la commune. Il est positif que les droits de la couronne et du pays seront abandonnés les uns après les autres, la centralisation l'emportant sur le fédéralisme ; le royaume de Bavière va au-devant de sa perte et les ministres ne seront plus bientôt que les agents des autorités de Berlin. Un roi sans droit de justice est en passe de devenir une ombre de roi, et l'histoire enseigne quel est le sort inévitable d'une ombre de roi!

« L'état unitaire est le tombeau et de la Bavière et de son souverain. Mais le peuple bavarois veut rester bavarois et avoir un Wittelsbach à sa tête. Il préférerait mourir plutôt que de cesser d'être citoyen de l'État de Bavière. Par la fixation des collèges électoraux, l'article II de la loi électorale a été atteint. Comme juge, je me suis révolté, car j'ai le sentiment du droit. Tel maître, tel valet, dit-on. Les chefs de district et les bourgmestres ont lutté à qui éluderait la loi et gagnerait les faveurs ministérielles. La loi a été sacrifiée aux intérêts de parti, ainsi que le prouvent les faits qui se sont produits dans la basse Bavière, notamment à Passau. La déesse de la justice a été renversée de son trône et remplacée par l'esprit de parti; la corruption du peuple, la ruine de l'autorité amèneront la réduction de la Bavière en province prussienne et la médiatisation de son roi. Un historiographe futur écrira un chapitre sous ce titre : « *les Fossoyeurs* », où il sera question d'une partie de cette Chambre! »

Le président, qui a pris connaissance du compte rendu sténographique de la séance, interrompt M. Schels, et le rappelle à l'ordre en lui disant « qu'il s'est autorisé de feuilles étrangères pour offenser la personne sacrée du roi ». M. Schels veut répondre que ces feuilles sont des journaux berlinois; mais le président couvre sa voix par la sonnette.

Les députés nationaux-libéraux, qui étaient allés se remettre de leurs émotions dans la buvette, jugèrent à propos de rentrer. On les vit revenir à leur place, un à un, en s'essuyant la bouche. Ils durent subir encore le long discours de M. Freytag. « Les membres du parti national-libéral, a dit cet orateur, considèrent le catholicisme comme une confession qui ne vaut pas mieux qu'une autre. Le gouvernement, lui, regarde le catholicisme comme une institution policière; il en fait un spectre sur lequel il cherche l'occasion de frapper. On crie sur tous les tons que les catholiques sont hostiles à l'État. D'où viendrait leur hostilité? Leur situation n'est-elle pas réglée par l'édit de religion et par le concordat? M. Lutz a laissé entendre que les députés de la droite sont hostiles au ministère à cause des traités de Versailles. Je ne le crois pas, bien que j'aie voté contre ces traités. Ils ont été ratifiés par les Chambres, et personne n'a plus aujourd'hui le droit d'y toucher. Il n'y a donc pas d'inimitié, mais simplement de l'opposition. La droite est mécontente de l'attitude des représentants de la Bavière au Conseil fédéral. Ces représentants n'ont absolument rien fait pour diminuer les dépenses militaires. Ils ont permis l'extension de la compétence de l'empire sur toute l'administration judiciaire, tous les droits réservés à la couronne bavaroise ont été abandonnés. En se montrant plus ferme, on n'eût pas été réduit ainsi à l'impuissance. La Bavière a un développement historique tout différent de celui de la Prusse et ses tendances ne peuvent être les mêmes que celles de l'État de Frédéric le Grand. »

M. Freytag a ensuite cité des extraits des feuilles nationales berlinoises, dans lesquels l'indépendance de la Bavière est ouvertement menacée. « Si le roi de Bavière, a dit l'orateur, n'a plus le droit de choisir un ministère libéral, ultramontain ou sans couleur, avant d'avoir consulté le gouvernement de Berlin, il n'est plus possible de prétendre que la Bavière est indépendante. »

Le président du conseil des ministres, M. Pfretzchner, a répliqué d'un ton assez embarrassé; M. Jœrg a pris une dernière fois la parole, et enfin l'adresse a été votée par 79 voix contre 75.

Le lendemain, le cabinet tout entier donnait sa démission, mais le roi s'empressa de la refuser.

A Munich, on ne vend pas comme à Berlin la photographie des députés célèbres. Il est vrai que M. Jœrg, « l'homme le plus laid de la Haute et de la Basse-Bavière, » ne tenterait que des naturalistes. On ne peut pas même se procurer un plan de la salle des séances. Mais il est facile de s'orienter. Il n'y a pas ici, comme au Reichstag allemand, une douzaine de partis avec leurs nuances et leurs ramifications diverses. La salle est partagée en deux camps : d'un côté, les patriotes; de l'autre les nationaux-libéraux. Ces partis sont si fortement tranchés qu'il y a un abîme entre eux. Les patriotes appellent les nationaux-libéraux « nationaux-*misérables* », et ceux-ci donnent aux patriotes les surnoms de « valets de jésuites » (*Jesuitenknechte*), « frères prieurs, compagnons noirs ». A Berlin, où l'on est si bien élevé, on appelle la majorité catholique bavaroise, « une collection de crétins, une assemblée de marchands de bœufs ». Le *Kladderadatsch* représente la diète de la Bavière plongée dans les ténèbres de l'obscurantisme : les noirs fantômes qui s'agitent dans la pénombre portent la tonsure et la soutanelle.

Dans les six dernières années qui viennent de s'écouler, le ministère a pu se maintenir en groupant autour de lui six députés catholiques qui, reniant le programme de leurs électeurs formèrent le parti de la soi-disant libre association, sorte de parti ministériel. Ces députés rétablissaient l'équilibre de la balance. Les élections nouvelles ont écarté sans pitié ces personnalités hybrides. Tout le parti patriote a été passé au crible. Il n'existe maintenant plus aucun germe qui permette de fonder un nouveau parti gouvernemental, et le bataillon catholique, groupé en phalange, ne compte plus qu'un seul chef, M. Jœrg.

C'est une vaillante épée, dans un fourreau grossier; mais quand elle brille au clair, au-dessus de la mêlée, elle fait des prodiges. Dès que l'orateur se montre, on ne voit plus l'homme, vrai type du Bavarois, aux mâchoires saillantes, aux organes de la digestion fortement développés, au large dos et aux mains épaisses. On est ému, enthousiasmé, subjugué, soulevé, entraîné par cette parole puissante, intrépide et convaincue. M. Jœrg a fait d'abord des études théologiques ; il a été pendant plusieurs années le condisciple de Dœllinger. La théologie le conduisit à l'histoire. En 1847, il entra aux archives de l'Etat, et écrivit en peu d'années une *Histoire de la grande guerre des paysans*, une *Histoire du protestantisme* et une *Histoire des partis sociaux et politiques en Allemagne*. A la mort de Gœrres, en 1852, il prit la direction des *Feuilles historiques et politiques* de Munich, qui passent pour la meilleure revue catholique allemande. M. Jœrg habite le château gothique de Tausnitz, près de Landshut. Derrière les ponts-levis et les herses, entre les hautes murailles crénelées du vieux castel, il est là dans son cadre véritable. Sa tête est faite pour porter le casque à visière et son bras pour manier l'estramaçon ; à lui seul, il repousserait un assaut, et si son épée se brisait, il n'aurait qu'à lever sa visière pour mettre l'ennemi en fuite.

M. Jœrg, comme tout chef d'armée, a son état-major.

Le sien est composé d'hommes robustes. Dans ces corps sains, l'âme est saine. Voici d'abord le baron Hafenbrœdl, « le roi des paysans », ainsi nommé parce qu'il règne sur toutes les associations catholiques de paysans du royaume. Il y a encore le conseiller de cour d'appel, M. Kratzer, membre du Reichstag, M. Schels, M. Senestrey, frère de l'évêque de Wurzbourg, l'abbé Rittler, rédacteur du *Volkblatt* de Franconie, le chanoine Molitor, le chanoine Schmid, l'abbé Ratzinger, ancien rédacteur du *Volksfrund*, le curé Pfahler, le chapelain Hennemann. Toute une légion sacrée dont le chanoine Molitor est l'*Orlando furioso*. Ces abbés et ces chanoines montent à la tribune avec de belliqueuses ardeurs ; à les voir, on dirait de nouveaux croisés qui escaladent les murailles. M. le chanoine Molitor est l'auteur de plusieurs romans de chevalerie estimés et de quantité de drames où le sang se mêle agréablement aux larmes. Avant d'être prêtre, il a été avocat. On a voulu faire de lui un évêque, il a préféré garder sa stalle de chanoine à la cathédrale de Spire, et sa liberté. Belle tête de combattant, ascétique et osseuse ; le regard profond et lumineux.

La direction du parti national-libéral appartient à l'avocat Vœlk, autour duquel se groupent le baron de Stauffenberg, membre du comité de rédaction de la *Suddeutsche Presse*, M. Marquardsen, M. l'avocat Dureschmidt et M. Fischer, bourgmestre d'Augsbourg. M. Vœlk est le fils d'un pauvre paysan. Il se révéla un jour comme orateur dans une assemblée populaire, et fut dès ce moment désigné pour la députation.

Avant les « glorieuses victoires » de 1870, M. Vœlk déclarait qu'il « ne voulait pas se salir la bouche en prononçant le nom de M. de Bismarck. » Il est promptement revenu de ses scrupules, et aujourd'hui le nom révéré du chancelier parfume délicatement ses lèvres. C'est un avocat, c'est-à-dire un habile. Il se lève avec le soleil ;

mais il est trop roué pour se coucher jamais avec lui. Il a pris les jésuites en horreur parce que M. de Bismarck qui, autrefois, leur trouvait « du bon », les déteste aujourd'hui. Sa haine est un réflecteur. Dans un banquet célèbre donné au bourgmestre de Munich, il répéta le mot d'ordre : « *Los von Rom!* » (affranchissement de Rome). Il fut, pour le vieux catholicisme, une abondante fontaine d'éloquence : on tint le nouveau-né sous le robinet et c'est ainsi qu'il reçut, dans le Sud, le baptême politique qu'il avait déjà reçu dans le Nord.

La Chambre de Bavière se compose de 156 membres, dont 17 prêtres catholiques, 2 pasteurs protestants, 3 journalistes catholiques, 12 avocats dont 3 catholiques, 2 maîtres d'écoles libéraux, 1 notaire catholique, 25 fonctionnaires (procureurs ou juges) dont 12 catholiques et 13 libéraux; 8 fonctionnaires de l'ordre administratif, dont 5 catholiques et 3 libéraux; 5 professeurs d'université, dont 3 catholiques et 2 libéraux; 7 conseillers municipaux dont 1 catholique; 2 médecins libéraux, 72 négociants, propriétaires, agriculteurs ou rentiers, dont 38 libéraux et 34 catholiques. Si le ministère se voit dans l'impossibilité de gouverner avec cette majorité catholique de deux voix et si la dissolution de la Chambre s'impose, de nouvelles élections ne modifieront pas sensiblement la physionomie actuelle. Tant que la législation électorale sera laissée au bon plaisir du cabinet, et que le cabinet sera à la remorque de la Prusse, les deux partis en présence seront à peu près d'égale force sur le champ de bataille législatif.

Le Wurtemberg, la Saxe, le grand-duché de Bade et la Bavière sont fatalement appelés à disparaître et à se fondre dans l'empire, le jour où la Prusse aura entrepris une nouvelle campagne victorieuse. Si le czar a empêché, au printemps de 1875, M. de Bismarck d'envahir de nouveau la France, sous prétexte que le cabinet de Versailles refusait de punir les évêques de Nîmes et d'Angers, c'est bien moins par commisération pour la France que par sympathie pour ces divers petits Etats auxquels le rattachent les liens d'une parenté étroite. Un ministère ultramontain en Bavière hâterait peut-être cette absorption, qui n'est plus qu'une simple question de temps.

# V

## LA FAMILLE ROYALE

### I

La soif a toujours donné des revenus à la cour. — Le prince Charles et ses exploits culinaires en 1866. — La princesse Alexandra et son canapé dans la tête. — Le prince Othon. — L'héritier présomptif et la Prusse. — Le prince Louis-Guillaume, ses chevaux, sa femme et sa fille. — La reine mère.

Le baron de Riesbeck, qui a séjourné à la cour de Bavière, nous dit « que les premiers moteurs de la machine sont ou un capuce de moine ou une cotte de femme. » J'avoue qu'en feuilletant l'histoire, on trouve ces princes bavarois bien plus occupés de leurs rosaires, de leurs chiens et de leurs maîtresses (Charles VII en avait quarante), que des intérêts du pays. La cour a tiré longtemps le principal de ses revenus d'un certain canal qui alimentait d'eau la riche ville d'Augsbourg. Quand on avait besoin d'argent, on baissait l'écluse et l'on condamnait les Augsbourgeois aux tourments de la soif, jusqu'à ce qu'ils eussent compté la somme demandée.

Aujourd'hui, le plus clair des revenus de la Couronne, c'est la brasserie royale. La bière n'y tarit jamais ; premièrement parce qu'on la paye, secondement, parce que si elle tarissait, il y aurait des insurrections. La cour actuelle nage du reste dans le superflu. Louis II ne construit pas d'églises ; il n'achète ni tableaux ni vieilles porcelaines ; il n'entretient que Richard Wagner et il ne collectionne que des pianos. Les princes du sang vivent comme de modestes bourgeois ; ils louent le rez-de-chaussée de leurs palais à des coiffeurs ou à des épiciers. Seul, le prince Charles, mort le 16 août 1875, d'une chute de cheval sur les bords du Tegernersee, avait conservé le faste de l'ancienne cour. Il adorait les chevaux, les femmes et le champagne. Il se maria deux fois morganatiquement : en 1823, avec Sophie Petin, fille d'un capitaine bavarois, à laquelle il donna le titre de comtesse de Bayrstorff ; en 1859, avec une actrice, Henriette Schöller, qui prit le nom de « madame de Frankenberg. » Le prince Charles était le frère cadet de Louis I$^{er}$. Il fit, en 1814, la guerre contre la France, et il revint avec les épaulettes de général de division. En 1838, il fut nommé fel-dmaréchal, et en 1866, il prit le commandement en chef des armées fédérales de l'ouest. On sait avec quelle rapidité il conduisit les Bavarois à la défaite. Malgré ses soixante-onze ans, il traînait après lui 168 chevaux de luxe, 8 voitures de gala, et 10 fourgons remplis de services d'argent et de vins fins. J'ai entendu raconter par des témoins oculaires les combats sur la Saale, près de Kissingen et de Hammelbourg. On n'a pas idée de l'incurie et de l'incapacité de l'état-major du prince Charles. Au premier coup de canon, il se *sauva* du côté de Neustadt, et son premier soin fut de *commander un bon dîner*. Cette grave occupation fit négliger la surveillance de la vallée de la Sinn, où les éclaireurs prussiens vinrent fourrager à l'aise. Le 8 juillet au soir, quelques cuirassiers arrivèrent à bride abattue au quartier général, annonçant qu'ils avaient aperçu l'ennemi. Le prince de Taxis les accusa de répandre de fausses nouvelles et il les fit mettre en prison. Mais des estafettes furent dépêchées, qui confirmèrent pleinement le fait. On se décida à envoyer deux bataillons d'infanterie du côté de Bruckenau ; on ne tarda pas à apprendre que la lutte s'était immédiatement engagée avec les Prussiens. Ceux-ci avaient placé leur artillerie sur le Galgenberg et le Seeberg ; au moment où elle ouvrit le feu, l'infanterie prussienne, massée dans les forêts, sortit en poussant des cris sauvages. Le prince Charles et le prince de Taxis, arrivés sur ces entrefaites, n'hésitèrent pas : ils s'enfuirent dans la direction de Wurzbourg, où ils firent de nouveau « un bon dîner. »

Les Bavarois se rendirent : ils étaient 20,000 contre 3,000 Prussiens.

Après la bataille de Wœrth, lorsque le prince Frédéric-Charles félicita les Bavarois de leur conduite, un jeune sergent lui répondit : « Ah ! prince, si vous nous aviez commandés en 1866, vous auriez vu quelle « pile, » les Prussiens auraient reçue ! »

Le prince Charles de Bavière comprit qu'il est plus difficile de commander une armée qu'un bon dîner, et, renonçant aux grandeurs, il ne cultiva plus d'autres lauriers que ceux dont on couronne les jambons. Il se retira dans son château solitaire du Tegernesee, et ne revint plus à Munich. C'est là qu'il est mort, en murmurant, dit-on, cette phrase qu'on cite souvent à Munich : « Le roi est entouré de traîtres. »

Une sorte de fatalité pèse sur cette maison de Wittelsbach. Le prince Adalbert est mort à la fleur de l'âge, un mois après le prince Charles, et quelques semaines auparavant, la princesse Alexandra mourait du mal d'Ophélie. Elle avait l'habitude de se promener en voiture découverte, en robe de satin blanc. Elle avait banni tous les canapés de son palais, prétendant qu'elle en avait un dans la tête.

Le père du roi, le prince Othon, né à Munich le

27 avril 1848, est malheureusement atteint de la même maladie. Le jour de la fête du Saint-Sacrement, l'année dernière, on le vit entrer dans la cathédrale, s'avancer jusqu'aux marches du chœur, et commencer une confession publique. On le garde au château de Nymphenburg ; les promeneurs le rencontrent quelquefois qui gambade en chemise, sous les ombrages du parc.

Le prince Louis, fils de Luitpold, père de Maximilien, est désigné comme héritier de la couronne. Ce prince, né le 7 janvier 1845, est instruit et ferme dans ses principes, on le tient pour un catholique sincère et courageux, et la presse prussienne l'honore périodiquement de ses insultes. « On ne saurait tolérer (à Berlin), disait l'été dernier la *Gazette de Voss*, que la couronne de Bavière passât entre les mains du prince Louis, qui est entièrement soumis aux influences ultramontaines. »

Il a épousé une Autrichienne, l'archiduchesse Marie, dont le plus grand plaisir est de se faire photographier chaque année avec un nouveau bébé dans les bras. Ce couple béni de Dieu est vraiment charmant ; il a toutes les sympathies du peuple.

Le prince Léopold, second fils de Luitpold, gendre de l'empereur d'Autriche, habite un hôtel en briques rouges, hors de la Porte de la Victoire. Il a fait toute la campagne de la Loire en qualité d'officier d'artillerie ; il a des goûts militaires très-prononcés ; à Berlin, on le traite avec beaucoup d'égards ; il passe pour avoir des sympathies prussiennes très-vives ; sous ce rapport, ses sentiments sont entièrement opposés à ceux de son frère aîné, héritier du trône et qui, au mois de juillet dernier, quitta Munich la veille de l'arrivée de l'empereur. En revanche, le prince Léopold s'empressa d'aller saluer son suzerain et son empereur ; ce fut lui qui entraîna son père et les autres princes de la famille royale, à la gare, où Guillaume Ier s'arrêta une demi-heure.

L'hôtel du prince Léopold est surchargé de trophées militaires, casques, cuirasses, canons, sans parler de deux lions qui appuient d'un air provocateur leur large patte sur un écusson. Derrière l'hôtel, s'étend un petit parc aux arbres malingres que le prince a créé, et dans lequel son épouse, l'archiduchesse Gisèle, charme ses ennuis. Comme le prince Léopold n'est pas riche, il ne paye pas les dignitaires de sa cour ; c'est même l'inverse qui a lieu. Le grand maître de sa maison a obtenu ces hautes fonctions et un logement dans l'hôtel, à condition de payer son loyer.

Le prince Louis-Guillaume a renoncé à son droit de succession dans le majorat en faveur de son frère Charles-Théodore. Il n'a qu'une passion : les chevaux. Chez lui, l'homme et le cheval ne font qu'un. Il saute à bas de son lit pour sauter en selle. On assure qu'il y passe quelquefois la nuit. Il a un cheval particulier pour chaque jour de la semaine ; mais quand il est de mauvaise humeur, il monte toujours un cheval noir. Sa taille est scrupuleusement serrée dans une veste hongroise, il porte de larges pantalons à la hussarde ; il ne sort jamais sans ses éperons et sa cravache. Une écuyère pouvait seule faire hennir son cœur. Il a pris un soir la belle en croupe, l'a ramenée chez lui à la faveur des étoiles, et lui a offert à son réveil sa main gauche et le titre de baronne de Wallersee. De cette union chevaleresque est née la plus gracieuse amazone de l'empire. On lui a donné un titre, de sorte qu'elle a ses entrées à la cour. Elle comprend sept ou huit langues, sans compter le langage des fleurs.

La reine mère, princesse royale de Prusse, est née le 15 octobre 1825 et a été mariée à Berlin par procuration le 5 octobre 1842. Elle s'est convertie l'an dernier au catholicisme ; à Berlin, on en a ressenti un dépit violent. Tous les reptiles que M. de Bismarck réchauffe sur son sein, ont sifflé et mordu. Mais elle a été inébranlable.

Elle a abjuré et reçu le baptême dans son château d'Asseneau, au milieu des paysans et des paysannes des environs, accourus en costume de fête avec des corbeilles de fleurs.

La belle et sympathique figure de la reine Marie peut servir de pendant à celle de l'impératrice Augusta. J'ai visité, à Hochenschwangau, l'appartement qu'elle habite une partie de l'année : rien de plus patriarcal, de plus modeste et de plus simple. De vieux fauteuils, une couchette de religieuse, quelques tableaux pieux, voilà tout. Mais cela sent bon. Il y a là comme un parfum d'honnêteté qui fait du bien au cœur.

Quand la reine est à Munich, elle se rend ordinairement à la cathédrale à pied, avec une seule suivante, et deux domestiques. Tout le monde se range respectueusement sur son passage, et elle répond par le salut le plus gracieux, même au salut d'un simple portefaix. C'est la bonne fée de ce pays fantastique, où la bière coule de source, où les pianos jouent tout seuls, et où les méchants gnomes ont de vilaines moustaches à la prussienne.

## II

Le roi de Bavière et le roi de Wurtemberg. — Louis II est inconstant comme une femme et variable comme un baromètre. — Son rôle pendant la guerre de 1866. — Louis II et Richard Wagner. — Richard Wagner au palais du roi. — Richard Wagner en exil. — Véritable origine du théâtre de Bayreuth.

Le roi de Bavière et le roi de Wurtemberg se partagent la souveraineté de l'Allemagne du Sud. Bien que ces deux princes soient voisins, ils ne se ressemblent pas. L'un a perdu à peu près le respect de son peuple ; l'autre le conserve, malgré ses excentricités. A Stuttgard, on dit tout haut : « Charles a acheté une paire de bretelles ». A Munich, on dit encore : « Notre roi a acheté un piano ». Il n'y a que les Prussiens qui se permettent avec la couronne de Bavière d'impertinentes familiarités.

Charles de Wurtemberg ne compte plus que trois sujets fidèles dans son royaume : son tailleur, son bottier et son barbier.

Louis II, s'il n'a pas d'admirateurs, a des partisans. Le peuple des campagnes lui est dévoué.

A deux heures précises, chaque jour, Charles sort de son palais, à pied, avec un parapluie sous le bras, son petit chien derrière lui, et un de ses ministres à ses côtés. Il faut qu'il se montre. Il a besoin de coups de chapeau comme on a besoin de pain pour vivre. On ne lui en donne pas toujours. Souvent, pour attirer l'attention des passants, il reste plusieurs heures à sa fenêtre à tambouriner aux vitres. Il raisonne : « Je tambourine, donc je suis. »

C'est ainsi qu'il affirme et prouve que le Wurtemberg possède encore un roi. Il est comme les tournesols qui sont toujours à la recherche du soleil.

Louis II, au contraire, est de la famille des violettes. Il se cache aux regards ; il redoute l'éclat du jour. Il ne sort jamais que la nuit, au grand galop de ses chevaux. Un piqueur précède la voiture à vingt pas, tenant un falot au poing. Les roues du véhicule royal sont garnies de caoutchouc ; et quand il passe, léger et rapide, on dirait un équipage fantastique.

Ce n'est pas un roi ordinaire que ce bon petit roi. Il est arrivé trop tôt ou trop tard. Dans notre Europe toute hérissée de baïonnettes, il ressemble à un oiseau du paradis transporté au milieu de la forêt noire. On ne se le figure que dans un décor étoilé, avec musique de Wagner et donjon gothique, cascade au fond, cerfs familiers et blanches statues qui sourient sous des draperies de feuillage à demi soulevées.

On dirait que la Bavière l'a emprunté à un conte de fées. Il est né en 1845, à Nymphemburg, c'est-à-dire au *Castel des Nymphes*.

Nymphemburg, à une lieue de Munich, est un château splendide, entouré d'un parc plus splendide encore. C'était le séjour de prédilection du père du roi, Maximilien II, qui prit en 1848, les rênes du pouvoir, par suite de l'abdication de Louis Ier, « protecteur » de Lola. Maximilien n'était point un méchant homme : son règne fut pavé de bonnes intentions. Mais il eut le tort de ne jamais savoir ce qu'il voulait. Tantôt il faisait des risettes au libéralisme, tantôt il lui montrait les dents, tantôt il boudait la Prusse, tantôt il lui donnait des rendez-vous. C'était la versatilité incarnée. Il appelait cela tenir l'équilibre et faire de la politique de juste milieu.

Louis II a hérité de son père ce caractère flottant, indécis, plein de soubresauts et de boutades. Il a l'inconstance de la femme et la variabilité d'un baromètre. Il passe sa vie à monter et à descendre. A peine a-t-il mis sa main dans celle de la Prusse, qu'il la retire et s'enfuit comme s'il s'était brûlé. Quand il croit avoir démérité des catholiques, il répare bien vite ses incartades en envoyant des tableaux ou des chandeliers aux églises. Il est ombrageux comme un cheval sauvage. Il n'a jamais voulu avoir d'entrevue avec l'empereur Guillaume, de crainte qu'à Berlin on ne célébrât trop pompeusement sa vassalité : voilà quatre ans qu'il joue à cache-cache avec le descendant de Barberousse. Que de fois la grave *Gazette générale de l'Allemagne du Nord* a annoncé que le Khédive de Munich s'apprêtait à rendre hommage au sultan de Berlin ! L'année dernière, la gazette officieuse avait même déjà publié un compte rendu anticipé de l'entrevue. Trois jours après, elle dut tout démentir, Louis II avait quitté clandestinement sa capitale et s'était sauvé dans les montagnes.

Il aime ces fuites intempestives qui ressemblent aux disparitions de théâtre. Ses ministres sont quelquefois quinze jours sans savoir où il est. En 1873, ils durent se mettre à sa poursuite pour une affaire très-importante. Il était parti pour l'Italie, à cheval, à travers le Tyrol. Les ministres harassés galopèrent deux jours et deux nuits avant de le pouvoir rattraper.

Au mois d'août 1874, il y eut grand émoi à Munich. Le roi avait disparu. Personne à la cour ni à la ville ne savait ce qu'il était devenu. Les vieilles femmes disaient déjà que M. de Bismarck l'avait fait coudre dans un sac et jeter dans la Sprée. Deux ou trois jours se passèrent et l'inquiétude allait grandissant, quand on apprit par les journaux de Paris qu'un certain comte de Berg était descendu à l'hôtel de l'ambassade allemande. On fut rassuré ;

le roi Louis seul pouvait se cacher sous ce pseudonyme, qui est *le* nom d'un de ses châteaux.

Enfin, l'année dernière, nouvelle disparition subite. Où était-il? A Reims; il avait voulu visiter la cathédrale le jour de la Saint-Louis.

Les lauriers de Miltiade n'ont jamais troublé son sommeil. Il a toujours eu la prudence de n'accompagner ses soldats que sur son piano. En 1866, pendant que le sang des Bavarois coulait à Kissingen, et que sur le champ de bataille de Sadowa se jouaient les destinées de l'Allemagne du Sud, il respirait l'air balsamique des forêts, au bord du lac de Starenberg. Le tonnerre des canons ne venait pas troubler sa solitude. La nuit, il se promenait en barque, et le jour il errait poétiquement dans les bois. Lorsque le ministre von der Pfordten arriva au château pour annoncer que la bataille était perdue, que Nuremberg était pris, et que les Prussiens marchaient sur Munich, il trouva le roi costumé en Tristan. Louis II se lamenta bien un peu à la triste nouvelle, puis il courut à son piano jouer une romance de Schubert.

Tout le monde eut sa part dans cette guerre : le soldat la tragédie, la bourgeoisie le drame, le roi l'idylle.

La politique l'ennuie. C'est à cette époque qu'il se consacra tout entier à la pratique des œuvres de M. Richard Wagner. Il avait été initié aux mystères insondables de cette musique par une femme artiste connue en Allemagne sous le nom prédestiné de Cosima. Madame Cosima était alors l'épouse légitime du compositeur Bulow, maître de piano du roi; fille de l'abbé Liszt, elle avait pour l'auteur du *Tannhauser* le saint enthousiasme de son père. On sait que ce fut Liszt qui inventa Wagner, protégea ses débuts et bénit son triomphe. Madame Cosima fut donc la prêtresse qui convertit le jeune roi à la religion musicale de l'avenir. Wagner, pour lui témoigner sa reconnaissance l'enleva plus tard à son ami Bulow et l'épousa. Louis II commença par donner une villa au grand maëstro que la France avait méconnu. Il le voyait tous les jours et il passait quelquefois les nuits à lui écrire. Dans ces « poulets » d'un enfant de vingt et un ans, il était beaucoup question de croches et de doubles croches, de clairs de lune, de trucs de théâtre; il y était question aussi de l'unité de l'Allemagne, de la décadence de la France, des juifs et des Jésuites que Wagner abhorre également. Le jeune Louis s'oublia plus d'une fois jusqu'à se moquer de « ses gros Bavarois. » On assure que M. Wagner a mis aujourd'hui ces lettres précieuses en bonnes mains.

Le roi trouva bientôt la distance de son palais à la villa Wagner trop éloignée, et il voulut avoir le maëstro auprès de lui. Il lui fit donner un appartement dans son propre palais. Mais ce musicien intime avait des caprices de maîtresse. Il lui fallait à tout instant de l'or, des bijoux, des montres, des tabatières. Il exigeait que son cabinet de travail fût meublé selon la saison : au printemps, il demandait des tentures et des rideaux verts, des oiseaux dans des cages et des fleurs à profusion; en été, la couleur de l'ameublement et des rideaux devait être rouge; en automne, jaune, et en hiver, blanche et bleue. M. Wagner portait toujours un costume en harmonie avec la décoration qui l'entourait. Quand il avait endossé sa fameuse robe de chambre en brocart d'or, il ne pouvait vivre que dans une pièce dont la tapisserie fût orange ou jaune serin.

Ce trésor de folie épuisait le trésor de l'État. Le peuple bavarois qui est un peuple très-pratique, et qui avait d'abord murmuré tout bas, finit par murmurer tout haut. Munich retrouva son attitude menaçante de 1848, alors que Lola tenait la couronne sous sa pantoufle. On avait hué la courtisane. On hua le courtisan. Il n'osait plus se montrer. On l'accusait de débaucher le roi. Louis II s'effraya de l'orage qui menaçait de foudre sur son palais ; il congédia son musicien. « Je préfère, dit-il dans le décret qu'il publia à cette occasion, conserver la confiance et l'amitié de mon peuple. »

Wagner quitta la Bavière, mais Louis II resta imprégné de ses idées, de ses théories et de ses doctrines. Le compositeur révolutionnaire exerça une influence considérable sur l'esprit indécis et mobile du jeune souverain. Il s'était posé auprès de lui en apôtre de l'idée allemande, en pontife de la nouvelle ère politico-musicale que devait ouvrir l'unité germanique. Un de ses biographes allemands nous dit que, « lorsque la guerre de 1870 fut déclarée, Wagner, qui n'avait pu oublier la chute de son *Tannhauser* à Paris, *mit tout en œuvre pour décider le roi à faire cause commune avec le roi de Prusse*. A la même époque, ajoute M. Meister, Richard Wagner apparut comme le prophète du génie musical allemand ; il annonça et salua l'aurore du nouvel empire, il prêcha l'alliance du pouvoir divin et de la puissance populaire, du césarisme et du socialisme, de la démocratie et de la royauté. Il déroula aux yeux du jeune roi enthousiasmé l'image d'un peuple éminemment poétique et musical, chez lequel ces deux agents, le capital et le travail, seraient mis au service de la musique et de la justice (*sic*). Déjà il voyait le génie allemand réunir dans un splendide théâtre tous les peuples du Rhin jusqu'à l'Equateur, et les dieux de la mythologie germanico-scandinave s'emparer de l'empire des âmes... »

Wagner avait demandé au roi de raser tout un quartier de Munich et de construire à sa place un amphithéâtre immense qui pût contenir cinquante mille spectateurs. L'Isar devait apporter le tribut de ses flots sur la scène et permettre le spectacle de véritables naumachies. Mais le roi, au dernier moment, recula devant la dépense. Il eût fallu demander un crédit extraordinaire aux Chambres, et il est probable qu'elles ne l'eussent point accordé, bien que le *Niebelungenring* (l'anneau des Niebelungen), cette grande tétralogie de Wagner, soit « la représentation allégorique du triomphe de la race germanique sur les tribus latines, amollies et dégénérées. » Il fut alors décidé qu'on éleverait près de Bayreuth un théâtre national, de dimension plus modeste. Les dépenses furent fixées entre le roi et l'artiste à un million et demi. Mais comme l'Allemagne entière devait contribuer aux frais, et que la noble nation teutonne ne sait plus le chemin de ses propres poches, on recueillit la bagatelle de deux cent mille francs, y compris la souscription du vice-roi d'Égypte. Le plan a dû subir de nouvelles modifications, de sorte que le temple de la musique est aujourd'hui :

Comme un grenier à foin, bâtard du Parthénon.

Depuis quatre ans, il n'y a plus entre le roi romantique et le Titan de la musique, que des rapports financiers. On dit que le roi a acquis, moyennant une rente viagère de douze mille cinq cents francs, la propriété de toutes les œuvres posthumes de Richard Wagner.

## III

Le roi habite un monde idéal. — Comment il comprend le théâtre. — Sa bibliothèque. — Une comédie inédite de Louis II — « L'amour, qu'est-ce que c'est que ça? » — Un mariage rompu. — Le ventre du roi.

Le roi Louis II est un artiste, une espèce de Raphaël ou de Sébastien Bach qui serait venu au monde privé de bras. Il ne produit pas, il ne vit que par l'esprit et dans le rêve. Toujours solitaire, il habite un monde qui n'est pas le nôtre. A le voir se glisser comme une ombre au fond de ses castels gothiques, on dirait le revenant des vieilles ballades.

Il est défendu à ses serviteurs de l'approcher. Quand ils ont des ordres à recevoir, ils s'arrêtent à douze pas, et Sa Majesté communique avec eux par des signes convenus.

Souvent l'Opéra de Munich est illuminé comme un soir de grande représentation, mais on ne voit pas d'affiches et les portes sont closes. C'est le roi qui fait jouer une pièce pour lui tout seul. Il aime à s'offrir ce plaisir de monarque absolu. Quand il s'assied au milieu du théâtre désert et brillamment éclairé, il parodie le mot de Louis XIV : « La Bavière, c'est moi ». Et les acteurs doivent jouer comme si toute la Bavière les écoutait, car Sa Majesté est fort difficile.

Quelquefois cependant Louis II daigne partager un opéra avec son peuple; il arrive de son château de Berg en train spécial, entre au théâtre en voiture par une porte particulière, et monte dans sa loge, cloîtrée comme un parloir de Visitandines.

Il arrive plus fréquemment qu'il ne veut pas se déranger. Alors il « souffle » la représentation au public. Il fait enlever les acteurs tout costumés qu'on lui expédie par train express. Le régisseur s'excuse devant la salle à demi remplie, et l'on rend l'argent. Un excellent souper attend les comédiens du roi au château de Berg, où la représentation commence à minuit sonnant. La scène seule est éclairée; toute la salle est plongée dans l'ombre, et il n'y a pas d'autre spectateur que Sa Majesté. Encore est-il invisible.

Depuis un an ou deux, le roi accorde la préférence au répertoire français du xvii<sup>e</sup> siècle. Il a introduit sur la scène munichoise les médecins de Molière et les héroïnes de Corneille et de Racine. Je ne sais s'il comprend encore l'époque de M. de Bismarck ; mais, il y en a peu qui comprennent comme lui l'époque de Louis XIV. Sa bibliothèque se compose de tous les livres, mémoires, romans, comédies, etc., qui ont rapport au grand siècle. Il est au courant de tout ce qui se publie en France et à l'étranger sur Louis XIV et sa cour. Pendant la crise ministérielle, l'automne dernier, il était plongé dans la lecture des romans de madame Dash. *Le Parc-aux-Cerfs* l'intéressait bien autrement que la Chambre des députés.

On le dit auteur d'une comédie dans laquelle mademoiselle de Lavallière chasse avec le roi. Une averse les surprend et ils vont se réfugier dans une cabane de charbonnier. Louis XIV demande des œufs et confectionne une omelette au lard qu'il partage avec sa maîtresse. La pièce a été en répétition, mais au dernier moment, Sa Majesté a reconnu elle-même que cette omelette et ce lard étaient indignes d'un si grand roi.

Les fées convoquées à sa naissance lui ont donné tous

les dons, excepté celui de sentir et d'exprimer l'amour. Jamais le frôlement d'une robe n'a fait tressaillir son cœur; il n'a jamais suivi sur la mousse des bois les traces de deux pas adorés. La passion de la femme n'a pu prendre racine dans son âme. Il est resté l'homme le plus beau et le plus chaste de son royaume.

Les tentations n'ont cependant pas manqué. Wagner lui décochait de temps en temps des actrices, mais elles rebondissaient comme des ballons qui frappent un mur. Un jour pourtant le bruit se répandit qu'une jeune cantatrice avait réussi à animer la statue. Le roi lui ouvrait les issues secrètes du parc, il l'invitait à monter en gondole à ses côtés, et conduisait lui-même l'embarcation. La cantatrice s'imaginait très-sincèrement être aimée. Elle profita un soir d'un poétique clair de lune pour montrer que son cœur débordait. Elle se leva, chanta une romance, perdit l'équilibre et tomba à l'eau. Elle réussit à s'accrocher à un des avirons, et cria d'une voix déchirante au roi : « O mon bien-aimé, sauvez-moi ! » Mais le roi riait à gorge déployée. Les jardiniers accoururent. Ils sauvèrent la cantatrice qui s'enfuit chez elle, en jurant, mais un peu tard, qu'on ne l'y prendrait plus.

Il y a trois ou quatre ans, la fille d'un prince dépossédé donna tout à coup les symptômes d'une admiration frénétique pour la musique de l'avenir. Elle réussit de cette façon à attirer les regards du roi. Leurs entrevues devinrent de plus en plus fréquentes; les deux jeunes gens passaient de longues heures à discuter sur l'esthétique et la philosophie, à l'instar d'Héloïse et d'Abélard. L'ardeur qu'ils mettaient à se vouloir mutuellement instruire donnait de grandes espérances. Les Munichois clignaient de l'œil et riaient dans leur barbe. Les félicitations et les cadeaux affluaient déjà de tous côtés; les journaux avaient désigné l'époque du mariage. Mais soudain le roi coupa court à ces visites, et écrivit ce simple billet à sa fiancée :

« Ma cousine est la plus belle et la plus charmante des femmes, mais j'ai changé d'idée. »

C'est un problème physiologique que le caractère de ce roi original et romanesque. Il tourne la tête aux femmes, et il ne détournerait pas la tête pour elles. Il est grand, taillé en colosse. Il a des cheveux bouclés. Autrefois sa moustache était blonde; elle est noire aujourd'hui, comme celle de Louis XIV. Il a un peu la physionomie qu'avait sa cousine, la reine de Naples, dans son uniforme de hussard. Malheureusement il ne devait pas échapper à l'infirmité commune à tous les Bavarois : il prend du ventre. Il fait bien tout ce qu'il peut pour lutter contre ce ventre et l'obliger à rentrer dans le devoir; il lui impose des sangles, des ceintures, mais le ventre est plus fort que le roi, il se moque de tous les obstacles, il se révolte et brise ses chaînes; c'est un ventre républicain.

# IV

Les six châteaux du roi de Bavière. — Le jardin d'hiver au château de Munich. — Le château de Berg et l'île des Roses. — Le roi et l'étudiant. — Hohenschwanzau. — Un vésuve bavarois. — Les chevaux de Louis II. — Piano et clair de lune.

« Il y avait une fois un roi de Bavière qui avait six châteaux… » Les Grimm de l'avenir commenceront ainsi leurs nouveaux contes d'Allemagne, et les châteaux du roi Louis II seront plus amusants que le château de la Belle au bois dormant et même que ceux du roi de Bohême, qui en avait sept.

A Munich, le roi a deux châteaux. Le nouveau château donne sur la place Maximilien : c'est une construction carrée, plus énorme qu'imposante, qui rappelle vaguement le palais Pitti, à Florence. L'ancien château se prolonge jusqu'à la place de l'Odéon. Quatre lions d'airain tenant des boucliers gardent les deux portails. Au-dessus, dans une niche, une statue de la Vierge, patronne de la Bavière. Dans le passage à triple voûte qui relie la cour de la chapelle à la cour des puits, on voit une énorme pierre, attachée à un crochet de fer : elle pèse 364 livres. Le duc Christophe-Albert II la soulevait et la lançait comme une balle. A côté de cette pierre, on remarque trois clous plantés dans le mur, les uns au-dessus des autres : ils indiquent la hauteur que les ducs Christophe, Conrad et Philippe atteignaient en sautant : le premier clou est à 12 pieds du sol, le second à 9 pieds, et le troisième à 8 pieds. Des rimes en vieil allemand gravées sur une table commémorative racontent ces prouesses à la postérité.

L'aile du nouveau palais, qui n'a pas moins de 800 pieds de long, et qui donne sur le jardin royal, s'appelle en allemand *Saalbau der Residenz*, l'édifice des salles de la résidence. C'est là que se trouvent les six salles d'Ulysse, d'après les dessins de Schwanthaler ; la salle de Charlemagne d'après les esquisses de Schnorr ; la salle de Frédéric Barberousse, dont les six peintures murales ont été exécutées par Schnorr, Jaeger et Geissmann ; la salle de Rodolphe de Habsbourg, la salle des batailles, la salle du trône et le cabinet des beautés. Les rois de Bavière ont combattu avec plus de valeur sous l'égide de Vénus que sous celle de Mars : la salle des batailles ne contient que 14 tableaux, tandis qu'il y en a 33 dans le cabinet des beautés, sans compter le portrait de Lola Montès, que Kaulbach a peint et que la reine a ordonné d'enlever.

Louis II a fait de la terrasse du *Saalbau* son château et son palais. On lui a construit, d'après ses plans et ses dessins, des appartements dans le style rococo le plus extravagant, et un jardin auprès duquel ceux de feu Sémiramis n'auraient été que de vulgaires potagers. C'est dans ce jardin féerique, où toutes les fleurs des pays du soleil chantent une voluptueuse symphonie de parfums, que le roi passe les journées d'hiver, si tristes et si mélancoliques sur les bords de l'Isar. En entrant on en croit à peine ses yeux. On est tenté de prendre le valet de chambre qui vous conduit et qui a enfreint la plus sévère des consignes, pour un infernal magicien, pour un sorcier, un enchanteur.

A droite s'élève un rocher couvert de mousse, sur lequel rampent, comme d'énormes serpents hérissés de dards, des cactus et des orchidées. Dans le fond, qui représente un paysage indien, avec de grands bambous grêles, des bananiers aux larges feuilles, on aperçoit une cascade qui roule ses flots d'opale avec un bruit musical et argentin. Quand on approche du rocher, on découvre sous une draperie de lierre, l'entrée d'une caverne qui conduit à la chute d'eau. A mesure qu'on avance, les parois du souterrain s'élargissent, et à travers l'ombre vaporeuse et bleuâtre qui le remplit, scintillent comme des gouttes de lumière, des pierreries, des diamants, et des stalactites d'or.

Laissons la cascade à droite et dirigeons-nous à gauche. Nous arrivons par une allée de palmiers à un pavillon mauresque dont la coupole bulbeuse monte jusqu'au vitrail cintré de la serre. Une portière de soie bleue ferme ce kiosque où l'on goûte un recueillement religieux comme dans une chapelle. Les fenêtres, en forme de trèfle, tamisent un jour délicat, et un lustre de cristal projette au milieu de ce sanctuaire le jeu de ses couleurs. Des divans courent le long des murs. Au milieu, sur une table de lapis-lazuli, se dresse un narguilé aux longs tuyaux ornés de perles. On dirait le boudoir d'un sultan. Ce pavillon s'appelle « le kiosque des délices. » Louis II n'en franchit le seuil qu'habillé en Turc. Il monte le piano mécanique qui est caché derrière un rideau, allume son narguilé, s'étend sur un divan, et passe des après-midi entières, au milieu des nuages du tabac et des mélodies de son orchestre à remontoir.

Du pavillon mauresque une quantité de sentiers mystérieux et odorants, avec des reposoirs capitonnés de satin, des charmilles au fond desquelles se dressent des Vénus ou sont accroupis des sphinx, conduisent aux rivages enchantés d'un petit lac, bleu et limpide comme un fragment de ciel oriental, et qui semble rêver de sa patrie sous la coupole immobile des palmiers [1]. Il faudrait le crayon de Doré pour rendre ce merveilleux

---

[1] Le lac a 50 pieds de large et 70 pieds de long.

décor. C'est une vision splendide, un coin de paradis. Des montagnes obéissantes comme celles de la Bible, des falaises aimables encadrent ce verre d'eau dans lequel s'ébattent des poissons rouges, sur lequel nagent de jolis canards cochinchinois, et qui reflète la lueur étudiée d'un clair de lune éternel. Cependant, au moyen d'une habile machinerie, le ciel étoilé peut se couvrir à volonté d'épais nuages ; les éclairs brillent, le tonnerre éclate, et le lac, battu par la tempête, se révolte contre ses rives. Le roi, costumé en Guillaume Tell, détache alors la barque amarrée à un arbre du rivage, et s'élance sur la tête des flots courroucés.

Il s'est fait photographier dans un de ces moments pathétiques ; c'est un véritable tableau.

On raconte qu'un jour Louis II demanda à une des premières artistes de l'Opéra, de venir lui chanter la ballade du roi de Thulé sur son lac suspendu. Lorsque la chanteuse arriva au second couplet, le roi pressa le bouton de la sonnerie électrique qui le met en communication avec son machiniste : aussitôt la foudre gronda, le lac souleva des vagues tumultueuses et la nacelle faillit chavirer.

Une chaumière indienne orne l'extrémité du lac. L'intérieur en est garni de flèches, de tomahawks, de lances et d'ustensiles de pêche.

Une forêt d'arbres exotiques, peuplés de perroquets dressés à la prononciation respectueuse du nom de Sa Majesté, sépare le lac d'une chaîne de montagnes en ciment, construites sur le modèle de l'Hymalaya. La décoration du dernier plan représente un lac des tropiques, avec des îles pleines de floraisons gigantesques et d'oiseaux extraordinaires.

Le château de Berg, sur les bords du joli lac de Starnberg, près de Munich, n'est pas moins fantastique. Le roi l'habite les trois quarts de l'année ; c'est sa retraite de prédilection.

Si, à Munich, Louis II a son jardin d'hiver, à Berg il a son jardin ou plutôt son île des Roses. Nous nous trouvons encore ici en plein Orient, dans le royaume d'un calife poëte comme celui de Bagdad, mais sans Schéherazade. L'histoire du rossignol amoureux de la rose a dû se passer dans cette île enchantée, placée comme un immense bouquet sous les fenêtres royales. On y voit toutes les roses que Dieu a créées et que les horticulteurs ont perfectionnées, depuis la rose sauvage qui ressemble aux lèvres d'un enfant jusqu'à la rose qui ressemble au sourire d'une reine. C'est une fête pour les yeux et une douce ivresse pour les sens. Ces fleurs enveloppent le château d'une atmosphère de parfums, et elles aident le jeune prince à voir tout en rose.

La cabane de pêcheur qui se trouvait autrefois dans cette petite île a été remplacée par un chalet suisse. Le roi y a installé un piano, et, par les belles nuits d'été, les barques qui passent l'entendent jouer des fragments du *Lohengrin* ou du *Tannhauser*.

Le peuple a donné au château de Berg le nom de *château magique*. Je n'ai pas essayé d'y pénétrer, par la bonne raison que toute tentative eût été inutile. Les dragons des Hespérides étaient moins farouches que les sentinelles qui gardent les avenues de ce castel. On dit que la machinerie et les trucs y tiennent une grande place. On parle d'un pavillon mauresque dans lequel le jeune Almansor passe souvent la nuit, entouré de lampes d'albâtre et de cassolettes de parfums.

Le château reste toujours plongé dans le plus profond silence. Jamais une visite. Même à l'heure des repas, il n'y a pas ce joyeux bruit de vaisselle qui indique la présence du maître. Le roi dîne seul ; il est sobre comme un anachorète ; il a horreur de la vie matérielle.

Avant son dîner, il fait ordinairement le tour du lac à cheval, suivi d'un simple écuyer. Il s'arrête quelquefois à l'entrée du village d'Amerland, chez un pauvre cordonnier. Il boit un verre d'eau, laisse un florin et remonte à cheval. Il est défendu sous peine d'amende de s'introduire dans les chemins spécialement réservés au roi. Un jour, Sa Majesté y rencontra un grand gars, à la tournure montagnarde, qui s'y promenait sans façon. Le roi l'arrête et lui demande qui il est :

— Je suis de la Suisse, répondit-il ; j'étudie à l'université de Munich.

— Ah! vous êtes Suisse, fit le roi d'un air bienveillant; vous devez savoir par cœur le *Guillaume Tell* de Schiller?

— Je pourrais vous en réciter des actes entiers.

— C'est à merveille! Je suis heureux de cette rencontre. Venez avec moi au château, nous jouerons *Guillaume Tell*.

— Mais, monsieur, le château est au roi...

— Ça ne fait rien. Je suis l'ami le plus intime du roi... Venez... Vous verrez qu'on nous laissera entrer.

— Essayons, monsieur, puisque vous le voulez.

Ils se mirent en marche.

— Vous plaisez-vous à Munich?

— Non. La ville est ennuyeuse, et ce qui le prouve, c'est que le roi n'y est jamais...

— Et que dit-on du roi?

— On dit qu'il est au fond bien bon enfant.

Louis II ne put s'empêcher de sourire.

— Vous ne l'avez jamais vu?

— Jamais, je suis républicain, monsieur... On assure que le roi est très-beau et que toutes les femmes en sont folles.

— Voulez-vous dîner avec lui?

— Mais, ah çà! est-ce que vous vous moquez de moi?

— Pas du tout, puisque je vous invite...

— Puisque... Alors... monsieur, ah! pardon... Vous êtes peut-être le roi?

— Vous l'avez dit ; et vous êtes mon prisonnier.

Ils étaient arrivés au château : les factionnaires portaient les armes.

Après le dîner, le roi joua sur son piano l'ouverture de *Guillaume Tell*, puis il se fit déclamer par l'étudiant la tragédie de Schiller.

Le lendemain on recommença. Le roi donna cette fois la réplique.

Au bout du troisième jour, il renvoya son hôte en voiture jusqu'à Munich, et lui fit remettre peu de temps après une montre en or, avec la scène du Grutli gravée sur la boîte.

Le château de Lindenhof est dans la montagne. Il est meublé en style Louis XIV. La salle à manger est ornée des portraits des maîtresses du grand roi. Dans la diligence qui me conduisait à Hohenschwangau, un tailleur et sa femme me racontèrent qu'ils avaient voulu essayer d'y pénétrer, mais que le *kastelan* (portier) leur avait répondu : « C'est impossible ; Sa Majesté craint toujours qu'il n'y ait quelque journaliste, et elle ne veut pas qu'ils parlent de ses châteaux. »

Le castel de Hohenschwangau est pittoresquement perché sur une pointe de rocher. Tout autour, de hautes montagnes, recouvertes d'austères forêts de sapins ; et au pied, un lac romantique, peuplé de cygnes. Le roi les attelle à une barque dorée, en forme de conque, et se fait promener pendant que des chanteurs, groupés sur la rive, exécutent des fragments du *Lohengrin*, et que la lune éclaire de ses pâles rayons la course fantastique de cerfs empaillés, qui marchent au moyen d'un mécanisme dans le ventre.

Lors de la dernière éruption du Vésuve, il en fut jaloux et voulut aussi avoir la sienne. Il appela à Hohenschwangau les deux professeurs de géologie de l'université, et leur commanda un volcan. Ils se mirent immédiatement à l'œuvre : on creusa une montagne, et on rempli le trou avec de la poudre, du soufre, du pétrole, de la houille. Le spectacle fut grandiose. Les pompes accoururent de dix lieues à la ronde. On croyait que le château du roi avait été miné par les Prussiens et qu'il sautait.

Sur le lac de Hohenschwangau, le roi a voulu aussi des tempêtes. On a construit une énorme machine, garnie d'énormes roues qui soulèvent des vagues avec un fracas épouvantable.

Les domestiques du château doivent être musiciens. Ils forment une sorte de fanfare qui est tenue de jouer chaque soir à minuit, tandis que le roi, penché sur les créneaux de sa tour gothique, rêve aux étoiles.

Un des biographes de Louis II rapporte qu'une année, il passa tout l'hiver dans la solitude de Hohenschwangau. Il fit élever au milieu de la vallée une tour en bois, avec une galerie extérieure. On était au mois de février. Le vent chassait la neige en épais tourbillons. Le roi monta sur la tour, ses musiciens se rangèrent sur la galerie, et on amena tous ses chevaux au nombre de trente, qui n'avaient été nourris que d'avoine pendant quinze jours. A un signal convenu, les musiciens tirèrent de leurs trompettes des sons de jugement dernier, la machine à tempêtes fonctionna au bord du lac, et tous les canons du château partirent à la fois. Les chevaux épouvantés brisèrent leurs liens ; la crinière hérissée, poussant des hennissements sauvages, affolés, ils se dispersèrent dans toutes les directions, comme si la foudre fût tombée au milieu d'eux. On en retrouva quelques-uns noyés dans le lac ; des paysans en ramenèrent qu'ils avaient rencontrés errants dans les montagnes.

Louis II peut être cruel envers le beau sexe, mais malgré ce qu'on vient de lire, il n'est point cruel envers les animaux. Il partage même sous ce rapport les idées de Caligula, et ses chevaux, qu'il tourmente, tiennent plus de place dans son cœur que ses ministres. C'est un cavalier passionné. « Le cheval est le piédestal du héros », a dit Lamartine, et le roi Louis ne s'est jamais fait peindre que sur un cheval de bataille, blanc comme le panache d'Henri V. Il aime, à l'égal de la musique de Wagner, les steeple-chase fantastiques, les courses de cavaliers de légende. Souvent, à minuit, il monte à cheval, et s'élance à fond de train à travers champs, franchissant les ruisseaux, les haies, tous les obstacles. Au lever du soleil, il se trouve sur le sommet d'une montagne. Il y a quelques années, il était monté ainsi sur l'Herzogland. Les chasseurs de chamois accoururent de tous côtés, espérant que le roi se déciderait à chasser avec eux; mais il resta trois jours dans le chalet, sans sortir, plongé dans la lecture des œuvres de Fénelon. Il repartit la nuit, comme il était venu. Les chasseurs voulurent éclairer sa marche avec des flambeaux; il les renvoya et faillit se casser le cou.

Qu'il soit dans son château de Berg, de Lindenhof ou de Munich, il est deux choses qui lui sont absolument indispensables : son piano et son clair de lune.

Sans piano, la journée aurait pour lui la durée d'un siècle; sans clair de lune, il lui serait impossible de s'endormir. Quand le bon Dieu ne se charge pas lui-même des frais en allumant sa lampe céleste, on est obligé de recourir à un clair de lune à la lumière électrique. Des appareils spéciaux ont été installés dans toutes les chambres à coucher du roi. A Munich, le plafond est percé de mille petits trous, derrière lesquels on allume des becs de gaz. Cela représente assez bien un ciel étoilé.

En voyage, le roi se sert d'un clair de lune portatif et économique qui se suspend comme une lampe astrale.

Ce caractère étrange, cette âme d'enfant dans le corps d'un homme, ce roi né pour régner sur un peuple de poëtes et de musiciens, n'est pas fait pour notre siècle de soldats et de force brutale. Louis II eût été un souverain charmant à l'époque des minnesingers et des rêveuses châtelaines ; aujourd'hui, on ne le comprend plus ; il semble appartenir à la légende, et non à l'histoire. Celui qui s'assied sur un trône n'a pas le droit de s'en servir pour jouer du piano ; car si Orphée revenait, ce n'est plus la lyre qu'il prendrait, c'est un fusil perfectionné. Je sais bien que si jamais le roi de Bavière parvient à retrouver le modèle des trompettes de Jéricho, il en armera toutes ses troupes, — mais Berlin est mieux gardé que Jéricho : les murailles qui l'entourent sont politiques et morales.

# VI

L'ÉCOLE DE LA CROIX A OBERAMMERGAU.

## I

Les Alpes bavaroises. — Le lac de Starnberg. — Weilheim. — Murnau. — Le couvent d'Ettal. — Oberammergau.

Je vous demande la permission de vous conduire à quelques lieues de Munich. L'excursion à laquelle je vous convie est presque un pèlerinage : je vais à Oberammergau, dans la Haute-Bavière, assister à une représention de *l'École de la Croix*. Ce n'est pas le jeu de la Passion, mais quelque chose d'approchant.

La *Kreutzschule* (Ecole de la Croix) ne donne ses représentations que tous les cinquante ans, tandis que le jeu de la Passion a lieu tous les vingt-cinq ans. Ce spectacle, unique au monde, vaut bien une course de deux ou trois jours dans une contrée pittoresque comme la Suisse, mais où les aubergistes ont heureusement conservé une candeur et des traditions qui n'ont, sous ce rapport, absolument rien d'helvétique.

Quand on a de bonnes jambes, on voyage à bon marché

dans les Alpes bavaroises et tyroliennes. On se trouve là au milieu d'honnêtes populations, fidèles à leur pays et à leur foi. On n'y lit pas de journaux prussiens ; on n'y rencontre ni le buste de Bismarck ni celui de M. de Moltke. Dans toutes les salles d'auberges, il y a un grand crucifix suspendu au mur et en face ou au-dessous un portrait de Pie IX. L'aubergiste reçoit ses hôtes par un *Gelobt sei Jesus* (loué soit le Seigneur !) auquel le paysan répond par : *In Ewigkeit, amen* (éternellement, amen). Les églises sont ouvertes, les autels parés de fleurs, et les bons chapelains, à mine rubiconde, assis sous des tonnelles, vident des chopes monumentales, ornées de petits anges et de beaux saints-sacrements. Si un gendarme s'avisait seulement d'éteindre la longue pipe de M. le curé, on sonnerait le tocsin, et le village se lèverait comme un seul homme. On verrait apparaître des lances et des cuirasses du temps des Croisades ; de nouvelles Clorindes s'élanceraient sur des chevaux frémissants.

On part de Munich pour Oberammergau à six heures du matin. Un bijoutier munichois a organisé, à grand renfort de réclames, une caravane qui n'arrive pas plus tôt et qui traverse la montagne dans des omnibus à douze places. Mieux vaut conserver sa liberté, n'être soumis à aucun programme et se réserver le plaisir de l'imprévu.

C'est ce que nous avons fait, le correspondant du *Journal de Paris* et moi, et un autre correspondant d'une revue anglaise. En voyageurs prudents, qui connaissent l'appétit des pèlerins bavarois, nous avons emporté avec nous un pâté et deux canards. Bædeker, dans son *Guide*, recommande du savon et une couverture ; mais Bædeker est un Prussien qui fait passer tous les catholiques pour des gens crasseux. Cette remarque n'est pas de moi ; elle est d'un Munichois qui nous accompagne avec sa femme et ses deux filles, coiffées de chapeaux tyroliens surmontés de plumes de coq de bruyère. Ces deux sœurs sont charmantes. La cadette, un peu frêle, timide et rose comme une fleur qu'un rayon de soleil vient de faire éclore, ressemble à une Vierge de la vieille école allemande. On retrouve dans le Sud encore quelques-uns de ces types poétiques et suaves qui ont inspiré les poëtes et les peintres ; mais, à mesure qu'on s'avance vers le Nord, ces beautés chastes et douces disparaissent. Il est incontestable que le catholicisme donne aux âmes une sérénité céleste qui se reflète sur les fronts jeunes. En Saxe, en Prusse, il n'y a pas cette innocence dans le regard, cette chasteté sur les lèvres. A seize ans, la jeune fille n'ignore plus rien. La fleur épanouie trop tôt se fane ; l'âme n'a plus de parfums.

De Munich au lac de Starnberg, il y a une heure. On traverse des plaines onduleuses, on salue de gentilles chapelles cachées sous les arbres, on longe de ravissants petits vallons, on domine des gorges sauvages, au fond desquelles un torrent bondit comme une chèvre blanche. C'est dans cette contrée privilégiée, — du côté du Danube la plaine s'étend immense et monotone, — c'est ici que les peintres munichois viennent copier les paysages de la nature. Elle s'est appliquée dans son travail, et les hommes n'ont besoin ni de corriger le tableau ni de l'inventer.

A Starnberg, le troupeau conduit par l'horloger descend de vagon et s'embarque sur un vapeur, grand comme une coquille de noix. Que les vents soient propices aux pèlerins !

Sur la rive opposée, nous apercevons le château de Berg ; le drapeau flotte sur sa tour gothique : le roi est arrivé hier de Reims, où il a été, dit-on, accomplir un vœu dans la vieille cathédrale miraculeuse des rois de France.

Berg est la résidence habituelle de Sa Majesté. Il y vit dans la solitude ; le silence, dont il fait son royaume, n'est interrompu que par les sons de son piano et les soupirs discrets des flots.

A minuit, par un beau clair de lune, on voit quelquefois une barque se détacher du manoir ; des sons de guitare résonnent dans la nuit étoilée. Au milieu du lac, la barque s'arrête, la mélodie cesse, on entend la chute d'un corps : c'est le roi qui fait un plongeon. Il reparaît à la surface argentée du lac et se baigne avec volupté dans le clair de lune.

Louis II aime cette jolie cuvette d'eau. Chaque jour, il s'y promène sur un bateau à vapeur microscopique, le *Tristan*. Il a fait distribuer aux pêcheurs et aux bateliers des deux rives des pavillons bavarois, afin de n'être pas offusqué par le drapeau prussien, de sinistre couleur. Charbonnier est maître dans sa cabane, et le roi est maître sur son lac.

Les bords du lac de Starnberg, comme ceux du lac de Côme et de Genève, sont peuplés de villas, de châteaux, de maisons de pension. On vient de Berlin s'y mettre en villégiature. A l'horizon, de vertes arêtes de montagnes. Les forêts voilent sous des massifs d'ombres les sentiers qui fuient vers les cimes. Autour de vous, la création est fraîche et joyeuse.

A la station de Tutzing, tout le monde se précipite hors des vagons et gravit un petit monticule pour voir la locomobile haletante, aux naseaux fumants, qui traîne sur la route le groupe colossal de la Crucifixion, que le roi de Bavière envoie à Oberammergau. C'est à l'occasion de ce don royal qu'on représente *l'École de la Croix*. La locomobile est décorée de couronnes, le chariot est littéralement couvert de fleurs. Sur tout le parcours de Munich à Oberammergau, on a fait des échafaudages, pour consolider les ponts, et on a élevé des arcs de triomphe. Les habitants de chaque ville, bourg ou village accompagnent, en priant, le convoi jusqu'au lieu voisin.

Le train s'arrête à Weilheim avec la voie ferrée. On est tout surpris de retrouver devant la gare ce mastodonte de la locomotion, la vieille diligence aux portières jaunes, avec son postillon botté, en culottes de peau, à la veste brodée, le cor en sautoir. Nous avions télégraphié la veille pour retenir nos places. Les véhicules ne manquent pas du reste. Tous les cochers des environs sont accourus à Weilheim. Dans les autres pays, les tarifs de la poste demeurent invariables ; en Bavière, l'administration postale est plus rouée et comprend qu'il faut battre le fer pendant qu'il est chaud. Le prix des places a été frappé d'une surtaxe extraordinaire en raison de l'affluence des touristes. Mais personne ne s'en plaint : le postillon nous joue de si jolis airs sur son cor, et le pas de ses chevaux nous permet d'admirer à notre aise le pays que nous traversons. La route est très-accidentée, des vergers succèdent aux forêts, des vallons aux plaines. La terre est soigneusement cultivée. Elle produit du blé, du chanvre, du colza, du houblon. Les fermes ont l'air cossu : la cour est propre, la fontaine chante de sa voix limpide, le fumier se dore au soleil, les canards voguent sur l'étang, le coq, vieux pacha à turban rouge, adresse des cocoricos éclatants à son sérail. Les abeilles sortent des ruches, les hommes, de la maison. Nous voyons tout cela en passant, et nous répétons les vers de Virgile sur le bonheur des toits de chaume.

A midi, nous étions à Murnau. Pendant que les autres voyageurs dînent, nous parcourons la petite ville. Au milieu de la rue s'élève une colonne surmontée d'une statue de la Vierge. En face se trouve l'église. Les maisons, avec leurs murs d'une blancheur immaculée, ressemblent à une longue procession de jeunes communiantes. Murnau a été incendié trois fois : en 1834, en 1839 et en 1852.

La diligence ne va pas jusqu'à Oberammergau ; elle s'arrête au pied de la montagne, à Oberrau. Nous sommes arrivés à trois heures dans ce village ; sans nous arrêter, nous avons poursuivi notre route, le sac au dos. La montée est rude. Mais nous avions dressé notre plan de campagne à l'avance, et choisi l'endroit pour faire notre halte. Tandis que les gros Bavarois, qui s'étaient repus à Murnau, montaient en suant à grosses gouttes, obligés de dépenser un calorique double, nous atteignîmes d'un pas léger un pont de pierre pittoresquement situé. Nous mîmes la table sur le parapet et nous allégeâmes nos épaules d'un des canards et de la moitié du pâté. L'eau du torrent pétillait comme de l'aï dans nos gobelets, et les oiseaux du bois nous donnaient un ravissant concert.

Ainsi lestés, l'escalade de la montagne fut pour nous une promenade. Nous pensions arriver sur une cime : nous nous trouvâmes dans un délicieux vallon, plein de ruisseaux limpides que les truites sillonnent comme des flèches. Dans ce lieu, où l'on respire une fraîcheur bienfaisante, où l'âme se repose dans une paix douce et tranquille, un homme, coiffé d'un casque et ceint d'une cuirasse, descendit un jour de cheval et s'agenouilla. La poussière dont il était couvert montrait qu'il avait fait un long voyage. Il venait de Rome. Cet homme était le puissant empereur Louis le Bavarois. Un moine s'était approché de lui pendant qu'il priait dans la basilique de Saint-Pierre, et lui avait présenté l'image d'une chapelle en lui parlant en ces termes : « Retourne dans ta patrie ; bâtis une chapelle pareille à celle-ci, dans une vallée de tes Alpes, et tes vœux seront exaucés. »

Le moine disparut. L'empereur avait dans ses mains une image de la Vierge. Il se hâta de regagner l'Allemagne et vint à Ettal poser la première pierre de l'église et du couvent, qui subsistent encore aujourd'hui.

L'image de la Vierge rapportée de Rome par l'empereur Louis fut placée au maître-autel ; elle y est restée et on l'a en grande vénération dans le peuple.

Le couvent d'Ettal appartenait à l'ordre de Saint-Benoît. Il comptait vingt moines et treize chevaliers, avec un grand maître. Sécularisé en 1802, le monastère a été transformé en brasserie. En 1744, un immense incendie le détruisit en partie. L'église a été reconstruite en style de la Renaissance.

Dans la cour, sur une plaque de fer fixée à un poteau, on voit l'image de deux moines fusillés par des soldats. La chronique d'Ettal donne sur cet événement tragique les détails que voici :

En 1632, peu après que Tilly eut payé de sa vie, à Wahlstatt, sa courageuse résistance aux troupes indisciplinées de Gustave-Adolphe, celles-ci, ivres de vengeance, se ruèrent comme un torrent sur la Bavière, répandant partout la mort et l'incendie. Des domestiques du couvent, mécontents des moines, attirèrent ces hordes dans le vallon ignoré d'Ettal. Tous les religieux avaient fui, à l'exception du père Hess et d'un simple frère. D'abord les Suédois se contentèrent de la bonne table que leur offrait le frère et des bons vins que leur donnait le père. Mais bientôt leur fanatisme religieux se réveilla de nouveau ; ils voulurent empêcher le prêtre de dire sa messe et ils interdirent au frère l'entrée de l'église. Les deux religieux ne tinrent aucun compte de ces ordres, et, le lendemain, on les arrachait de l'autel devant lequel ils s'étaient agenouillés et on les traînait dans la cour, où ils furent tués à coups de fusil.

D'Ettal à Oberammergau, on en a pour une demi-heure. Le délicieux chemin ! Les prés piqués de fleurs rouges, bleues, jaunes, qu'une fraîche brise alpestre agite comme les flammes de mille petits feux de Bengale, répandent un parfum d'encens. Les montagnes se resserrent, les sapins descendent dans la vallée en noirs bataillons comme pour s'opposer au passage de l'étranger. Tout à coup la route tourne : le soleil couchant que voilaient les hauts pics reparaît, le vallon se remet à sourire sous les vapeurs bleues et diaphanes du soir, on aperçoit un haut clocher aux écailles luisantes comme celles d'un lézard, puis des toits bruns et de larges fenêtres qu'incendient les derniers rayons du soleil.

C'est Oberammergau.

Les omnibus à douze places de la caravane nous rattrapent. Plusieurs pèlerins trop rudement cahotés ont préféré leurs jambes et suivent le véhicule à pied. De ce nombre est le prince Louis, cousin germain du roi et son héritier présomptif.

On entend les *jodels* joyeux des chasseurs de chamois descendre jusque dans la vallée. Le village est plein de bourdonnements; les femmes sont sur le pas des portes avec leurs bambins; les hommes vont et viennent d'un pas affairé. On entend une fanfare dans le lointain. Qu'est-ce? Les préludes de la représentation de demain. L'orchestre d'Oberammergau donne un concert sur la place, mais nous n'avons pas le temps d'y assister. Les auberges regorgent, il faut chercher un gîte.

— Venez chez moi, nous crie une brave commère qui devine notre embarras.

Mais il n'y a qu'un lit; mon confrère du *Journal de Paris* s'en va frapper à la maison voisine. Ce sont de pauvres gens, la chambre est de triste apparence :

— Raison de plus pour que je reste, me dit-il.

## II

Une chambre d'Oberammergau. — La sculpture sur bois. — La légende napoléonienne dans l'Allemagne du Sud. — La cuvette de Pilate. — L'Église. — La représentation de *l'École de la Croix*.

Je vous ai raconté notre arrivée d'hier soir à Oberammergau. Ce matin, je me suis réveillé dans une jolie chambre toute blanche, aux chaises en bois blanc et à la boiserie blanche; à travers les rideaux de mousseline neigeuse, un rayon de soleil jouait au milieu des fleurs et des oiseaux, artistement brodés. Je me suis aperçu, en me levant, qu'on m'avait fait coucher dans le lit de noce de la famille; — un lit dont le bois est orné de peintures pieuses. Une sainte Vierge, rose et candide, apparaît au milieu d'une myriade de petits anges, avec son poupon Jésus qui sourit. Au-dessous, on lit la date du mariage des maîtres de la maison, avec leurs initiales poétiquement enguirlandées. Aux murs de la chambre, des christs sculptés, et une gravure de la *Cène* de Léonard. Près de la fenêtre, un piano et un canapé, puis une petite table recouverte d'un tapis, avec un encrier monumental en bois blanc, représentant des chamois qui boivent à une source et des chasseurs qui escaladent une cime. Une armoire vitrée complète l'ameublement de cette chambre peu rustique. Cette armoire renferme tout un bazar. L'industrie d'Oberammergau y est représentée par des vases et des bouquets de fleurs sculptés, par des casse-noisettes qui affectent la figure grimaçante d'un kobold ou d'un gnome, par de gentils moutons obéissant à la houlette de leur berger, par des vierges-Maries, des bustes de Schiller et de Goëthe et par des statuettes de Napoléon ; l'homme à la redingote grise et au petit chapeau est d'une ressemblance parfaite, et d'un débit qui se soutient, malgré la faillite politique du neveu.

On est frappé, en parcourant l'Allemagne du Sud, de voir combien est resté vivace le souvenir de Napoléon I*r*. Les histoires populaires qui se vendent le plus sont des histoires dont le vainqueur d'Austerlitz est le héros. C'est lui qui dote les filles pauvres, qui secourt les veuves et qui arrache des prisons les malheureuses victimes de la tyrannie ou de l'injustice. On raconte qu'en 1805, les recruteurs qui parcouraient les villages de la Bavière, n'avaient qu'à exhiber le portrait de l'empereur, costumé en soldat, pour que tout le monde voulût servir « un roi qui prenait lui-même part aux batailles. »

Toute cette contrée montagneuse de la Haute-Bavière vit de la sculpture sur bois. Si j'en juge par la maison dans laquelle je loge, cette industrie est assez lucrative et enrichit ceux qui la pratiquent. La chambre que j'ai louée à Munich, et qui me coûte un florin par jour, n'est qu'un taudis en comparaison de la chambre de « paysan » où j'écris ces lignes.

J'ai ouvert la fenêtre, qui est une de ces coquettes fenêtres italiennes, entourées de fleurs peintes à fresques, et j'ai regardé les maisons, la route et les montagnes.

Les maisons ont l'air heureux et réjoui, sous leur toit aux vastes ailes recourbées. Leur façade est enluminée de scènes bibliques et de sujets tirés du Nouveau-Testament. Là, c'est le passage de la mer Rouge ; plus loin, c'est la fuite en Égypte. On peut apprendre l'histoire sainte en se promenant dans le village.

Sur la route, grande animation. C'est une course au

clocher de cavaliers et de voitures, et un bruit assourdissant de grelots et de coups de fouet. Tous les véhicules de la Bavière défilent sous mes yeux : voici le cabriolet qui cabriole affreusement dans ces chemins de montagne ; voici la lourde tapissière, arche de Noé posée sur quatre roues et traînée par trois chevaux robustes ; puis c'est le char-à-bancs, le char dit à échelles, et enfin l'omnibus, ce cul-de-jatte des véhicules, cette tortue des villes.

Les montagnes, à cette heure matinale, semblent couvertes d'un tapis de velours vert. On se repose la vue et on se rafraîchit en les regardant.

Comme je m'oubliais dans le spectacle qu'on a de ma fenêtre, mon compagnon de voyage vint à moi à travers le verger qui sépare mon logis du sien.

— Mes hôtes m'envoient chez vous, me crie-t-il ; ils ont cassé leur unique cuvette, et ils me disent que vous devez en avoir deux, attendu que vous êtes descendu dans la maison de Ponce-Pilate.

J'avais, en effet, deux cuvettes : l'une en porcelaine, l'autre en étain. J'offris cette dernière à mon compagnon en lui disant : « Lavez-vous, mon ami ; lavez-vous dans la cuvette du juste. »

Et il se lava aussi solennellement que Pilate devant le peuple de Jérusalem.

Après cette cérémonie, nous allâmes à l'église. La grand'messe se célèbre avant la représentation. L'église d'Oberammergau nous a déçus. Nous nous attendions à un magnifique sanctuaire gothique : nous n'avons trouvé que des murs badigeonnés et illustrés de peintures grossières. La Renaissance n'a pas eu la main heureuse dans ces montagnes. Elle n'a pas fait de l'art, mais de la caricature.

Le théâtre est à cinq minutes de l'église, à l'extrémité nord du village. Il est construit en bois et disposé en amphithéâtre. On a ébranché les hauts peupliers qui l'entourent pour que le babil des feuilles avec le vent de la montagne n'empêchât pas les acteurs de s'entendre. Les places sont si habilement distribuées, que, même des dernières, on peut embrasser toute la scène. L'orchestre est placé dans un enfoncement, de sorte que rien ne distrait le regard.

A la vue de ces milliers de spectateurs accourus de tous les pays, de ces ouvriers des villes voisines, de ces paysans bavarois, de ces montagnards qui ont marché toute la nuit et qui remplissent les tribunes, on comprend que le peuple aime tout ce qui est grand, et qu'il y a chez lui des aspirations vraiment hautes. Il ne s'agit que de lui ouvrir la voie. Il va alors tout seul. Le peuple n'est pas rebelle aux saintes émotions; tout ce qui est noble, généreux, héroïque, fait vibrer les fibres de son cœur.

Mais voilà assez de considérations morales et philosophiques. Les violons jouent un morceau de musique sacrée : c'est l'ouverture.

Le chœur arrive, se range devant la toile, qui représente une vue de Jérusalem et il chante une espèce de cantate en l'honneur de la Croix et de ceux qui la suivent, puis il se retire, et la toile se lève.

On voit, sur un rocher, la croix du Calvaire, victorieusement arborée. Tout un peuple en prière l'entoure. Des enfants l'embrassent; des femmes, des vieillards lèvent leurs mains vers elle. C'est un tableau d'un grand effet. Soudain, ces statues s'animent, des voix admirables sortent de toutes ces bouches en extase, un psaume de douleur et d'espérance monte de la terre au ciel.

Mais nous ne sommes qu'au prologue.

La toile s'est de nouveau baissée, et le chœur est revenu; le canon, qui remplit les fonctions de régisseur, tonne, et la toile se relève sur le paysage biblique du commencement du monde. Des moutons paissent sur les collines; Adam et Ève, qui se rencontrent au sortir d'une forêt, s'entretiennent de leurs enfants. Caïn leur donne de graves soucis ; ils se demandent comment ils pourront étouffer les germes mauvais qu'ils ont découverts dans son cœur. Sur ces entrefaites, les deux frères reviennent des champs ; Abel, plein de bonté et d'innocence, s'émeut de l'air de tristesse de Caïn et cherche à dissiper les pensées qui assombrissent son front. Caïn et Abel annoncent à Adam et à Ève qu'ils vont sur la colline offrir un sacrifice au Seigneur. Ils partent ; des nuages noirs roulent à l'horizon, la foudre gronde. Ève, inquiète, court à la recherche de son fils. Mais elle rencontre Caïn couvert de sang : « Où est Abel ? » L'assassin ne répond pas et prend la fuite. La pauvre mère a tout compris ; elle tombe anéantie sur le sol.

Le chœur revient se ranger devant la toile baissée et celle-ci se relève bientôt sur le tableau plastique de la Passion, qui correspond à l'épisode de l'Ancien-Testament joué dramatiquement. Nous voyons les prêtres et les pharisiens et au milieu d'eux Judas qui livre Jésus pour trente deniers.

L'action nous transporte ensuite devant l'autel que le grand prêtre Melchisédech a dressé dans le désert. Des guerriers casqués, drapés dans des manteaux rouges, armés de hallebardes, accompagnent le roi Saül. On dirait qu'ils sortent des toiles d'Albert Dürer et de Hans Holbein. Le sacrifice commence ; le grand prêtre, de sa voix solennelle et puissante, implore la bénédiction du ciel. Les guerriers répondent par une prière chantée en chœur, comme jamais opéra n'en a entendu. L'encens parfume l'air ; Melchisédech présente la coupe à chaque chef, puis il bénit Abraham.

Le tableau plastique qui correspond à cette scène grandiose est la représentation fidèle de la Cène de Léonard de Vinci. Il semble qu'on a devant soi cette fresque merveilleuse et qu'une baguette magique en a animé tous les personnages.

La troisième partie nous conduit dans le voisinage de la maison d'Abraham. Le patriarche est assis avec son fils sur un tertre, le ciel s'éclaire tout à coup d'une lumière radieuse. Un ange apparaît à Abraham et lui commande de sacrifier son enfant au Seigneur. Abraham, qui porte un costume arabe des plus authentiques, s'en va chez Sarah lui communiquer la volonté de Dieu. Sarah, en mère chrétienne, répond qu'il faut obéir ; son cœur est plein de sanglots et des larmes mouillent ses beaux yeux noirs. Le père et le fils partent, mais bientôt des bergers accourent rassurer la mère désolée : Abraham n'a sacrifié qu'un bélier.

Après que le chœur a chanté, la toile se lève sur le jardin des Oliviers. Jésus, comme Abraham, obéit à la volonté de son père et reçoit le calice de douleurs. Dans le fond, on voit les apôtres drapés à la manière du Titien ; ils portent des lanternes vénitiennes attachées à des bâtons. La figure du Christ est d'une beauté toute divine. On y reconnaît trait pour trait le signalement du Nazaréen retrouvé à Rome.

La crucifixion correspond au sacrifice d'Abraham. Nous voilà au pied de la croix, sur la tragique montagne, avec Marie, avec les apôtres, avec les bourreaux de Jésus. Les deux larrons se tordent dans les angoisses de la mort. Rien de plus poignant que ce tableau ; les spectateurs retiennent leur souffle ; des larmes muettes roulent dans leurs yeux. Le grand acteur Devrient, — le Talma allemand, — écrivait en 1850, au sujet de cette partie du spectacle : « Cette croix avec cet homme vivant reste pour jamais gravée dans la mémoire ; la physionomie du Christ est vraiment belle ; ces bras tendus et sanglants, cette tête inclinée, tout cela excite une profonde émotion. L'art dramatique, ainsi compris, est assez puissant pour nous reporter 1800 ans en arrière, à Jérusalem, et pour nous mettre en communication directe de sentiments avec les personnages groupés auprès de la croix : Marie assistée des saintes femmes, saint Jean la face contre terre et les mains jointes, Marie-Madeleine à genoux, les cheveux en désordre, la tête appuyée contre la croix. Quel effet produit par le divin crucifié ! Le dernier adieu envoyé à sa mère, le dernier affaissement de la tête, quelle scène attendrissante !... »

La partie finale nous transporte en Égypte. Nous assistons à l'élévation de Joseph. Il revient dans le pays de Chanaan, chercher Jacob pour l'emmener, avec tous ses frères, dans la terre bénie d'Égypte.

Après cette scène jouée, le tableau plastique de la résurrection de Jésus. Le Christ, enveloppé d'un suaire d'argent, est debout sur le tombeau, foulant aux pieds la mort. Les saintes femmes sont à genoux, en prière.

Telle est rapidement esquissée, au courant de la plume, la représentation de « l'Ecole de la Croix. » Dans le « Jeu de la Passion, » les épisodes de la vie de Jésus sont traités dans un dialogue dramatique, et les scènes de l'Ancien-Testament servent de tableaux, tandis qu'ici c'est exactement le contraire.

Il me reste maintenant à vous dire l'origine de ces représentations. A défaut d'autres documents, je vous transcris la vieille chronique conservée aux archives d'Oberammergau :

« Pour lors, dit la chronique, il y avait un homme d'ici s'appelant Caspar Schueler, à Eschenlohe, faucheur. Iceluy avait dit en soi-même qu'il voulait s'en retourner au pays dans la nuit d'avant la fête, pour voir une fois ce que faisaient sa femme et ses enfants. Si que il tourna à la montagne et entra par où il n'y avait point de garde, sa maison étant tout à proximité de la barrière. Aussi, déjà au lundi, il ne fut plus qu'un cadavre, à cause qu'il avait emporté avec soi un germe de peste. Et alors, du même lundi jusqu'à la Saint-Simon et Judas, en l'espace donc de trente-trois jours, sont mortes quatre-vingt-quatre personnes. En si piteux cas s'assemblèrent de la commune six femmes et douze hommes qui firent le vœu de jouer la tragédie de la Passion tous les dix ans, et dès ce temps oncques personne n'est plus mort, encore que d'aucuns eussent conservé des symptômes de cette maladie. »

Le « Jeu de la Passion » a été longtemps interdit par le gouvernement de Munich qui, en 1810, traitait ces représentations « d'indécentes. »

Lors de l'avénement du roi Maximilien, cette interdiction fut levée, et l'affluence des spectateurs fut si grande que l'on construisit un théâtre spécial sur la place dite de la Passion.

La représentation avait lieu autrefois dans le cimetière. En 1840, le roi et la reine de Saxe assistèrent au « Jeu de la Passion. » En 1860, Maximilien II y conduisit la reine Marie et le roi actuel. Louis s'est depuis lors particulièrement intéressé aux acteurs d'Oberammergau : il leur a envoyé des costumes neufs, et il vient de leur faire présent de ce groupe colossal de la crucifixion, exécuté par un des premiers sculpteurs de Munich et qui est en ce moment en route pour Oberammergau.

En 1870, la guerre interrompit les représentations, qui furent reprises en 1871. Les habitants d'Oberammergau demandèrent au roi que M. Mair, qui représente le Christ, ne fût pas incorporé dans l'armée et « obligé de couper sa longue chevelure. » Par un ordre spécial de Sa Majesté, on l'attacha à un bureau de l'administration militaire de Munich.

On a de la peine à quitter ces braves gens ; nous sommes restés encore une journée au milieu d'eux. A notre départ, le village avait repris sa physionomie accoutumée ; sur le seuil des maisons, les femmes peinturluraient de petits éléphants de bois à la trompe retroussée, des lions rugissants, des chèvres cabriolantes, des ânes, des rois mages, des tyroliens, etc., des petits garçons les rangeaient sur une planche pour les faire sécher au soleil ; à travers les fenêtres ouvertes, on apercevait les hommes assis devant une table et qui sculptaient des têtes de Christ, des cœurs de Marie transpercés d'épées, de jolies ailes de Saint-Esprit toutes blanches avec un liseré bleu, des bras et des pieds d'évangélistes. L'adresse de ces montagnards est prodigieuse.

Je n'ai jamais vu figurines de bois aussi vivantes, aussi artistement travaillées. Et tout cela est d'un bon marché fabuleux : la douzaine d'animaux proprement coloriés et collés sur des planchettes coûte quatre-vingts centimes !

J'ai reconnu les principaux acteurs de *l'École de la Passion* : Adam et Ève, Caïn et Abel, saint Pierre et Judas ; ils taillaient des blocs de bois ; Abraham, qui se connaît en chèvres, sculptait un chamois s'élançant d'une pointe de rocher. Sarah était à la fontaine du village, et mon propriétaire, Ponce-Pilate, épicier de son état, vendait du café. Ne vous imaginez pas cependant que, dans le commerce habituel de la vie, les gens d'Oberammergau se donnent entre eux les noms qu'ils portent sur la scène. Si quelqu'un s'avisait d'aborder, par exemple, M. Mair, qui joue si admirablement le rôle du Christ, en lui disant : « Eh bien ! comment va la vache à Notre-Seigneur ? » il est certain qu'il serait lapidé.

Cette population est honnête et profondément religieuse ; ceux qui sont choisis pour figurer dans le drame de la Passion s'y préparent comme à un acte religieux. M. Mair mortifie sa chair ; il jeûne, il fréquente assidûment les sacrements ; il ne monterait pas sur la scène d'Oberammergau sans avoir communié.

C'est ainsi que ces simples paysans, qui n'ont jamais vu un véritable théâtre de leur vie, surpassent en naturel et en touchante émotion les acteurs les plus consommés. Je ne saurais trop le dire, on revient émerveillé d'Oberammergau. Des banquiers israélites, qui assistaient avec nous à la représentation de dimanche partageaient ouvertement l'admiration générale.

# TROISIÈME PARTIE

HAMBOURG. — BREME. — WILLHEMSHAVEN ESSEN.

---

## I

La prison du trésor de guerre à Spandau. — Hambourg. — Sa réputation gastronomique. — La place du marché. — Le port. — Les quais. — Fêtes hambourgeoises.

De Berlin [1] aux environs de Hambourg, c'est encore la plaine stérile, la grande sablonnière, comme de Dresde à Berlin. Le voyageur avisé prend le train de nuit : la mélancolique clarté des étoiles convient mieux que les fêtes du soleil à l'austère tristesse du paysage. Cette terre recouverte de sable est un cadavre, et ces pins noirs et rabougris, qu'on aperçoit de distance en distance, ressemblent à des êtres chétifs en prière sur un tombeau.

A Spandau, j'ai mis la tête à la portière, attiré par les sons d'une musique de cuivre : des soldats dansaient dans un jardin-brasserie tout illumidé de lanternes vénitiennes.

Spandau est non-seulement une forteresse, un pénitencier, une fonderie de canons (on y fond 20 pièces par

---

(1) Voir la description de Berlin dans le premier volume : *Voyage au Pays des Milliards.*

jour [1], mais c'est encore la « prison », comme disent les Allemands, du trésor impérial de guerre.

Le train s'arrête presque en face de la citadelle ; construite au milieu d'une île, elle surgit de la rivière avec ses hautes murailles sombres et ses ponts-levis fantastiques.

Du côté du sud-ouest, au-dessus des murs de revêtement du bastion du Roi, s'élève une tour en briques, fort bien conservée, et qui rappelle les plus anciennes constructions de la Marche de Brandebourg. On lui a donné le nom de *Juliusthurm*, tour de Jules ; la tradition rapporte que Jules César en fut le constructeur. Au moyen âge, elle protégea la ville contre les incursions des chevaliers pillards, — les uhlans de l'époque.

Quand l'aigle des Hohenzollern prit son vol vers le nord, il choisit pour son aire la tour de Jules, qui depuis n'a pas changé de destination : l'or qu'elle renferme aujourd'hui est encore une proie.

Le prince-électeur Joachim érigea la citadelle ; mais dès que les murs furent achevés, il s'aperçut que, du haut de la tour Saint-Nicolas, on voyait tout ce qui s'y passait. Comme la ville n'était pas fortifiée, et que l'ennemi pouvait s'emparer de l'église, il résolut de s'assurer sur-le-champ si son artillerie était capable de le déloger. Il fit braquer ses plus lourdes pièces sur la tour Saint-Nicolas et commença un effroyable bombardement. Les boulets enfonçaient les toits des maisons, et les bourgeois épouvantés vinrent en toute hâte supplier le bon électeur d'épargner le reste de la ville. Les chroniqueurs

---

[1] Les ateliers militaires de Spandau occupent en ce moment 4,690 ouvriers, dont 1,800 travaillent dans les ateliers d'artillerie, 1,100 dans la fabrique d'armes, 610 dans le laboratoire des artifices, 600 dans la fonderie de canons, 210 dans la fabrique de munitions, 200 dans le dépôt d'artillerie, 160 dans la fabrique de poudre et 10 dans l'usine à gaz.

rapportent, à l'honneur du prince, qu'il suspendit le feu et ordonna de brûler la citadelle. Celle-ci ne fut terminée que trente-quatre ans plus tard, en 1594.

L'histoire de la tour de Jules fut désormais liée à celle de la citadelle. La garnison française qui occupait Spandau en 1813 s'y défendit avec succès contre le corps prussien qui l'assiégeait. Le bombardement de la citadelle commença le 17 avril après midi; le feu se déclara sur plusieurs points. Le 18, une explosion formidable ébranla toute la ville; le drapeau tricolore qui flottait sur la tour de Jules était en feu : la poudrière avait sauté.

La tour fut réduite en cendres. Ce ne fut qu'en 1842 qu'on essaya de relever ce monument historique. Les voûtes de ses salles sont maintenant à l'abri de l'incendie et les portes sont toutes en fer. Les murs ont neuf pieds d'épaisseur. Les 40 millions de thalers qui composent le trésor de guerre y sont bien à l'abri.

Avant qu'on les transportât ici, ces 40 millions, prélevés sur les cinq milliards, étaient gardés dans les caveaux du château de Berlin.

La parole attribuée au prince Eugène de Savoie : « Pour faire la guerre, il faut de l'argent, encore de l'argent et toujours de l'argent », n'a jamais été plus vraie que de nos jours. M. de Bismarck et M. de Moltke en reconnaissent toute la profondeur. Ces deux hommes, dont toute la science est de savoir prévoir, ont bien pris leurs précautions.

L'armée allemande en campagne coûte un million et demi par jour; il faut plus de 30 millions pour la première organisation, l'achat des chevaux, du matériel de transport, etc. La Prusse, afin d'avoir en tout temps cet argent sous la main, a fondé le « trésor de la guerre ».

De nos jours, la guerre est moins une question de tactique savante et de bravoure qu'une question de temps. Arriver le premier, avec des forces supérieures, prendre l'offensive, culbuter l'ennemi encore occupé de ses préparatifs, débuter par une victoire, tel est le plan de tout général d'armée habile. Tel a été celui de M. de Moltke en 1866 et 1870. On sait combien il a réussi : après Sadowa, l'Autriche fut incapable de continuer la lutte ; après Wœrth, ce fut la panique, la déroute.

Pour arriver rapidement à cette mobilisation générale, la première condition est d'avoir de l'argent. On ne peut mettre, en quelques jours, un million d'hommes en campagne, qu'en s'appuyant sur des coffres-forts bien garnis.

En 1870, le trésor royal servit à hâter les préparatifs des États du Sud ; sans les ressources de ce trésor, la mobilisation des troupes allemandes n'eût été ni si prompte ni si complète.

L'or entassé au fond de la tour de Jules n'est pas un capital absolument mort pour le commerce et l'industrie ; il doit empêcher, au début de la prochaine guerre, la dépréciation du papier. En 1870, la Prusse perdit jusqu'à 12 0/0 sur le change, et son premier emprunt ne réussit pas.

En créant une réserve métallique suffisante pour conduire leurs premières opérations, M. de Bismarck et M. de Moltke ont encore eu une autre pensée : ils veulent pouvoir, au besoin, mobiliser l'armée et la mettre en campagne, en se passant de l'approbation d'un Parlement qui refuserait de voter les ressources financières nécessaires.

« Dans un avenir peu éloigné, dit un écrivain militaire prussien, nous n'aurons qu'*une semaine d'avance* sur les Français pour la mobilisation de nos troupes [1] et s'il fal-

---

[1] Voici, d'après un journal militaire autrichien, les chiffres de l'effectif des diverses armées européennes, ainsi que l'indication du temps nécessaire pour leur mobilisation et leur transport sur un point de la frontière allemande :

*Armée autrichienne* : Effectif de guerre, 400,000 hommes; durée de la mobilisation, 2 à 3 semaines, durée du transport, 8 à 10 jours. En tout 1 mois.

lait passer encore par les discussions financières du Reichstag, nous perdrions *une partie de nos chances.* »

Mais le train file, et la tour de Jules disparaît à nos yeux comme un de ces châteaux magiques qu'habite le diable, — dans les contes d'Hoffmann.

La locomotive, lancée à grande vitesse, va d'un train d'enfer : il n'y a pas d'accidents à redouter, le pays est plat comme la main. Minuit sonne au moment où nous arrivons à Ludwigslust, résidence d'automne du grand-duc de Mecklembourg. Près de là, Théodore Kœrner, le poëte de la guerre de 1813, repose à l'ombre d'un chêne.

L'heure de la rêverie est passée; les cigares s'éteignent, les stores s'abaissent, chacun s'enveloppe dans sa couverture et se recueille pour ne pas effaroucher le sommeil. A Brahlsdorf, nous nous réveillons. L'aube frissonnante et pâle dissipe les dernières ténèbres ; des paysages alpestres, des prairies étincelantes de rosée, une nature jeune, gracieuse, sourit à nos regards enchantés. Nous apercevons de magnifiques châteaux, et dans de belles forêts nuancées à l'infini, que nous longeons par intervalles, retentissent tous les vagues bruits de l'aurore. La contrée est giboyeuse et fertile ; nous nous rapprochons de l'Elbe, qui répand la fécondité et l'abondance dans les

---

*Armée russe* : Effectif de guerre, 665,000 hommes ; durée de la mobilisation, 4 à 5 semaines, durée du transport, 7 semaines. En tout, 3 mois.

*Armée française* : Effectif de guerre, 765,000 hommes ; durée de la mobilisation, 2 à 3 semaines ; durée du transport, 8 à 10 jours. En tout, 1 mois.

*Armée italienne* : Effectif de guerre, 256,000 hommes ; durée de la mobilisation, 3 à 4 semaines ; durée du transport, 7 à 8 jours. En tot, 4 semaines.

*Armée allemande* : Effectif de guerre, 586,000 hommes; durée de la mobilisation, 1 semaine ; durée du transport, 1 semaine. En tout, 15 jours. Avec les troupes des dépôts et la réserve, l'Allemagne peut mettre 1,142,593 hommes sur pied. En France, 1,140,000.

pays qu'elle arrose. Dans une heure, nous serons à Hambourg. C'est une vaillante et brave population que cette population du Mecklembourg, fidèle à son passé, fidèle à sa foi. Quand les hommes se rencontrent, ils se saluent encore par ces mots : « Que Dieu t'aie en sa sainte garde ! » et leurs réjouissances sont restées des fêtes religieuses. Sobres, actifs, les Mecklembourgeois jouissent d'une honnête aisance. Ils ont commencé par être fermiers ; aujourd'hui les voilà propriétaires, et s'ils regrettent quelque chose, c'est leur indépendance, du temps où leur duché était gouverné par un prince qui n'avait que quatre soldats et un caporal.

Nous arrivons à Hambourg assez tôt pour surprendre l'ancienne ville libre dans son négligé du matin : des servantes d'une jolie tournure, avec une crête de dentelles sur la tête, en jupon court et en petits sabots, enlèvent les volets des magasins, qui montrent dans leur devanture des entassements de cigares, de longues rangées de bouteilles, des guirlandes de saucisses et de jambons ; les laitiers arrivent avec leurs seaux de fer, peints en rouge, et suspendus à une espèce de bât placé sur leurs épaules ; des ouvriers, groupés devant la porte des fabriques, attendent qu'on leur ouvre ; les armateurs, prévenus de l'arrivée d'un de leurs navires, se dirigent à pas accélérés vers le port ; les omnibus ne roulent pas encore, mais les lourds camions commencent déjà de circuler.

« La réputation de Hambourg, comme ville d'affaires et ville de plaisirs, n'est plus à établir, écrivait l'an dernier Frédéric Kohn, qui connaît son Hambourg sur le bout de sa fourchette. L'immense richesse des seigneurs marchands de la cité hanséatique est proverbiale. Dans toute l'Allemagne du Nord, le bon bourgeois, père d'une demi-douzaine d'enfants, ne peut se défendre d'un sourire quand se reportant aux souvenirs de jeunesse entre deux bâillements, il se rappelle les séductions de l'avenue de Saint-

Pauli, où le jour commence à dix heures du soir et finit à l'aurore, où onze théâtres sollicitent la curiosité du passant, où des rossignols à la voix très-éraillée, mais de mœurs très-apprivoisées, débitent dans des « salons » le chapelet de romances sentimentales, de chansonnettes grivoises et d'ordures qui forment le répertoire des *tingel-tangl* (cafés-concerts), et viennent entre deux airs puiser des forces et de la voix dans les verres des consommateurs. La cuisine hambourgeoise est, de la part des Allemands du Nord, l'objet d'un culte particulier, et elle mérite pleinement cet honneur; pour peu que l'on aime à faire un dieu de son ventre, on comprendra que les Berlinois ou les Saxons viennent à Hambourg en pèlerinage gastronomique, uniquement pour se garnir la panse et boire du Champagne, du vin de Bordeaux et du vin du Rhin, qui, jusqu'à présent, n'était pas frelaté. Hambourg est resté port franc. Les vins y sont transportés par eau et comme lest, c'est-à-dire pour rien. De là la possibilité de vendre des vins de France bien meilleur marché qu'à Paris, où les impôts sont si élevés et où les grandes compagnies fixent souverainement le prix des transports. Il y a quatre ans, immédiatement après la guerre, on payait 80 centimes une bouteille de vieux Bordeaux qui, à Paris, aurait coûté plus du double. Aujourd'hui les prix ont haussé de 50 ou même de 100 0/0 ; pourtant il n'y a pas d'octroi, et moyennant une somme fixe qu'elle paye à la Prusse, la ville libre est exonérée des impôts de tête, de consommation et autres. »

Et Henri Heine s'écriait il y a quinze ans : « Oui, Hambourg est la meilleure des républiques ; les mœurs y sont anglaises, mais la cuisine y est délicieuse. Il y a entre le *Wandrahm* et le *Dreckwall* des plats dont nos philosophes ne se doutent pas. »

Après avoir fait un copieux déjeuner, qui me confirme dans les opinions que je viens de citer, j'ai été me promener au hasard, en vrai badaud, comme un membre du Reichstag en vacances.

Je connais bien peu de villes qui aient une physionomie aussi originale et aussi pittoresque que Hambourg. C'est un mélange de maisons neuves et de vieilles maisons gothiques, de façades ornées de statues et de pignons dentelés ; c'est un fouillis, un enchevêtrement de rues et de ruelles, coupées de canaux, reliées par des ponts de bois ou de fer. Cela ressemble à une Venise manquée, mais à une Venise qui, à défaut d'édifices et de monuments, est pleine d'activité et de bruit. Tout palpite et s'agite, tout remue et bourdonne dans ces rues et sur ces canaux qui se croisent, s'entrecroisent, sans ordre, sans symétrie, qui courent selon leur caprice, avec une entière indépendance, et qui sont comme l'expression des libertés que possédait autrefois la ville.

En descendant devant moi, je suis arrivé sur la place du Marché. A cette heure matinale, le coup d'œil était fort curieux. Autour de la halle se tiennent les marchandes de légumes, les Vierlandaises (*Vierländerin*) avec leur coiffure aux grandes ailes noires, leur corsage brodé d'or et d'argent, leur robe courte qui descend à peine jusqu'aux genoux, et brille de toutes les couleurs de l'arc-en-ciel, leurs bas de laine tricolores. Le costume de fête d'une Vierlandaise est un meuble de famille ; il ne coûte pas moins de deux cents thalers, et de la mère il passe à la fille.

Peu de cités sont aussi bien approvisionnées que Hambourg. La mer du Nord y envoie ses huîtres et ses homards; l'Elbe, ses anguilles et ses saumons; le Holstein, ses bœufs ; le Lauenbourg, son gibier ; la Westphalie, ses jambons. Le commerce maritime fournit de première main le caviar, les tortues, les fruits les plus exquis de France et d'Italie, et les navires, retour des Indes, y apportent même des nids d'hirondelles, de fabrication chinoise authentique.

Au pied du pont, que l'on traverse en quittant la place du Marché, est amarrée une flottille de barques arrivées dès l'aube, avec la marée montante, et chargées de provisions de toutes sortes. Bien que 18 milles séparent Hambourg de la mer, la marée se fait sentir jusqu'à 2 milles en amont du port; quand la marée est trop forte, elle envahit la ville basse et oblige les habitants des rez-de-chaussée à se réfugier aux étages supérieurs. Des coups de canon annoncent en ces occasions que le moment de fuir est venu, et l'on voit une quantité de petits canots accourir pour sauver les mobiliers en danger.

J'ai erré dans un dédale de rues sombres et étroites, encombrées de camions, de caisses, de tonneaux; la vie commerciale est concentrée dans ces vieux quartiers; les maisons qui bordent le canal reçoivent, par leur porte sur l'eau, les cargaisons qui leur arrivent de toutes les parties du monde. Je ne connais le nom d'aucune de ces rues, mais je m'y retrouverais en me laissant guider par l'odorat; il y a telle rue qui sent la vanille, telle autre la cannelle, le gingembre, les épices fines. Il semble que l'on passe successivement dans l'atmosphère des diverses zones terrestres.

L'odeur du goudron vous avertit du voisinage du port.

Le port de Hambourg est encore d'une simplicité primitive. A mesure que les navires arrivent, ils s'échelonnent le long des bords du fleuve et forment comme une longue rue. On dirait une ville flottante. On voit des navires de toutes formes, de toutes nationalités; le vent agite dans les mâtures les pavillons d'Angleterre, de France, de Hollande; à côté du croissant turc brillent les étoiles des États-Unis; et, au-dessous de l'aigle russe, le dragon chinois ouvre comme pour se défendre, une gueule enflammée.

De grandes barques aux voiles rouges font le service d'estafettes, de commissionnaires et de portefaix. Elles vont et viennent, elles passent et se croisent avec une hâte réglée ; elles prennent des ordres, apportent des nouvelles, ou des provisions à ceux qui restent à bord.

Une promenade à travers le port, dans un de ces bateaux plats que les bateliers de Hambourg manœuvrent avec l'habileté des gondoliers de Venise, et qu'ils appellent des yoles, n'est pas sans charmes, mais je préfère flâner librement le long des quais où la variété des costumes ne le cède qu'à la diversité des enseignes.

Voici des matelots chinois, aux yeux écarquillés, dont la queue est ramassée sous leur petit chapeau ; voici des Espagnols qui fument la cigarette, et qui crient et gesticulent comme des gens qui se querellent.

Des marchands ambulants viennent offrir aux étrangers des coquillages, des branches de corail, des noix de coco, des éventails chinois, et aux marins des miroirs, des brosses, des porte-cigares et des tabatières. Quand on s'arrête près de la charmille d'un restaurant, un perroquet vous lance une apostrophe malsonnante, ou un singe essaie de s'emparer de votre chapeau.

On est en plein caravansérail, au rendez-vous des nations. Étrange musique que celle de tous ces idiomes qui bourdonnent autour de vous comme une migration d'insectes ! Partout les tables empiètent sur la rue. Là, c'est l'*Acienda de Barbaro ;* ici, sur une fenêtre, on voit ces mots peints en jaune : *Beefsteak-Punch-Gin.* Plus loin c'est une cave, surmontée d'une énorme grappe dorée, avec un Bacchus à cheval qui semble vider une coupe à la santé des passants. Puis ce sont des boutiques de vulgaire mercerie, peignes, bretelles, miroirs, à vingt sous la grosse, sirops, savon; des fabriques de liqueurs et de conserves, et des magasins d'ancres, de cordages, d'armes et d'habillements. Le soir, quand le soleil est couché et que le fleuve s'endort, ces tabagies, ces tavernes, ces caves, ces *aciendas,* et ces *caffeehouse* se remplissent de bruit, de musique et de chansons. Les sommelières ont fait leur toilette de belles de nuit, elles apparaissent en robes décolletées, et se proposent elles-mêmes aux consommateurs. Eh bien! malgré les passions qui s'allument dans ces tavernes, autour des femmes et des tables de jeu, malgré toutes ces antipathies de races qui se coudoient, les crimes sont aussi rares à Hambourg qu'ils sont fréquents à Berlin. On peut à toute heure de la nuit circuler sur les quais avec une entière sécurité. Dans la capitale impériale, passé minuit, il est dangereux de se promener même sous les *Tilleuls*.

Hambourg vaut mieux que sa réputation. Dans l'Allemagne du Sud, on croit qu'on y enlève encore les enfants, parce que, au commencement du siècle, il est arrivé qu'on en a enfermé quelques-uns dans des tonneaux pour les transporter en Amérique et les vendre comme esclaves.

Du reste, sous ses dehors de bonhomie, la police de Hambourg est d'une vigilance extrême. Personne ne s'embarque sans être en règle avec elle. Il n'y a que les amoureux à l'esprit inventif qui lui échappent ; il est vrai qu'ils ne vont que jusqu'à l'île d'Helgoland ; les pêcheurs les cachent au fond de leurs barques sous des gerbes de paille, et, quand ils sont dûment mariés sous l'égide de la loi anglaise, ils rentrent triomphalement à Hambourg, au nez du beau-père, qu'ils trouvent souvent montant encore la garde devant l'embarcadère.

Le port de Hambourg peut contenir quatre à cinq cents navires ; il est divisé en trois parties ; les docks se trouvent du côté de la gare, et les chantiers en face de Saint-Pauli, sur la rade de Steinwærder. Un petit vapeur qui fait le service entre les deux rives m'y a conduit. Trois vaisseaux sont en construction.

Le lancement d'un navire est l'occasion d'une joyeuse fête. L'armateur, avec sa famille et ses invités, monte sur le pont, où un luxueux déjeuner est servi. La musique joue, et l'on fait largesse aux matelots et aux mariniers. L'armateur s'avance à la poupe et prononce un *speech* de circonstance ; puis la plus jolie jeune fille, — souvent la fille de l'armateur lui-même, baptise le navire en arrosant le pont d'une bouteille de vin du Rhin. Le canon tonne, on lève les écluses du bassin, l'eau s'y précipite en bouillonnant, les derniers étais tombent, on coupe le câble, et le vaisseau glisse dans sa raînure et au milieu des hourras de la foule va majestueusement prendre possession de la mer. L'armateur retourne chez lui, avec ses invités, dans une chaloupe pavoisée : et l'on soupe et l'on danse jusqu'au matin.

Hambourg a d'autres fêtes encore ; la plus touchante est la fête des Orphelins. Elle a lieu chaque printemps, au mois de mai. Les petits orphelins parcourent la ville avec des couronnes de fleurs nouvelles et en agitant des rameaux verts. Les bourgeois les attendent au passage, sur le seuil de leur maison, pour leur faire des cadeaux en argent ou en vêtements, et pour leur offrir des gâteaux et des rafraîchissements. La garde bourgeoise, les hanséates, dont les schakos en forme de pyramide sont enguirlandés de verdure, accompagnent le cortége. Les enfants les plus beaux et les plus sages marchent en tête et recueillent dans des bourses fixées à de longues perches les offrandes pour l'Orphelinat. Il arrive souvent que des orphelins attirent l'attention d'époux sans enfants, qui les adoptent, les élèvent, les instruisent et les établissent. La fête se termine par des jeux en plein air.

Hambourg est la ville des congrès. En 1872, il s'y tint un grand congrès d'instituteurs. Un orateur, M. Burgwart, y a soutenu cette thèse singulière que « l'enseignement développe les vices et les crimes dans les populations ». Il s'est appuyé sur des chiffres. « En Wurtemberg, a-t-il dit, la population a augmenté, depuis 20 ans, de 23 pour 100, et le nombre des enfants qui fréquentent les écoles, de 27 pour 100. Or, les poursuites judiciaires se sont accrues de plus de moitié ; d'où vient le mal ? On a sacrifié chez nous l'éducation à l'instruction. »

Les cinq mille instituteurs et institutrices qui se trouvaient réunis à Hambourg n'ont pas voulu se séparer sans envoyer une adresse à M. de Bismarck et à l'empereur, qui ont immédiatement répondu. L'empereur a parlé de former des « générations morales et patriotiques » ; le grand chancelier a envoyé le télégramme suivant : « Je vous remercie pour vos vœux ; vous avez éminemment contribué à nos succès communs, et vous avez droit à la reconnaissance de la patrie. »

Le congrès des instituteurs, réuni en 1874 à Bonn, a formulé la résolution suivante : le système actuel des écoles primaires en Allemagne est défectueux : 1° en ce que le traitement des instituteurs y est insuffisant ; 2° en ce que leur position est trop dépendante ; 3° et en ce que les inspecteurs d'école ne sont pas à la hauteur de leur mission.

Cette année, il y a eu à Hambourg le congrès général des journalistes allemands. Le jardin zoologique de cette ville, qui passe pour le plus vaste du monde, n'a jamais vu tant de *reptiles* qu'à cette époque.

## II

Berlin et Hambourg. — Saint-Pauli. — Inconvénient des caves pour les gens qui engraissent. — La Bourse. — Les Hambourgeois jugés par un Allemand. — Les Prussiens à Hambourg. — Le château de *Friedrichsruhe*. — M. de Bismarck et les chanteurs hambourgeois. — Le jardin zoologique.

De toutes les villes de l'Allemagne du Nord, je n'en connais aucune où le voyageur séjourne plus volontiers qu'à Hambourg. Il y trouve un accueil vraiment sympathique et un intérêt qui se renouvelle sans cesse.

Berlin est froid et monotone ; on y mène la vie de caserne ; on n'y rencontre que des figures menaçantes ou renfrognées. Hambourg est un joyeux chantier où l'ouvrier a bien plus souvent la chanson que le verre aux lèvres. Tout y est plein d'entrain, tout y semble déborder de séve. A Berlin, on reste étranger ; à Hambourg, on se sent comme chez soi, deux heures après qu'on a débarqué. Soyez Français, Anglais ou Italien, vous êtes sûr de retrouver au café ou dans la rue la langue de votre pays. Dans les tavernes, on sert le porter et le rosbeef saignant ; dans les *acienda*, un chocolat exquis, et dans les deux pavillons du bassin de l'Alster, un moka à ressusciter Balzac.

De six heures du matin à huit heures du soir, la ville bourdonne comme une ruche, et le port présente une animation qui semble tenir de la fantasmagorie. Les gros camions vont et viennent, les navires arrivent et partent, des centaines de chaloupes, de barques, de bateaux, de remorqueurs, battent le flot de leurs rames et de leurs roues, et ouvrent au vent une aile blanche ou rouge. C'est une activité si prodigieuse et en même temps si régulière, qu'on dirait que tous ces armateurs, ces commerçants, ces courtiers, ces banquiers, sont mus par une machine à vapeur.

Pour saisir dans son ensemble ce merveilleux tableau, je ne connais pas d'endroit plus propice que le Weizel's Hôtel, dans le faubourg de Saint-Pauli.

Figurez-vous un élégant pavillon sur un monticule vert, avec une terrasse ombragée où l'on déjeune et où l'on dîne en ayant sous les yeux le spectacle grandiose d'un des ports de mer les plus importants et les plus animés du globe. C'est un va-et-vient continuel de navires de toute forme et de toute taille, avec des matelots de tous costumes et de toutes langues : l'Elbe ressemble ici à un bras de mer. Des centaines de chaloupes aux larges voiles goudronnées, d'un rouge sombre, passent, rapides comme une locomotive, entre les vaisseaux qui arrivent et ceux qui partent. A l'horizon, trois ou quatre points noirs indiquent des paquebots; ils approchent, remorqués par des vapeurs, et leurs vergues, leurs antennes, leurs cordages se dessinent sur le ciel comme d'immenses toiles d'araignées. Sur la rive opposée, on voit des chantiers, des docks et plus loin de larges plaines verdoyantes, égayées par quelques clochers pointus qui surgissent d'un groupe de maisons blanches, comme les mâts d'une flotte à l'ancre. Ce fertile pays est le Hanovre. Ses jardiniers alimentent Hambourg de légumes frais et délicats, et ses jardinières, dans leur costume étrange, avec leurs souliers à boucles, leurs bas violets, leur jupe courte et plissée, leur taille recouverte de broderies d'or et leur tête ornée d'une coiffure qui ressemble à un moulin à vent, parfument de leurs corbeilles de roses la ville et les promenades.

Et comme ce quartier de Saint-Pauli est original et pittoresque! C'est le faubourg des matelots; on y trouve des foires permanentes, des cafés-chantants, des jardins-brasseries illuminés de lanternes vénitiennes, des baraques de saltimbanques et des théâtres de marionnettes. Le soir, la vie de la cité tout entière afflue de ce côté. C'est un bruit de musiques et de chocs de verres, un bourdonnement confus et joyeux comme celui d'abeilles qui essaiment. A travers les soupiraux des caves-restaurants, on voit des familles attablées autour d'un buisson d'écrevisses ou d'une sole gigantesque. Plus loin, c'est une salle de danse; l'orchestre vous soulève malgré vous sur les flots de ses harmonies. Puis la rue reprend sa physionomie patriarcale et tranquille; les commères, assises sur des bancs le long des trottoirs, s'entretiennent de leur fils parti l'an dernier pour l'Amérique ou pour les Indes. Trente pas plus loin, la scène change de nouveau, et les heures s'envolent ainsi sans qu'on y songe.

Les caves qui ne servent pas d'entrepôt sont des tavernes, des restaurants, des brasseries, des *tingl-tangl*. L'étranger hésite avant de descendre ces escaliers souterrains. Mais quand il est descendu, il reste émerveillé. Tout est propre, luisant. Une de ces caves est particulièrement célèbre : l'aubergiste y est devenu si gros qu'il se trouve pris comme dans une souricière. Il faudrait démolir la maison pour qu'il pût sortir, et voilà deux ans qu'on délibère.

Hambourg n'est pas riche en monuments. De tous les édifices, la Bourse est le plus imposant et le plus beau. Il est sculpté et fleuri comme une cathédrale gothique. Chaque jour, quatre à cinq mille personnes viennent y apporter leurs offrandes. Il faut regarder, du haut des galeries, ce fourmillement d'hommes, pour avoir une idée des transactions qui se font dans ce temple d'acheteurs et de vendeurs.

Les courtiers hambourgeois n'ont aucune ressemblance

avec les courtiers parisiens. Ils ne crient pas à se décrocher la mâchoire. Chacun d'eux a son genre d'affaires, sa spécialité. Celui-ci se charge du fret des navires, celui-là de la vente de leur cargaison; l'un est courtier en sucres, l'autre en laines ou en tabacs; ils apportent avec eux à la Bourse des échantillons, qu'ils étalent sur de petites tables. Il y a même des « courtiers artistiques » qui vous offrent des vases de porcelaine de Chine, des kiosques japonais, des pagodes indiennes. Si un différend s'élève entre le vendeur et l'acheteur ou *vice versâ*, on n'a pas à courir bien loin pour trouver un avoué. D'une heure à deux tout le barreau de Hambourg, vêtu du solennel habit noir, la serviette et le code sous le bras, se tient dans un compartiment spécial de la Bourse, et attend les clients.

Deux larges escaliers conduisent au premier étage où se trouvent les salons de lecture, la bibliothèque, qui ne compte pas moins de 40,000 volumes, et les grandes tables noires sur lesquelles on affiche les dépêches commerciales et politiques au fur et à mesure qu'elles arrivent de tous les points du globe.

Un tableau indique aussi à l'armateur l'état de la mer, tel qu'il est signalé par les télégrammes des stations côtières. Les murs sont tapissés d'immenses cartes géographiques, de plans de tous les ports de mer du monde; on a l'univers sous la main.

La population hambourgeoise passe pour la plus laborieuse de l'Allemagne. Chez elle, les rentiers sont inconnus, les millionnaires travaillent du matin au soir comme de simples commis à quinze cents francs. Mais le dimanche, ils prennent tous la clef des champs; été comme hiver, ils vont passer la journée dans leurs villas princières des bords de l'Elbe et dans le faubourg champêtre de l'Uhlenhorst, véritable collier de petits châteaux, style Louis XIII, égrenés le long du cours gracieux de l'Alster.

« Dès qu'un marchand a gagné cent mille guilders, dit

un voyageur allemand, il faut qu'il ait équipage et une maison de campagne; ses dépenses vont de pair avec ses bénéfices, et le moindre souffle le fait tomber dans la pauvreté, dont cependant le moindre travail le retire encore. Hambourg est, sous ce rapport, une ville réellement singulière ; on y trouve des gens qui ont fait trois ou quatre fois banqueroute, et qui sont cependant redevenus riches. Le marchand qui gagne deux ou trois cent mille florins par an, et qui vit aussi magnifiquement que la plupart de ceux d'Amsterdam avec des millions, perd souvent en un instant ses maisons de campagne et de ville, ses magasins, sa voiture, ses jardins et redevient courtier. Mais à peine a-t-il vendu son ancienne maison de campagne, qu'il est déjà en marché pour en acheter une autre : déjà il court la ville dans un phaéton traîné par deux puissants coursiers holstennois ; déjà il a son jardin, sa voiture, jusqu'à ce que tout à coup, zeste ! le voilà redevenu courtier. L'extrême facilité d'employer son argent rend le Hambourgeois trop hardi. Il fait plus d'affaires avec cinquante mille florins, qu'un Hollandais avec deux cent mille, mais aussi il est plus exposé à un revers de fortune. Cependant la certitude qu'il a de ne pas être obligé de mendier dans sa vieillesse, le met à l'abri de toute inquiétude. Hambourg est, à la vérité, la meilleure de toutes les retraites pour les banqueroutiers. Si les marchands qui ont fait faillite ne veulent pas se faire courtiers, et tenter de nouveau la fortune, on leur donne des emplois dont ils peuvent vivre fort honnêtement. Il y a de plus un fonds pour les *pauvres bourgeois*, mot qui signifie ici, banqueroutiers. Il n'y a pas d'endroit où les établissements destinés aux pauvres soient aussi bien tenus qu'ici ; faites attention, et vous verrez que ces banqueroutiers ont eu part à la législation, et qu'ils ont cherché à se pourvoir eux-mêmes et leur postérité contre tous les événements. »

Hambourg a été ravagée et incendiée plusieurs fois ; comme le phénix, elle renaît toujours plus belle de ses cendres.

En 1224, elle se racheta du comte d'Erlamunde, à qui le roi Woldemar l'avait donnée, et devint ville libre. Sa grande prospérité et le rôle important qu'elle a joué dans l'histoire datent de cette époque. En 1241, elle fonda, avec Brême, cette redoutable ligue hanséatique composée de soixante-dix-sept villes. La Hanse ayant demandé à Woldemar des concessions qu'il refusa, elle lui déclara la guerre. La flotte hanséatique s'empara de Copenhague, en dévasta les environs et soumit la province danoise de Scanie, après avoir brûlé deux cents villages. Woldemar implora la paix et offrit aux Hanséates de leur laisser pendant quinze ans la souveraineté de cette province.

La Hanse s'était en même temps donné pour mission de purger les mers des pirates qui entravaient le commerce et la navigation. En 1444, les Hambourgeois avaient déjà décapité plus de 240 pirates, au nombre desquels se trouvait le fameux Nicolas Stortebecker, c'est-à-dire *Vide-Verre*.

En 1428, les bourgeois de Brême capturèrent les deux Lubben, qu'on redoutait jusque sur les côtes d'Angleterre. Ils furent condamnés à mort. Quand le premier des deux frères eût été décapité, le second se baissa, ramassa la tête sanglante et l'embrassa. A cette vue, le peuple écarta le bourreau, et offrit la vie sauve au condamné, s'il consentait à épouser une citoyenne de Brême.

« Me marier avec une de vos demoiselles bourgeoises, s'écria-t-il, y pensez-vous ? Je porte dans mes veines le noble sang frison ; je ne veux pas de vos filles de pelissiers et de bottiers. Coupez-moi la tête. »

Hambourg porte encore aujourd'hui le titre de « ville et république libre » ; mais quelle dérision !

En 1866, l'armée prussienne célébra son entrée à Hambourg en fusillant la foule inoffensive massée devant la porte grillée du faubourg de Saint-Pauli. Les réquisitions prirent des proportions tout aussi fantastiques qu'à Francfort.

Mais la mémoire des hommes est courte et la propagande prussienne est puissante! Les journaux de Hambourg sont payés pour chanter la gloire du nouvel empire et la flotte impériale qui grandit fait l'orgueil de cette population de marchands et d'armateurs. En 1867, le roi Guillaume honora Hambourg de sa présence, et l'on passa l'éponge sur le passé. Les maisons se pavoisèrent aux couleurs prussiennes. Seul, le ciel refusa de prendre part à la fête, et fit cause commune avec quelques vieux boudeurs. Le roi dut se montrer sous le dais d'un riflard d'alpaga, et on entendit les gamins crier : « Vive le *Schirmherr* de l'Allemagne du Nord! »

*Schirmherr* est un mot à double sens qui veut dire tout aussi bien l'*homme au parapluie* que le *puissant protecteur*.

Après la guerre de 1870-1871, le libéralisme hambourgeois s'empressa de déférer à M. de Bismarck le diplôme de la bourgeoisie d'honneur. Ce diplôme, coulé en bronze, est une véritable œuvre d'art que le chancelier montre en disant à ceux qui l'admirent : « C'est du solide, et ça vaut cher. Les Hambourgeois sont riches, ils font bien les choses. »

M. de Bismarck n'a pas voulu être un bourgeois de Hambourg *in partibus*, et se tenir trop éloigné de gens si donnants; l'ancienne ville libre s'était rapprochée de lui, il s'est rapproché d'elle. L'empereur y a aidé. Pour récompenser ce précieux homme d'État d'avoir pris 5 milliards et deux provinces à la France, il lui a donné la forêt et le domaine de Friedrichsruhe. En souverain que guident des principes solides d'économie, il n'a eu que la peine de *recevoir* ce royal présent en 1866, des mains du roi de Danemark. Friedrichsruhe se trouve dans le petit duché de Lauenbourg, happé par la Prusse, et situé sur les limites de la République de Hambourg. On évalue la valeur de cette propriété à 4 ou 5 millions de thalers. M. de Bismarck y loue deux auberges et y a déjà fait couper pour 700,000 francs de bois. Moyennant une carte de circulation qui coûte 2 fr. 75 c., et que les deux aubergistes délivrent aux étrangers pour le compte du propriétaire et marchand de bois, on peut visiter le château, admirer les deux douzaines de pipes culottées par Son Excellence le grand chancelier de l'Empire, et même s'asseoir là où il vient s'asseoir, sur le tertre de gazon appelé *Otto's Stiz*, le reposoir d'Otto.

Chaque fois que M. de Bismarck arrive à Friedrichsruhe pour diriger de nouvelles coupes dans ses forêts et compter les billets d'entrée vendus pendant la belle saison, les Hambourgeois s'empressent d'accourir avec des bouquets et de la fanfare. Ils lui donnent une sérénade aux lanternes qu'il écoute avec extase, et ils célèbrent sous son balcon les douze travaux de « l'Hercule du xixe siècle, » parmi lesquels figurent en première ligne la prise de Paris, celle des pommes d'or, et le combat inachevé contre l'hydre de l'ultramontanisme. Après l'attentat de Kissingen, un nommé Waldmann composa une cantate pour célébrer la délivrance miraculeuse du chancelier, et il vint, avec une trentaine de chanteurs, la hurler sous le balcon du château de Friedrichsruhe. M. de Bismarck descendit pour serrer la main des chanteurs et leur verser de la bière. Il leur déclara que cet hymne était trop flatteur pour lui, que le mérite d'avoir unifié l'Allemagne revenait surtout à l'empereur ; l'œuvre n'eût pas été possible cependant si l'empereur n'eût eu derrière lui le fidèle peuple allemand. « Maintenant, ajouta-t-il, maintenant que l'*ennemi héréditaire* a été frappé sur la tête, je ne doute point que les fantômes, qui cherchent à nous enlacer de leurs filets (sic), ne soient bientôt dissipés. »

Cet enthousiasme que le chancelier provoque parmi la jeunesse hambourgeoise n'est pas complétement partagé par le sénat et la municipalité, qui, l'an dernier, refusèrent d'un commun accord, de donner le plus petit denier pour « la glorieuse fête de Sedan. »

La journée était trop belle pour la finir au milieu des journaux et des revues; je remontai vers le bassin de l'Alster, et comme des affiches roses annonçaient « pour les actionnaires et les étrangers seulement » un concert au Jardin-Zoologique, je m'y fis conduire. La route est charmante. On traverse les boulevards extérieurs, promenades délicieuses qui remplacent les remparts et ceignent la ville d'un ruban de verdure. On passe à côté du Jardin-Botanique, qui se révèle de loin par des bouffées de parfums, et l'on suit une allée ombreuse qui aboutit à une grille et à deux tourniquets : c'est le Jardin-Zoologique.

Je ne vous décrirai pas ses curiosités. L'ornithologie y est au grand-complet; dans chaque buisson, c'est un caquetage assourdissant, une vision de plumages qui étincellent comme les couleurs de l'arc-en-ciel; des canards aux ailes vertes, bleues, mouchetées, font à un joli petit étang comme une bordure de fleurs exotiques. Des cigognes, debout sur une patte, rêvent de grenouilles et de lézards; des pélicans immobiles, graves comme de vieux juges, semblent donner audience aux flamants et aux ibis qui se plaignent d'une trop longue captivité. En descendant au fond des vallées lilliputiennes qui coupent l'extrémité du parc, vous rencontrez des biches, des cerfs et des daims.

Le palais des singes est plus beau que le palais des députés à Berlin. Un gorille, doux comme le savant M. Virchow, caresse de la main la tête blonde des petites filles qui s'approchent des barreaux. Il met les gants qu'on lui jette; il ne lui manque qu'un faux-col, un lorgnon et un chapeau pour ressembler au *crevé* des trottoirs de Berlin. L'aquarium occupe un bâtiment spécial; on descend sous terre par un escalier, et en moins d'une minute on se trouve au fond des mers : des poissons étranges circulent autour de vous; des huîtres bâillent comme les auditeurs de M. Richard Wagner, des crabes ouvrent leurs pinces, des polypes s'agitent paresseusement. On entend comme un vague bruit de flots. Et à la sortie du souterrain, une musique entraînante frappe vos oreilles.

Deux à trois cents personnes sont attablées en plein air, devant l'estrade de l'orchestre. Les dames sont en toilette, mais j'ai été frappé de leur simplicité. Si peu de dentelles pour tant de femmes de millionnaires! On dit que le caractère de la population de Hambourg a quelque similitude avec le caractère britannique. Je n'ai cependant remarqué chez les hommes ni la sécheresse ni la froideur des Anglais.

Le Hambourgeois est gai, hospitalier; il tient à jouir de sa richesse, et il se plaît surtout dans le luxe de la table. Nulle part en Allemagne, je le répète, on ne mange mieux qu'à Hambourg ; et les Berlinois, qui n'ont pas seulement de formidables appétits politiques, organisent en été, chaque semaine, des trains de plaisir pour venir « faire bombance » à Hambourg.

## III

Les reines du commerce allemand. — Brême, son histoire. — Le caractère brémois. — Brême et Hambourg. — La ville du passé et la ville du présent. — La place du Marché. — L'Hôtel-de-Ville. — La colonne de Roland. — Ce qui reste à Brême. — La situation économique et politique du nouvel empire.

Deux villes se partagent la royauté commerciale de l'Allemagne, et ces deux villes, comme deux sœurs qu'unissent des liens étroits, vivent côte à côte. Des rives de l'Elbe, Hambourg peut saluer Brême, assise sur les rives du Weser. La même légende recouvre leurs berceaux de son voile d'or, et dès que les deux sœurs sont en état de marcher, elles s'avancent d'un pas égal dans les avenues de l'Histoire.

Brême a été d'abord, comme Hambourg, un pauvre village de pêcheurs. Un jour, un saint missionnaire y débarque, prêche l'Évangile, renverse les idoles. Un siècle plus tard, Charlemagne y érige un évêché et y appelle saint Ansgar, l'apôtre du Nord. Des tribus répandues sur les bords du Weser, jusqu'à la mer, accourent aussitôt se mettre sous la protection de la croix et de l'épée. La bourgade grandit rapidement, elle devient ville. Elle s'entoure de fossés, de remparts; des tourelles se marient aux clochers. Ce ne sont plus des processions pieuses seules qui sortent de ses murs; une petite armée franchit maintenant ses ponts-levis et tient les pirates à distance. Les bourgeois de Brême commencent à forger à coups d'épée cette clef de l'univers qui doit prendre la place d'honneur dans les armes de la cité.

En 936, l'empereur Othon octroie à l'évêque Adalgus de nombreux priviléges : le droit de battre monnaie, d'établir des péages et d'ouvrir des marchés. Le commerce et l'industrie ont cessé leur premier bégaiement et parlent une langue rapide et correcte. Mais des étrangers ont vu des pièces d'or briller à travers les soupiraux des caves, et il leur a semblé que ces belles captives leur faisaient les yeux doux. De retour chez eux, sur les côtes frisonnes, ils organisent une expédition. Ces nouveaux Argonautes incendient la ville pour s'emparer de la toison d'or.

Brême ressuscita de ses cendres, comme l'oiseau-fée des contes bleus : son pourpoint de pierre était trop étroit, la jeune cité s'en confectionna un autre, beaucoup plus solide et plus ample. Elle s'y sentit à l'aise pour recommencer ses affaires, et quand le souffle des Croisades fit pousser une végétation de soldats sur le sol allemand, elle ne quitta pas ses comptoirs; elle ne fournit pas des hommes, mais de l'or, avec lequel on les achète. Dans les mains de ces industriels et de ces commerçants, l'argent avait une qualité encore inconnue; il se faisait universel, il devenait une puissance, il se dévouait à une idée et s'essayait déjà à soulever le monde. C'est l'or de Brême, c'est l'or de Hambourg, ce sont les dons généreux des villes marchandes qui ont acheté les armes et les vaisseaux des soldats de la Croix. Du fond obscur de leurs boutiques, ces banquiers chrétiens lançaient des flottes et des armées au delà des mers.

La noblesse germanique versait sur les champs de bataille les gouttes de son sang; eux y versaient des gouttes d'or.

L'argent du négoce brémois entreprit aussi de pacifiques conquêtes : c'est lui qui envoya des colons sur les bords du golfe de Livonie et de Finlande, pour y jeter les fondements des deux villes de Riga et de Revel, et c'est ainsi que commença l'invasion allemande en Russie [1].

[1] Aujourd'hui, cette invasion atteint des chiffres surprenants. L'Allemagne a une armée en Russie, comme elle en a une en Amérique. Voici la statistique publiée par le *Monde Russe*, au mois de janvier 1876; il ne s'agit que des Allemands *employés de l'État* :

Dans le *conseil de l'empire*, les Allemands figurent pour 36 0/0; dans le *Sénat*, pour 33 0/0; parmi les *secrétaires d'État*, 43 0/0. Parmi les *ministres* et les *chefs des grandes administrations* (contrôle de l'empire, postes, télégraphe), 62 0/0. Dans le *ministère de la cour* : Adjudants généraux, 33 0/0. Dans la suite de l'empereur, 34 0/0. Officiers d'ordonnance, 46 0/0. Fonctionnaires civils de 1re classe, 66 0/0 ; id. de 2e classe, 27 0/0. Fonctionnaires civils de grades inférieurs, 71 0/0. Dans le service médical, 71 0/0. Dans le *ministère des affaires étrangères* : Administration centrale, 59 0/0. Ambassadeurs, ministres, plénipotentiaires, agents diplomatiques, chargés d'affaires, consuls généraux, 50 0/0. *Ministère de l'intérieur* : Conseil des ministres, 13 0/0; départements, 16 0/0; département médical, 43 0/0. Gouverneurs généraux, 40 0/0; gouverneurs militaires, 33 0/0; gouverneurs, 18 0/0. *Ministère de la guerre* : Conseil militaire, 36 0/0. Comités centraux, 36 0/0. Etat-major général, 35 0/0. Administration médicale centrale, 32 0/0. Administration centrale de l'artillerie, 47 0/0. Fabriques d'armes, fabriques de poudre, arsenaux, 55 0/0. Administration centrale du génie, 70 0/0. Administration centrale de l'intendance, 60 0/0. Commandement des bataillons de tirailleurs, 83 0/0. Tribunal militaire, académie de droit, tribunaux militaires de district, 32 0/0. Écoles militaires, 28 0/0. Comité pour les blessés, 43 0/0. Commandants des districts militaires, 43 0/0. *Administrations de districts et commandements militaires provinciaux* : Dans les districts de Finlande, 90 0/0; de Saint-Pétersbourg, 32 0/0; de Varsovie, 37 0/0; de Kieff, 17 0/0; Odessa, 14 0/0; Chackoff, 13 0/0; Moscou, 21 0/0; Kazan, 25 0/0; Orenbourg, 22 0/0; Turkestan, 21 0/0; Sibérie occidentale, 31 0/0; Sibérie orientale, 27 0/0; Caucase, 30 0/0. *Dans les troupes de campagne* : Chefs des divisions d'infanterie de la garde, 33 0/0. Chefs de régiments, 60 0/0. Chefs de divisions de cavalerie de la garde, 52 0/0. Chefs de régiments de cavalerie de la garde, 33 0/0. Chefs de brigades d'artillerie de la garde, 75 0/0. Chefs de bataillons de tirailleurs de la garde, 50 0/0. Chefs de divisions d'infanterie de l'armée, 37 0/0. Chefs de brigades, 37 0/0.

Les pavillons de ces simples marchands flottaient partout, craints et respectés. Dès leur apparition dans l'histoire, les Brémois montrent le caractère tenace et aventureux des Anglo-Saxons. Mêlés à la guerre de Trente Ans et à celle de Sept Ans, ils se distinguent par leur hardiesse et leur opiniâtreté. La Réforme, qui brisa ses légions contre les portes de Brême, dut se glisser dans la place comme le serpent au nid du vautour.

Le traité de paix de Westphalie éleva la riche cité au rang de ville impériale. Les Suédois l'assiégèrent à deux reprises, les Français s'en emparèrent en 1808 ; le congrès de Vienne lui rendit enfin son indépendance, que la Prusse lui a reprise aujourd'hui.

« Les habitants de Hambourg, a dit Henri Heine, sont de bonnes gens et ils mangent bien. Au sujet de la religion, de la politique et de la science, on y trouve une grande diversité d'opinions; mais quant à la table, il règne

---

Chefs de régiments, 66 0/0. Chefs de division de cavalerie, 75 0/0. Chefs de brigades de cavalerie, 56 0/0. Chefs de régiments de cavalerie, 47 0/0 *Artillerie* : chefs de brigades 28 0/0; chefs de brigades de bataillons de tirailleurs, 28 0/0; chefs de bataillons, 42 0/0; chefs de brigades des sapeurs, 80 0/0; chefs de bataillons de sapeurs, 85 0/0; chefs de bataillons de ligne et de forteresse, 33 0/0. *Ministère des cultes* : Administration centrale, 6 0/0; curateurs, 51 0/0. *Finances* : Administration centrale, 28 0/0; Banque de l'empire, comptoirs, chefs des cours camérales, des districts douaniers et des bureaux de douane, 27 0/0. *Ministère des domaines* : Administration centrale, 33 0/0; chefs des cours des domaines, 25 0/0; mines, 44 0/0. *Ministère de la justice* : Administration centrale, 33 0/0; cours palatines, 25 0/0; cours de districts, 25 0/0; procureurs, 17 0/0. *Ministère des travaux publics* : Administration centrale, 37 0/0; chefs de districts, 40 0/0; inspecteurs de chemins de fer, 28 0/0; directeurs de chemins de fer, 33 0/0. *Contrôle de l'empire* : Administration centrale, 22 0/0; chefs des cours centrales, 14 0/0. *Ministère de la marine* : Administration centrale, 40 0/0; amiraux, vice-amiraux, contre-amiraux, 55 0/0; commandants de ports, 22 0/0. Que reste-t-il aux Russes ?

parmi les Hambourgeois la plus cordiale entente ». Quelle que soit la parenté de Brême et de Hambourg, la maladie nationale des Brémois n'est pas « la perturbation des facultés digestives ». Il y a une différence frappante entre le genre de vie et l'aspect des deux villes. Hambourg est une active ouvrière qui chante et qui rit; c'est la Jenny de la romance ; Brême est une mijaurée puritaine qui a sa Bible à côté de son livre de caisse ; c'est une cousine de lady Tartufe. Les rues de Hambourg sont tapageuses, animées ; le soir, mille bruits de musique enveloppent la ville comme d'une atmosphère harmonieuse ; les jardins-brasseries s'illuminent *a giorno*, on s'imagine être transporté au milieu d'une fête vénitienne, au temps de la superbe république. A Brême, la tranquillité est si complète qu'on se croirait dans une petite ville de résidence, comme Carlsruhe ou Weimar. Passé dix heures, quand a sonné le couvre-feu, les rues ont quelque chose de funèbre. C'est en vain que la lune regarde : personne ne rêve sous les allées de tilleuls qu'elle éclaire et le long des ruisseaux qu'elle couvre de paillettes d'argent.

D'où vient ce contraste entre les deux cités sœurs ? — D'une cause bien simple : Hambourg est un port; Brême n'en est pas un. Tandis que Cuxhaven, à l'embouchure de l'Elbe, est resté un village, Bremerhaven, à l'embouchure du Weser, a tout accaparé au passage, et la maison du fils est plus belle, plus spacieuse que celle du père. Là se trouvent maintenant les docks, les magasins, les entrepôts ; là s'est concentrée presque tout entière la vie commerciale de l'ancienne république marchande ; la Bourse est encore à Brême, mais les affaires sont à Bremerhaven.

Au point de vue politique, il y a aussi une différence tranchée entre le Brémois et le Hambourgeois. Le premier semble prendre son parti de la perte de ses libertés; il trouve même au casque prussien qui le coiffe une certaine grâce; le second vous parle de son indépendance, de ses priviléges, de son Sénat, comme si tout cela existait encore. Hambourg regimbe de temps en temps sous la poigne de M. de Bismarck; Brême se soumet, et ne voit dans le « grand empire » que le prestige du nom allemand au delà des mers et l'adjonction d'un zéro à ses additions. On ne peut demander beaucoup de patriotisme au sucre, au café, à la cannelle, au tabac et au bois de campêche; il est vrai qu'on rencontre bien çà et là, dans l'antique cave de l'Hôtel-de-Ville, des bourgeois non moins antiques, qui vous glissent tout bas un timide regret sur les jours passés; mais qu'on se rassure à Berlin, le cas est rare.

Autrefois, toutes les puissances étaient représentées auprès du « très-sage et très-louable Sénat de la république de Brême ». Le titre de citoyen de la ville était particulièrement recherché par ceux qui ne brûlaient pas d'un amour ardent pour la militairomanie prussienne; je crois même que ces honorables marchands avaient ouvert un comptoir spécial de bourgeoisie à prix réduit, et qu'ils en tiraient de fort beaux profits.

L'individualité pittoresque de Brême s'efface en même temps que son individualité politique. Les anciens costumes ont disparu; les vieilles rues s'en vont; partout s'élèvent des hôtels splendides, des constructions sans cachet et sans originalité. En venant de la gare, on croit entrer dans une ville de quakers. C'est propre, mais froid; bien aligné, mais monotone.

Des jardins, de vertes pelouses, des étangs avec de petits bateaux « qui vont sur l'eau», des flottilles de cygnes blancs et noirs, de canards de Norwége et du Japon, des bosquets d'arbres exotiques, remplacent les anciennes fortifications; et là où veillaient les hommes d'armes, bardés de fer, des bonnes d'enfants veillent sur d'inoffensifs bébés affublés de sabres de bois et de casques de carton à pointe dorée.

La place du Marché a seule conservé comme un reflet lointain des splendeurs éteintes; la cathédrale, qui s'y élève, remonte aux premiers temps du christianisme. On en attribue la fondation à saint Willibald. Rebâtie au XIIe siècle, elle offre un mélange d'architecture romane et gothique qui ne semble pas très-heureux. Le cloître attenant est devenu un entrepôt de vins. Les caveaux de la cathédrale sont célèbres : on y montre des corps aussi bien conservés qu'au Saint-Bernard et qui datent d'un demi-siècle.

Le bijou de la place du Marché est l'Hôtel-de-Ville, édifice d'une grâce délicate, véritable floraison de pierre, éclose au souffle joyeux de la Renaissance. Les sept électeurs dans leurs niches que le ciseau d'un Michel-Ange inconnu a ornées de fines dentelles, de pointes capricieuses, de fleurons bizarres, entourent le César allemand, ceint de la couronne de Charlemagne et portant, comme lui, la boule du monde dans sa main. Des arcades s'ouvrent gracieusement le long de l'édifice, et les oiseaux viennent nicher dans leur feuillage de marbre. Sur la frise, se dressent des statues allégoriques pleines de mouvement.

L'intérieur de l'Hôtel-de-ville n'est pas moins curieux que l'extérieur. On monte par un large escalier de chêne à la grande salle, où le Sénat de la République tenait ses séances. Cet escalier est encore défendu par une espèce de petite herse de fer, qu'on baissait et qu'on levait à volonté. Les murs sont couverts de peintures de batailles et de peintures bibliques. Salomon, en costume de bourgmestre de Brême, rend son jugement, et un soldat de la Hanse menace de partager de son glaive l'enfant réclamé par les deux mères. On voit également le « portrait » d'une baleine échouée dans le port de Brême, le 9 mai 1669. Des réductions des premiers navires de guerre de la Confédération germanique sont suspendues au plafond. Ce plafond est lui-même une merveille. On y remarque, encadrés dans des médaillons d'or, les empereurs germaniques, depuis Charles le Grand jusqu'à Sigismond. On a placé à une des extrémités de la salle la statue, en marbre de Carrare, du célèbre bourgmestre brémois Schmidt, mort en 1857.

Un touriste qui se respecte ne sort point de l'Hôtel-de-Ville sans en visiter les caves et sans boire un verre de vin de 1624, surnommé vin de la *Rose* ou des *Douze apôtres*. Je suppose que ces apôtres-là étaient de gais apôtres, et qu'ils s'occupaient de tout autre chose que de la prédication de l'Evangile.

Les tables s'alignent à perte de vue, sous les sombres arceaux, que la flamme tremblotante d'un bec de gaz éclaire à peine. D'un côté, les grosses futailles, cousines du fameux tonneau de Heidelberg, se tiennent accroupies. Quelques-unes sont décorées comme des autels. La « vue du clos », peinte à l'huile, sert d'armoirie au tonneau; de petits Bacchus, nus comme des anges du Pérugin, soutiennent ce tableau encadré de pampres et de grappes dorées. On aperçoit vaguement dans la pénombre une cavalcade de tonnes de moindre dimension, sur lesquelles chevauchent des faunes, des satyres et des nymphes en bois sculpté et couleur de chair. Cela ressemble à une légion de diables et de diablesses en goguette.

De l'autre côté, — et cette particularité n'est pas la moins curieuse, — se développe une longue rangée de cabinets particuliers. C'est encore l'enfance de l'art, mais c'est déjà le cabinet particulier, avec son dévergondage et ses mystères.

Les Allemands les appellent des « cabinets de famille », *Familien Cabinet*. On dirait des vagons de chemins de fer, avec cette différence qu'il n'y a pas de fenêtres, qu'on y brûle de la chandelle, et qu'on s'y enferme au moyen d'une lourde porte de chêne.

Le vin se vend au compte de la municipalité, et il faut

avouer qu'il n'y en a pas de meilleur en Allemagne. Avant l'ouverture de la Bourse, les millionnaires de Brême n'ont pas de honte de venir boire au fond de la cave un flacon de Rudesheimer ou de Moselvin. Les jours de marché, il y a musique; en résonnant sous ces larges voûtes, la trompette et le cor produisent un vacarme à rendre jaloux Richard Wagner.

Le palladium de la ville, la vieille statue de Roland, s'élève aussi sur la place du Marché, témoin historique des gloires et des vicissitudes de la République. Ce Roland, qui n'a aucune parenté avec le Roland de Roncevaux, serait l'image de l'empereur Otto II, le Rouge, qui accorda à la cité naissante une foule de libertés et de priviléges. La statue a dix-huit pieds de haut et représente un jeune guerrier imberbe, harnaché en guerre. Un manteau flotte sur ses épaules; de la main droite, il tient une épée; de la gauche, un bouclier sur lequel on lit une inscription hollandaise. A la fin du siècle dernier, on peignit sur son manteau un lion et un chien qui se disputaient un os, avec cette devise : « Chacun pour soi ». La Prusse a tué aujourd'hui le lion brémois, s'est emparée de l'os; et ce pauvre palladium fait réellement mal à voir.

En face du Rolandsaeule, s'élèvent la Bourse et le Schutting. Le Schutting est le siége de la chambre de commerce; ce nom vient de *scheten*, *schiessen*, tirer, parce que, dans les grandes occasions, on tirait le canon devant cet édifice. La Bourse de Brême est un chef-d'œuvre d'architecture, comme celle de Hambourg. Ses clochetons gothiques s'élancent dans les airs avec une hardiesse qui rivalise avec celle des spéculateurs audacieux qui l'ont bâtie. Sa construction a coûté 750,000 thalers. Avec cette somme, on élèverait une cathédrale ou plutôt une forteresse. On paye environ un franc pour entrer à la Bourse, et les courtiers en retard sont passibles d'une amende.

— Il y a un an, me disait le courtier avec lequel je suis entré dans le sanctuaire, — il y a un an déjà que les cinq milliards sont retournés au pays d'où ils venaient. Sous notre ciel brumeux, on dirait que l'or a froid; il cherche le soleil, il s'enfuit comme s'il était pris de nostalgie. Notre commerce, notre industrie ne peuvent pas lutter avec les produits français [1]. Dans le discours récent que M. de Bismarck a prononcé en faveur de l'augmentation des impôts, il s'est appuyé sur un article du *Journal des Débats*, disant « qu'il était étonnant de voir les Allemands supporter si impatiemment leurs impôts, alors qu'en France on paye, sans murmurer, des impôts

---

[1] Voici quelques passages d'un article que la *Gazette de Francfort* a publié dernièrement sous le titre de : *La Revanche de la France :*

« Depuis la guerre, l'Allemagne est inondée de prospectus et de catalogues de maisons françaises vendant des étoffes, des soieries, des confections, articles de Paris, etc.; ils sont imprimés en allemand; les gravures en sont jolies; les échantillons qui les accompagnent sont de premier choix, et la lettre d'envoi est des plus polies et gracieuses. Qu'est-il arrivé ? c'est que cette propagande pacifique a eu le plus grand succès. Il est, par exemple, à notre connaissance que ces jours derniers un certain nombre de dames d'une ville d'Allemagne se sont réunies pour faire en commun venir de France des étoffes et objets de toilette. La commande arriva après dix jours : la qualité était d'un tiers supérieure à celle des fabrications allemandes, le prix inférieur d'un quart, sans parler de l'élégance et du cachet parisien. Depuis le 1er janvier où les tarifs de la poste ont été abaissés, cette invasion du commerce français en Allemagne ne fait qu'augmenter; il commence à nous vendre des serrures, des objets en fonte, etc. Outre que la plus grande partie de ce qu'il nous fournit est de bien meilleure qualité que ce que nous offre le marché allemand, il y a encore une chose qui a contribué à son succès, c'est que le négociant français ne connaît pas toutes les petites chicanes mesquines où se complaît le commerce allemand, c'est qu'il est d'une politesse, d'une exactitude exemplaires. Donc comme le disait ces jours-ci la *Gazette de Cologne*, la France a déjà pris sa revanche sur nous en matière industrielle; et personne ne peut y trouver matière à reproche. »

beaucoup plus considérables. » M. de Bismarck oublie que si la France paye plus d'impôts, c'est qu'elle est plus riche que l'Allemagne [1]. Rien qu'au point de vue agricole, la production de la France est double et même triple. La France exporte ses vins; l'Allemagne n'exporte rien, à peine quelques canons; elle n'a même pas assez de pommes de terre pour se nourrir. La plus grande partie de la Prusse est inculte.

« On reconnaît maintenant qu'une pluie d'or rend les subsistances plus chères, que l'enchérissement des vivres a pour conséquence une élévation de la main-d'œuvre ; et que tous les travaux que l'étranger commandait autrefois chez nous sont perdus parce que les gens ne sont pas assez sots pour nous payer quatre fois plus ce qu'ils peuvent avoir ailleurs à bon marché. Les Berlinois eux-mêmes s'adressent à des ouvriers français. Les journaux poussent les hauts cris, mais on les laisse crier : ils sont

---

[1] Dans son rapport sur l'*impôt des classes*, l'impôt du revenu, et la *répartition du revenu*, en Prusse, de 1852 à 1875, M. Engel, directeur du bureau de statistique, mentionne le fait qu'il y a eu, en 1875, 1,582,066 individus au-dessus de 16 ans, non astreints à l'impôt du revenu parce qu'ils ont un revenu inférieur à 140 thalers (525 francs). Il n'y a que 4,990,347 Prussiens payant l'impôt, ayant un revenu de 525 francs et au-dessus. Sur ce chiffre 139,556 personnes seulement ont un revenu au-dessus de 3,750 francs. Il reste donc 4,850,791 Prussiens dont le revenu varie entre 525 et 3,750 francs. 1 prussien sur 200, peut être considéré comme « aisé, » si l'on prend pour point de départ de l'aisance un revenu de 3,750 francs. 3, 1/4 0/0 de la population a de 1,500 francs à 3,750 francs de revenu ; 7, 1/4 0/0 o de 740 francs à 1,500 francs ; 10 3/4 0/0 a de 375 à 750 francs et 72 1/4 de la population totale, c'est-à-dire 72 Prussiens sur 100 ont un revenu inférieur à 375 francs. Enfin 96 0/0 de la population a moins de 1,500 francs de revenu. Le nombre des personnes, incapables de payer l'impôt, c'est-à-dire ayant moins de 525 francs de revenu a augmenté en douze mois de 134,435. Il y a plusieurs villes en Prusse, comme Stettin, pour n'en citer qu'une, qui payent encore les intérêts des dettes contractées en 1813.

payés pour cela. Vous savez que le prince de Pless, très-riche propriétaire Silésien, dont le revenu est évalué à 70,000 thalers, bâtit en ce moment à Berlin, dans la Wilhelmstrasse, à côté de l'hôtel Radziwill, un palais en style renaissance, reproduction exacte de celui du duc de Mouchy, pour la construction duquel il n'emploie que des ouvriers français. Il a fait venir de Paris non-seulement les fers, mais toutes les pierres, qui ont été ensuite taillées sur place par des ouvriers français. La grille est une merveille de serrurerie française. Le prince a calculé qu'en faisant construire son palais à *Paris*, il réaliserait une économie d'un tiers, sans parler du goût qui manque totalement aux architectes berlinois [1]. Un autre riche propriétaire, qui habite la rue de Voss, a suivi cet exemple. Le prince Putbus a également acheté dans les environs de Paris les matériaux de construction du châ-

---

[1] L'architecte parisien que le prince de Pless a appelé à Berlin s'appelle M. Destailleurs. La *Gazette de l'Allemagne du Nord*, quoique logée dans la caverne des *reptiles*, a répondu, entre autres choses, aux journaux berlinois qui criaient à la *trahison* : « Le style Louis XIV est absolument inconnu chez nous; les manuels d'architecture ne le mentionnent qu'à peine. Un architecte berlinois aurait été absolument incapable de diriger une construction dans ce style. Le prince de Pless a donc bien fait de s'adresser à un Français. Mais on lui reproche encore d'employer les sculpteurs et décorateurs francais. Or, nos ouvriers berlinois, habitués depuis cinquante ans à travailler dans le maigre style de décoration, qu'on appelle le grec berlinois, n'auraient jamais su se retrouver dans le style de Louis XIV, si riche, si ornementé. Le prince fut donc encore forcé de s'adresser à Paris. Ce qui a le plus vexé nos bons Prud'hommes, c'est la forme inusitée pour eux des cheminées du palais, imitées d'après celles du château de Maisons. Dès que quelqu'un s'avise de sortir de notre style de caserne, ce sont des cris et des grincements de dents; mais le public intelligent se réjouit de voir enfin quelque chose de nouveau. Au lieu de hurler, comme ils l'ont fait, les architectes berlinois feraient mieux d'apprendre, en étudiant le nouveau palais, ce que c'est que le caractère et l'unité du style. »

leau qu'il bâtit à l'île de Rügen, dans la mer Baltique. Ces matériaux, malgré les énormes frais de transport, lui reviennent moins cher que s'il les tirait d'Allemagne. Avant la dernière guerre, il y avait à Berlin 200 ouvriers français ; il y en a 2,400 aujourd'hui [1]. La plupart sont sculpteurs, entrepreneurs, tapissiers, dessinateurs. Les fabricants de tapis berlinois ne veulent plus employer que des ouvriers français. Outre ces ouvriers, il y a encore à Berlin 100 cuisiniers d'origine française. Les uns et les autres gagnent en moyenne de 9 à 20 francs par jour. Ils sont économes et font des épargnes. Tous les samedis soir, ils se réunissent dans la « *Cave de l'Éléphant.* »

« Bien mal acquis ne profite pas, disent les moralistes; et tout semble leur donner raison. Les 250 millions de thalers (à peu près 1 milliard) prélevés sur la contribution de guerre française, ont été si désastreusement placés, que nous voyons aujourd'hui M. Camphausen, ministre des finances, très-vivement attaqué dans les journaux. Ces fonds ont été mis en actions et obligations sur des lignes de chemins de fer qui sont en pleine déconfiture, ce qui n'est pas étonnant, car ces chemins de fer sont l'œuvre de *Gründer* (lanceurs d'affaires, flibustiers financiers). On s'entendait avec les ministres pour obtenir des concessions, et une partie des fonds de l'État y a passé. On parle beaucoup de la moralité financière de la Prusse dans les gazettes de Berlin; ah! monsieur, c'est de l'histoire ancienne! Voulez-vous des chiffres, pour être édifié? Tenez, voici le tableau comparatif qu'a publié hier la *Gazette du Weser*, il s'agit de la dépréciation des actions de chemins de fer. »

Je pris le journal que me tendait le courtier et je lus :

---

[1] Il y avait à Paris, avant la guerre, environ 50,000 Allemands. On assure que ce chiffre est aujourd'hui de beaucoup dépassé.

|  | En 1866. | En 1875. |
|---|---|---|
| Actions du Berlin-Anhalt............................ | 223 | 211 |
| — Berlin-Garlitz.......................... | 68 | 29 |
| — Berlin-Potsdam....................... | 218 | 69 |
| — Cologne-Minden...................... | 148 | 96 |
| — Magdebourg-Halberstadt........... | 200 | 40 |

Quant aux valeurs industrielles et aux institutions financières, la comparaison des cours en 1872 et en 1875 donne le tableau suivant :

|  | 31 décembre 1872. | 31 décembre 1875. |
|---|---|---|
| Association des caisses réunies de Berlin... | 310 | 190 |
| Association des banques de Berlin.......... | 161 | 73 |
| Société d'escompte................................ | 335 | 135 |
| Crédit foncier de Prusse......................... | 201 | 96 |
| Banque centrale pour constructions......... | 239 | 24 |
| Fabrique d'acier de Bochum................... | 230 | 44 |
| Mines de Harpen................................... | 408 | 123 |

« Cette énorme dépréciation est non-seulement la ruine de l'État, mais encore celle des particuliers, me fit observer le Brémois. Ajoutez à cela que notre fameuse réforme monétaire nous a coûté 40 millions. Les journaux officieux assurent, qu'au 1er janvier 1876, elle sera à peu près complète; je n'en crois rien. A cette date il devrait y avoir en circulation, environ 700 millions de marcs en or [1], soit 17 marcs 1/2 par tête d'habitant, plus 500 millions de marcs en thalers d'argent, 250 mil-

---

[1] Les nouvelles pièces d'or de 20 marcs (20 fr. 69) portent sur la face le portrait de l'empereur Guillaume avec cette inscription : *Wilhelm I, deutscher Kaiser, Kœnig von Preussen*. Et sur le revers, l'aigle allemande et l'aigle des Hohenzollern, avec cette devise: *Gott mit uns* (Dieu est avec nous). C'était aussi l'inscription qu'on lisait sur les obus qui ont bombardé Strasbourg.

lions en vieille monnaie d'argent et 100 millions en petite monnaie de cuivre et de nickel vieille ou ancienne. Cela représentera pour tout l'empire 1 milliard 550,000,000 de marcs, en espèces, sans compter le papier-monnaie. Mais on est bien obligé de convenir que notre étalon d'or est impossible à introduire dans la pratique. Aussi la *Post* a-t-elle exprimé le vœu de voir « les pays de convention latine » (*sic*), échanger le franc contre le marc allemand [1].

« Partout se manifestent des symptômes de lassitude et de mécontentement. La désillusion est générale, et le prestige des victoires de 1870-71 s'efface à vue d'œil.

« Le peuple souffre de la crise économique, industrielle et commerciale ; de l'augmentation croissante des impôts et des charges militaires ; les catholiques se montrent acharnés dans leur guerre d'opposition, et les nationaux-libéraux commencent enfin à s'apercevoir que ce régime bismarckien est celui du pire absolutisme, et qu'il est l'ennemi déclaré de la liberté. Sans se détraquer encore, les rouages de la machine ne fonctionnent plus si bien, et la série des embarras intérieurs ne fait que de commencer.

« A l'extérieur, la politique du chancelier n'a guère été plus heureuse, et les faits donnent raison à ceux qui crient : « Casse cou ! changeons de système, ou nous courons à notre perte. »

« Voilà quatre ans que M. de Bismarck n'a subi que des échecs. Après la capitulation de Paris, il a cru transporter à Berlin le point central de l'Europe. On ne devait plus penser, plus agir, plus rien faire avant que Berlin n'eût donné le signal ou son consentement. Mais la nouvelle machinerie politique, calquée sur l'ancien système français, laissa surprendre ses vices de construction, et la Russie fit immédiatement mouvoir une autre machinerie,

---

[1] Il vaut 1 fr. 25 c.

dans un but de concurrence facile à comprendre. M. Jœrg l'a déclaré au Reichstag : le centre de gravité de l'Europe est aujourd'hui à Saint-Pétersbourg. Premier échec.

« Les affaires d'Espagne surgissent. M. de Bismarck prend l'initiative pour reconnaître la république de M. Serrano ; la Russie le laisse s'embourber et rend, par son attitude, une intervention prussienne impossible. Second échec.

« Au printemps dernier, M. de Bismarck avait décidé la guerre contre la France, « pour en finir », car chaque jour de trêve laissé à la France est, selon l'expression de M. de Moltke lui-même, un jour de perdu pour l'Allemagne. L'armée était à la veille d'être mobilisée ; les locomotives chauffaient déjà dans certaines gares..., lorsque l'empereur de Russie est arrivé à Berlin, et la face des choses a subitement changé. L'empereur Guillaume y a sans doute contribué [1], mais c'est à la Russie que revient l'honneur d'avoir arrêté de son épée le trop bouillant chancelier. Troisième échec.

« En Italie, la politique de M. de Bismarck n'a pas eu plus de chance. Malgré tous ses efforts, le *kulturkampf* est mollement mené, et Victor-Emmanuel s'obtine à rester « cagot ». Il n'y a rien à faire avec ces Italiens « superstitieux et ignares ». Le parti libéral italien donne bien des espérances à M. de Bismarck, mais comme le dit une gazette de Berlin, on ne vit pas d'espérances à son âge. Le pape est encore à Rome, le *kulturkampf* gagnerait à ce qu'il fût autre part.

« Les relations de l'Autriche et de la Prusse sont, dit-on, excellentes. M. Andrassy est l'âme damnée du chancelier prussien. L'Autriche n'a cependant pas voulu entrer

---

[1] En voyant, deux mois plus tard, M. de Gontaut-Biron, l'empereur s'écria d'un ton bienveillant. « Eh bien ! *on* a donc voulu nous brouiller ? »

dans l'arrangement commun que proposait M. de Bismarck pour l'élection du futur pape, et l'entrevue de Venise n'a pas été un baume pour la sciatique de l'ermite de Varzin ; vous vous rappelez que l'on n'osa pas donner lecture des dépêches échangées à ce sujet et dont il fut question dans le procès d'Arnim. « Il y va, a dit le président du tribunal, de la sûreté et de la paix de l'Etat. » Il y allait, en effet, de la sûreté de la paix européenne. L'Autriche, l'Italie, l'Angleterre et peut-être la Russie ont refusé nettement de s'associer à un mouvement de l'Allemagne contre la papauté ; voilà qui est parfaitement établi aujourd'hui.

« L'Angleterre ne brûle point d'un feu trop vif pour le chancelier impérial. Il a bien quelques très-chauds partisans, mais les meetings qu'ils organisent pour témoigner publiquement de leur sympathie envers le nouvel empire sont rassurants. Quelques-uns même ont été d'éclatants fiascos. Dans la question belge, John Bull est allé jusqu'à prendre l'attitude hérissée d'un matou qu'on agace. La question d'Orient le rend soupçonneux ; mais comme John Bull est l'homme de la politique pratique, si la Russie faisait des misères à la Prusse, John Bull offrirait ses bons services au *Hans Wurst* prussien. C'est dans ce but qu'il fortifie ses côtes.

« Le roi de Suède, qui avait montré, lors de sa visite à Berlin, tant d'enthousiasme pour la lutte civilisatrice, le *kulturkampf*, s'est depuis lors complétement refroidi. Il n'a pas ordonné de fermer une seule église dans ses États, et il n'y a pas un prêtre suédois sous les verrous.

« Je ne parle pas des relations de la Prusse avec la France ; on assure qu'elles sont meilleures ; je le crois, et il faut y voir le résultat de cette série d'échecs, connus et avoués par les feuilles allemandes elles-mêmes. M. de Bismarck sent qu'il n'a plus le droit de le prendre de si haut avec sa voisine, et que le jour n'est peut-être pas éloigné où il faudra de nouveau compter avec les vaincus.

« La politique actuelle de M. de Bismarck est fatale au jeune empire ; elle aura des conséquences irréparables. Il est donc du devoir des hommes d'Etat prussiens de terminer une lutte intérieure qui pousse de degré en degré l'empire à sa ruine. La *Germania*, organe central des catholiques allemands, s'écriait hier : *Faites la paix à l'intérieur et n'attendez pas que les complications extérieures vous forcent à conclure avec les catholiques un compromis dans des conditions moins favorables !*

— Cette paix peut-elle se conclure avec M. de Bismarck ? demandai-je à mon interlocuteur.

— Pourquoi pas ? me dit-il. Les catholiques en paraissent sincèrement convaincus ; et ils se montrent tout disposés à prendre le chancelier pour chef d'un grand parti conservateur qui inaugurerait une politique réparatrice, juste et équitable pour tous. M. de Bismarck ne reviendrait, après tout, qu'à ses premières amours. Son alliance avec le parti national-libéral n'a été qu'une alliance de nécessité. Comme chez lui le but est tout, et que, pour l'atteindre, tous les moyens sont bons, qu'y aurait-il de surprenant à ce qu'il exécute une subite volte-face ? Il en a déjà tant fait dans sa vie ! Une de plus ou de moins, cela ne compte pas.

Charmé et surpris de trouver dans un homme de Bourse tant de savoir et de bon sens, je lui demandai ce qu'il pensait de l'avenir :

— Il est incontestable, me répondit-il, que nous approchons d'une solution des questions pendantes depuis l'été. C'est à Varzin qu'il faut chercher celui qui a ourdi les troubles de l'Herzégovine. Sur les conseils de la Prusse, l'Angleterre a pris les devants : le pas qu'elle a fait vers l'Egypte est significatif et insolite : il peut être considéré comme le prélude d'autres surprises. Un journal caricaturiste de Berlin montrait il y a quelques jours John

Ball emportant un panier rempli d'actions du canal de Suez, et disant à un Russe et à un Prussien qui le regardaient d'un air jaloux : « Moi, j'ai ma part ; maintenant prenez la vôtre. »

« La situation de l'Europe n'a jamais été plus favorable à l'exécution des desseins que la Prusse nourrit, depuis 1866, à l'endroit de l'Autriche. Elle savait, après Sadowa, que la poire se détacherait d'elle-même de l'arbre. Voilà dix ans que M. de Bismarck travaille à attaquer sourdement les racines de la monarchie austro-hongroise. Toute la presse de Vienne dépend du fonds des reptiles, et ce sont des banquiers prussiens qui règnent sur les bords du Danube. Les « frères allemands » se tiennent continuellement aux écoutes du côté de Berlin ; leurs aspirations prussiennes se manifestent publiquement, et aujourd'hui ils vont jusqu'à demander le désarmement de l'Autriche. Le jour où celle-ci obéira aux suggestions bismarckiennes et renforcera l'élément slave de la monarchie par l'annexion de l'Herzégovine, les « frères allemands » crieront à l'oppression, et se jetteront dans les bras de l'Allemagne ; que pourra-t-on opposer à ces « aspirations légitimes ? » Il y a quatre ans que les cartes murales en usage dans les écoles prussiennes étendent les limites de l'empire allemand, d'un côté, jusqu'à Zurich, de l'autre, en comprenant tout le Tyrol, jusqu'à Trieste et Pola. [1] La ligne de démarcation, d'un beau rouge couleur

---

[1] « Quelles sont les frontières actuelles du royaume de Prusse ? » demandait au mois de février 1876, la *Gazette de Francfort*. — « Les villes frontières de la Prusse sont, du côté du Danemark, *Hadersleben*, ce qui veut dire « ville de querelles » ; du côté de l'Autriche, *Greifenberg*, c. a. d. « la montagne prenante » (*geifen* veut dire en allemand prendre, saisir) ; du côté de la Russie, *Nimmersatt*, c. a. d. « jamais rassasié », et *Neidenburg*, littéralement « château de l'envie. »

En 1870, parut aussi en Allemagne une parodie de la chanson pade sang, monte de là à Vienne, qu'elle enclave, et va jusqu'aux portes de Cracovie.

Le Brémois continua avec feu :

—Et penser qu'on a si longtemps trompé le public avec cette prétendue alliance des trois empereurs ! Elle n'existe pas, elle ne peut pas exister ; il y a des divergences trop tranchées dans les sentiments des trois peuples, et leurs intérêts n'ont rien de commun. Le Slave est l'ennemi naturel du Germain. Qu'il y ait des sympathies personnelles entre les trois monarques, à la bonne heure ; mais une alliance durable, jamais ! L'Autriche est menacée ; la Russie se sent aussi menacée par le développement trop considérable que cherche à prendre l'empire d'Allemagne ; Sedan est pour la Russie ce que Sadowa a été pour la France.

Une cloche sonna et nous interrompit. C'était la fin de la Bourse ; nous avions causé pendant deux heures.

triotique : « *Où est la patrie Allemande?* » parodie dans laquelle se trouve ce couplet :

« Où est la patrie allemande ! Partout où plane l'oiseau de proie ; là où le fort peut écraser le faible, où le bec sanglant de la guerre peut déchirer le cœur de la liberté ! Là, soyez en sûrs, Prussiens allemands, là est votre patrie ! »

# IV

### Bremerhaven et l'émigration allemande.

On descend de Brême à Bremerhaven en quatre ou cinq heures. Le trajet, sans être très-pittoresque, n'est pas ennuyeux. On arrive d'abord dans le joli port de Vegesak, coquet, mignon, qui semble fait pour abriter des bateaux aux voiles de satin, montés par des sylphes et remorqués par des cygnes. Des villas de toutes couleurs se cachent à demi, comme des dominos roses, gris et jaunes, derrière de grands éventails de verdure. L'effet est fantastique et imprévu. A mesure que le vapeur avance, les rives s'élèvent et forment comme deux remparts. De temps en temps, il y a entre ces longues digues monotones un interstice à travers lequel on aperçoit de belles prairies qui déroulent leurs vagues vertes jusqu'au bord de l'horizon. Les paysans travaillent au milieu de leurs troupeaux. On entend les moulins qui babillent et battent joyeusement de l'aile sous le vent qui vient de la mer. Il y a de l'entrain dans ce paysage. On passe du pays des taupes dans celui des abeilles.

Les populations répandues sur les rives du Weser sont de race frisonne. Intelligentes, honnêtes, laborieuses et fières, elles ont le sentiment de leur supériorité morale, et méprisent les Prussiens, race hypocrite et rampante. Il y a dans ces vieux Frisons quelque chose de ces pâtres de la primitive Helvétie, habitués à lutter contre les hommes et contre les éléments. Les jeunes gens sont de belle venue, courageux et forts ; les vieillards encore verts. L'ancien district d'Owerstade, le pays de Vierland et de Wusten, sont peu connus. Les voyageurs trouveraient cependant matière à d'utiles comparaisons, en parcourant ces Marches hanovriennes qui ressemblent si peu aux sablonnières du Brandebourg. Le bien-être sourit sur le seuil hospitalier, tandis que là-bas, en Prusse, la misère vous épie de son regard farouche.

Des bancs de sable, des îles de roseaux surgissent du sein du fleuve et annoncent le voisinage de la mer. Bientôt apparaît une longue ligne de vagues grises, argentées d'écume. Les mouettes se balancent paresseusement au-dessus du flot, et les hirondelles forment dans le ciel comme une série de petits losanges noirs. Autour des bateaux, grand tumulte : ce sont des dauphins à la tête ronde comme celle du morse, qui ont l'habitude de se rassembler à l'embouchure du fleuve, et que notre vapeur trouble dans leurs ébats.

A droite, une tour massive, couleur chocolat, avec deux canons qui bâillent, s'élève au milieu d'un fouillis de maisons coiffées de toits rouges. C'est le fort Wilhelm, construit par le roi de Hanovre, et qui décore beaucoup mieux le paysage qu'il ne défend la côte.

Nous atteignons Geestemunde, à l'embouchure du Weser et de la Geste. C'est une station commerciale importante. De belles maisons s'alignent sur les quais, mais Bremerhaven, sur la rive opposée, quoique d'origine plus récente, est plus riche et plus prospère.

Bremerhaven a la véritable physionomie du grand port de mer. Tout vit, tout s'agite dans ses rues, sur ses quais. En voyant cette foule de matelots bigarrés et de navires de tous pavillons, on passe en revue le monde entier. Les magasins de Bremerhaven n'ont rien à envier à ceux de Hambourg.

Pour qui marche le long de ces devantures où s'entassent les produits des deux mondes, et parcourt du regard ces enseignes en toutes langues, la flânerie acquiert l'intérêt d'une promenade dans un musée. Ici, ce sont des ananas, des noix de coco; là, des coquillages, des coraux, des serpents conservés dans l'esprit de vin, des oiseaux et des crocodiles empaillés, des papillons merveilleux, des insectes étranges.

J'ai fait l'ascension du phare. La vue est immense. Quand la marée monte, on ouvre les portes de fer des bassins, les vaisseaux entrent, les portes se referment, l'eau s'écoule par des écluses, et les charpentiers font à pied sec le tour des navires, qui semblent échoués sur la plage. Les chantiers s'étendent à perte de vue. Les mâts des navires portugais, espagnols, hollandais, poussent dans les forêts tudesques; les bâtiments de la marine marchande de ces trois nations sortent à peu près tous des chantiers de Bremerhaven. Sur les quais, il y a des entassements de tonnes, de caisses, de ballots, qui forment comme de petites montagnes qui se ramifient, qui s'élèvent et qui s'abaissent. Les quais de Wilhelmshaven furent primitivement construits avec des fascines. Les rats s'y trouvèrent tellement à l'aise et y prospérèrent si bien, qu'ils menacèrent d'envahir la ville, absolument comme s'ils étaient de race prussienne. Les autorités en référèrent au roi, et un jour on vit arriver un général avec une compagnie de soldats et deux canons, qui détruisirent les quais et mitraillèrent les fugitifs.

En se retournant, on a devant soi la mer, non pas la mer unie et calme comme une glace, mais la mer bruyante, encombrée, en fièvre de travail, exhalant une respiration puissante qui remplit l'espace d'un grand bruit. C'est un tableau imposant. Dans le lointain, les îles de Neuwerck et de Wangeroog apparaissent comme de grosses mouches vertes.

Comme je descendais du phare, un navire portant un pavillon rouge et jaune entra au port. Ce bâtiment venait de Carthagène chercher une livraison d'armes pour l'Espagne. La Prusse, qui a refusé jusqu'ici de revendre à la France les chassepots qu'elle lui a pris, les donne dans les prix doux au gouvernement de Madrid, bien sûr que celui-ci ne les emploiera jamais contre elle.

Les chemins de fer et les vapeurs du Weser amènent en moyenne chaque année cinquante à soixante mille émigrants à Bremerhaven. 250 navires du *Nord-Deutsche-Lloyd* sont exclusivement employés au service de l'émigration. En 1871, la statistique officielle constata que 5,348 individus émigrèrent de la province de Prusse proprement dite ; 1,817 de celle de Brandebourg ; 4,094 de celle de Poméranie ; 2,897 de celle de Posen ; 1,694 de celle de Silésie ; 979 de celle de Saxe ; 8,510 de Hanovre, 2,181 de Westphalie ; 3,981 de la Hesse et du duché de Nassau ; 2,944 de la province du Rhin. En tout, 38,000 émigrants, dont 26,000 sont partis avec une autorisation légale et les autres se sont enfuis. Le nombre des émigrants qui se sont embarqués en 1872 à Brême, Hambourg et Anvers, a été de 125,754 ; en 1873, il a été de 103,898. Dans ce dernier chiffre, la Prusse figure pour 67,574 émigrants ; la Bavière en a fourni 9,591 ; la Saxe-Royale, 2,793 ; le Wurtemberg, 4,651 ; Bade, 4,372 ; la Hesse grand-ducale, 2,024 ; le Mecklembourg-Schwérin, 3,472 sur 500,000 habitants ; l'Oldenbourg, 1,139 ; l'Etat de Hambourg, 1,162 ; l'Alsace-Lorraine, 470.

Les chiffres de l'émigration totale pour 1874 viennent d'être publiés, et il en résulte que la Prusse seule a perdu cette année-là, 27,772 habitants contre 48,757 en 1874. Il importe de remarquer que 17,662 émigrants sont partis *sans permission*. Voici comment le chiffre total des émigrants se répartit entre les diverses provinces : Prusse orientale, 4,392 ; Poméranie, 3,157 ; Brandebourg, 1,036 ;

Posnanie, 2,316; Silésie, 2,238; Saxe, 835; Schleswig-Holstein, 2,764; Hanovre, 4,646; Westphalie, 991; Hesse-Nassau, 1,392; province du Rhin, 2,910, et Hohenzollern, 97. Dans la même année, 9,752 jeunes gens se sont soustraits au service militaire, mais les deux tiers au moins appartiennent à la réserve de la landwehr.

On compte que depuis 52 ans, il y a eu deux millions et demi d'émigrants. En France, dans le même laps de temps, il n'y a eu que 250,000 individus qui ont quitté leur pays. Dans la province de Lauenbourg, en six mois seulement, sur une population de cinquante mille habitants, il y en a eu quinze cents qui sont partis pour l'Amérique.

En 1850, le gouvernement brémois a fait construire à Bremerhaven, en face du port, un immense caravansérail pour les émigrants; il renferme deux mille chambres qui se louent à peu près 80 centimes par jour. La cuisine se fait à la vapeur; on peut cuire 3,500 repas en même temps.

Je m'étais promené de longues heures sur les quais, et voulant jeter un dernier coup d'œil sur tout ce que j'avais vu, je vins m'installer sur la terrasse de l'hôtel Winter. On domine de là les vastes bassins du port, et nulle part, dans toute l'étendue du nouvel empire, le café et les havanes ne sont plus parfumés. Depuis un instant, je remarquais un va-et-vient continuel et inusité entre l'*Ausswanderhaus* (la maison des émigrants) et un paquebot qui chauffait devant l'embarcadère.

— Encore des émigrants! s'écria tout à coup, à côté de moi, un capitaine de vaisseau en retraite, qui vient chaque jour chercher dans le spectacle du port un adoucissement à sa nostalgie de la mer. Les journaux annoncent que l'émigration diminue, mais moi qui vois encore clair, je ne m'en aperçois pas, me dit-il en se tournant vers moi. Voilà quatre ans que nous avons régulièrement deux départs d'émigrants par semaine. Savez-vous, monsieur, et il tira son calepin, combien il est arrivé d'Allemands aux États-Unis de 1845 à 1855 ? J'ai ici des chiffres officiels : 1,226,332. Après la guerre du Danemark, le nombre des émigrants partis de Brême et de Hambourg a été de 18,000 ; après la guerre d'Autriche, de 26,000 ; après la guerre de France, en 1871, de 38,000. Les avantages directs et indirects que les États-Unis retirent de cette émigration sont incalculables. On n'évalue pas à moins de 11 millions de dollars la somme importée d'Allemagne en Amérique tous les ans ; car ne croyez-pas que les pauvres diables seuls s'en aillent. Il y a de riches familles qui vendent tout et qui s'en vont uniquement pour soustraire leurs enfants au service militaire. Outre l'argent qu'ils possèdent, les émigrants emportent avec eux en moyenne pour 150 dollars d'effets d'habillement, d'outils et de bijoux.

« Les 250,000 qui sont arrivés à New-York en 1869 ont donc augmenté la richesse nationale de 37 millions 1/2 de dollars. Un immigrant apporte aussi dans le pays où il s'établit une valeur égale au produit moyen du travail d'un indigène. Cette valeur dépend de l'intelligence, des habitudes de vie et du caractère de l'immigrant. On a calculé qu'un colon ou un travailleur américain dépense, avant d'être capable de gagner sa vie, 1,500 dollars, et une femme 750 dollars. Les immigrants sont, pour un cinquième, âgés de moins de quinze ans ; mais les quatre autres cinquièmes sont composés en majeure partie d'hommes dont l'éducation aurait occasionné une dépense de 1,500 dollars. En supposant que le nombre de femmes égale celui des hommes, chaque immigrant représente donc pour le pays où il s'établit une valeur de 1,125 dollars. Or, il est arrivé à New-York, du 5 mai 1847 au 1er janvier 1859, 4,038,991 personnes. Si l'on ajoute au capital de 1,125 dollars que représente chacune d'elles, les 150 dollars dont j'ai parlé, cela donne un total de 1,275 dollars; et l'on trouve que la richesse nationale a dû s'accroître de 5,149,525 dollars. Une émigration de 300,000 âmes par an ferait donc profiter le pays de 882 millions, ou de plus d'un million de dollars par jour.

« En ne tenant pas compte des émigrés, la population des Etats-Unis s'accroît de 1,38 0/0 par an; avec les émigrants, l'accroissement a été de 35,17 0/0 de 1840 à 1850, et de 35,59 0/0 de 1850 à 1860. L'immigration a, par conséquent, avancé de quarante ans le développement de l'Amérique [1].

— Voilà des chiffres édifiants, capitaine, et une statistique pleine d'éloquence.

— Cela vous prouve, monsieur, que pour l'Allemagne la perte n'est pas seulement en hommes, mais aussi en argent. Quelle armée formidable on ferait avec tous les

---

[1] « Vous vous figurez en France qu'il n'y a d'émigrants allemands pour l'Amérique que des laboureurs honnêtes, las de fouiller sans fruit le sol de leur patrie, ou bien des moines et des religieuses à qui les lois de mai interdisent le séjour de l'Allemagne, écrivait-on de Berlin, au mois de décembre 1875, à *l'Evénement*. Eh bien, d'après des conventions additionnelles entre l'empire et les Etats-Unis, il appert qu'un certain nombre de prostituées, des *Gretchen* de ruisseau, prenaient annuellement le chemin de New-York pour y faire leur commerce dans de meilleures conditions qu'au pays natal. L'acte en question stipule, en effet, que l'introduction — je devrais dire l'importation — aux Etats-Unis de femmes allemandes dans un but de prostitution est désormais prohibée, et que *tous les contrats conclus par rapport à cela sont de nulle valeur*. Toute contravention, en ce sens, est-il dit, constitue un délit punissable de 1 à 5 ans de prison et de 100 à 5,000 dollars d'amende. Voilà qui est édifiant, et il a fallu que les conventions additionnelles ci-dessus fussent publiées pour que l'on connût que l'Allemagne payait un tribut de chair humaine à l'Amérique, cette terre de Chanaan de tant de citoyens de *l'empire des bonnes mœurs et de la crainte de Dieu.* »

Allemands qui ont émigré aux Etats-Unis, et avec les capitaux qu'ils ont emportés, que d'industries on pourrait créer, que d'améliorations on introduirait dans l'agriculture! Une fois en Amérique, le capital ne revient plus; l'exportation, dans ce pays, est de beaucoup supérieure à l'importation. Les Etats-Unis se suffisent à eux-mêmes et tiennent l'Europe sous leur dépendance commerciale. Il est faux de dire que l'Allemagne retire des avantages de l'émigration, comme l'ont prétendu certains économistes. Quant aux liens de solidarité qui unissent les deux pays, je sais à quoi m'en tenir, moi qui ai parcouru pendant dix ans ces contrées. Les Allemands deviennent plus promptement Américains que les Anglais, et ils n'ont aucun désir de revoir leur patrie. C'est tout le contraire chez les Français, qui ne partent pour les pays lointains qu'en vue d'y faire une fortune rapide et de revenir tranquillement passer leur vieillesse à l'ombre du clocher natal.

— Croyez-vous, capitaine, à l'efficacité des lois qu'on a élaborées pour s'opposer à l'émigration?

— Non. Ces mesures blessent la liberté individuelle, voilà tout. Elles n'empêchent point ceux qui veulent émigrer. Depuis que des mesures de police sont prises, qu'arrive-t-il? Les jeunes gens aptes au service militaire vont s'embarquer au Havre et rejoignent leurs parents en Angleterre. Il y en a aussi qui trompent la surveillance de l'autorité, en gagnant de nuit, des villages côtiers, les paquebots en partance pour le Nouveau-Monde.

« Depuis la dernière guerre, 16,000 conscrits, en moyenne, manquent chaque année; et dans ce chiffre n'entrent pas seulement les émigrants, mais aussi les déserteurs. Car on déserte pour se soustraire aux rigueurs de la discipline prussienne. Du reste, l'entretien du soldat est insuffisant. Des plaintes générales s'élèvent à ce sujet. Ce n'est pas seulement dans le Nord, où la pauvreté est plus grande, que les jeunes gens émigrent, mais aussi dans le Sud. Dans le seul district de Bottweil, en Wurtemberg, il y a eu en six mois 143 jeunes gens qui ont été condamnés par contumace pour s'être soustraits au service militaire. Le tribunal de Cologne, en une semaine, a condamné par défaut quatre-vingt-dix-neuf jeunes gens réfractaires, natifs de cette ville, qui faisaient partie du dernier contingent et qui, en passant à l'étranger, ont renoncé à cueillir de nouveaux lauriers. La *Gazette de Magdebourg* assurait qu'en haut lieu on se serait inquiété des proportions que prend le mouvement. Un employé supérieur du ministère de la guerre aurait dit récemment que l'on pourrait former tout un corps d'armée avec les jeunes gens qui ont quitté le pays pour ne pas servir. »

Il était trois heures ; le *Moltke*, qui appareillait, avait fixé son départ pour cinq heures, il me restait assez de temps pour visiter le navire. Je descendis au port, et après m'être muni au bureau d'un billet de visiteur, je montai sur le pont du transatlantique.

Ces paquebots du *Nord-Deutsche-Lloyd* sont de merveilleux bâtiments. On dirait de grands hôtels flottants. Les cabines des 1res unissent le comfort à l'élégance ; le salon et la salle à manger sont décorés avec un luxe oriental : des tapis, des divans de velours, des fleurs, des tableaux, chefs-d'œuvre de maîtres, un piano, tout ce qu'il faut pour distraire le regard et la pensée.

Mais quel contraste en passant de ces appartements princiers à l'entre-pont, sombre, à peine éclairé, aux parois de bois brut, où les pauvres émigrants sont entassés par centaines sur la couverture ou le matelas qu'ils ont eu la prévoyance d'ajouter à leurs bagages. C'est sortir d'un palais pour entrer dans une cabane. Et quelle cabane !

Des améliorations considérables ont cependant été apportées dans le transport et le traitement des émigrés. Autrefois, ils n'étaient guère mieux traités que des animaux, et les navires allemands se distinguaient d'une manière toute spéciale dans cette abominable traite des blancs. Les émigrés devaient acquitter en travaillant le prix de leur passage, et jusqu'à ce qu'ils fussent libérés de leur dette, on pouvait les vendre comme esclaves. Pour la plus légère infraction aux règlements, on leur administrait la schlague. Des capitaines anglais, qui essayèrent d'introduire sur leurs navires cette coutume barbare, furent pendus par ordre du Parlement. Dans une seule traversée de Brême aux États-Unis, il périt 250 passagers.

Ceux du *Moltke*, au nombre de trois cents, appartenaient à la Hesse, aux provinces rhénanes et à la Westphalie. Je descendis dans l'entre-pont. Les femmes rangeaient silencieusement leur literie, et à côté d'elles des nouveau-nés dans leur berceau souriaient comme de petits Moïses. Les hommes cachaient leur émotion sous une activité fiévreuse.

— Ne regrettez-vous pas l'Allemagne? dis-je à des Rhénans.

— Nous regrettons la patrie, mais nous ne regrettons pas l'empire; nous allons au pays de la liberté [1].

Ils rejoignirent leurs femmes, qui avaient tiré leur chapelet pour prier; je compris leur réponse.

Sur le pont, une belle jeune fille de vingt-deux ans, portant le pittoresque costume des Hessoises, plongeait une dernière fois son regard dans les brumes de l'hori-

---

[1] On lisait dans le *Vaterland bavarois* du 18 septembre 1875 : « D'après des avis de Hambourg et de Brême, le mouvement d'émigration a été, cette année, beaucoup plus considérable que les feuilles libérales ne veulent le reconnaître. Naturellement! L'exécuteur, le bâton du caporal, la triste situation politique, économique et sociale, et, brochant sur le tout, le grand combat civilisateur, sont de mauvais moyens de rendre à un homme sa patrie chère et précieuse. Parmi les émigrés on ne compte pas moins de 82,418 hommes placés sous le coup de la loi militaire. »

zon, du côté de la terre. Que regrettait-elle? Un fiancé, sans doute, un ami d'enfance en ce moment sous les armes. Un léger tremblement agitait sa main; sa figure triste et pâle eût ravi un peintre, elle me navra. J'avais récolté assez d'émotions comme cela; je rentrai à l'hôtel.

Au coup de cinq heures, le navire leva l'ancre, les matelots poussèrent un hourra, des mouchoirs s'agitèrent, et toute cette cargaison humaine s'en alla à la garde de Dieu!

## V

Oldenbourg. — Types frisons. — Le duc de Nassau. — Varel. — Wilhelmshaven. — Le port et les chantiers. — La marine allemande. — Son histoire et son avenir.

J'ai été aujourd'hui de Brême à Wilhelmshaven, le port d'armement et de construction le plus considérable du nouvel empire. Parti de Brême un peu avant le lever du soleil, me voici de retour deux heures après son coucher.

Si je n'avais eu que le *Guide Joanne*, j'aurais été passablement embarrassé de trouver mon chemin. Il est vrai que Wilhelmshaven n'existait pas encore en 1862, époque à laquelle parut la dernière édition de l'*Itinéraire de l'Allemagne du Nord*.

A neuf heures, j'arrivai à Oldenbourg, bien que le chemin de fer grand-ducal ne semble pas vouloir marcher avec le siècle de M. de Bismarck, et se montre quelque peu récalcitrant aux efforts de la vapeur. Oldenbourg est une petite ville paisible et sage comme son prince. En 1866, le grand-duc prétexta des rhumatismes, et au lieu de se mettre en campagne, il envoya son humble soumission à Berlin. Le roi Guillaume le récompensa de cet acte de courage en lui laissant son duché, ce qui a été un remède souverain contre les rhumatismes de Son Altesse.

La gare d'Oldenbourg est un ignoble hangar. Au milieu, on voit un tonneau sur un chevalet, avec cette inscription : *Trinkwasser* (eau potable). Les voyageurs tournent le robinet et boivent à pleines gorgées. Les gens qui m'entourent ont le type frison dans toute son originalité : cheveux blond clair, grands yeux bleus et teint de lait. Les femmes sont fraîches, rondes et charnues comme les nymphes de Rubens. Leurs belles dents blanches semblent faites pour mordre au fruit défendu. A droite, dans un champ, des soldats prussiens, en costume de garçons pâtissiers, dressent des tentes. On dirait que le petit camp qui se forme près de la gare n'est là que pour le décor, tant il a l'aspect inoffensif.

Le duc de Nassau a obtenu la grâce de conserver quelques échantillons de son ancienne armée : ces honnêtes guerriers, dont l'ennemi n'a jamais vu que les gros derrières, portent un uniforme varié de couleurs comme le plumage du perroquet; ils font la police de la gare, armés d'une longue pipe.

Enfin, après une demi-heure d'arrêt, le bon petit chemin de fer de Son Altesse se décide à continuer sa route. Des dames, avec des paniers de provisions, envahissent notre vagon. La bouteille de kirsch, qui aide à pousser les tranches de jambon de Hambourg, passe de bouche en bouche et cueille les plus doux baisers. Ces scènes d'intérieur n'ont malheureusement plus beaucoup d'attrait pour moi ; je leur préfère le paysage.

Jusqu'à Varel la contrée est riche et prospère. De beaux troupeaux de vaches tachetées de noir errent dans les pâturages verts. Les bois de chênes abritent des cerfs, des chevreuils ; les chasseurs y font d'horribles Saint-Barthélemy de lièvres et de perdreaux. Les grands propriétaires possèdent la majeure partie du sol. On me montre, à l'extrémité d'une avenue superbe, le château seigneurial d'un Français, réfugié de l'édit de Nantes, M. Decossaix, qui possède un domaine dans lequel un canton suisse tiendrait à l'aise tout entier.

Aux troupeaux de vaches succèdent des troupeaux de chevaux et de brebis, et aux prairies succèdent de vastes plaines de bruyères. Enfin des marais entrecoupés de flaques d'eau peuplées de canards sauvages et de mouettes, indiquent le voisinage de la mer. Bientôt des mâts de barques se montrent derrière les digues comme de grands roseaux mouvants.

A partir de Varel, on longe la mer. Quelle mer! C'est en vain que j'ai cherché à reconnaître, dans ses teintes ternes et boueuses, cette mer bleue des *sagas* du Nord, des poëtes et des légendes. Si les belles Nixes se contentent de cette cuvette pour leurs « ébats voluptueux », il faut avouer que ces nymphes allemandes ne sont pas difficiles, ou que ceux qui les ont chantées n'ont jamais vu les flots qui leur servent de baignoire.

Une nouvelle déception m'attendait à Wilhelmshaven. La locomotive s'arrêta au milieu des sables, à cinq minutes de la petite ville; une pluie battante nous inonda à notre descente de vagon, et nous faillîmes être obligés de gagner notre hôtel à la nage.

Quand les nuées qui passent, chassées par un vent du sud-ouest, ont fini de vider leurs ondes, je m'empresse de me rendre à l'amirauté. C'est un immense édifice, au bout d'une immense place; un immense drapeau flotte sur son faîte terminé en tour d'horloge. Des deux côtés, des avenues en formation : à travers les fenêtres ouvertes des rez-de-chaussée, j'aperçois des sabres, des pistolets accrochés aux murs, et des officiers de marine qui lisent, qui écrivent ou se font la barbe.

J'avais une lettre d'introduction auprès du secrétaire de l'amirauté; bien que l'accès des chantiers de Wilhelmshaven soit permis, je ne rencontrai pas moins de sérieuses difficultés. On conféra longtemps, on en référa à l'amiral qui avait autre chose à faire; enfin, après deux longues heures d'attente, un officier supérieur, portant un lorgnon sur ses lunettes, vint m'étudier sur toutes les coutures. A la question : « Quel est votre état ? » je répondis : « Je suis étudiant en droit », oubliant que les avocats s'étaient faits généraux après Sedan. Au besoin, j'aurais pu exhiber ma carte d'immatriculation à l'Université de Tubingue ; mais l'officier envoyé pour m'inspecter n'avait heureusement jamais rencontré maître Laurier sur les champs de bataille. De guerre lasse, il se décida à prendre une feuille de papier, timbrée du sceau de l'amirauté, et me donna, moyennant la modique somme de deux francs, la permission de visiter les chantiers, les ateliers et le port. « Soyez tranquille, lui dis-je, je n'emporterai pas de frégate dans ma poche. »

Les chantiers de Wilhelmshaven, que des murs et de hautes palissades mettent à l'abri des regards indiscrets, et que des retranchements avancés protègent contre les boulets des flottes ennemies, n'ont pas moins de deux lieues de circonférence. Neuf portes, gardées par des matelots qui tiennent une grosse hache, y donnent accès. Les ateliers ont des proportions colossales. Plus de dix mille ouvriers y sont occupés à forger l'acier, à scier le bois; des machines à vapeur perfectionnées travaillent avec une activité double et triple de l'activité humaine. Elles percent d'un coup de dent des blindages de fer épais de 34 centimètres. Cinquante forges, continuellement allumées, ouvrent leur gueule de feu. Le bruit est assourdissant. On se croirait sous l'Ætna, chez les Cyclopes.

Deux grandes frégates cuirassées sont en ce moment en construction; une sentinelle m'empêche de m'en approcher. L'éperon de ces monitors est formidable, et percerait un rocher. L'une, le *Grand-Electeur*, porte déjà une cuirasse de 22 centimètres d'épaisseur, elle jauge 6,700 tonnes, et la force de sa machine est de 5,400 chevaux. Son équipage sera de six cents hommes; le magasin aux provisions contiendra des vivres pour trois mois et de l'eau pour un mois. Cette frégate sera, en outre, pourvue d'un appareil destiné à la distillation de l'eau de mer.

Les chantiers de Wilhelmshaven passent pour les plus beaux et les plus complets du monde. Je n'aurai garde d'y contredire, ayant visité fort peu de ports militaires. Ce qui frappe avant tout ici, c'est la puissance de volonté qui a fait surgir les immenses constructions et toute cette ville, d'une plage déserte et battue par les flots. Il y a dix ans, Wilhelmshaven n'était pas même un hameau de pêcheurs ; son nom n'existait pas. Quand, en 1852, le rêve de créer une flotte allemande s'évanouit, à la suite de dissensions intestines, la Prusse résolut de se mettre seule à l'œuvre, malgré l'exiguïté de ses ressources et les difficultés qu'elle devait rencontrer. La plus grande était de trouver un port qui remplît toutes les conditions voulues. Un port militaire doit être assez profond pour permettre aux navires de toutes dimensions et de tous tonnages de mouiller par tous les temps ; il doit, de plus, être à l'abri de la fureur des éléments, et par sa situation stratégique, permettre la construction de forts qui protégent les chantiers contre un bombardement. Les côtes de la mer Baltique n'offraient pas de point favorable. La Baltique est une mer encaissée, où les tempêtes sont d'une extrême violence. Le rivage est plat ou hérissé de rochers. Dans la mer du Nord, les embouchures de l'Elbe, du Weser, de la Jade et de l'Ems convenaient parfaitement à l'installation d'un port militaire. Mais les sentiments particularistes des petits États, surtout du Hanovre, empêchèrent le choix. Le duché d'Oldenbourg, seul, se montra disposé à seconder la Prusse dans ses efforts, et conclut avec elle, en 1853, une convention d'après laquelle elle lui cédait les côtes de l'embouchure de la Jade, moyennant une indemnité de 500,000 thalers. La Prusse s'engageait en outre à construire des routes et un chemin de fer. Trois années d'études, de sondages et de mesurages dans la baie de Jade donnèrent de bons résultats. Les travaux commencèrent en 1858. Mais l'année suivante un ouragan détruisit les digues construites à grands frais, et les chantiers furent inondés. Les travaux étaient à recommencer. Pour surcroît de malheur, la fièvre des marais décimait les travailleurs.

Ce qui frappe le plus en parcourant ces vastes chantiers, ces magasins d'approvisionnement et d'armement, c'est moins l'entassement de matériaux et de canons, de boulets et de torpilles, que la fiévreuse activité qui y règne. Je conseille à ceux qui rêvent de longues années de paix d'essayer une petite excursion à Wilhelmshaven et à Essen, ou seulement dans les forteresses de l'ouest. Le peuple allemand, on ne peut le mettre en doute, désire la paix; mais si M. de Bismarck partageait ces sentiments, verrions-nous des milliers de bras occupés à construire des vaisseaux et à fondre des canons? Verrait-on les dépôts d'armes se remplir, les fabriques de poudre et de conserves travailler jour et nuit, partout des fortifications nouvelles s'élever comme sous la baguette d'un diabolique enchanteur?

Il faut trois heures pour parcourir les chantiers de Wilhelmshaven. Le chemin de fer arrive jusqu'au port de guerre intérieur (Kriegshafen), et le met en communication directe avec l'usine Krupp, qui fournit tous les canons. On sait que M. Krupp est parvenu à fabriquer des blindages qui surpassent en solidité tous les blindages employés jusqu'ici. Quant aux canons monstres qui arment la flotte allemande, ils n'ont pas moins de trente centimètres et demi de diamètre; leur charge de poudre est de 120 livres, et les projectiles qu'ils lancent pèsent de 300 à 305 kilogrammes. On fait continuellement des expériences sur d'énormes bouées qui représentent les meilleurs navires cuirassés de la flotte française.

Les deux môles qui protègent l'entrée du port de Wilhelmshaven sont construits sur pilotis et en pierre. Ils ont 700 pieds de long et ils s'élèvent à 28 pieds au-dessus de la surface de la mer. L'avant-port, auquel conduisent les deux môles, a une longueur de 500 pieds sur 400 pieds de largeur ; sept ou huit grands vaisseaux cuirassés y tiennent à l'aise. L'avant-port peut se fermer à volonté par des portes de fer assez semblables à celles des écluses de nos canaux. Quand on pompe l'eau restée dans le bassin, le bâtiment est promptement à sec. Un canal de 3,600 pieds et large de 216 relie l'avant-port au grand bassin et au port de guerre proprement dit. Le *Kriegshafen* (port de guerre) mesure 1,200 pieds de longueur sur 750 de largeur. Les deux grands docks qui sont attenants ont 440 pieds de long sur 84 pieds de large.

La création de ce port gigantesque avait déjà coûté, en 1869, 11 millions et demi de thalers. Depuis lors, et surtout depuis la dernière guerre, les travaux qu'on y a faits et que l'on continue, ont englouti plusieurs millions. Quatre casernes neuves s'élèvent à gauche du port, ainsi qu'un lazaret, avec 600 lits, et une église fondée par feu la reine mère. A vingt minutes se trouve la cité ouvrière de Belfort composée d'une cinquantaine de petites maisons, entourées d'un jardinet desséché par les vents.

Ce qui rend particulièrement coûteux l'entretien du port de Wilhelmshaven, c'est le curage des anses du littoral que le sable comble en s'amoncelant, ce qui recule la limite des eaux. Cependant l'inconvénient n'est pas si grand qu'on le prétend, et le danger d'un véritable ensablement n'est guère à redouter.

La marine allemande se compose actuellement de 11 vaisseaux cuirassés : Le *Roi Guillaume*, *Frédéric Charles*, le *Prince héritier*, l'*Empereur*, l'*Allemagne*, le *Grand Electeur*, *Frédéric le Grand*, la *Prusse* ; la **corvette** cuirassée

*Hansa*, et les deux vaisseaux cuirassés *Arminius* et le *Prince Adalbert* [1].

Les corvettes sont au nombre de 13, et toutes de 1re classe : l'*Élisabeth*, la *Hertha*, l'*Arlkona*, la *Vineta*, la *Gazelle*, l'*Augusta*, la *Victoria*, la *Méduse*, la *Nymphe*, la *Freya*, la *Thusnelda*, l'*Ariane* et la *Louise*.

Il y a, à part les grandes canonnières l'*Albatros* et le *Nautilus*, 7 canonnières de 1re classe et 10 canonnières de 2me classe; 4 bateaux à vapeur, 2 bateaux de transport; 1 bateau de ligne à voiles; 2 frégates à voiles; 10 grands et petits bateaux pour les torpilleurs et 2 bricks à voiles pour

---

[1] Voici le nouveau règlement relatif à la dénomination des navires de guerre, règlement promulgué par un décret impérial :

1º Les *frégates cuirassées* porteront les noms de princes et hommes allemands « ayant exercé une influence décisive sur le développement historique de la patrie; »

2º Les *corvettes cuirassées* porteront les noms des Etats les plus importants qui font partie de l'empire.

3º Les *grandes frégates à pont couvert*, les noms des batailles les plus glorieuses et les plus décisives livrées par l'Allemagne. Les *petites corvettes*, les noms de généraux, amiraux et hommes d'Etat allemands;

4º Les *corvettes à ras de pont*, les noms de princesses des maisons allemandes;

5º Les canonnières à vapeur porteront des noms empruntés au règne animal, et, en particulier, les canonnières cuirassées des noms de reptiles et d'insectes; les canonnières de la classe de l'*Albatros*, des noms d'oiseaux au vol rapide, et les plus petites canonnières, des noms de petites bêtes de proie à quatre pattes;

6º Les avisos à vapeur, des noms propres indiquant le service spécial auquel ils sont destinés;

7º Les yachts à vapeur, des noms que l'empereur se réserve de choisir ;

8º Tous les vaisseaux-transports, des noms de fleuves allemands;

9º Tous les remorqueurs à vapeur, des noms de vents;

10º Parmi les torpillières à vapeur, les plus grandes porteront les noms de célèbres généraux de cavalerie du présent ou du passé, et les petites seront nommées d'après les diverses armes ou troupes de l'armée allemande.

l'école des cadets et des mousses. En tout, 56 bâtiments, avec 420 canons.

Les navires cuirassés ont un tonnage qui varie entre 3,404 et 5,939 tonnes. La force des machines est de 3,500 à 8,000 chevaux. L'armement de ces navires se compose de 6 à 23 canons; l'équipage, de 500 à 700 hommes.

L'*Empereur-Guillaume*, qui passe pour un des navires cuirassés les plus formidables qu'on ait construits jusqu'ici, a été commandé par le gouvernement turc, en 1865, mais la Prusse, comme dit la *Gazette de l'Allemagne du Nord*, le « souffla au sultan. » Il sort des chantiers anglais. Son blindage ou sa cuirasse est d'une épaisseur de huit pouces et descend sept pieds au-dessous de l'eau. L'*Empereur-Guillaume*, dont les machines sont de la force de 700 chevaux, est armé de 26 canons d'acier, qui lancent des projectiles de 300 livres et tirent deux coups à la minute; la charge de ces canons est de 75 livres de poudre.

Le *Kaiser*, construit dans les célèbres chantiers des frères Samunda, à Londres, d'après les plans de feu le prince Adalbert et de l'amiral Jachmann, porte une cuirasse de 10 pouces d'épaisseur; il est muni d'une casemate cuirassée qui permet de tirer, dans toutes les directions, avec deux canons de fort calibre (26 centimètres).

Ce formidable navire jauge 7,400 tonneaux. Sa machine est d'une force nominale de 1,300 chevaux. Mais cette force peut être portée jusqu'à 8,000 chevaux. La longueur du navire est de 280 pieds anglais, sa largeur, de 62 pieds. Son tirant d'eau est de 24 à 26 pieds. Il est armé de huit canons de 26 centimètres en batterie, plus un canon de 21 centimètres sur le pont. Les canons de 26 centimètres peuvent perforer une plaque de fer de 11 à 12 pouces, et l'on calcule qu'une seule bordée d'un des flancs du *Kaiser* suffirait pour détruire le blindage du plus puissant vaisseau cuirassé.

Le *Kaiser* porte à son bord un bataillon de marins de

800 hommes. Il file 14 nœuds à l'heure. Cette frégate a été lancée, il y a deux ans, à Poplar, sur les bords de la Tamise, en présence de l'ambassadeur d'Allemagne, le comte de Munster, de l'ambassadeur d'Autriche et de plusieurs personnages marquants de la diplomatie et de l'aristocratie anglaise. La comtesse de Munster, chargée de baptiser le monstre, a dit en l'arrosant de champagne : « Puissent les vents favorables te pousser sur toutes les mers, et puisses-tu servir à protéger la grande patrie allemande, faire honneur à ton nom et à ta destination ! » Le comte, au déjeuner, avec ce tact prussien si délicat qui le caractérise, n'a pas manqué de rappeler les succès de l'Allemagne, « succès qui lui ont donné la prépondérance sur *toutes* les autres nations ».

Une autre frégate cuirassée allemande, le *Deutschland* (l'Allemagne), sera terminée cette année. Elle est exactement contruite sur le même modèle que le *Kaiser* : ce sont les frères siamois de la marine allemande.

Le *Kronprinz* (prince de la couronne) est également de construction britannique ; il est armé de 14 canons d'acier, d'un calibre de 26 centimètres, et porte à l'arrière et à l'avant un canon mobile (*pivot-canon*) protégé par une paroi blindée. Le *Kronprinz* file 13 nœuds à l'heure ; son bataillon de marine se compose de 500 hommes.

La construction des nouveaux cuirassés le *Kaiser*, le *Preussen*, le *Friederich der Grosse* et le *Grosser Kurfurst*, coûtait, à la fin de l'année dernière, 20,835,730 marcs (le marc d'argent vaut 1 fr. 25 c.). Trois corvettes cuirassées sont revenues à 4,793,802 marcs, et quarante-huit autres navires à 52,863,291 marcs, en outre de 13,188,134 marcs affectés aux réparations. Un surplus de 16,459,500 marcs est affecté au département de la marine pour l'année 1876. Les fonds secrets à la disposition du ministre de la marine ont été augmentés de 9,000 marcs cette année, et cette augmentation fut expliquée au Parlement « *par la nécessité où l'on est d'être bien informé de ce qui se passe dans les ports et les arsenaux de l'étranger.* »

La première frégate cuirassée construite en Allemagne est sortie, en 1873, des grands ateliers du *Vulcain*, sur la rive gauche de l'Oder, vis-à-vis de Stettin ; elle s'appelle la *Prusse* (Preussen), et a reçu le baptême des mains du prince royal. Il y a quelques jours, ces mêmes ateliers ont livré une nouvelle corvette qui, dans le principe, devait porter le nom de la veuve du vertueux Peau-Rouge Arminius, madame Thussielda. Mais, au dernier moment et comme on approche de l'anniversaire de la bataille de Leipsig, on a préféré lui donner le nom de cette bataille, qui abattit la puissance de Napoléon.

« L'empereur, a dit le général Stosch, chef de l'amirauté, l'empereur a voulu que le nom de ce navire rappelât le souvenir d'une grande bataille où un ennemi insolent fut vaincu, bataille qui fut pour nous le commencement de l'unité, aujourd'hui couronnée, de la patrie allemande. »

La marine, sur pied de paix, compte 350 officiers de tous grades, 5,660 matelots, 1,000 machinistes et chauffeurs, et 460 ouvriers. Les matelots forment deux divisions : l'une réside à Wilhelmshaven, l'autre à Kiel. Il y a en outre un bataillon d'infanterie de marine de la force d'un bataillon de troupes de terre, et une division d'artillerie, qui comprend 4 compagnies.

Les Allemands ont également créé, — comme ils ont créé les « bataillons de chemins de fer », — des bataillons de *torpilleurs*, appelés « de marine. »

Ces derniers sont destinés à opérer de rapides descentes sur les côtes ennemies, — le temps d'incendier un village, de lever une contribution et de remonter à bord.

On doit porter l'effectif du bataillon maritime à 4 officiers d'état-major, 9 capitaines, 95 lieutenants et 1,500 soldats.

Pour mettre la flotte allemande actuelle sur un pied de

guerre, il faudrait plus de 500 officiers, 400 officiers de bord, 10,000 matelots, 1,700 machinistes et chauffeurs, et 800 ouvriers de bord.

L'équipage est fourni en grande partie par les populations des bords de la Baltique et de la mer du Nord. Le recrutement annuel donne 1,300 matelots, 500 volontaires d'un an, 200 volontaires de 3 à 4 ans, 174 ouvriers, et 200 mécaniciens et chauffeurs. Cependant, l'année dernière, sur les 2,300 jeunes gens obligés d'entrer au service de la marine de l'État, 700 ont manqué à l'appel; ils ont émigré. Cela fait une diminution de 31 0/0. Les matelots engagés ne prolongent jamais leur temps de service. Il en résulte une véritable pénurie de bons sous-officiers. La discipline du bord est regardée comme beaucoup trop sévère, et les exercices comme trop fatigants, car le matelot est encore obligé de faire des manœuvres, et l'exercice avec le fusil Mauser. La solde est inférieure à celle des marins des autres nations. Un matelot ne reçoit que 18 à 20 thalers par mois sur un navire allemand, tandis qu'on lui en donne 24 à 25 sur un navire anglais, et 30 à 40 sur un navire américain. Pour remédier à cet inconvénient, on a fondé des compagnies de mousses, dans lesquelles peuvent entrer les jeunes garçons vigoureux de 14 à 15 ans. Ils sont vêtus, nourris, instruits, et passent un engagement de 12 ans. Parmi les 4,860 marins au service de la flotte allemande, il s'en trouvait, l'année dernière, 3,000 qui appartenaient aux populations des côtes, et 1,840 qui sortaient des compagnies de mousses. Les mousses sont recrutés dans toutes les grandes villes d'Allemagne, et particulièrement dans les orphelinats. Depuis la mort du prince Adalbert de Prusse, la marine allemande n'a pas d'amiral. On espère qu'un fils du prince héritier occupera plus tard ce haut grade.

La marine a un budget spécial qui n'est pas compris dans les 626 millions de francs affectés au budget militaire. Le budget de la marine de guerre représente, en dépenses ordinaires : 18,995,248 marcs; en dépenses extraordinaires : 13,709,706 marcs. Sur ce dernier chiffre, 9,437,706 marcs sont affectés à la construction de navires de guerre; 1,500,000 marcs à l'acquisition du matériel pour torpilles; 633,330 marcs à l'achat de fusils Mauser pour les 1,032 hommes qui composent le bataillon maritime. Dans ce chiffre de dépenses ne sont pas compris l'achat et l'entretien des quinze canonnières qui défendent le Rhin.

En 1882, lorsque la flotte allemande sera au complet, c'est-à-dire, lors qu'elle sera forte de 103 bâtiments de guerre, dont 24 seront spécialement chargés de la défense des côtes de la mer du Nord et 24 autres de la défense de la mer Baltique, l'Allemagne établira trois stations maritimes en Asie et trois en Amérique. Ce sera l'escadre militante, toujours prête à partir en guerre et à apparaître, soit sur les côtes de Biscaye pour épouvanter les carlistes, soit sur les côtes de Madagascar pour y débarquer des orangs-outangs poméraniens et brandebourgeois.

Vingt-cinq bâtiments seront affectés en Europe à la garde de la mer du Nord; vingt-quatre navires, dont dix-huit canonnières, et dix-huit bateaux à torpilles défendront le littoral de la mer Baltique; six corvettes cuirassées croiseront dans cette mer, à la barbe des Suédois et des Russes.

Vous savez que la fille du bourgmestre de Dantzig a déclaré, en 1873, en baptisant la corvette *Hansa*, « que l'empire de la Baltique appartenait à la flotte allemande. » La Russie et la Suède n'en sont peut-être pas bien convaincues, mais on ne leur demande pas leur avis.

Kiel et Dantzig ont pris un développement presque aussi considérable que Wilhelmshaven. A Dantzig, on a creusé des canaux, on a construit des ponts, on a conbruit des docks de fer. A Ellerbeck, près de Kiel, on a creusé deux grands bassins, et l'on vient d'achever trois docks.

Swindemunde, à quatre heures de Stettin, était, au temps de Frédéric, un pauvre petit village de pêcheurs ; aujourd'hui, c'est un port fort beau qui compte plus de 8,000 habitants. C'est le pendant de Wilhelmshaven. Deux forts protègent la rade de Swindemunde, et deux môles empêchent qu'elle ne s'ensable. Swindemunde est en outre une station balnéaire très-fréquentée.

L'observatoire de marine dans l'île de Vangeroog est un bureau télégraphique. On a enfin formé une section spéciale de *torpilleurs*. Les expériences les plus curieuses ont été faites depuis deux ans avec les torpilles perfectionnées. La marine allemande est arrivée à pouvoir se servir des torpilles en pleine mer et comme projectiles offensifs (*in offensiven sinn*). C'est en vue de cette guerre (*tropedokrieg*) qu'on a construit une si grande quantité de bateaux à torpilles.

Les côtes de la mer Baltique sont du reste protégées par des travaux de toute espèce. D'énormes canons, couchés sur le sable comme de fidèles chiens de garde, sont non-seulement chargés d'aboyer à la vue des flottes ennemies, mais de cracher contre elles de petites dragées de 500 livres. Des redoutes qui flanquent les embouchures des fleuves avertissent l'étranger qu'il faut parler au concierge ; celui-ci a dans la main, en guise de cordon, les fils télégraphiques qui courent le long du littoral.

Kiel, cette capitale de la province prussifiée du Schleswig-Holstein est la station habituelle de la plus grande partie de la flotte allemande. Le port de Kiel est très-vaste et très-beau ; on dirait le lac Léman, moins les montagnes. Les plus grands navires peuvent venir mouiller comme des bateaux de pêcheurs tout contre les maisons de la ville. A l'entrée du golfe, à une heure de la ville, s'élève la forteresse de Friedrichsort, défendue par d'autres forts, et à laquelle on travaille activement en ce moment. Pendant la guerre de 1870-71, Friedrichsort fut armé provisoirement de canons à longue portée. Un petit vaisseau, le *Renold*, était mouillé en avant du port, prêt à être coulé en travers de la passe, déjà si bien défendue par trois estacades en bois, plusieurs rangées de torpilles et des barrages formés avec de solides filets de pêche. Le vice-amiral Bouët-Willaumez ne tenta pas de forcer le passage pour arriver à Kiel. Il lui aurait fallu pour opérer avec succès beaucoup de choses qui lui manquaient : des chaloupes canonnières, des batteries flottantes, et surtout des troupes de débarquement. Pour arriver devant Kiel même, la flotte française aurait dû passer sous les feux plongeants des forts élevés le long du rivage, à plus de 30 mètres de hauteur.

Kiel est pourvu d'une excellente école de marine et d'une école pour les officiers de pont et les mécaniciens. Un décret du 5 mars 1872 a institué, en outre, à Kiel une Académie de marine pour les officiers.

La population de cette ville qui, en 1864, n'était que de 18,695 habitants, était, au 31 décembre 1871, de 32,899.

Kiel est destiné à devenir le port de guerre le plus important du nouvel empire. On a souvent parlé des secrètes convoitises que l'Allemagne nourrit au sujet du Danemark ; mais attaquer le Danemark, ce serait probablement entrer en guerre avec la Russie, à moins que celle-ci ne reçoive des compensations d'un autre côté. Le *Golos* disait ce printemps, à l'occasion de la question du Schleswig :

« L'existence du Danemark, comme Etat indépendant, est indispensable au maintien de l'équilibre dans le Nord. Tant que l'entrée de la Baltique est aux mains du Danemark, cette mer reste une mer libre et ouverte, mais le jour où l'Allemagne commanderait le Sund, la Baltique deviendrait virtuellement *propriété allemande, ce que l'Europe ne saurait tolérer.* »

L'histoire de la marine allemande reste encore à faire. Quels en furent les commencements ?

L'histoire en main, je vais vous l'apprendre. C'étaient tout simplement de gentils petits navires de corsaires, que Frédéric-Guillaume avait loués à un entrepreneur de piraterie, Hollandais de nationalité, nommé Benjamin Raule. Le grand-électeur lui avait octroyé des lettres de prise, et Raule fit d'excellentes affaires en poursuivant les vaisseaux suédois dans la Baltique et la mer du Nord. Frédéric-Guillaume paya ses services, pour quatre mois, 135,000 florins. La Prusse contractait déjà l'habitude de prendre sur mer et sur terre. Ce petit État n'avait alors que 1,500 habitants ; il en a aujourd'hui 24,642,200.

Frédéric II créa, en 1758, une petite flotte pour protéger les îles d'Usedom et de Wollin contre les Suédois ; mais sous ses successeurs la marine prussienne dépérit, faute d'argent. Ce ne fut qu'en 1848 qu'elle reçut une impulsion inattendue. On décréta la création d'une marine allemande nationale ; on mit dans toutes les brasseries des troncs avec cette inscription : *Pour la flotte allemande.* On organisa des loteries, des tombolas. Les jeunes filles brodèrent beaucoup de pantoufles et les poëtes firent beaucoup de vers. Des spéculateurs de Hambourg profitèrent de la bonne occasion pour vendre, sous le masque du patriotisme, à un prix fort élevé, deux grands vaisseaux à roues, en bois, complétement hors de service. On construisit aussi à la hâte, avec du bois vert, des bateaux de forme grossière, auxquels on donna le nom de chaloupes canonnières, et un grand navire de guerre qui fut baptisé l'*Allemagne*. La carrière de l'*Allemagne* fut peu glorieuse ; ce navire, qui ne combattit jamais que contre les vagues de la mer du Nord, était d'une solidité si douteuse, qu'on jugea prudent de le vendre aux enchères.

Lors de la guerre du Danemark, il suffit de quelques petites frégates à voiles, de quelques corvettes montées par des gens assemblés à la hâte et peu aguerris, pour chasser de la mer du Nord et de la mer Baltique toute la marine des États allemands. Cinq ou six croiseurs danois bloquèrent les côtes de Memel à Emden; et le commerce maritime de Dantzig, Kœnigsberg, Stettin, Stralsund, Rostock, Lubeck, Kiel, Fleusbourg, Hambourg, Altona, Brême fut interrompu pendant toute la durée de la guerre.

En 1864, la face des choses avait déjà changé. La flotte prussienne était assez forte pour empêcher les vaisseaux danois d'entreprendre le blocus des côtes.

Après la guerre de 1870-1871, on lui a reproché sa timidité. Elle se tint prudemment retranchée dans les ports de Wilhelmshaven et de Kiel, derrière une triple rangée de torpilles, et sous la protection des batteries de terre. Toutes les stations maritimes étaient reliées par des fils télégraphiques. Le rôle de la télégraphie a été considérable dans les dernières campagnes de la Prusse. L'unité de conduite n'a pu être maintenue que grâce au télégraphe. M. de Moltke dirigeait toute l'invasion comme un habile machiniste. « Si en 1813, a dit le major Blum, en parlant de la télégraphie de campagne, Napoléon avait pu communiquer par le télégraphe avec Macdonald, Ney et Oudinot, et leur prescrire de cette façon ce qu'ils avaient à faire, il eût notablement retardé la victoire des puissances alliées. » Il est maintenant question de relier toutes les forteresses et les villes de l'empire par des fils télégraphiques souterrains. Les travaux entre Berlin et Dresde sont déjà commencés. Les télégraphes se trouveront ainsi à l'abri d'un ennemi qui envahirait le territoire. Enfin, le *Militær Wochenblatt* vient de publier un article qui déclare urgente la construction de deux lignes ferrées directes, qui mettent en communication les principaux points de la mer Baltique et de la mer du Nord, avec la frontière orientale de l'Allemagne. En 1867, ce projet avait déjà été mis à l'étude [1].

Le grand état-major a aussi décidé de relier entre elles les deux grandes places fortes de l'Allemagne du Sud, Ulm et Strasbourg, dont les forts sont terminés et complétement armés. En 1870, l'Allemagne concentra, en quatorze jours, sur la frontière orientale de la France trois armées qui représentaient une force de 480,000 hommes. Il a été constaté toutefois que 40 à 50,000 hommes sont le maximum que l'on puisse commodément transporter à la fois à des distances qui ne soient pas trop considérables. Dès qu'il s'agit de masses plus fortes, le meilleur réseau de chemins de fer ne fonctionne que très-imparfaitement.

Il m'a suffi de causer avec quelques officiers et sous-officiers de marine pour me convaincre combien la flotte allemande brûlait du désir de faire parler d'elle et de prendre sa revanche. Le capitaine Werner, qui envoya une douzaine d'obus sur les côtes d'Espagne, est adoré de toute la flotte. « C'est le premier qui a osé montrer ce que nous sommes! » me disait un enseigne.

Un officier, qui se trouvait à table à côté de moi, me disait aussi : « Notre flotte, en tout ce qui concerne la construction, l'armement et l'équipage, ne laisse plus rien

---

[1] Le *Militær Wochenblatt* contenait dernièrement des observations fort curieuses sur les services que les chemins de fer pourraient être appelés à rendre dans le cas où l'Allemagne serait obligée de lutter contre une coalition européenne. « Il faudrait à l'Allemagne un réseau de chemins de fer assez concentré pour que 100,000 hommes et au delà puissent être jetés en même temps d'une frontière allemande à l'autre, et ramenés au point de départ, suivant les exigences de la situation. »

à désirer. Il y a vingt-cinq ans, elle était un objet de raillerie aux yeux de l'étranger; aujourd'hui elle ne redoute aucune flotte du continent. La Russie compte dans la Baltique 29 vaisseaux cuirassés, dont 12 corvettes cuirassées, et 98 vaisseaux à vapeur simples, 5 vaisseaux de ligne, 5 frégates et 12 corvettes; mais nous, nous possédons les 11 plus grands vaisseaux cuirassés qui existent. Nous en resterons probablement là, car ces monstres de fer, qui suppriment le courage, n'ont pas encore fait leurs preuves. On en reviendra, vous verrez, à des vaisseaux tout petits, légers et bons coureurs. »

Le même officier me racontait que pendant tout le temps que la flotte française croisa devant la petite île de Wangeroog, le propriétaire du nouvel établissement de bains fit dresser chaque matin la table, avec une bouteille de champagne pour chaque couvert: « Je connais les Français, disait cet hôtelier intelligent; ce sont des gens qui aiment à bien boire et bien manger; si je les reçois en amis, ils ne me feront pas de mal. »

Et c'est ainsi que la flotte française a manqué un bon dîner.

## VI

#### L'USINE KRUPP.

---

Essen à cinq heures du matin. — Les ouvriers de M. Krupp. —
Son véritable secret. — Le district ouvrier de Dortmund. — La
crise industrielle.

On m'avait dit : « Partez le soir pour arriver à Essen au point du jour ; vous assisterez à un spectacle qui vous intéressera. » J'ai suivi ce conseil et j'ai surpris la petite ville au moment où elle s'éveillait. Les portes et les magasins s'ouvraient simultanément, et les rues offraient le pittoresque aspect d'un camp après que la diane a battu. Des hommes débouchaient de tous côtés et semblaient sortir de terre. Tout ce noir fourmillement marchait dans la direction de l'ouest, où d'innombrables cheminées se dressaient dans les brumes du matin.

Pas un cri, à peine un chuchotement dans le défilé de cette caravane dont les pas résonnaient presque en cadence sur le pavé.

C'étaient les ouvriers de M. Krupp qui se rendaient au travail.

Je fus pris dans le tourbillon et entraîné, malgré moi, jusque sur le seuil de l'usine. Là, les pompiers à **casquette** rouge qui font sentinelle, et dont l'œil est habitué à la plus active vigilance, m'arrêtèrent et me dirigèrent vers la loge du portier, où j'attendis que le flot eût passé.

Chaque ouvrier décroche en entrant, d'une immense table noire, un jeton de métal qui porte son numéro. Il remet ce jeton au chef d'atelier, le reprend en sortant le soir, pour le jeter dans une boîte qui a la forme d'une grande boîte aux lettres, et le retrouve le lendemain à son ancienne place. De cette façon, nul n'échappe au contrôle.

Les ouvriers de l'usine Krupp sont soumis à une discipline toute militaire. On les divise par escouades qu'un sous-chef commande; on les réunit aussi sous la conduite d'un seul contre-maître, et les ateliers sont autant de camps retranchés où le voisin ignore ce qui se passe. Il n'y a pas d'ouvrier qui ait visité en entier l'usine dans laquelle il travaille.

M. Krupp a si peur qu'on surprenne le secret de sa fabrication, qu'il a entouré ses États d'une véritable muraille de la Chine sur laquelle on lit, partout répétée, cette inscription en trois langues : *Le public est avisé qu'en demandant à voir l'établissement il s'expose à un refus.*

Le secret de M. Krupp est cependant plus ou moins connu. On sait que si son acier fondu est supérieur aux autres aciers, c'est aux puissants engins qui le façonnent, aux soins extrêmes qui président à sa fabrication, à des expériences sans cesse renouvelées, à une longue suite de préparations coûteuses et patientes, surtout à son élite de contre-maîtres, de chimistes et d'ingénieurs, qu'il le doit. Un Autrichien, le général Uchatius, vient de faire à Vienne des canons en acier fondu, système Krupp, qui, dit-on, peuvent rivaliser avec ceux de l'usine d'Essen, ce qui montre qu'on arrivera, sinon à fabriquer mieux, du moins tout aussi bien. Je parle, bien entendu, des pièces de campagne; car il n'y a que les marteaux-pilons de

M. Krupp qui soient capables de forger des canons de siége comme celui dont on s'est moqué à l'Exposition de 1867.

On m'avait donné une lettre très-chaleureuse pour un jeune homme sorti l'an dernier de l'école polytechnique de Zurich, et que le « Roi du fer » a attaché à la section scientifique.

— A quelle heure pourrai-je voir M. X...? demandai-je au portier.

— A neuf heures.

Il était six heures et demie; je rentrai en ville.

Essen n'est pas joli. Toutes les façades des maisons sont sales et enfumées, et je ne sais rien de plus triste que les nouveaux boulevards, sans animation, sans passants. La vie tout entière est concentrée dans l'usine.

La petite cité qui fait surtout parler d'elle sur les champs de bataille appartenait autrefois à une riche abbesse; la Prusse chassa l'abbesse et prit la ville en 1815, mais la population est restée foncièrement catholique. On ne voit, aux vitrines des papetiers, que des portraits de Pie IX, des images de saints et des brochures contre la politique religieuse de M. de Bismarck. J'ai remarqué beaucoup de magasins de chapelets, de cierges, de petits anges de porcelaine en extase, de religieuses cloîtrées dans des coquilles, de moutons tout constellés d'étoiles d'or, etc. La cathédrale est digne de ses sœurs des bords du Rhin et remonte à l'an 998. Elle a été restaurée en 1855.

Les dix mille ouvriers que l'appât d'un meilleur salaire a attirés de toutes les parties de l'Allemagne, vivent à Essen complètement en dehors des querelles religieuses et politiques. L'an dernier, quelques meneurs nationaux-libéraux ayant cherché à expulser l'élément catholique de l'usine, M. Krupp rassembla ses sujets et leur tint ce discours : « Je ne veux pas que les discordes religieuses pénètrent chez moi; il n'y a pas ici d'autre religion que celle de l'honnêteté et du travail. Voilà, du reste, quarante-huit ans que je suis à la tête de cet établissement, et je dois avouer, quoique protestant, que j'ai toujours eu plus d'ouvriers catholiques ; je n'ai pas remarqué de différence entre eux et les autres sous le rapport de la conscience et des aptitudes, je dirai même que c'est à leur persévérance que je dois une partie du succès de mon entreprise. »

M. Krupp a raison ; ce n'est pas l'ouvrier sincèrement religieux qui organise les grèves et fomente les troubles.

Essen n'est en réalité qu'un quartier de cette immense cité ouvrière qui couvre tout le bassin houiller de Dusseldorf à Dortmund, et qui compte 30,000 habitants par lieue carrée. Avant la guerre, et immédiatement après la rosée des milliards, plus de cent trains de marchandises sillonnaient chaque jour les voies ferrées qui réunissent Dusseldorf, Essen, Elberfeld, Duisbourg, Mulheim, Solingen, Oberhausen ; aujourd'hui, après une orgie de production folle et de spéculations insensées, la plupart des fabriques et des établissements manufacturiers de ce grand district ont subi le contre-coup de la crise berlinoise, et Krupp lui-même a dû, le 1er janvier 1875, réduire de 16,000 à 8,000 le nombre de ses ouvriers.

Dans le district de Dortmund, en particulier, la Compagnie pour la construction des ponts a congédié 350 ouvriers, l'Association minière 165, et la Compagnie Schwerk-Menden a réduit les salaires. Les hauts-fourneaux de la Compagnie New Schottland sont éteints, et, comme conséquence, les ouvriers des mines de Stockte et Scheerenberg sont congédiés ; de même, la Compagnie minière d'Eirenstein a suspendu son exploitation. La fabrique de vagons la Westphalia, les ateliers de lainage de Funke et Elbert, la Compagnie par actions pour la construction du matériel des chemins de fer, les ateliers de fonte d'acier de Hagen et les forges de Hagen Grünthal n'ont presque plus de travaux. La Russie, qui achetait beaucoup en Allemagne, se fournit maintenant en France et en Angleterre, où les matières premières et la main-d'œuvre sont à meilleur marché. A Berlin, l'usine Wœhlert, qui occupait, après la guerre, 1,300 ouvriers, n'en occupe aujourd'hui que 300 ; il y en avait 2,140 dans l'usine Pflug, ce chiffre est descendu à 600. Dans la grande usine métallurgique de Bœrzig, on ne travaille plus que de huit heures et demie du matin à quatre heures du soir. Enfin, on estime que les usines de Berlin ont congédié plus de sept mille ouvriers cette année. Voilà des faits contre lesquels l'éloquence de M. de Bismarck ne pourra rien.

Jamais la grande foire des laines qui se tient à Berlin n'a été aussi peu animée que cette année. Et cependant ce marché passe pour le plus considérable de l'Allemagne. C'est par caravanes qu'arrivaient autrefois les marchands ; les petites hôtelleries étaient pleines, on y faisait grasse lie, on chantait, on buvait, on mangeait, c'était une semaine bénie et attendue avec impatience par toutes les « Belle-Hélène » de la capitale de « la crainte de Dieu et des bonnes mœurs ». Aujourd'hui, plus de rires, plus de chansons, plus de fêtes mythologiques, plus d'écus !

Au lieu de 64,000 quintaux de laines, — chiffre habituel, — il n'en est arrivé que 40,000 à Berlin.

La pénurie est si grande et si générale, qu'une souscription en faveur des inondés de Naumbourg, en Saxe, n'a donné qu'une somme dérisoire, quelques centaines de francs à peine. Ajoutez à tous ces embarras la perspective d'une crise monétaire. L'or devient introuvable. Les billets montent comme une marée. L'or et les billets français font prime.

Dans le rapport de la chambre de commerce de Dusseldorf pour 1874, on trouve cet aveu, qu'il est superflu de commenter : « L'année 1873 avait déjà été excessivement funeste à notre industrie et à notre commerce ; et, dans notre précédent rapport, nous exprimions la crainte qu'une amélioration de notre situation ne fût pas possible de longtemps. Or, nous sommes obligés d'avouer que 1874 a justifié nos appréhensions. Les pertes subies par la fortune nationale sont énormes ; elles doivent *dépasser le montant de cinq milliards*, que la France a payés comme indemnité de guerre. »

Elberfeld, ainsi que Dusseldorf, faisait jusqu'à ces deux dernières années une concurrence fort préjudiciable aux fabriques de soieries et de velours de Saint-Étienne et de Lyon. Ce printemps, les fabricants d'Elberfeld furent si convaincus que la guerre allait de nouveau éclater entre l'Allemagne et la France, qu'ils refusèrent une commande anglaise de 25 millions, dans la crainte de ne pouvoir tenir leur engagement ; l'Angleterre s'adressa alors à Lyon.

La plupart de ces industries de la province rhénane sont d'origine française ; elles ont été créées par des Rouennais, victimes de la révocation de l'édit de Nantes.

Solingen complète Essen : on y fabrique les armes blanches, les casques, les cuirasses. Les meilleures lames de Tolède sortent des ateliers de Solingen ; et c'est à Solingen que les pachas commandent ces superbes cimeterres damasquinés, ornés de pierres précieuses, avec lesquels ils tranchent la tête des sultanes infidèles, sans avoir toutefois jamais pu trancher la question d'Orient. Si l'usine Krupp fond sans se presser 100 canons par semaine, et en livre au moins 5,200 par an, les ateliers de Solingen fabriquent chaque année 800,000 sabres et baïonnettes. Des commissaires spéciaux sont chargés par le gouvernement impérial d'éprouver la solidité et l'élasticité de chaque lame qui sort de la fabrique.

De quelque côté qu'on tourne ses regards, on n'aperçoit que de lourdes locomotives qui viennent, partent ou se croisent ; çà et là s'élèvent des collines toutes noires, formées par la houille amoncelée ; et puis partout des cheminées, hautes et droites comme des obélisques, montent dans une atmosphère grise, pleine d'un brouillard de suie. A gauche, couvrant un espace de quarante hectares une agglomération de constructions babyloniennes, des tours énormes comme celles de Nuremberg, et une muraille plus élevée et aussi épaisse qu'un rempart. C'est la sombre résidence du « Roi du fer », M. Krupp, le collaborateur de M. de Moltke et le grand pourvoyeur de la Mort.

# VII

Comment j'ai pénétré dans l'usine. — Détails techniques. — La coulée. — La tour à eau. — L'usine à vol d'oiseau. — Le marteau pilon de cent mille quintaux. — M. Krupp. — Comment la Prusse consolide la paix.

Le portier de l'usine m'avait dit : « Revenez à neuf heures. »

Je fus ponctuel comme un soldat.

Ma lettre fut transmise par un garçon de service à M.*** ; dix minutes après, il arrivait lui-même et, me prenant par le bras, car nous sommes du même âge, il m'entraînait dans la cour.

— J'ai le droit, me dit-il, de vous introduire dans ma section, où vous ne verrez rien ; cependant nous obtiendrons peut-être l'autorisation de monter sur la tour à eau, du sommet de laquelle on embrasse la fabrique entière. C'est tout ce que je puis faire : à vous de bien regarder en passant, car nous allons longer la halle où se font les grandes coulées. Le nombre des creusets est porté aujourd'hui à 1,500, et l'usine fabrique 130 millions de livres d'acier par an. On débite une quantité de fables sur les moyens employés pour obtenir cet acier, dont la dernière guerre a établi la supériorité incontestable. Tout le secret consiste dans le choix des matières premières et le coupage des minerais qui donnent la fonte. M. Krupp a acquis en Espagne les meilleures mines de l'Europe : il en transporte le minerai sur ses propres navires, et les vagons de l'usine le conduisent jusqu'aux fours à puddler. C'est par une décarburation graduelle et méthodique de la fonte, et en la retirant du feu encore chaude pour la soumettre au martelage et au laminage, qu'on obtient l'acier. Ces deux opérations en expriment le laitier, et, en rapprochant les molécules, donnent à l'acier une homogénéité qui empêche les éclatements. Notre acier est très-pur, il est uni, serré, d'un beau grain, il n'a pas de pailles, et sa force de résistance dépasse celle des aciers de Scheffield et de Bessemer. Quand nous avons obtenu l'acier puddlé, nous ajoutons dans le creuset, pour créer l'acier fondu, des morceaux d'un fer spécial provenant d'un minerai particulier et qui se carbure lui-même; le fer, si infusible quand il est seul, se fond par conséquent avec l'acier et s'y mêle intimement. Nous avons alors cet acier fondu qui a fait la réputation de M. Krupp, et celle de ses canons. Cet acier spécial permet de couler d'une seule pièce les plus gros canons. L'Angleterre, au contraire, fabrique ses pièces monstres en soudant ensemble plusieurs rouleaux ou cylindres de fer forgé; le système anglais ne connaît pas de limite dans les dimensions, mais il n'offre pas la même solidité.

Nous étions arrivés, en traversant un préau sillonné de rails, encombré d'engins et de débris, plein de barres d'acier et de machines, tout près de la halle des grands coulages. Le long des murs s'ouvrent les fours incandescents dans lesquels reposent les creusets. Des cyclopes à demi nus, le corps protégé par un tablier de cuir, constataient, à l'aide de longues tiges de fer, l'état de liquidité du métal. La réverbération est si forte que, même à la distance où nous étions, nous portâmes involontairement la main devant nos yeux.

— Arrêtons-nous un instant et faisons semblant de causer, me dit mon introducteur; la coulée est prête.

Pour qu'elle soit bonne, il faut que le ruisseau d'acier fondu arrive assez chaud et sans arrêt dans le moule, afin qu'il s'y solidifie d'une manière homogène.

Nous entendîmes un coup de sifflet.

— C'est le signal. Regardez.

Je vis tous les ouvriers à leur poste; ils étaient environ 800. Les uns se tenaient près des fours comme des artilleurs à leur pièce; les autres, divisés par escouades, étaient armés de pinces.

Nous entendîmes un commandement qui fut répété, dans toute la halle, par les contre-maîtres.

Aussitôt, les fours sont découverts; l'ouvrier conducteur de la fusion saisit le creuset avec une pince, dont il accroche la tige recourbée à une barre de fer que lui présentent deux ouvriers qui la portent sur leurs épaules. Ceux-ci déposent le creuset à quelques pas derrière eux. D'autres ouvriers, marchant militairement, deux par deux, l'enlèvent, au moyen d'une pince double, et versent le creuset, retenu par sa ceinture de fer, dans un des canaux qui leur est assigné. Le métal brûlant s'écoule vers la cuvette, en passant par le récipient qui en régularise la descente.

Les ouvriers jettent alors leur creuset vide dans les caves, par un entonnoir; ils trempent dans l'eau leurs instruments et les longues manches de toile avec lesquelles ils se garantissent les mains et les bras; puis ils vont se remettre en rang, à la file les uns des autres.

Toutes ces manœuvres, qui demandent infiniment de précautions et surtout du sang-froid, se font avec une précision admirable et au milieu du silence le plus complet. On n'entend que les commandements et les cris d'appel poussés par l'équipe pour avertir les chauffeurs, qui se tiennent dans la galerie souterraine, de découvrir les creusets.

— Dans deux heures, me dit mon guide en me conduisant plus loin, le liquide sera condensé. On attachera le bloc avec des chaînes, on l'enlèvera avec une grue, et la grue, placée sur des rails, l'apportera dans l'atelier spécial où il doit être travaillé. Les lingots qui ne sont pas destinés à être immédiatement martelés sont placés dans la vaste halle que vous voyez là-bas; on ne les laisse pas entièrement se refroidir, et, pour leur conserver le calorique nécessaire jusqu'au moment de leur emploi, on les couvre avec du frasil, dont la combustion très-lente les conserve comme dans une espèce de bain-marie.

— Quelle est la dimension ordinaire des lingots ?

— Elle varie entre 60 et 37,000 kilogrammes... Mais nous voici à la tour; attendez-moi, je vais parler au gardien.

En ce moment — il était dix heures — je remarquai un grand va-et-vient de gens qui portaient de grands brocs de café fumant. C'est la boisson favorite des fondeurs et des forgerons d'Essen, et celle qui les soutient le mieux dans l'atmosphère torride où ils vivent. Ils en boivent trois ou quatre fois par jour, à des heures réglées. Mon introducteur revint et m'annonça du geste que nous pouvions monter.

La tour à eau est une construction octogone de soixante mètres de hauteur; elle renferme à son sommet un réservoir de cent cinquante tonnes. L'eau, qui est amenée au pied de la tour par des canaux de six kilomètres, provient des grands lacs artificiels formés par l'épuisement des mines de houille. Des pompes à vapeur font monter cette eau dans la tour, et, une fois dans le réservoir, elle est chassée par son propre poids dans toutes les directions de l'usine.

J'ai compté cent quatre-vingts marches jusqu'à la lanterne de la tour. On se croirait au haut d'un phare. L'horizon est brumeux comme celui de la mer; les pentes sombres et boisées des *Fichtengebirge* présentent l'aspect sauvage d'un pays inexploré; la plaine, qui se déroule terne et noire, ressemble au bassin d'un immense lac subitement desséché. A distance, on prendrait les usines qui fument çà et là pour des paquebots échoués, et ces longs trains qui se déroulent en ondoyant pour des serpents monstrueux.

Mais l'intérêt n'est pas au loin, il n'est pas même devant vous, il est tout à vos pieds. Vous n'avez qu'à baisser la tête pour embrasser d'un seul coup d'œil cette vaste usine, d'où l'empire allemand est sorti, en 1870, comme d'une caverne infernale. Ce n'est pas au général Werder que Strasbourg s'est rendu, c'est à M. Krupp, et c'est M. Krupp encore, roi du fer et robuste meneur de canons, qui a obligé Paris à capituler. Toutes les victoires prussiennes ont été forgées par ses marteaux, et ses cyclopes ont plus travaillé pour l'unité de l'Allemagne que M. de Bismarck lui-même. La suprématie militaire de l'empire n'est pas à Berlin, elle est à Essen. Le jour où la France aura son usine Krupp, l'Alsace et la Lorraine ne seront plus captives des pirates du Rhin.

Ce qui frappe avant tout, c'est le chemin de fer de ceinture : il trace comme un cercle magique autour de la cité mystérieuse; il jette de tous côtés de grands rayonnements de rails. Et quel tohu-bohu de locomotives, de vagons, de machines qui roulent, qui apparaissent et disparaissent sur ces lignes ferrées aussi emmêlées que des écheveaux. On a le vertige.

— Les bâtiments qui s'étendent du côté de la ville, me dit mon guide, sont les ateliers pour la fabrication des canons. Tournez-vous, et écoutez...

— Des coups de canon!... On fait des essais?

— Non; c'est le gros marteau de cinquante mille kilogrammes qui fonctionne. C'est le plus grand du monde; il a coûté deux millions et demi. Celui du Creusot n'est que de douze mille kilogrammes, et les Anglais n'en ont pas qui dépassent vingt mille. Il est soutenu par trois fondations gigantesques : une en maçonnerie, une en troncs de chêne venant de la forêt de Teutoburg, et une autre en bronze, formée de cylindres solidement reliés entre eux. Il est mis en mouvement par des machines à vapeur et forge des blocs de 400 quintaux. Les lingots d'acier que les grues apportent dans leur bec, des halles où se font les coulées, sont de nouveau chauffés dans un four *ad hoc*, puis jetés sur l'enclume. A un signal du contre-maître, le gros marteau descend doucement, comme pour marquer la place où il va frapper; il remonte, se laisse brusquement tomber; on dirait que la foudre éclate devant vous, et de loin on entend ce grondement que vous avez pris pour celui du canon; les étincelles jaillissent comme un immense feu d'artifice; l'acier est broyé, réduit en pâte; enfin, cette masse informe prend peu à peu un corps, elle s'allonge, elle s'arrondit; le marteau la frappe encore, et il en naît un canon. On couche le nouveau-né dans un berceau de cendres, où il se refroidit graduellement; il ne reste plus qu'à l'inscrire sur le registre de l'état civil de l'usine, à le fourbir et à essayer sa puissance de dévastation.

— C'est-à-dire, m'écriai-je, il faut que M. Krupp puisse dire aux pieux pasteurs de peuples qui lui demandent des chiens de garde :

« Prenez celui-ci, il a une gueule à mettre du premier coup en pièce les remparts les plus solides; prenez celui-là, il fait, montre en main, cent veuves et cent orphelins à la minute; en voilà d'autres qui crachent l'incendie, détruisent les temples et les églises, dévorent les bibliothèques et les hôpitaux !

« Avouez qu'il y a plus de barbarie que de grandeur à travailler ainsi, à tête reposée, à la destruction du genre humain.

— Nous sommes ici sur un mauvais terrain pour une

discussion philosophique ou sentimentale ; nous la reprendrons, si vous voulez, ce soir à la brasserie, car nous en aurons au moins pour une heure. Tant que l'abîme de haine qui sépare l'Allemagne de la France ne sera pas comblé, on restera, des deux côtés, armé jusqu'aux dents.

Nous avions fait le tour de la galerie qui sert de balcon à la lanterne de la tour.

— Cette jolie maison, qui ressemble à une brebis égarée dans l'antre d'un dragon, et que vous apercevez à droite, c'est l'hôtel de la fabrique. C'est là que M. Krupp loge ses amis et qu'il reçoit ses hôtes couronnés. L'empereur Guillaume y vient souvent passer un jour ou deux dans le plus strict incognito. On expérimente alors devant lui, dans le polygone qui est caché par ces toits et qui s'étend presque jusqu'à l'horizon, les nouvelles pièces, dont l'existence est tenue secrète. Nous avons deux places de tir ; vous savez qu'il y a une douzaine d'officiers d'artillerie et d'attachés militaires qui logent et travaillent toute l'année dans l'usine. On a aussi fait chez nous quelques essais pour l'emploi des ballons en temps de guerre. On s'en occupe beaucoup au grand état-major.

— A quoi servent ces immenses bâtiments qui ressemblent à des casernes ? demandai-je en étendant le bras à gauche.

— Ce sont, comme vous l'avez dit, des casernes. On leur a donné ce nom parce que quinze cents ouvriers y sont logés et nourris à raison d'un franc par jour.

— Quel est le salaire ordinaire de l'ouvrier ?

— Trois à quatre francs. On a dû l'abaisser le 1$^{er}$ janvier ; mais l'ouvrier a une prime sur les bénéfices de l'usine, et il peut se regarder en quelque sorte comme un associé ; en cas de maladie, c'est la caisse d'assurances de l'usine qui paye le médecin et les médicaments, et, en cas de mort, c'est elle encore qui sert des pensions aux veuves. Au bout de seize ans, l'ouvrier reçoit de la caisse de retraite une allocation qui va en augmentant, et au bout de vingt ans il a droit à la pension de retraite. M. Krupp a, de plus, fondé plusieurs écoles et un hôpital. Il n'oublie pas qu'il a été lui-même simple et pauvre ouvrier, et qu'il a travaillé longtemps aux côtés de son père, dans cette petite forge que vous remarquez près de la porte d'entrée principale, et qu'il a voulu conserver comme pour montrer où mènent le travail et la volonté. Le père Krupp n'avait, à cette époque, qu'un ouvrier, et il allait vendre lui-même aux environs les divers petits objets qu'il fabriquait. Quand on mesure aujourd'hui la distance parcourue, on reste émerveillé d'une telle transformation.

Nous redescendîmes. Mon conducteur m'avait montré tout ce qu'il lui était permis de me laisser voir. Il m'accompagna jusqu'à la porte et me donna encore quelques renseignements curieux. L'usine fabrique en ce moment une centaine de pièces de campagne pour le compte du vice-roi d'Égypte. Elle exécute aussi des commandes considérables pour l'Italie, et quelques petites commandes pour l'Espagne. La Roumanie fait commande sur commande. M. Krupp lui a déjà livré 48 canons du dernier modèle. L'usine a reçu également de la Sublime-Porte une commande de 100 canons de gros calibre. M. Krupp, qui a été dernièrement décoré de l'ordre du Medjidié de deuxième classe, a fait présent au sultan d'un canon qui vaut 25,000 livres sterling. La Chine elle-même se fournit maintenant à Essen. Malgré ses engagements avec cette clientèle étrangère, M. Krupp n'a pas livré moins de cent pièces de canon par semaine, du 1er mai 1875 jusqu'au 1er janvier 1876, aux différents dépôts de l'artillerie allemande. On sait que l'artillerie de campagne allemande compte déjà 300 batteries avec 1,800 canons, un personnel de 45,000 hommes et 28,000 chevaux. L'usine a fondu, en outre, des pièces monstrueuses pour armer les nouvelles frégates cuirassées du port de Wilhelmshaven. Le gros canon qu'on a vu à Paris en 1867 défend depuis six ans les côtes de la mer du Nord. La Russie en a commandé un du même calibre pour servir à la défense du port de Cronstadt.

Le gouvernement allemand, qui ne veut pas rester en arrière, vient d'ordonner à M. Krupp de procéder à la fabrication d'un autre canon de 37 centimètres ; il lancera des projectiles de 296 à 303 livres, et perforera une plaque de fer massif de 20 à 24 pouces d'épaisseur. Il n'y aura pas de vaisseau blindé qui puisse résister à ses projectiles.

L'artillerie allemande a été aussi augmentée de deux régiments par chaque corps d'armée. Dans la guerre de 1870-1871, l'artillerie prussienne comptait, y compris l'artillerie badoise, 79 batteries d'artillerie légère, 78 batteries de grosse artillerie et 38 batteries d'artillerie à cheval, ce qui faisait, en comptant l'artillerie de réserve, un effectif de 1,344 pièces de canons. La *Semaine Militaire* de Berlin a calculé que le total des coups tirés s'éleva à 337,237, qui se répartissent ainsi : Grosse artillerie de campagne, 146,144 coups ; artillerie légère de campagne, 123,804 coups ; artillerie à cheval, 49,934 coups ; artillerie de réserve 22,116 ; shrapnels et bombes explosibles, 4,890. Dans la campagne de 1813-1814, l'artillerie prussienne a tiré 73,881 coups ; en 1815, 18,086 coups ; dans la guerre de Danemark, 41,247 coups ; dans celle d'Autriche, 31,188 coups.

Avant de m'éloigner, je jetai un dernier regard de tristesse et d'effroi sur cette vaste usine de dévastation, dans cette caverne aux profondeurs insondables, où la Prusse renouvelle sans cesse son arsenal et où elle forge les chaînes de ses futures conquêtes.

En entrant dans une brasserie voisine, je demandai un journal, et voici ce que j'y lus : « La pièce principale destinée à représenter l'industrie allemande à l'Exposition de Philadelphie sera un canon monstre de l'usine Krupp, de 150 tonnes et 18 pouces et demi de calibre, pour le transport duquel on devra construire un navire spécial. » Le canon géant de Woolwich, qui était resté jusqu'ici sans rival, n'est que de 81 tonnes.

Et voilà comment l'empire allemand travaille à la consolidation de la paix ! Ce canon est le point d'exclamation qui manquait à la fin du dernier discours « pacifique » de celui que les Allemands appellent eux-mêmes « le prince de fer et de sang », M. de Bismarck. *

---

* L'ouvrage qui termine *Les Prussiens en Allemagne* a pour titre : *Voyage aux Pays annexés.*

# TABLE DES MATIÈRES

## PREMIÈRE PARTIE.

### DE PARIS A MUNICH.

I. — Les Prussiens à Namur. — Namur à cinq heures du matin. — Quelques enseignes. — La forteresse. — Namurois et Français. — Intérieur de wagon. — Une sensible Allemande, un commis de magasin de Berlin et un jeune Luxembourgeois. — Luxembourg . . . . . . . . . . . . . . . . . . . . . . . . . 1

II. — Saarbrück. — Calomnies prussiennes. — Un spécimen de la littérature nationale du nouvel empire. — Les poëtes prussiens. — Leurs anciens et leurs nouveaux chants de guerre . . . . . . . . . . . . . 10

III. — Le monument de Spickern. — Les chemins de fer stratégiques allemands. — Le Palatinat bavarois. — Kaiserslautern. — Sa défense contre les Français. — Son hôtel et son théâtre . . . . . . . . . . . . 24

IV. — Worms vu de l'hôtel de la gare. — Les quatrièmes classes en Allemagne. — Une anecdote racontée par Schopenhauer. — Ce qu'on voit dans les hôtels bourgeois. — La femme en Allemagne. — Un descendant d'Hermann-le-Chéruque. — La fête de Teutobourg. — Un concurrent de Guillaume Tell. — Le perroquet patriote. — Échos du tir de Stuttgard . . . . . . . . . . . . . . . . . . . . . . . . . . 33

V. — Worms. — Son passé. — La statue de Luther. — La diète de Worms. — Le Dôme. — Prophéties allemandes. — La synagogue juive de Worms. 45

VI. — Un archevêque batailleur. — Duel de Mgr Kettler avec M. de Bismarck. — Le jubilé du 25 juillet. — Une bénédiction d'ex-dragon . . . . . . . . . . 58

VII. — La citadelle de Mayence. — Le soldat dans l'armée prussienne. — La tour de Drusus. — Mayence au début de la guerre. — M. de Bismarck à Mayence. — Mayençois et Français . . . . . . . . . . . . . 63

VIII. — Le jardin des Palmiers. — Les Francfortoises. — Mon ami Cosmos Klein. — Quelques types allemands. — Le tour du *Palmengarten*. — Le tir. — Le lac. — Le labyrinthe. — Musique et choucroute mêlées . 72

IX. — Wurzbourg. — Une ville à la veille des élections. — Le langage de la presse prussienne. — Les manifestes. — Les partis en présence. . . . . . . . . 82

X. — Le palais des princes-évêques. — Le *Neu-Munster*. Le Dôme. — Walther von der Vogelweide. — L'Université. — Les réunions publiques. — Quelques discours. . . . . . . . . . . . . . . . . . 91

XI. — Un voyage électoral. — Le Marienstein. — Rottendorf. — Un scrutin de campagne. — Kitzingen. — Les capucins brasseurs de Dettelsbach — Un curé patriote. . . . . . . . . . . . . . . . . . . . . 106

XII. — Epilogue électoral. — Comment on vote à Wurzbourg. — Le résultat. — Réplique d'un patriote à un national-libéral. . . . . . . . . . . . . . . . . 123

XIII. — M. Peter Kilian Herrnhut. — Comment il est revenu à ses anciennes opinions politiques. — Une visite au rédacteur d'une feuille démocratique. . . . 128

XIV. — Nuremberg. — Une ville du passé. — Saint-Laurent. — La place du marché. — L'hôtel de ville. — La maison de Dürer. — L'industrie Nurembergeoise. 139

XV. — Les partis à Nuremberg. — Les socialistes et le congrès de Gotha. — Nuremberg vu de nuit. — Une assemblée de cordonniers allemands. — Perplexité. — Je suis pris pour un espion de M. de Bismarck . . . . . . . . . . . . . . . . . . . 148

XVI. — Des prophètes en général. — Quelques spécimens de la littérature de « l'empire des bonnes mœurs et de la crainte de Dieu. » — Falsifications littéraires. — Prophéties allemandes pour l'an de grâce 1876. — Le prince impérial à Paris et le prince de Galles en fuite. . . . . . . . . . . . . 160

XVII. — La prison cellulaire de Nuremberg. — Le docteur Sigl et M. de Bismarck. — L'Allemand se laisse prendre à ce qui brille. — Les détenus de la *Zellengefængniss*. — Un journaliste maître tailleur. — Un peu de statistique . . . . . . . . . 171

XVIII. — Bayreuth. — La cour galante des margraves. — M. Richard Wagner à Bayreuth. — Son théâtre. — La mission de M. Wagner. — Une répétition de

Siegfried. — Trucs et merveilles des *Niebelungenring*........................................... 182
XIX. — *L'Or du Rhin.* — *La Walküre.* — *Siegfried.* — Le crépuscule des dieux. — Les « hauts mystères » de M. Wagner et de M. Schuré.......... 190
XX. — M. Richard Wagner à Munich et à Bayreuth. — Son caractère. — Sa vie intime. — Sa villa. — Comment on peut ramener des convives aux pensées graves. — Un jugement de Philarète Chasles sur Wagner. — Sa comédie : *Une Capitulation*................................. 197

## DEUXIÈME PARTIE.

### MUNICH ET LES MUNICHOIS.

#### LA VILLE.

I. — Munich n'est pas mieux situé que Berlin. — Le pays est malsain et pauvre. — Premier aspect. — La vieille ville............................ 211
II. — La nouvelle ville. — La place Max-Joseph. — Ce qu'on voit dans la rue Maximilien. — Louis I$^{er}$. — La Galerie des généraux. — Le jardin de la cour. 216
III. — La *Ludwigstrasse*. — La Bibliothèque. — L'église Saint-Louis. — La porte de la Victoire...... 224
IV. — L'Université. — Les étudiants au temps de la Réforme. — Le dix-septième siècle. — Le réveil patriotique en 1813 et en 1870. — Le *Kulturkampf* dans les universités................... 128
V. — Les Propylées. — La Glyptothèque. — Les fresques de Cornélius. — L'école de Munich........ 240
VI. — La nouvelle Pinacothèque. — Les fresques extérieures. — Kaulbach. — Son œuvre posthume. — Le *Déluge.* — Le *Saint Michel allemand.* — Décadence de l'École munichoise............................. 244

#### TYPES, MŒURS ET CARACTÈRES.

I. — Les rues et les passants. — Véhicules et cochers. — Le Munichois. — La brasserie royale. — Quelques types. — Le plus heureux des hommes. — La bière, les brasseurs et les buveurs. — Gambrinus et Bacchus...................... 253
II. — L'Allemagne a-t-elle un caractère national? — Berlin et Munich. — La race du Nord et la race du Sud.

— Antipathies entre les deux races. — Anecdotes. — Le langage des députés et de la presse avant et après la guerre. . . . . . . . . . . . . . . . . . . 264
III. — Les Prussiens en Bavière. — Les trois préfets de M. de Bismarck. — Comment la Prusse s'empare de l'armée. — Les sous-officiers prussiens. — Le roi et le prince héritier. — La Prusse maîtresse d'école. — La presse prussienne et le roi de Bavière. 273
IV. — Les Munichois jugés par un Allemand. — Où est l'empire « des bonnes mœurs ? » — La moralité administrative. — La Spitzeder. — Le soldat bavarois. — La moralité publique. . . . . . . . 286
V. — Divertissements populaires. — Le carnaval. — Les fêtes d'octobre. — La Bavaria. — Le *Ruhmshalle*. 294
VI. — Les théâtres. — Les pièces à tendances. — Les cafés chantants. — La fête de Sedan au Colosseum. — Les bals. . . . . . . . . . . . . . . . . . . . . . 297
VII. — La bourgeoisie. — Le rôle de la femme en Allemagne. — Sa position dans la famille. — Le mari. — Les filles et les fils. — Les alliés de M. de Bismarck. . . . . . . . . . . . . . . . . . . . . 309

LA QUESTION RELIGIEUSE. — LE CLERGÉ. — LES FÊTES.

I. — Le système politique et le système religieux de la Prusse. — Le pape et l'empereur. — La lutte est aujourd'hui entre le protestantisme et le catholicisme. — La persécution en Allemagne. — État de l'Église protestante. — La Prusse et la Bavière. — Le conflit religieux en Bavière. — Les églises de Munich. . . . . . . . . . . . . . . . . . . . 315
II. — Le clergé du Sud et le clergé du Nord. — Le chapelain et le curé bavarois. — Le clergé du Sud et la Révolution française. — Histoire abrégée du vieux catholicisme. — Les espérances de M. de Bismarck. — Les résultats. — L'évêque Reinkens. — Un bon mot du diable. . . . . . . . . . . . . 328
III. — Une visite au chanoine Dœllinger. — Son opinion sur le père Hyacinthe. — Son attitude à la diète de Francfort. — Dœllinger et Montalembert. — Dœllinger et Bismarck. — Insuccès de son œuvre. 337
IV. — Les fêtes religieuses. — La Fête-Dieu. — La fête des Morts — Noël. . . . . . . . . . . . . . . 345

## LA POLITIQUE ET LA CHAMBRE

I. — Comment le roi Louis II entend la monarchie constitutionnelle. — Le ministère battu et content. — M. de Hohenlohe, président du cabinet. — La discution des traités de Versailles. — Le rôle des catholiques prussiens et l'archevêque de Munich. — Le but des nationaux-libéraux. . . . . . . . 355

II. — La Chambre des députés. — La séance d'ouverture. — La discussion du projet d'Adresse. — Les journaux de Berlin et le roi Louis II. — M. Jœrg et son état-major. — M. Vœlk. — De l'avenir de la Bavière. . . . . . . . . . . . . . . . . . 363

## LA FAMILLE ROYALE

I. — La soif a toujours donné des revenus à la cour. — Le prince Charles et ses exploits culinaires en 1866. — La princesse Alexandra et son canapé dans la tête. — Le prince Othon. — L'héritier présomptif et la Prusse. — Le prince Louis-Guillaume, ses chevaux, sa femme et sa fille. — La reine mère. . . . . . . . . . . . . . . . . . 376

II. — Le roi de Bavière et le roi de Wurtemberg. — Louis II est inconstant comme une femme et variable comme un baromètre. — Son rôle pendant la guerre de 1866. — Louis II et Richard Wagner. — Richard Wagner au palais du roi. — Richard Wagner en exil. — Véritable origine du théâtre de Bayreuth. 382

III. — Le roi habite un monde idéal. — Comment il comprend le théâtre. — Sa bibliothèque. — Une comédie inédite de Louis II. — « L'amour qu'est-ce que c'est que ça ? » — Un mariage rompu. — Le ventre du roi. 389

IV. — Les six châteaux du roi de Bavière. — Le jardin d'hiver au château de Munich. — Le château de Berg et l'île des roses. — Le roi et l'étudiant. — Hohenschwangau. — Un Vésuve bavarois. — Les chevaux de Louis II. — Piano et clair de lune. 393

## L'ÉCOLE DE LA CROIX A OBERAMMERGAU

I. — Les Alpes bavaroises. — Le lac de Starnberg. — Weilheim. — Murnau. — Le couvent d'Ettal. — Oberammergau. . . . . . . . . . . . . . . . . . 403

II. — Une chambre d'Oberammergau. — La sculpture

sur bois. — La légende napoléonienne dans l'Allemagne du Sud.—La cuvette de Pilate.—L'Église. — La représentation de *l'École de la Croix*. . 411

## TROISIÈME PARTIE.

### HAMBOURG. — BRÊME. — WILHELMSHAVEN. — ESSEN.

I. — La prison du trésor de guerre à Spandau. — Hambourg. — Sa réputation gastronomique. — La place du marché. — Le port. — Les quais. — Fêtes hambourgeoises. . . . . . . . . . . . . . . . 421

II. — Berlin et Hambourg. — Saint-Paul. — Inconvénient des caves pour les gens qui engraissent. — La Bourse. — Les Hambourgeois jugés par un Allemand.—Les Prussiens à Hambourg.—Le château de *Friedrichsruhe*. — M. de Bismarck et les chanteurs hambourgeois. — Le jardin zoologique. . . 434

III. — Les reines du commerce allemand. — Brême, son histoire. — Le caractère brémois. — Brême et Hambourg. — La ville du passé et la ville du présent. — La place du marché. — L'Hôtel-de-Ville. La colonne de Roland.—Ce qui reste à Brême.—La situation économique et politique du nouvel empire. 444

IV. — Bremerhaven et l'émigration allemande. . . . . . . 464

V. — Oldenbourg. — Types frisons. — Le duc de Nassau. Varel. — Wilhelmshaven. — Le port et les chantiers. — La marine allemande. — Son histoire et son avenir . . . . . . . . . . . . . . . . . . 475

VI. — Essen, à cinq heures du matin. — Les ouvriers de M. Krupp. — Son véritable secret. — Le district ouvrier de Dortmund. — La crise industrielle . . 494

VII. — Comment j'ai pénétré dans l'usine. — Détails techniques. — La coulée. — La tour à eau. — L'usine à vol d'oiseau.—Le marteau pilon de cent mille quintaux. — M. Krupp. — Comment la Prusse consolide la paix. . . . . . . . . . . . . . . . 501

### FIN DE LA TABLE.

Clichy. — Impr. Paul Dupont rue du Bac-d'Asnières, 12.

www.ingramcontent.com/pod-product-compliance
Lightning Source LLC
Chambersburg PA
CBHW071615230426
43669CB00012B/1947